# ¡Hola, amigos!

# ¡Hola, amigos!

## SEVENTH EDITION

**Ana C. Jarvis**
Chandler-Gilbert Community College

**Raquel Lebredo**
California Baptist University, Emerita

**Francisco Mena-Ayllón**
University of Redlands, Emeritus

Houghton Mifflin Company

Boston    New York

**Publisher:** Rolando Hernández

**Senior Sponsoring Editor:** Glenn A. Wilson

**Executive Marketing Director:** Eileen Bernadette Moran

**Marketing Assistant:** Lorreen Ruth Pelletier

**Senior Development Editor:** Judith Bach

**Editorial Assistant:** Erin Beasley

**Project Editor:** Amy Johnson

**Art and Design Manager:** Gary Crespo

**Cover Design Manager:** Anne S. Katzeff

**Senior Photo Editor:** Jennifer Meyer Dare

**Composition Buyer:** Chuck Dutton

Cover image © Will Terry/Images.com

Photo credits are listed on page 397, which is hereby considered an extension of the copyright page.

Printed in the U.S.A.

Library of Congress Control Number: 2006935838

Instructor's Annotated Edition
  ISBN-10: 0-618-79405-0
  ISBN-13: 978-0-618-79405-8
For orders, use student text ISBNs
  ISBN-10: 0-618-79404-2
  ISBN-13: 978-0-618-79404-1

23456789-VH-10 09 08 07

# Scope and Sequence

## 1 Los estudiantes universitarios (pp. 2–51)

<table>
<tr><th></th><th>Lección 1 ¡Bienvenidos!</th><th>Lección 2 Nuestras clases</th></tr>
<tr>
<td>Para hablar del tema</td>
<td>

(pp. 6–7)
Títulos
Expresiones de cortesía
Saludos y despedidas
Preguntas y respuestas
Colores
Vocabulario para la clase
**De país a país**
</td>
<td>

(pp. 24–25)
Asignaturas
Expresiones
Para pedir bebidas


**De país a país**
</td>
</tr>
<tr>
<td>Para practicar el vocabulario</td>
<td>

(pp. 8–9)   *Online Study Center*

A. Los estudiantes
B. Yo soy el anfitrión (la anfitriona)
C. ¡Somos pintores!
D. ¿Qué color te gusta?
E. ¿Qué necesitamos?
F. ¿Necesitas algo?

**Pronunciación**   Las vocales
</td>
<td>

(pp. 26–27)   *Online Study Center*

A. Palabras y más palabras
B. Preguntas y respuestas
C. ¿Qué deciden?
D. ¿Qué clases necesito?



**Pronunciación**   Linking
</td>
</tr>
<tr>
<td>Puntos para recordar</td>
<td>

(pp. 10–19)   *Online Study Center*

1. Gender and number of nouns, part I *(p. 10)*
2. Definite and indefinite articles *(p. 11)*
3. Subject pronouns *(p. 13)*
4. Present indicative of *ser* *(p. 15)*
5. Forms of adjectives and agreement of articles, nouns, and adjectives *(p. 16)*
6. The alphabet *(p. 18)*
7. Numbers 0 to 39 *(p. 18)*
</td>
<td>

(pp. 28–41)   *Online Study Center*

1. Present indicative of *–ar* verbs *(p. 28)*
2. Interrogative and negative sentences *(p. 30)*
3. Possessive adjectives *(p. 32)*
4. Gender of nouns, part II *(p. 34)*
5. Numbers 40 to 200 *(p. 35)*
6. Telling time *(p. 36)*
7. Days of the week, and months and seasons of the year *(p. 39)*
</td>
</tr>
<tr>
<td>Entre nosotros</td>
<td>

(pp. 20–21)
**¡Conversemos!**
**Para escribir**   Un mensaje electrónico
**Un dicho**
</td>
<td>

(pp. 42–43)
**¡Conversemos!**
**Para escribir**   Tu horario
**Un dicho**
</td>
</tr>
<tr>
<td>Lectura<br>(pp. 44–45)</td>
<td>Universidad Nacional</td>
<td>**Video**     *Online Study Center*</td>
</tr>
<tr>
<td>El mundo hispánico<br>(pp. 46–47)</td>
<td>Los mexicoamericanos<br>Los cubanoamericanos<br>Los puertorriqueños</td>
<td>**Video**     *Online Study Center*</td>
</tr>
<tr>
<td>Tome este examen<br>(pp. 48–51)</td>
<td>Lección 1</td>
<td>Lección 2</td>
</tr>
</table>

# 2 En familia (pp. 52–97)

|  | Lección 3 Los trabajos de la casa | Lección 4 Una fiesta de cumpleaños |
|---|---|---|
| **Para hablar del tema** | *(pp. 56–57)*<br>La casa<br>Aparatos electrodomésticos<br>Batería de cocina<br><br>**De país a país** | *(pp. 76–77)*<br>La familia<br>Los amigos<br>Una fiesta<br><br>**De país a país** |
| **Para practicar el vocabulario** | *(pp. 58–59)*    *Online Study Center*<br><br>A. Preguntas y respuestas<br>B. ¡Hay mil cosas que hacer!<br>C. ¿Qué necesitas?<br>D. Los trabajos de la casa<br><br>**Pronunciación**   Las consonantes *b, v* | *(pp. 78–79)*    *Online Study Center*<br><br>A. Preguntas y respuestas<br>B. Planes para la fiesta<br>C. El parentesco<br>D. De mi álbum de fotos<br><br>**Pronunciación**   La consonante *c* |
| **Puntos para recordar** | *(pp. 60–71)*    *Online Study Center*<br><br>1. Present indicative of *–er* and *–ir* verbs *(p. 60)*<br>2. Possession with *de (p. 62)*<br>3. Present indicative of *tener* and *venir (p. 64)*<br>4. Expressions with *tener (p. 65)*<br>5. Demonstrative adjectives and pronouns *(p. 67)*<br>6. Numbers from 300 to 1,000 *(p. 70)* | *(pp. 80–87)*    *Online Study Center*<br><br>1. Verbs with irregular first-person forms *(p. 80)*<br>2. *Saber* vs. *conocer (p. 81)*<br>3. Personal *a (p. 82)*<br>4. Contractions: *al* and *del (p. 83)*<br>5. Present indicative of *ir, dar,* and *estar (p. 84)*<br>6. *Ir a* + infinitive *(p. 86)* |
| **Entre nosotros** | *(pp. 72–73)*<br>**¡Conversemos!**<br>**Para escribir**   Para dividir el trabajo<br>**Un dicho** | *(pp. 88–89)*<br>**¡Conversemos!**<br>**Para escribir**   Un mensaje electrónico<br>**Un dicho** |
| **Lectura**<br>*(pp. 90–91)* | Sociales | **Video**    *Online Study Center* |
| **El mundo hispánico**<br>*(pp. 92–93)* | México<br>Guatemala<br>El Salvador | **Video**    *Online Study Center* |
| **Tome este examen**<br>*(pp. 94–97)* | Lección 3 | Lección 4 |

# 3 ¿Qué comemos hoy? (pp. 98–147)

|  | Lección 5 El menú, por favor | Lección 6 En el mercado |
| --- | --- | --- |
| **Para hablar del tema** | *(pp. 102–103)*<br>La comida<br>En el restaurante<br>Para poner la mesa<br><br>**De país a país** | *(pp. 122–123)*<br>En el mercado<br>Más comestibles<br><br>**De país a país** |
| **Para practicar el vocabulario** | *(pp. 104–105)*   *Online Study Center*<br><br>A. En el restaurante<br>B. Preguntas y respuestas<br>C. Voy a pedir...<br>D. Para poner la mesa<br><br>**Pronunciación**   Las consonantes *g, j, h* | *(pp. 124–125)*   *Online Study Center*<br><br>A. Preguntas y respuestas<br>B. Dime...<br>C. ¿Qué les servimos?<br>D. En el supermercado<br><br>**Pronunciación**   Las consonantes *ll, ñ* |
| **Puntos para recordar** | *(pp. 106–117)*   *Online Study Center*<br><br>1. Present progressive *(p. 106)*<br>2. Uses of *ser* and *estar* *(p. 108)*<br>3. Stem-changing verbs: *e > ie (p. 111)*<br>4. Comparative and superlative adjectives, adverbs, and nouns *(p. 113)*<br>5. Pronouns as objects of prepositions *(p. 116)* | *(pp. 126–137)*   *Online Study Center*<br><br>1. Stem-changing verbs: *o > ue (p. 126)*<br>2. Stem-changing verbs: *e > i (p. 127)*<br>3. Direct object pronouns *(p. 129)*<br>4. Affirmative and negative expressions *(p. 133)*<br>5. *Hace... que (p. 135)* |
| **Entre nosotros** | *(pp. 118–119)*<br>**¡Conversemos!**<br>**Para escribir**   En un restaurante<br>**Un dicho** | *(pp. 138–139)*<br>**¡Conversemos!**<br>**Para escribir**   Un invitado importante<br>**Un proverbio** |
| **Lectura**<br>*(pp. 140–141)* | Sección gastronómica | **Video**   *Online Study Center* |
| **El mundo hispánico**<br>*(pp. 142–143)* | Costa Rica<br>Panamá<br>Honduras<br>Nicaragua | **Video**   *Online Study Center* |
| **Tome este examen**<br>*(pp. 144–147)* | Lección 5 | Lección 6 |

# 4 Para divertirse (pp. 148–199)

|  | Lección 7 Un fin de semana | Lección 8 Las actividades al aire libre |
|---|---|---|
| **Para hablar del tema** | *(pp. 152–153)*<br>El fin de semana<br>Para invitar a alguien a salir<br><br>**De país a país** | *(pp. 174–175)*<br>Los deportes<br>Más sobre las actividades al aire libre<br><br>**De país a país** |
| **Para practicar el vocabulario** | *(pp. 154–155)*    Online Study Center<br><br>A. Preguntas y respuestas<br>B. Todos se divierten<br>C. ¿Adónde vamos…?<br>D. ¿Quieres ir…?<br><br>**Pronunciación**   Las consonantes *l, r, rr* | *(pp. 176–177)*    Online Study Center<br><br>A. Preguntas y respuestas<br>B. ¿Lógico o ilógico?<br>C. Palabras y más palabras<br>D. Planes de vacaciones<br><br>**Pronunciación**   Pronunciation in context |
| **Puntos para recordar** | *(pp. 156–169)*    Online Study Center<br><br>1. Preterit of regular verbs *(p. 156)*<br>2. Preterit of *ser, ir,* and *dar (p. 158)*<br>3. Indirect object pronouns *(p. 159)*<br>4. The verb *gustar (p. 162)*<br>5. Reflexive constructions *(p. 165)*<br>   **RODEO:** Summary of the Pronouns *(p. 168)* | *(pp. 178–189)*    Online Study Center<br><br>1. Preterit of some irregular verbs *(p. 178)*<br>2. Direct and indirect object pronouns used together *(p. 180)*<br>3. Stem-changing verbs in the preterit *(p. 183)*<br>4. The imperfect tense *(p. 185)*<br>5. Formation of adverbs *(p. 188)* |
| **Entre nosotros** | *(pp. 170–171)*<br>**¡Conversemos!**<br>**Para escribir**   Un día típico<br>**Un dicho** | *(pp. 190–191)*<br>**¡Conversemos!**<br>**Para escribir**   De vacaciones<br>**Un dicho** |
| **Lectura** *(pp. 192–193)* | *De versos sencillos* (José Martí) | **Video**    Online Study Center |
| **El mundo hispánico** *(pp. 194–195)* | Cuba<br>Colombia<br>Puerto Rico<br>Venezuela<br>La República Dominicana | **Video**    Online Study Center |
| **Tome este examen** *(pp. 196–199)* | Lección 7 | Lección 8 |

# 5 ¿Qué hacemos hoy? (pp. 200–245)

| | Lección 9 No tengo nada que ponerme | Lección 10 Diligencias |
|---|---|---|
| **Para hablar del tema** | *(pp. 204–205)*<br>La ropa<br>El tiempo<br><br>**De país a país** | *(pp. 224–225)*<br>En el banco<br>En la oficina de correos<br>Un poco de tecnología<br><br>**De país a país** |
| **Para practicar el vocabulario** | *(pp. 206–207)*   *Online Study Center*<br><br>A. En la tienda y en la zapatería<br>B. ¿Qué se ponen?<br>C. Hablando del tiempo<br>D. Haciendo compras<br><br>**Pronunciación**   Pronunciation in context | *(pp. 226–227)*   *Online Study Center*<br><br>A. Preguntas y respuestas<br>B. Rubén y Eva hacen diligencias<br>C. ¿Qué necesito o qué tengo que hacer?<br>D. ¿Qué necesita hacer?<br><br>**Pronunciación**   Pronunciation in context |
| **Puntos para recordar** | *(pp. 208–219)*   *Online Study Center*<br><br>1. Some uses of *por* and *para* (p. 208)<br>2. Weather expressions (p. 211)<br>3. The preterit contrasted with the imperfect (p. 213)<br>4. *Hace...* meaning *ago* (p. 216)<br>5. Possessive pronouns (p. 218) | *(pp. 228–235)*   *Online Study Center*<br><br>1. Past participles (p. 228)<br>2. Present perfect tense (p. 230)<br>3. Past perfect (pluperfect) tense (p. 232)<br>4. Formal commands: *Ud.* and *Uds.* (p. 233) |
| **Entre nosotros** | *(pp. 220–221)*<br>**¡Conversemos!**<br>**Para escribir**   ¿Cómo era Ud.?<br>**Un dicho** | *(pp. 236–237)*<br>**¡Conversemos!**<br>**Para escribir**   En el banco<br>**Un dicho** |
| **Lectura**<br>*(pp. 238–239)* | *Lecciones de inglés* (Adaptado)<br>(Germán Arciniegas) | **Video**   *Online Study Center* |
| **El mundo hispánico**<br>*(pp. 240–241)* | Ecuador<br>Perú<br>Bolivia<br>Paraguay | **Video**   *Online Study Center* |
| **Tome este examen**<br>*(pp. 242–245)* | Lección 9 | Lección 10 |

# 6 De vacaciones (pp. 246–291)

| | Lección 11 ¡Buen viaje! | Lección 12 ¿Dónde nos hospedamos? |
|---|---|---|
| **Para hablar del tema** | (pp. 250–251)<br>En la agencia de viajes<br>En el aeropuerto<br>Más sobre los viajes<br><br>**De país a país** | (pp. 270–271)<br>En el hotel<br>Más sobre los hoteles<br><br>**De país a país** |
| **Para practicar el vocabulario** | (pp. 252–253)    *Online Study Center*<br><br>A. Preguntas y respuestas<br>B. ¿Qué hago? ¿Adónde voy?<br>C. Definiciones<br>D. En la agencia de viajes<br><br>**Pronunciación**    Pronunciation in context | (pp. 272–273)    *Online Study Center*<br><br>A. Preguntas y respuestas<br>B. En el hotel<br>C. ¿Cuál es la solución?<br>D. Minidiálogos<br><br>**Pronunciación**    Pronunciation in context |
| **Puntos para recordar** | (pp. 254–265)    *Online Study Center*<br><br>1. Introduction to the subjunctive mood *(p. 254)*<br>2. Subjunctive with verbs of volition *(p. 257)*<br>3. Subjunctive with verbs of emotion *(p. 260)*<br>4. Some uses of the prepositions *a, de,* and *en (p. 262)* | (pp. 274–281)    *Online Study Center*<br><br>1. Subjunctive to express indefiniteness and nonexistence *(p. 274)*<br>2. Familiar commands *(p. 276)*<br>3. Verbs and prepositions *(p. 278)*<br>4. Ordinal numbers *(p. 280)* |
| **Entre nosotros** | (pp. 266–267)<br>**¡Conversemos!**<br>**Para escribir**    En una agencia de viajes<br>**Un dicho** | (pp. 282–283)<br>**¡Conversemos!**<br>**Para escribir**    En un hotel<br>**Un dicho** |
| **Lectura** (pp. 284–285) | *El canario y el cuervo* (Tomás Iriarte) | **Video**    *Online Study Center* |
| **El mundo hispánico** (pp. 286–287) | Chile<br>Uruguay<br>Argentina<br>Brasil | **Video**    *Online Study Center* |
| **Tome este examen** (pp. 288–291) | Lección 11 | Lección 12 |

# 7 ¿Cómo te sientes? (pp. 292–339)

| | Lección 13 En la sala de emergencia | Lección 14 Hablando con el médico |
|---|---|---|
| **Para hablar del tema** | *(pp. 296–297)*<br>En el hospital<br>El cuerpo<br>Otras partes del cuerpo<br><br>**De país a país** | *(pp. 314–315)*<br>Medicinas<br>Algunos especialistas<br>El botiquín<br><br>**De país a país** |
| **Para practicar el vocabulario** | *(pp. 298–299)*    *Online Study Center*<br><br>A. Preguntas y respuestas<br>B. En la sala de emergencia<br>C. ¿Qué sabes de anatomía?<br>D. En el hospital<br><br>**Pronunciación**   Pronunciation in context | *(pp. 316–317)*    *Online Study Center*<br><br>A. Preguntas y respuestas<br>B. ¿Qué debo tomar?<br>C. ¿Qué especialista debo ver?<br>D. En nuestro botiquín<br><br>**Pronunciación**   Pronunciation in context |
| **Puntos para recordar** | *(pp. 300–309)*    *Online Study Center*<br><br>1. Subjunctive to express doubt, denial, and disbelief *(p. 300)*<br>2. Subjunctive with certain conjunctions *(p. 304)*<br>3. First-person plural commands *(p. 306)*<br>   **RODEO:** Summary of the Command Forms *(p. 307)*<br>4. ¿Qué? and ¿cuál? used with *ser* *(p. 309)* | *(pp. 318–329)*    *Online Study Center*<br><br>1. Future tense *(p. 318)*<br>2. Conditional tense *(p. 320)*<br>   **RODEO:** Summary of the Tenses of the Indicative *(p. 322)*<br>3. The imperfect subjunctive *(p. 323)*<br>4. *If*-clauses *(p. 325)*<br>   **RODEO:** Summary of the Uses of the Subjunctive *(p. 328)* |
| **Entre nosotros** | *(pp. 310–311)*<br>**¡Conversemos!**<br>**Para escribir**   Un accidente<br>**Un dicho** | *(pp. 330–331)*<br>**¡Conversemos!**<br>**Para escribir**   Con el doctor<br>**Un dicho** |
| **Lectura** *(pp. 332–333)* | *Rimas* (Gustavo Adolfo Bécquer) | **Video**    *Online Study Center* |
| **El mundo hispánico** *(pp. 334–335)* | España | **Video**    *Online Study Center* |
| **Tome este examen** *(pp. 336–339)* | Lección 13 | Lección 14 |

## Un poco más (pp. 340–345)

1. Compound tenses of the indicative (*p. 340*)
   - Future perfect (*p. 340*)
   - Conditional perfect (*p. 341*)
2. Compound tenses of the subjunctive (*p. 342*)
   - Present perfect subjunctive (*p. 342*)
   - Pluperfect subjunctive (*p. 344*)

## Appendices

**Appendix A: Spanish Sounds**                                p. 346
**Appendix B: Verbs**                                         p. 353
**Appendix C: Glossary of Grammatical Terms**                 p. 365
**Appendix D: Answer Key to** *Tome este examen*              p. 366

## Vocabularies

**Spanish – English**                                         p. 370
**English – Spanish**                                         p. 383

**Index**                                                     p. 395
**Photo and Art Credits**                                     p. 397

# Brief Contents

**Unit 1**   **Los estudiantes universitarios**                      **2**
  Lección 1   ¡Bienvenidos!
  Lección 2   Nuestras clases

**Unit 2**   **En familia**                                          **52**
  Lección 3   Los trabajos de la casa
  Lección 4   Una fiesta de cumpleaños

**Unit 3**   **¿Qué comemos hoy?**                                   **98**
  Lección 5   El menú, por favor
  Lección 6   En el mercado

**Unit 4**   **Para divertirse**                                    **148**
  Lección 7   Un fin de semana
  Lección 8   Las actividades al aire libre

**Unit 5**   **¿Qué hacemos hoy?**                                  **200**
  Lección 9    No tengo nada que ponerme
  Lección 10   Diligencias

**Unit 6**   **De vacaciones**                                      **246**
  Lección 11   ¡Buen viaje!
  Lección 12   ¿Dónde nos hospedamos?

**Unit 7**   **¿Cómo te sientes?**                                  **292**
  Lección 13   En la sala de emergencia
  Lección 14   Hablando con el médico

**Un poco más**                                                      **340**

**Appendices**                                                       **346**

**Vocabularies**                                                     **370**

**Index**                                                            **395**

**Photo and Art Credits**                                            **397**

# An Overview of Your Textbook's Main Features

*¡Hola, amigos!,* Seventh Edition, consists of fourteen lessons thematically organized into seven units

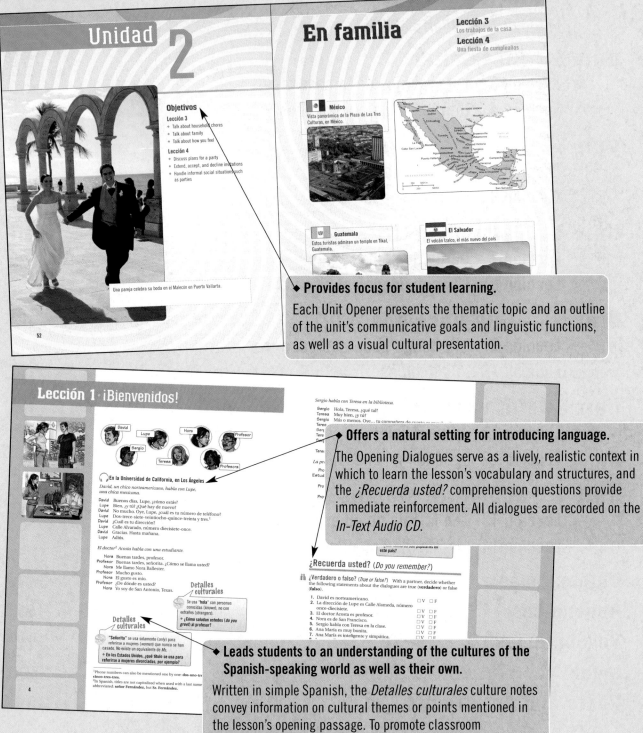

**◆ Provides focus for student learning.**

Each Unit Opener presents the thematic topic and an outline of the unit's communicative goals and linguistic functions, as well as a visual cultural presentation.

**◆ Offers a natural setting for introducing language.**

The Opening Dialogues serve as a lively, realistic context in which to learn the lesson's vocabulary and structures, and the *¿Recuerda usted?* comprehension questions provide immediate reinforcement. All dialogues are recorded on the *In-Text Audio CD.*

**◆ Leads students to an understanding of the cultures of the Spanish-speaking world as well as their own.**

Written in simple Spanish, the *Detalles culturales* culture notes convey information on cultural themes or points mentioned in the lesson's opening passage. To promote classroom discussion, cross-cultural reflection questions follow each note.

◆ **Provides a solid foundation for building students' communication skills.**

The *Vocabulario* section lists all active vocabulary, new words, and expressions introduced in the opening dialogue, as well as other words and phrases related to the lesson theme in the *Amplíe su vocabulario* section.

◆ **Familiarizes students with sounds, words, and expressions that are challenging.**

Appearing in each lesson, the *Pronunciación* section is designed to acquaint students with the basic Spanish sounds. This section is recorded on the *In-Text Audio CD*.

# Puntos para recordar

## 1. Present progressive (Estar + gerundio)

The present progressive describes an action that is in progress. It is formed with the present tense of **estar** and the **gerundio** (equivalent to the English *-ing* form) of the verb. Study the formation of the **gerundio** in the following chart.

| Infinitive | hablar | comer | escribir |
|---|---|---|---|
| Gerundio | habl- **ando** | com- **iendo** | escrib- **iendo** |

| Yo | estoy | comiendo. |
|---|---|---|
| I | am | eating. |

—¿Estás estudiando?   *"Are you studying?"*
—No, estoy escribiendo.   *"No, I am writing."*

◆ The following forms are irregular. Note the change in their stems.

| pedir | → | **pidiendo** | *asking for* |
|---|---|---|---|
| decir | → | **diciendo** | *saying* |
| servir | → | **sirviendo** | *serving* |
| dormir | → | **durmiendo** | *sleeping* |
| traer | → | **trayendo** | *bringing* |
| leer | → | **leyendo** | *reading* |

◆ Note also that the i of -**iendo** becomes **y** between vowels.

—¿Qué están haciendo las chicas?   *"What are the girls doing?"*
—Ana está **leyendo** y Eva está durmiendo.   *"Ana is reading and Eva is sleeping."*

**¡Atención!** In Spanish, the present progressive is *never* used to indicate a future action. The present tense is used in future expressions that would require the present participle in...

... such as **ser**, **estar**, **ir**, and **venir**, are rarely used in the progres-

## Práctica y conversación

**A. En casa de los Carreras** With a partner, say what is happening, using the cues provided.

1. Tú / preparar / una ensalada
2. Javier / traer / los manteles
3. Luisito y Anita / pedir / dinero
4. Yo / decir / que es tarde
5. Andrea y yo / desayunar / la cocina

**B. ¿Qué están haciendo?** Describe what the following people are doing.

1. Tú...   2. Yo...   3. Ellos...
4. Eva...   5. La profesora...   6. Nosotros... y el chico...

**C. En una fiesta** With a partner, take turns asking and answering what everybody is doing at Andrea's party. Use the cues provided and the present progressive to formulate the questions. Use your imagination when responding.

| Persona | Pregunta |
|---|---|
| 1. Javier | qué / hacer |
| 2. Andrea | qué / servir |
| 3. Pablo | con quién / bailar |
| 4. Eva y Pablo | qué / beber |
| 5. Juan | qué / comer |
| 6. Olga y Estela | qué / pedir |
| 7. la orquesta (band) | qué / tocar |

**Online Study Center** For more practice with lesson topics, see the related activities on the *¡Hola, amigos!* web site at college.hmco.com/PIC/holaamigos7e.

El menú, por favor   ◆   ciento siete **107**

◆ **Presents grammar structures in a clear and succinct manner.**

The *Puntos para recordar* section presents an average of four or five grammar points in English. Each structure is immediately followed by a *Práctica* or *Práctica y conversación* section that ranges from controlled drills to open-ended activities, including illustration-based activities.

◆ **Presents opportunities to actively use the language in the classroom.**

*¡Conversemos!* consists of a series open-ended activities, including personalized pair activities, activities for vocabulary review, and pair and small group activities. The *Entre nosotros* section ends with *Para escribir,* a writing activity on a topic related to the thematic goals of the lesson.

# Entre nosotros

## ¡Conversemos!

**Detalles culturales**

En muchos países latinoamericanos y en España se usa el sistema de estrellas para clasificar los hoteles de lujo (*luxury*) y de primera clase.

◆ ¿Se hospeda Ud. a veces en hoteles de cinco estrellas?

**Para conocernos mejor** Get to know your partner better by asking each other the following questions.

1. ¿Esperas poder ir de vacaciones este verano? ¿Adónde quieres ir?
2. La última vez que fuiste de vacaciones, ¿te hospedaste en un hotel de cinco estrellas?
3. ¿Dónde pasaste las vacaciones el año pasado? ¿Te aburriste o te divertiste?
4. ¿Te juntas a veces con tus amigos para salir?
5. ¿Te gusta ir a acampar, o prefieres ir a un buen hotel?
6. ¿Qué actividades al aire libre te gustaban cuando eras chico?
7. ¿Ahora prefieres hacer esquí acuático, hacer surfing o bucear?
8. ¿Qué prefieres, mirar televisión o hacer una caminata?
9. Necesito tu raqueta de tenis. ¿Puedes prestármela?
10. ¿Te gusta jugar al golf? ¿Tienes palos de golf?

**Una encuesta** Interview your classmates to identify who does the following. Be sure to change the statements to questions. Include your instructor, but remember to use the **Ud.** form when addressing him or her.

| | Nombre |
|---|---|
| 1. Hizo esquí acuático en un lago el año pasado. | |
| 2. Va a tratar de alquilar una cabaña (cabin) el verano próximo (next). | |
| 3. Prometió ser más paciente. | |
| 4. Va a acampar a menudo. | |

**¿Cóm...** might...

1. You ask a friend if he or she prefers to go to the beach, to go hiking, or to go camping near a lake or a river (**río**) for a couple of days.
2. You are going on a camping trip for the first time. Tell a friend what items you need and what you need to learn to do.
3. Tell someone what your favorite outdoor activities are. Mention at least four.

**¿Qué pasa aquí?** In groups of three or four, create a story about the people in the illustration. Say who they are and what their relationships are to one another. Also say what activities they are doing and what they will do later.

## Para escribir

**De vacaciones** Write a conversation between you and a friend, in which you are deciding what you are going to do when you have a couple of days off. One of you loves outdoor activities and the other doesn't. Try to compromise.

**Un dicho**

*El que ríe último, ríe mejor.*

Undoubtedly, you know the English version of this saying. Memorize it in Spanish, and use it at appropriate times.

Las actividades al aire libre   ◆   ciento noventa y uno **191**

◆ **Reinforces learning while strengthening students' communication skills.**

The activities in *Entre nosotros* ask students to synthesize what they've learned in order to communicate in real-life situations.

**xvi**

◆ **Promotes the development of students' reading skills.**

Appearing at the end of each unit, the *Lectura* section develops reading comprehension while reinforcing the structures and vocabulary introduced in the preceding lessons. Pre-reading questions focus students' attention on detail and open-ended post-reading questions, and allow students to personalize topics related to the reading.

◆ **Fosters student understanding of spoken language.**

The situational video clips on the Video DVD and VHS, shot on location in Costa Rica, relate in theme and language level to each unit. Activities relating to each clip can be found at the *Online Study Center.*

◆ **Reinforces understanding of the cultures of the Spanish-speaking world.**

A longer cultural section, *El mundo hispánico,* provides unit-level cultural information with detailed visual presentations for many Hispanic countries. This section, found at the end of each unit, presents in more detail the Hispanic cultures introduced throughout the unit.

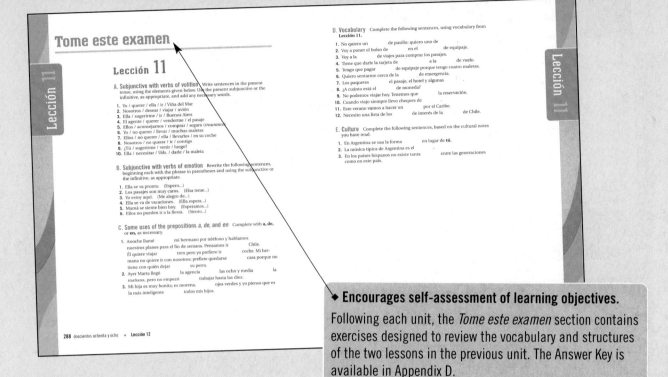

## Tome este examen

### Lección 11

**A. Subjunctive with verbs of volition** Write sentences in the present tense, using the elements given below. Use the present subjunctive or the infinitive, as appropriate, and add any necessary words.

1. Yo / querer / ella / ir / Viña del Mar
2. Nosotros / desear / viajar / avión
3. Ella / sugerirme / ir / Buenos Aires
4. El agente / querer / venderme / el pasaje
5. Ellos / aconsejarnos / comprar / seguro (*insurance*)
6. Yo / no querer / llevar / muchas maletas
7. Ellos / no querer / ella / llevarlos / en su coche
8. Nosotros / no querer / ir / contigo
9. ¿Tú / sugerirme / venir / luego?
10. Ella / necesitar / Uds. / darle / la maleta

**B. Subjunctive with verbs of emotion** Rewrite the following sentences, beginning each with the phrase in parentheses and using the subjunctive or the infinitive, as appropriate.

1. Ella se va pronto. (Espero...)
2. Los pasajes son muy caros. (Ella teme...)
3. Yo estoy aquí. (Me alegro de...)
4. Ella se va de vacaciones. (Ella espera...)
5. Mamá se siente bien hoy. (Esperamos...)
6. Ellos no pueden ir a la fiesta. (Siento...)

**C. Some uses of the prepositions *a, de*, and *en*** Complete with **a, de,** or **en,** as necessary.

1. Anoche llamé _____ mi hermano por teléfono y hablamos _____ nuestros planes para el fin de semana. Pensamos ir _____ Chile. Él quiere viajar _____ tren pero yo prefiero ir _____ coche. Mi hermana no quiere ir con nosotros; prefiere quedarse _____ casa porque no tiene con quién dejar _____ su perro.
2. Ayer Marta llegó _____ la agencia _____ las ocho y media _____ la mañana, pero no empezó _____ trabajar hasta las diez.
3. Mi hija es muy bonita; es morena, _____ ojos verdes y yo pienso que es la más inteligente _____ todos mis hijos.

**D. Vocabulary** Complete the following sentences, using vocabulary from **Lección 11.**

1. No quiero un _____ de pasillo; quiero uno de _____
2. Voy a poner el bolso de _____ en el _____ de equipaje.
3. Voy a la _____ de viajes para comprar los pasajes.
4. Tiene que darle la tarjeta de _____ a la _____ de vuelo.
5. Tengo que pagar _____ de equipaje porque tengo cuatro maletas.
6. Quiero sentarme cerca de la _____ de emergencia.
7. Los paquetes _____ el pasaje, el hotel y algunas _____
8. ¿A cuánto está el _____ de moneda?
9. No podemos viajar hoy. Tenemos que _____ la reservación.
10. Cuando viajo siempre llevo cheques de _____
11. Este verano vamos a hacer un _____ por el Caribe.
12. Necesito una lista de los _____ de interés de la _____ de Chile.

**E. Culture** Complete the following sentences, based on the cultural notes you have read.

1. En Argentina se usa la forma _____ en lugar de **tú.**
2. La música típica de Argentina es el _____
3. En los países hispanos no existe tanta _____ entre las generaciones como en este país.

---

◆ **Encourages self-assessment of learning objectives.**

Following each unit, the *Tome este examen* section contains exercises designed to review the vocabulary and structures of the two lessons in the previous unit. The Answer Key is available in Appendix D.

# Preface

*¡Hola, amigos!,* Seventh Edition, continues to be the complete, flexible program that has made it a successful introduction to Spanish for beginning college and university students throughout six editions. It presents the basics of Spanish grammar using a balanced, eclectic approach that stresses all four skills—listening, speaking, reading, and writing. The program has always emphasized the active, practical use of Spanish for communication in high-frequency situations. The completely redesigned seventh edition features all new art and a streamlined, color-coded layout. A special effort has been made to enhance the cultural presentation and integration by focusing on culture on a unit level, and giving more substance to the smaller culture notes throughout each lesson. The program's goal is to help you achieve linguistic proficiency and cultural awareness, and to motivate you to continue your study of the Spanish language and the many cultures in which it is spoken.

## The Student Text

*¡Hola, amigos!,* Seventh Edition has been reorganized into seven units, each containing two thematically-related lessons. Each of the seven units contains the following features:

### Unit-Opener Spread

Each unit begins with a list of communicative objectives for the two lessons included in that unit. This list serves to focus your attention on important linguistic functions and vocabulary you will encounter and to help you gain a sense of accomplishment when you finish a unit. Captioned photos and maps give you a first impression of the countries presented in each unit.

### Diálogos

New vocabulary and grammatical structures are first presented in the context of several brief conversations in idiomatic Spanish dealing with high-frequency situations that reflect the lesson's central themes. Each conversation is illustrated in the text and recorded on the *In-Text Audio CD* that accompanies your book. A headphone icon will remind you of recorded text. You can listen to the recordings and check your comprehension by doing the *¿Recuerda usted?* activities that follow the dialogues. The dialogues are also recorded on the *SAM Audio Program* where additional practice is available.

◆ *Detalles culturales* These short culture notes written in easy-to-read Spanish promote cultural awareness in the language-learning process. They can be found throughout the entire unit and will give you important and interesting cultural information that helps integrate the learning of language with the learning of culture.

### Para hablar del tema: Vocabulario

All new words and expressions introduced in the conversations are listed by parts of speech or under the general headings *Cognados* and *Otras palabras y expresiones.* You should learn the entries in these lists for active use. The *Amplíe su vocabulario* section that follows expands on the thematic vocabulary introduced in the dialogues.

## Para practicar el vocabulario

This practice section immediately follows the vocabulary presentation and encourages you to use the expressions you have just learned in a meaningful way.

- *Pronunciación* The section ends with a pronunciation feature to present and practice the sounds of the Spanish language with special attention to features that pose difficulty for most English speakers. A headphone icon indicates that the section is recorded on the *In-Text Audio CD*.

## Puntos para recordar

Each new grammatical structure featured in the lesson-opening dialogue is explained clearly and concisely in English so that the explanations may be used independently as an out-of-class reference. All explanations include examples of practical use in natural Spanish and some explanations are illustrated by a cartoon.

- *Práctica* and *Práctica y conversación* After each grammar explanation, the activities in *Práctica* and *Práctica y conversación* offer immediate reinforcement through a variety of structured and communicative exercises. These activities are flexible in format so that you can do them in class or your instructor can assign them as written practice outside of class. Answers to these exercises are available at your instructor's discretion.
- *Rodeo* The Rodeo boxed sections in Lessons 7, 13, and 14 summarize and practice major grammatical topics such as pronouns, commands, and the indicative and subjunctive moods.

## Entre nosotros

This final section provides for the recombination and synthesis of each lesson's new vocabulary and grammatical structures in a series of communicative activities. Because language is best learned through interpersonal communication, most of these exercises are designed to be done orally and require interactions with your classmates.

- *¡Conversemos!* features personalized activities such as pair interviews and class surveys that ask you to interact with your peers. Also included in this end-of-lesson cumulative section are activities that involve photos, realia, or illustrations, providing additional communicative practice based on authentic materials. This section has been expanded in the Seventh Edition to provide more interactive, communicative practice.
- *Para escribir* guides you to express yourself in writing in a variety of formats, such as e-mails, lists, and descriptions.
- *Un dicho* or *Un proverbio,* a thematically-related popular saying or proverb, provides cultural enrichment and concludes each lesson.

# Lectura

A reading section at the end of each unit contains authentic, theme-related material from newspapers or magazines from the Spanish-speaking world, and in Units 4, 5, 6 and 7 you will find literary selections. One or two pre-reading activities emphasize the development of reading strategies and the selections are followed by comprehension and personalized questions for writing practice or discussion.

# El mundo hispánico

This section, written in easy-to-read Spanish, provides an integrated cultural presentation of the countries and regions presented on the unit opener and throughout the lessons. It offers an overview of the locale in which the introductory dialogues were set, with attention to such details as climate, points of interest, customs, politics, economy, and inhabitants. It will also inform you about prevailing customs in the Spanish-speaking world that relate to the lesson themes. A map highlighting important geographic locations can be found on the unit opener spread. Color photos visually depict the country or custom(s) discussed.

## Tome este examen

After each unit, these self-tests review and synthesize important vocabulary and grammatical structures you have learned in that unit. Because cultural awareness is as important as linguistic competence, the self-tests will also check your knowledge of cultural concepts. Organized by lesson, the self-tests quickly enable you to determine what material you have already mastered and which concepts you need to target for further review. An answer key for immediate verification is provided in Appendix D of the student textbook.

## Reference Materials

The following sections provide you with useful reference tools throughout the course.

- **Maps.** Up-to-date maps of the Hispanic world appear on the inside front and back covers of the textbook for quick reference.
- **Appendices.** Appendix A summarizes the sounds and key pronunciation features of the Spanish language, with abundant examples. Conjugations of high-frequency regular, stem-changing, and irregular Spanish verbs constitute Appendix B. Appendix C is a glossary of all grammatical terms used in the text, with examples. Appendix D is the answer key to the *Tome este examen* self-tests.
- **Vocabularies.** Spanish-English and English-Spanish glossaries list all active, core vocabulary introduced in the dialogues and the *Amplíe su vocabulario* and grammar sections, as well as the passive vocabulary employed in the readings and the *El mundo hispánico* section. The number following each entry indicates the lesson in which it first appears.
- **Index.** An index provides ready access to all grammatical structures presented in the text.

# Supplementary Materials for the Student

## In-Text Audio CD

A free 90-minute In-Text *Audio CD* containing recordings of all the lesson opener-dialogues and pronunciation sections is packaged with each copy of the *Student Edition*. This *In-Text Audio CD* is designed to maximize your exposure to the sounds of natural spoken Spanish and to help improve pronunciation. It is designed so you can use it outside of class or in the Language Laboratory.

## Student Activities Manual (SAM)

Each lesson of the *Student Edition* is correlated to the corresponding lesson in the *Student Activities Manual (SAM)*. The *Workbook* section offers a variety of writing activities—sentence completion, matching, sentence transformation, and illustration-based exercises—that provide further practice and reinforcement of concepts presented in the textbook. Each lesson includes a crossword puzzle for vocabulary review and a reading comprehension passage. Writing strategies and topics appear in each lesson to further writing skills. In the Seventh Edition extra activities have been added to the workbook sections and new attention has been given to the cultural targets of each lesson. An answer key for all written exercises is available at your instructor's discretion. The *Laboratory Manual* section opens with an Introduction to Spanish Sounds designed to make learners aware of the differences between Spanish and English pronunciation. Each regular lesson of the *Laboratory Manual* includes pronunciation, structure, listening- and speaking practice, illustration-based listening comprehension, and dictation exercises to be used in conjunction with the audio program.

## SAM Audio Program

Pronunciation exercises at the beginning of each lesson feature practice of isolated sounds; global pronunciation practice is also provided. The textbook dialogues then appear as listening and pronunciation exercises in each lesson. They are followed by comprehension questions on the dialogues, structured grammar exercises (one for each point in the lesson), a listening comprehension activity, and a dictation. Answers to all exercises, except the dictation, are provided on the SAM Audio CDs.

 ## Video

The video features footage of locations presented in the *El mundo hispánico* section. The footage in each lesson consists of two parts, each part being approximately two to four minutes long. In the first part you will view a situational dialogue featuring recurring characters demonstrating everyday life. In the second part you will be able to see and hear country-specific footage for selected countries, ethnic groups, and regions presented in the units. Both parts are designed to develop your listening skills and cultural awareness as you view diverse images of the Hispanic world and Hispanic life and lifestyles. Pre-viewing, post-viewing, and expansion activities along with active vocabulary lists are correlated to each video segment and are located at the *Online Study Center*.

## Online Multimedia eBook

 The *Online Multimedia eBook* provides students with the entire text online, integrated with links to a wide variety of resources—from audio pronunciations to video clips to Web expansion activities and interactive practice—for a completely interactive experience. By clicking on a link at the relevant point in the text, you can immediately practice and reinforce what you have learned. A real-time voice chat feature allows you to complete pair and group activities with other students. The *Online Multimedia eBook* is available on Eduspace, Blackboard, and WebCT platforms.

## eSAM

 The electronic version of the *SAM* includes a comprehensive grade book and offers your instructor the ability to make assignments and track your performance. The audio associated with the Lab section of the *SAM* is also included.

## Online Study Center *Online Study Center*
## (college.hmco.com/PIC/holaamigos7e)

The *Online Study Center* includes the following components:

- *Audio Flashcards:* Flashcards with integrated audio help students learn the chapter's new vocabulary.
- *Web Search Activites:* These activities are designed to give you further practice with lesson vocabulary and grammar while exploring existing Spanish-language websites.

- *In-Text Audio:* Audio files from the *In-Text Audio CD,* provided in .mp3 format.
- *ACE Practice Tests:* Practice activities covering vocabulary, grammar, and video material. Additional language skills practice is also available.

## Acknowledgments

As always, we wish to express appreciation to the users of *¡Hola, amigos!* who have provided feedback on their experience with the program and to the following colleagues for the many valuable suggestions they offered in their reviews of this and previous editions of *¡Hola, amigos!*

Amparo Font, Saddleback College
Pilar Hernández, Arizona Western College
Channing Horner, Northeast Missouri State University
Harriet Hutchinson, Bunker Hill Community College
Stephen Richman, Mercer County College
Dr. Tomás Ruiz-Fábrega, Albuquerque Technical Vocational Institute
Dr. Kristin Shoaf, Bridgewater State College
Vincent Spina, Clarion University of Pennsylvania
Susanna Williams, Macomb Community College
Lydia Bernstein, Bridgewater State College
Linda Burk, Manchester Community Technical College
Dimitrios Karayiannis, Southern Illinois University
David Korn, Anderson College
Barbar Kruger, Finger Lakes Community College
Ping Mei Law, McMaster University
Denis Mohan, University of Guelph
Stephen Richman, Mercer County Community College
Mercedes Rowinsky, Wilfred Laurier University
Virginia Vigil, Austin Community College at Rio Grande
Clementina Adams, Clemson University
Peter Alfieri, Salve Regina College
Jane Harrington Bethune, Salve Regina College
Joseph DiPaola, Macomb Community College
Rosita Marcella, Manhattan College
Joel B. Pouwels, University of Central Arkansas
Barbara Ross, Eastern Kentucky University

We also extend our sincere appreciation to the World Language Staff of Houghton Mifflin Company, College Division: Rolando Hernández, Publisher; Glenn A. Wilson, Senior Sponsoring Editor; Eileen Bernadette Moran, Executive Marketing Director; Judith Bach, Senior Development Editor; Amy Johnson, Project Editor; Erin Beasley, Editorial Assistant; and Lorreen Ruth Pelletier, Marketing Assistant.

*Ana C. Jarvis*
*Raquel Lebredo*
*Francisco Mena-Ayllón*

We would like to hear your comments on and reactions to *¡Hola, amigos!,* Seventh Edition. Reports on your experiences using this program would be of great interest and value to us. Please write us care of Houghton Mifflin Company, College Division, 222 Berkeley Street, Boston, MA 02116-3764, or e-mail us at college_mod_lang@hmco.com.

# ¡Hola, amigos!

# Unidad 1

## Objetivos

### Lección 1

- Introduce yourself
- Greet and say good-bye to others
- Name colors
- Describe your classroom
- Describe people
- Request and give telephone numbers
- Express possession
- Give and request information regarding nationality and place of residence

### Lección 2

- Discuss the courses you and your classmates are taking
- Order beverages
- Request and give the correct time
- Name the day of the week, months, and seasons
- Talk about your activities and what you have to do

Tres estudiantes universitarios se reúnen después de (*after*) las clases para ir *(to go)* a un café.

# Los estudiantes universitarios

**Lección 1**
¡Bienvenidos!

**Lección 2**
Nuestras clases

## Los mexicoamericanos

Una celebración del Cinco de Mayo con bailes folclóricos de México.

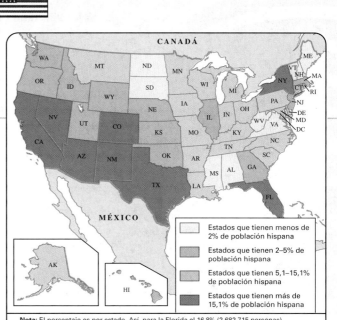

CANADÁ

MÉXICO

AK

HI

| | Estados que tienen menos de 2% de población hispana |
| | Estados que tienen 2–5% de población hispana |
| | Estados que tienen 5,1–15,1% de población hispana |
| | Estados que tienen más de 15,1% de población hispana |

**Nota:** El porcentaje es por estado. Así, para la Florida el 16,8% (2.682.715 personas) de la población estatal es hispana.

**Hispanos en total:** 12,5% (35,3 millones) de la población total de Estados Unidos

Fuente: *U.S. Census 2000*

## Los cubanoamericanos

Bebiendo jugo en una cafeteria cubana en Miami.

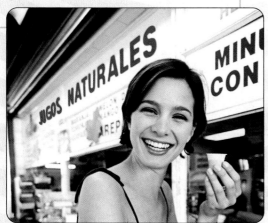

## Los puertorriqueños

Celebrando el Día de Puerto Rico con un desfile en la ciudad de Chicago.

3

### 🎧 En la Universidad de California, en Los Ángeles

*David, un chico norteamericano, habla con Lupe,*
*una chica mexicana.*

David    Buenos días, Lupe, ¿cómo estás?
Lupe    Bien, ¿y tú? ¿Qué hay de nuevo?
David    No mucho. Oye, Lupe, ¿cuál es tu número de teléfono?
Lupe    Dos-trece-siete-veintiocho-quince-treinta y tres.[1]
David    ¿Cuál es tu dirección?
Lupe    Calle Alvarado, número diecisiete-once.
David    Gracias. Hasta mañana.
Lupe    Adiós.

*El doctor[2] Acosta habla con una estudiante.*

Nora    Buenas tardes, profesor.
Profesor    Buenas tardes, señorita. ¿Cómo se llama usted?
Nora    Me llamo Nora Ballester.
Profesor    Mucho gusto.
Nora    El gusto es mío.
Profesor    ¿De dónde es usted?
Nora    Yo soy de San Antonio, Texas.

## Detalles culturales

Se usa "**hola**" con personas conocidas (*known*), no con extraños (*strangers*).

◆ **¿Cómo saludan ustedes (*do you greet*) al profesor?**

## Detalles culturales

"**Señorita**" se usa solamente (*only*) para referirse a mujeres (*women*) que nunca se han casado. No existe un equivalente de *Ms.*

◆ **En los Estados Unidos, ¿qué título se usa para referirse a mujeres divorciadas, por ejemplo?**

---

[1]Phone numbers can also be mentioned one by one: **dos-uno-tres-siete-dos-ocho-uno-cinco-tres-tres.**
[2]In Spanish, titles are not capitalized when used with a last name unless they are abbreviated: **señor Fernández,** but **Sr. Fernández.**

*Sergio habla con Teresa en la biblioteca.*

| | |
|---|---|
| Sergio | Hola, Teresa, ¿qué tal? |
| Teresa | Muy bien, ¿y tú? |
| Sergio | Más o menos. Oye… tu compañera de cuarto es muy bonita… |
| Teresa | ¿Ana María? Sí, es una chica muy bonita y muy simpática. |
| Sergio | ¡Muy interesante! ¿Es inteligente? |
| Teresa | Sí… ¡y rica! |
| Sergio | ¡Caramba! ¡Es perfecta! Bueno, nos vemos esta noche. Saludos a Ana María. |
| Teresa | Hasta luego. |

*La profesora Rivas habla con los estudiantes en la clase de español.*

| | |
|---|---|
| Profesora | Buenas noches. ¿Cómo están ustedes? |
| Estudiantes | Bien, gracias. |
| David | Profesora, ¿cómo se dice "*book*" en español? |
| Profesora | Se dice **"libro"**. |
| David | Muchas gracias. |
| Profesora | De nada. |

*how do you say?*

## Detalles culturales

**María** es un nombre muy popular en España y en Latinoamérica. Se usa (*It's used*) frecuentemente con otros nombres: **Ana María, María Isabel**, etc. También (*Also*) se usa como segundo nombre para los hombres: **José María**.

◆ **¿Qué nombres son populares en este país?**

# ¿Recuerda usted? (*Do you remember?*)

**¿Verdadero o falso?** (*True or false?*) With a partner, decide whether the following statements about the dialogues are true (**verdadero**) or false (**falso**).

1. David es norteamericano.  ☐ V  ☐ F
2. La dirección de Lupe es Calle Alameda, número once-diecisiete.  ☐ V  ☐ F
3. El doctor Acosta es profesor.  ☐ V  ☐ F
4. Nora es de San Francisco.  ☐ V  ☐ F
5. Sergio habla con Teresa en la clase.  ☐ V  ☐ F
6. Ana María es muy bonita.  ☐ V  ☐ F
7. Ana María es inteligente y simpática.  ☐ V  ☐ F
8. Los estudiantes hablan con la profesora Rivas.  ☐ V  ☐ F

**Y ahora... conteste** (*And now . . . answer*) Answer these questions, basing your answers on the dialogues.

1. ¿Cuál es el número de teléfono de Lupe?
2. ¿Cuál es la dirección de Lupe?
3. ¿De dónde es Nora Ballester?
4. ¿Dónde hablan Sergio y Teresa?
5. ¿Ana María es rica?
6. ¿Cómo se dice "*book*" en español?

5

# Para hablar del tema: Vocabulario

(*To talk about the topic: Vocabulary*)

## Nombres (*Nouns*)

**la biblioteca**  library
**la calle**  street
**la chica, la muchacha**  girl
**el chico, el muchacho**  young man
**la clase**  class
_____ **de español***  Spanish class
**el (la) compañero(a) de cuarto**  roommate
**la dirección***  address
**el español**  Spanish (language)
**el (la) estudiante, el (la) alumno(a)**  student
**el libro**  book
**el número**  number
_____ **de teléfono**  phone number

## Adjetivos (*Adjectives*)

**bienvenido(a)**  welcome
**bonito(a), lindo(a)**  pretty[1]
**inteligente**  intelligent
**interesante**  interesting
**mexicano(a)**  Mexican
**norteamericano(a)**[2]  North American (*from the U.S.*)

**perfecto(a)**  perfect
**rico(a)**  rich
**simpático(a)**  charming, nice, fun to be with
**universitario(a)**  (related to) college

## Títulos (*Titles*)

**doctor (Dr.)**  doctor (*m.*)
**doctora (Dra.)**  doctor (*f.*)
**profesor(a)**  professor
**señor (Sr.)**  Mr., sir, gentleman
**señora (Sra.)**  Mrs., madam, lady
**señorita (Srta.)**  miss, young lady

## Otras palabras y expresiones (*Other words and expressions*)

**bueno...**  well . . . , okay
**¡Caramba!**  Gee!
**¿Cómo?**  How?
**con**  with
**¿Cuál es tu número de teléfono?**  What's your phone number?
**¿Dónde?**  Where?
**en**  at, in, on
**esta noche**  tonight
**habla**  he/she speaks

**hay**  there is, there are
**muy**  very
**no**  no, not
**oye**  listen
**ser**  to be
**sí**  yes
**tu**  your
**y**  and
**¿Y tú?**  And you?

## Expresiones de cortesía (*Polite expressions*)

**Mucho gusto.***  It's a pleasure to meet you. (How do you do?)
**El gusto es mío.**  The pleasure is mine.
**Gracias.**  Thanks.
**Muchas gracias.**  Thank you very much.
**De nada.***  You're welcome.

### De país a país

**la clase de español**  la clase de castellano (*Esp., Cono Sur*)
**la dirección**  el domicilio (*Méx.*)
**Mucho gusto**  Encantado(a) (*Arg., Cuba*) (The response is **igualmente**)
**de nada**  por nada (*Méx.*)
**¿Cómo?**  ¿Mande? (*Méx.*)
**marrón**  café (*Méx.*); carmelita (*Cuba*)
**la computadora**  el ordenador (*Esp.*)

## Algunos saludos y despedidas (*Some greetings and farewells*)

**Buenos días.**  Good morning.
**Buenas tardes.**  Good afternoon.
**Buenas noches.**  Good evening; Good night.
**Hola.**  Hello; Hi.
**¿Qué hay de nuevo?**  What's new?
**¿Qué tal?**  How is it going?

**Adiós.**  Good-bye.
**Hasta luego.**  (I'll) see you later.
**Hasta mañana.**  (I'll) see you tomorrow.
**Nos vemos.**  (I'll) see you.
**Saludos a...**  Say hi to . . .

# Amplíe su vocabulario (*Expand your vocabulary*)

## Más despedidas y expresiones de cortesía (*More farewells and polite expressions*)

Chau. Bye.

¿Cómo?* Pardon? (*when one doesn't understand or hear what is being said*)

Hasta la vista. (I'll) see you around.

Lo siento. I'm sorry.

Más despacio, por favor. More slowly, please.

Pase. Come in.

Perdón. Sorry. Pardon me.

Permiso. Excuse me. (i.e. *when going through a crowded room*)

Por favor. Please.

Tome asiento. Have a seat.

### Colores (*Colors*)

| | |
|---|---|
| amarillo yellow | azul blue |
| gris gray | morado purple |
| rojo red | verde green |
| anaranjado orange | blanco white |
| marrón brown | negro black |
| rosado pink | |

## Vocabulario para la clase (*Vocabulary for the class*)

la pizarra · el reloj · la ventana · la tablilla de anuncios · la puerta · el lápiz

la luz · el mapa · el borrador · la tiza · la silla · el papel · *la computadora · el escritorio

el cesto de papeles · la pluma el bolígrafo · el reloj · el libro · el cuaderno · la mochila

*Spanish is spoken in more than 20 countries, and different countries may use different words to refer to the same thing. The section **De país a país** includes variations corresponding to the words marked with asterisks in the vocabularies throughout the book.

[1]When referring to men, **guapo** (*handsome*) is used.

[2]In formal situations, **estadounidense** is used to denote U.S. citizenship.

# Para practicar el vocabulario
(*To practice vocabulary*)

**A. Los estudiantes** Complete each sentence, using vocabulary from **Lección 1.**

1. ¿Cómo te _____ tú? ¿María?
2. ¿Cómo se _____ *"window"* en español?
3. El _____ es mío, profesora.
4. La señora Ariet _____ con los alumnos en español.
5. ¿De dónde _____ usted? ¿De México?
6. ¿Cómo _____ usted? ¿Bien?
7. En la clase hay un profesor y veinte _____.
8. Viviana es una _____ bonita, inteligente y _____. ¡Y es rica! ¡Es _____!
9. ¿Fernando es tu _____ de cuarto?
10. Adiós. _____ a Norma.

**B. Yo soy el anfitrión (la anfitriona)** (*I'm the host/hostess*) You are having a party in the evening. What are you going to say to the following people in each situation?

1. You open the door to one of your guests. Greet him and ask him to come in and have a seat.
2. You go back to the kitchen, walking through your crowded living room. You accidentally push someone.
3. You didn't understand a word that one of your guests said. She is talking very fast.
4. One of your guests brings a friend whom he introduces to you.
5. Three of your guests are leaving: your best friend, an acquaintance that you'll probably see again, and a lady who will be returning to the party.

**C. ¡Somos pintores!** (*We are painters!*) You are explaining to a group of children what colors you need to mix to get the following colors.

1. anaranjado
2. verde
3. morado
4. gris
5. rosado

**D. ¿Qué color te gusta?** To ask someone whether he or she likes something, you say: "**¿Te gusta...?**"[1] To say that you like something, say: "**Me gusta...**" Conduct a survey of your classmates to find out which color is the most popular in class, following the model.

◆ MODELO: —¿Qué color te gusta?
—*Me gusta el color rojo.*

---

[1] When addressing someone as **usted,** use "**¿Le gusta...?**"

**E. ¿Qué necesitamos?** (*What do we need?*)   Explain what object or objects you and your classmates need for each purpose listed. Begin each sentence with **Necesitamos** (*We need*).

1. to write on
2. to see when the room is dark
3. to write with and to erase with
4. to sit in class
5. to place or post ads, notices, or bits of news
6. to throw away used papers
7. to carry books and notebooks
8. to study geography
9. to send e-mail
10. to know what time it is
11. to get in or out of the classroom
12. to see what's going on outside

**F. ¿Necesitas algo?** (*Do you need anything?*)   With a partner, ask each other whether you need certain objects. Name ten items. When asking, point to the item or offer it. When answering, tell what you do need if you answer **no.** Follow the model.

◆ MODELO:   —*¿Necesitas el mapa?*  (Do you need the map?)
　　　　　　—*Sí, necesito el mapa.*  (Yes, I need the map.)
　　　　　　(*No, necesito la pizarra.*)  (No, I need the board.)

## Pronunciación (*Pronunciation*)

**Las vocales** (*vowels*) *a, e, i, o, u*[1]   Spanish vowels are constant, clear, and short. To practice the sound of each vowel, repeat the following words.

| | | | |
|---|---|---|---|
| **a** | mapa | sábado | hasta mañana |
| | hablar | trabajar | de nada |
| **e** | mes | leche | estudiante |
| | este | Pepe | semestre |
| **i** | silla | libro | universidad |
| | tiza | lápiz | señorita |
| **o** | doctor | Soto | los profesores |
| | donde | borrador | domingo |
| **u** | mujer | alumno | universidad |
| | gusto | lunes | computadora |

---

[1] See Appendix A for a complete introduction to Spanish pronunciation.

# Puntos para recordar

## 1. Gender and number of nouns
### (*Género y número de los nombres*)

### Gender, part I

- In Spanish, all nouns—including those denoting nonliving things—are either masculine or feminine in gender.[1]

| Masculine | Feminine |
|-----------|----------|
| el profesor | la profesora |
| el cuaderno | la tiza |
| el lápiz | la ventana |

- Most nouns that end in **-o** or denote males are masculine: **cuaderno, hombre** (*man*).
- Most nouns that end in **-a** or denote females are feminine: **ventana, mujer** (*woman*).

**¡Atención!** Some common exceptions include the words **día** (*day*) and **mapa** (*map*), which end in **-a** but are masculine, and **mano** (*hand*), which ends in **-o** but is feminine.

- Here are some helpful rules to remember about gender.
  - Some masculine nouns ending in **-o** have a corresponding feminine form ending in **-a: el secretario / la secretaria.**
  - When a masculine noun ends in a consonant, you often add **-a** to obtain its corresponding feminine form: **el doctor / la doctora.**
  - Some nouns have the same form for both genders: **el estudiante / la estudiante.** In such cases, gender is indicated by the article **el** (masculine) or **la** (feminine).

---

[1]See Appendix C for a glossary of grammatical terms.

# Práctica (*Practice*)

**¿Masculino o femenino?** *Place* **el** *or* **la** *before each noun.*

1. ____ mapa
2. ____ tiza
3. ____ escritorio
4. ____ secretaria
5. ____ silla
6. ____ profesora

7. ____ pizarra
8. ____ libro
9. ____ mujer
10. ____ puerta
11. ____ ventana
12. ____ bolígrafo

13. ____ hombre
14. ____ día
15. ____ secretario
16. ____ mano
17. ____ computadora
18. ____ profesor

## Plural forms of nouns

Spanish singular nouns are made plural by adding **-s** to words ending in a vowel and **-es** to words ending in a consonant. When a noun ends in **-z**, change the **z** to **c** and add **-es.**

| *Singular* | *Plural* |
|---|---|
| silla | sillas |
| estudiante | estudiantes |
| profesor | profesores |
| borrador | borradores |
| lápiz | lápices |

**¡Atención!** When an accent mark falls on the *last* syllable of a word that ends in a consonant, it is omitted in the plural form:

lec**ción** → lec**ciones**[1]

# Práctica

**¿Cuál es el plural?** *Give the plural of the following nouns.*

1. mapa
2. profesor
3. tiza
4. lápiz

5. ventana
6. mochila
7. lección
8. escritorio

9. borrador
10. día
11. luz
12. papel

# 2. Definite and indefinite articles
## (*Artículos determinados e indeterminados*)

### The definite article[2]

Spanish has four forms that are equivalent to the English definite article *the*.

---

[1]For an explanation of written accent marks, refer to Appendix A.
[2]See Appendix C.

**Online Study Center**

For more practice with lesson topics, see the related activities on the *¡Hola, amigos!* web site at college.hmco.com/PIC/holaamigos7e.

**Online Study Center**

For more practice with lesson topics, see the related activities on the *¡Hola, amigos!* web site at college.hmco.com/PIC/holaamigos7e.

|           | Singular | Plural |
|-----------|----------|--------|
| *Masculine* | **el** | **los** |
| *Feminine*  | **la** | **las** |

**el** profesor      **la** profesora
**el** lápiz        **la** pluma
**los** profesores    **las** profesoras
**los** lápices      **las** plumas

**¡Atención!** Always learn new nouns with their corresponding definite articles—this will help you remember their gender.

## The indefinite article[1]

The Spanish equivalents of *a* (*an*) and *some* are as follows:

|           | Singular |      | Plural |      |
|-----------|----------|------|--------|------|
| *Masculine* | **un**  | a, an | **unos** | some |
| *Feminine*  | **una** | a, an | **unas** | some |

**un** libro      **unos** libros
**un** profesor    **unos** profesores
**una** silla      **unas** sillas
**una** ventana    **unas** ventanas

***Online Study Center***

For more practice with lesson topics, see the related activities on the *¡Hola, amigos!* web site at college.hmco.com/PIC/holaamigos7e.

## Práctica

**A.** **¿Qué es?** For each of the following illustrations, identify the noun together with its corresponding definite and indefinite articles.

1. _____      2. _____      3. _____

4. _____      5. _____      6.

     _____

---

[1]See Appendix C.

7. _____  8. _____  9. _____  10. _____

**B.  ¿Qué necesitas?**  With a partner, go to p. 7 (*Vocabulario para la clase*) and, using indefinite articles, take turns indicating what you need. Name twelve items.

◆ MODELO:  *Necesito una silla.*

## 3. Subject pronouns (*Pronombres personales usados como sujetos*)[1]

| Singular | | Plural | |
|---|---|---|---|
| **yo** | I | **nosotros** | we (*m.*) |
| | | **nosotras** | we (*f.*) |
| **tú** | you (*familiar*) | **vosotros** | you (*m., familiar*) |
| | | **vosotras** | you (*f., familiar*) |
| **usted** | you (*formal*) | **ustedes** | you (*formal, familiar*[2]) |
| **él** | he | **ellos** | they (*m.*) |
| **ella** | she | **ellas** | they (*f.*) |

◆ Use the **tú** form as the equivalent of *you* when addressing a close friend, a relative, or a child. Use the **usted** form in *all* other instances. In most Spanish-speaking countries, young people tend to call each other **tú,** even if they have just met.

◆ In Latin America, **ustedes** (abbreviated **Uds.**) is used as the plural form of both **tú** and **usted** (abbreviated **Ud.**). In Spain, however, the plural form of **tú** is **vosotros(as).**

◆ The masculine plural forms **nosotros, vosotros,** and **ellos** can refer to the masculine gender alone or to both genders together:

Juan y Roberto → **ellos**      Juan y María → **ellos**

◆ Unlike English, Spanish does not generally express *it* or *they* as separate words when the subject of the sentence is a thing.

**Es una mesa.**      *It is a table.*

---

[1]See Appendix C.
[2]In Latin America.

**Online Study Center**

For more practice with lesson topics, see the related activities on the *¡Hola, amigos!* web site at college.hmco.com/PIC/holaamigos7e.

## Práctica

**A. ¿Quiénes son?** What subject pronouns do the following pictures suggest to you?

1. _____

2. _____

3. _____

4. _____

5. _____

6. _____

7. _____

8. _____

9. _____

**B. ¿Tú, Ud. o Uds.?** What pronoun would you use to address the following people?

1. the president of the university
2. two strangers
3. your best friend
4. your mother
5. a new classmate
6. your neighbor's children

# 4. Present indicative of *ser* (*Presente de indicativo del verbo* ser )[1]

The verb **ser** (*to be*) is irregular. Its forms must therefore be memorized.

| yo | soy | I am |
|---|---|---|
| tú | eres | you (*fam.*) are |
| Ud. | | you (*form.*) are |
| él } | es | he is |
| ella | | she is |
| nosotros(as) | somos | we are |
| vosotros(as) | sois | you (*fam.*) are |
| Uds. | | you are |
| ellos } | son | they (*masc.*) are |
| ellas | | they (*fem.*) are |

—Ud. **es** el doctor Rivas, ¿no?  "***You are*** *Dr. Rivas, right?*"
—No, **soy** el profesor Soto.  "*No,* ***I'm*** *professor Soto.*"

—¿De dónde **son** Uds.?  "*Where* ***are you*** *(all) from?*"
—**Somos** de Los Ángeles. ¿De  "***We are*** *from Los Angeles.*
 dónde **eres** tú?  *Where* ***are you*** *from?*"
—Yo **soy** de Texas.  "***I am*** *from Texas.*"
—¿Y Silvia?  "*And Silvia?*"
—Ella **es** de Arizona.  "***She is*** *from Arizona.*"

> Y..., ¿Ud. es residente...?

---
[1]See Appendix C.

**Online Study Center**

For more practice with lesson topics, see the related activities on the *¡Hola, amigos!* web site at college.hmco.com/PIC/holaamigos7e.

## Práctica y conversación

**A. ¿De dónde son?** Miss Soto works in the Admissions Office and these out-of-state students are telling her where they are from. Using the verb **ser,** complete what they are saying.

1. David / Arizona
2. Yo / Colorado
3. Ana y Eva / Utah
4. Guadalupe / Nuevo México
5. Nosotros / Oregón
6. Raúl y Ángel / Idaho

Now indicate what Miss Soto would say to a girl, an older gentleman, and two young men to ask them where they are from.

**B. Compañeros de clase** (*Classmates*)  In groups of three or four, ask each other where you are from. Be prepared to have one person report to the class.

# 5. Forms of adjectives and agreement of articles, nouns, and adjectives
## (*La formación de adjetivos y la concordancia de artículos, nombres y adjetivos*)

### Forms of adjectives[1]

♦ Most adjectives in Spanish have two basic forms: the masculine form ending in -**o** and the feminine form ending in -**a.** Their corresponding plural forms end in -**os** and -**as,** respectively.

| | |
|---|---|
| profesor mexican**o** | profesores mexican**os** |
| profesora mexican**a** | profesoras mexican**as** |
| chico simpátic**o** | chicos simpátic**os** |
| chica simpátic**a** | chicas simpátic**as** |

♦ When an adjective ends in -**e** or a consonant, the same form is normally used with both masculine and feminine nouns.

| | |
|---|---|
| muchacho inteligent**e** | muchacha inteligent**e** |
| libro difíc**il** (*difficult*) | clase difíc**il** |

♦ The only exceptions are as follows:
  ♦ Adjectives of nationality that end in a consonant have feminine forms ending in -**a.**

| | |
|---|---|
| señor españo**l** (*Spanish*) | señora español**a** |
| señor inglé**s** (*English*) | señora ingle**sa** |

♦ In forming the plural, adjectives follow the same rules as nouns.

mexican**o** → mexican**os**
feli**z** (*happy*) → feli**ces**
difíc**il** → difíc**iles**

---

[1]See Appendix C.

## Position of adjectives

♦ In Spanish, adjectives that describe qualities (*pretty, smart,* and so on) generally *follow* nouns, while adjectives of quantity precede them: Hay **dos** chicas **bonitas.**

## Agreement of articles, nouns, and adjectives

♦ In Spanish, the article, the noun, and the adjective agree in gender and number.

| | |
|---|---|
| **El** muchach**o** es simpátic**o.** | **Los** muchach**os** son simpátic**os.** |
| **La** muchach**a** es simpátic**a.** | **Las** muchach**as** son simpátic**as.** |

## Práctica y conversación

**Online Study Center**

For more practice with lesson topics, see the related activities on the *¡Hola, amigos!* web site at college.hmco.com/PIC/holaamigos7e.

Study these common adjectives that are used to describe people, places, or things.

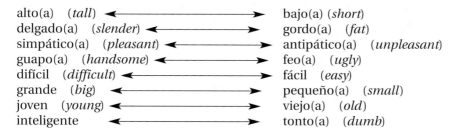

alto(a)  (*tall*)  ⟷  bajo(a) (*short*)
delgado(a)  (*slender*)  ⟷  gordo(a)  (*fat*)
simpático(a)  (*pleasant*)  ⟷  antipático(a)  (*unpleasant*)
guapo(a)  (*handsome*)  ⟷  feo(a)  (*ugly*)
difícil  (*difficult*)  ⟷  fácil  (*easy*)
grande  (*big*)  ⟷  pequeño(a)  (*small*)
joven  (*young*)  ⟷  viejo(a)  (*old*)
inteligente  ⟷  tonto(a)  (*dumb*)

**A. ¿Cómo son...?**  With a partner, take turns asking and answering the following questions. In your answers, contradict what is stated.

♦ **MODELO:** —¿Eva es tonta?
—¡Al contrario (On the contrary)*! Es muy inteligente.*

1. ¿Los chicos son bajos?
2. ¿Elena es joven?
3. ¿Eva y Gloria son antipáticas?
4. ¿Luis y Francisco son feos?
5. ¿Elsa es gorda?
6. ¿Las lecciones son fáciles?
7. ¿Las casas (*houses*) son grandes?
8. ¿Ellos son inteligentes?

**B. Para conversar (*To talk*)**  With a partner, take turns asking each other what these people are like. Ask: **¿Cómo es...?** (*What is . . . like?*)

1. Brad Pitt
2. Danny De Vito
3. Ricky Martin
4. Jennifer López
5. Roseanne
6. Leonardo Di Caprio
7. Cameron Díaz
8. Penélope Cruz

# 6. The alphabet (El alfabeto)[1]

| Letter | Name | Letter | Name | Letter | Name |
|--------|------|--------|------|--------|------|
| a | a | j | jota | r | ere |
| b | be | k | ca | rr | erre |
| c | ce | l | ele | s | ese |
| d | de | m | eme | t | te |
| e | e | n | ene | u | u |
| f | efe | ñ | eñe | v | ve |
| g | ge | o | o | w | doble ve |
| h | hache | p | pe | x | equis |
| i | i | q | cu | y | i griega |
| | | | | z | zeta |

**Online Study Center**

For more practice with lesson topics, see the related activities on the *¡Hola, amigos!* web site at college.hmco.com/PIC/holaamigos7e.

## Práctica y conversación

**A. Siglas** *(Acronyms)* With a partner, take turns reading the following acronyms in Spanish.

1. FBI _____
2. CIA _____
3. IBM _____
4. D. C. _____
5. NAACP _____
6. NBA _____

**B. Apellidos** *(Last names)* In groups of three or four, ask each person in the group what his/her last name is and how to spell it.

◆ MODELO: *¿Cuál es tu apellido?*
*¿Cómo se deletrea?*

# 7. Numbers 0 to 39 (Números de 0 a 39)

Learn the Spanish numbers from zero to thirty-nine.

| | | |
|---|---|---|
| 0 cero | 7 siete | 14 catorce |
| 1 uno | 8 ocho | 15 quince |
| 2 dos | 9 nueve | 16 dieciséis[2] |
| 3 tres | 10 diez | 17 diecisiete |
| 4 cuatro | 11 once | 18 dieciocho |
| 5 cinco | 12 doce | 19 diecinueve |
| 6 seis | 13 trece | 20 veinte |

_____

[1]For a complete introduction to Spanish sounds, see Appendix A, p. 346, which appears on the in-text audio CDs.
[2]The numbers sixteen to nineteen and twenty-one to twenty-nine can also be spelled with a **y** (*and*): **diez y seis, diez y siete… veinte y uno, veinte y dos,** and so on. The pronunciation of each group of words, however, is identical to the corresponding word spelled with the **i.**

| | | |
|---|---|---|
| 21 veintiuno | 28 veintiocho | 35 treinta y cinco |
| 22 veintidós | 29 veintinueve | 36 treinta y seis |
| 23 veintitrés | 30 treinta | 37 treinta y siete |
| 24 veinticuatro | 31 treinta y uno | 38 treinta y ocho |
| 25 veinticinco | 32 treinta y dos | 39 treinta y nueve |
| 26 veintiséis | 33 treinta y tres | |
| 27 veintisiete | 34 treinta y cuatro | |

**¡Atención!** **Uno** changes to **un** before a masculine singular noun: **un libro** (*one book*). **Uno** changes to **una** before a feminine singular noun: **una silla** (*one chair*).

**Online Study Center**

For more practice with lesson topics, see the related activities on the *¡Hola, amigos!* web site at college.hmco.com/PIC/holaamigos7e.

## Práctica y conversación

**A. Números de teléfono**   Say the telephone number of each of the following people.

| NOMBRES | TELÉFONOS |
|---|---|
| María Luisa Pagán | 325-4270 |
| José María Pereyra | 476-0389 |
| Teresita Peña | 721-4693 |
| Amanda Pidal | 396-7548 |
| Ángel Pardo | 482-3957 |
| Benito Paredes | 396-1598 |
| Raquel Parra | 476-8539 |
| Tito Paz | 721-0653 |
| David Pizarro | 482-7986 |
| María Inés Pinto | 396-8510 |

**B. ¿Cuál es tu número de teléfono?**   Ask three or four of your classmates for their names and phone numbers. Write down the response and show it to each one, asking, **¿Está bien?** (*Is it okay?*). He or she will say **"sí"** or **"no"** and will correct any mistakes.

**C. Sumas y restas** (*Additions and subtractions*)   Learn the following mathematical terms; then, with a partner, take turns adding and subtracting.

+ más     − menos     = son

◆ **MODELO:**  $7 + 4 = 11$     (Siete más cuatro son once.)
         $20 − 6 = 14$     (Veinte menos seis son catorce.)

1. $20 + 15 =$
2. $16 − 11 =$
3. $17 − 13 =$
4. $11 + 16 =$
5. $19 + 11 =$
6. $13 − 8 =$
7. $30 − 12 =$
8. $18 + 18 =$
9. $23 − 14 =$
10. $17 + 13 =$

# Entre nosotros[1]

## ¡Conversemos!

**Para conocernos mejor** (*To get to know each other better*)   Get to know your partner better by asking each other the following questions.

1. ¿Cómo te llamas?
2. ¿Cómo estás?
3. ¿Eres norteamericano(a)?
4. ¿De dónde eres?
5. ¿Cuál es tu número de teléfono?
6. ¿Cuál es tu dirección?
7. ¿Quién (*Who*) es tu profesor(a) favorito(a)?
8. ¿Cómo es tu mejor amigo(a) (*best friend*)?

**Una encuesta** (*A survey*)   Interview your classmates to identify who fits the following descriptions. Include your instructor, but remember to use the **Ud.** form when addressing him or her.

Nombre

1. Es muy paciente.
2. Es inteligente.
3. Es muy liberal.
4. Es conservador(a).
5. Es popular.
6. Es eficiente.
7. Es perfeccionista.
8. Es atlético(a).
9. Es optimista.
10. Es pesimista.

**Y ahora...**   Write a brief summary, indicating what you have learned about your classmates.

---

[1]*Among us*

**¿Cómo lo decimos?** (*How do we say it?*)   What would you say in the following situations? What might the other person say? Act out the scenes with a partner.

1. You meet Mrs. García in the evening and you ask her how she is.
2. You ask Professor Vega how to say "I'm sorry" in Spanish.
3. You ask a young girl what her name is.
4. You ask a classmate what her roommate is like.
5. You ask a classmate where he or she is from.
6. You say good-bye to someone you expect to see at some point in the future.
7. You ask a friend how he or she is and what is new with him or her.
8. You offer Miss Vega a seat and then ask her what her address is.
9. You didn't understand what someone said. He or she is speaking too fast.
10. You are going through a crowded room. You stepped on someone's foot.
11. Someone is introduced to you.
12. You ask a classmate what his/her phone number is.

**¿Qué pasa aquí?** (*What's going on here?*)   With a partner, look at the photograph on page 1 and create a dialogue between two of the people in the photo. The two people should greet each other, introduce themselves and tell where they're from.

## Para escribir (*To write*)

**Un mensaje electrónico**   A new cyber friend wants to know what you are like. Write him/her an e-mail, describing yourself with as much detail as you can. At the end, ask your new friend for a description.

## Un dicho

*Saber es poder.*

This is a popular saying in Spanish. Find out what it means. Does it have an equivalent in English? Learn it in Spanish. You might want to make it part of your philosophy . . .

# Lección 2 • Nuestras clases

*Lisa, una chica norteamericana, habla con Alina, su nueva compañera de cuarto, que es cubanoamericana. Las dos estudian en la Universidad Internacional de la Florida, en Miami.*

**Lisa**   Alina, ¿cuántas clases tomas este semestre?

**Alina**   Tomo cinco clases: inglés, matemáticas, física, psicología y biología. ¿Y tú?

**Lisa**   Yo tomo historia, literatura y español.

**Alina**   ¿Español? ¡Buena idea!, pero solamente tomas tres asignaturas.

**Lisa**   Sí, porque yo trabajo los lunes, miércoles y viernes por la tarde porque necesito dinero.

**Alina**   Yo también, pero trabajo en el verano, de julio a septiembre.

**Lisa**   Tú tomas materias muy difíciles.

**Alina**   Sí, pero todas mis clases son requisitos… además, la clase de psicología es fácil.

**Lisa**   Pues, Alina, tu vida es muy aburrida. ¡Vamos a la playa!

## Detalles culturales

En la mayoría de los países hispanos, el año escolar (*school year*) no se divide en semestres o trimestres; dura (*it lasts*) nueve meses. Los requisitos generales se toman en la escuela secundaria. En la universidad los estudiantes se concentran en su propio campo (*their own fields*).

◆ **En esta universidad, ¿el año escolar se divide en semestres o en trimestres?**

## Detalles culturales

En los países de habla hispana, muchos estudiantes estudian con un(a) compañero(a) o en grupos. Generalmente viven con su familia o en pensiones. Hay muy pocas residencias universitarias (*dormitories*).

◆ **¿Cómo estudian los estudiantes en los Estados Unidos?**

22

*Miguel habla con su amigo Pablo, un chico puertorriqueño. Los dos conversan en la cafetería de la universidad.*

Miguel   ¿Deseas tomar una taza de café?

Pablo   No, un vaso de leche. Yo no tomo café. Oye, ¿qué hora es?

Miguel   Es la una y media. ¿Por qué?

Pablo   Porque a las dos de la tarde hay un programa de televisión muy interesante.

Miguel   ¡Ah! Necesito mi horario de clases.

Pablo   Aquí está. Nuestra clase de química es a las cuatro en el aula[1] ciento noventa y cinco.

Miguel   ¿A qué hora terminan tus clases hoy?

Pablo   A las ocho de la noche.

Miguel   Estudiamos juntos mañana, ¿verdad?

Pablo   Entonces, ¿mañana no vamos a la playa? Eres un aguafiestas. Bueno, me voy.

# ¿Recuerda usted?

**¿Verdadero o falso?**   With a partner, decide whether the following statements about the dialogues are true (**verdadero**) or false (**falso**).

1. Lisa y Alina son estudiantes universitarias.          □ V   □ F
2. Alina toma cinco requisitos.                           □ V   □ F
3. Lisa trabaja porque necesita dinero.                   □ V   □ F
4. Alina solamente estudia en el verano.                  □ V   □ F
5. La clase de psicología es muy difícil para Alina.      □ V   □ F
6. Pablo es de Cuba.                                      □ V   □ F
7. El programa de televisión es a las dos de la tarde.    □ V   □ F
8. La clase de química es a las cuatro.                   □ V   □ F
9. Pablo termina sus clases a las seis de la tarde.       □ V   □ F
10. Pablo y Miguel estudian juntos.                       □ V   □ F

**Y ahora... conteste**   Answer these questions, basing your answers on the dialogue.

1. ¿Alina es norteamericana o cubanoamericana?
2. ¿Cuántas clases toma Lisa este semestre?
3. ¿Qué días trabaja Lisa?
4. ¿La vida de Alina es muy aburrida?
5. ¿Dónde conversan Miguel y Pablo?
6. ¿Pablo desea tomar café o leche?
7. ¿Miguel necesita el horario de clases o el libro?
8. ¿Dónde es la clase de química?

---

[1]The article **el** is used before a feminine noun that starts with a stressed **a** or **ha.**

# Para hablar del tema: Vocabulario

**Online Study Center**

For more practice with lesson topics, see the related activities on the *¡Hola, amigos!* web site at college.hmco.com/PIC/holaamigos7e.

## Cognados

la biología
la cafetería
cubanoamericano(a)
la física
la historia
la idea
internacional
julio
la literatura
las matemáticas
el programa
la psicología
puertorriqueño(a)
el semestre
septiembre
la televisión

## Nombres

el (la) aguafiestas  spoilsport
el (la) amigo(a)  friend
la asignatura*  course, subject
el aula (*f.*)  classroom
el café  coffee
el dinero*  money
el horario de clases[1]  class schedule
el inglés  English (*language*)
el lunes  Monday
la leche  milk

el miércoles  Wednesday
la noche  night
la playa  beach
el requisito  requirement
la química  chemistry
la tarde  afternoon
la taza  cup
el vaso  (drinking) glass
el verano  summer
la vida  life
el viernes  Friday

## Otras palabras y expresiones

a  at (*with time of day*); to
¿A qué hora...?  (At) What time . . . ?
además  besides
Aquí está  Here it is
¿Cuántos(as)?  How many?
de  of
entonces  then
este semestre  this semester
hay  there is, there are
hoy  today
los (las) dos  both
mañana  tomorrow
Me voy  I'm leaving
no vamos  we are not going

pero  but
por la tarde  in the afternoon
¿Por qué?  Why?
porque  because
pues  then
que  who, that
¿Qué?  What?
¿Qué hora es?  What time is it?
solamente, sólo  only
también  also, too
¿verdad?  right?, true?
y media  half past
ya es tarde  it's already late

---

[1]Spanish uses prepositional phrases that correspond to the English adjectival use of nouns: **horario de clases** (*class schedule*).

| Verbos | Adjetivos |
|---|---|
| **conversar*** to talk, converse | **aburrido(a)** boring |
| **desear** to wish, want | **bueno(a)** good |
| **estudiar** to study | **juntos(as)** together |
| **hablar** to speak | **nuestro(a)** our |
| **necesitar** to need | **nuevo(a)** new |
| **terminar** to end, finish, get through | **todos(as)** all |
| **tomar** to take (*a class*); to drink | |
| **trabajar** to work | |

# Amplíe su vocabulario

## Para pedir bebidas (*Ordering drinks*)

Deseo una taza de
- café
- té — *tea*
- chocolate caliente — *hot chocolate*
- café con leche — *coffee and milk*

Deseo un vaso de
- agua con hielo — *ice water*
- leche
- cerveza — *beer*
- té helado, té frío — *iced tea*

Deseo jugo* de
- manzana — *apple*
- naranja* — *orange*
- tomate
- toronja — *grapefruit*
- uvas — *grapes*

Deseo una copa de vino (*wine*)
- blanco
- rosado — *rosé*
- tinto — *red*

Deseo una botella (*a bottle*) de agua mineral

### De país a país

**la asignatura** la materia (*Arg., Esp.*)
**el dinero** la plata (*Cono Sur, Cuba*)
**conversar** platicar (*Méx.*)
**el jugo** el zumo (*Esp.*)
**la naranja** la china (*Puerto Rico*)

## Más asignaturas (*More course subjects*)

**la administración de empresas** business administration
**la antropología** anthropology
**el arte** art
**las ciencias políticas** political science
**la contabilidad** accounting

**la danza aeróbica** aerobic dance
**la geografía** geography
**la geología** geology
**la informática** computer science
**la música** music
**la sociología** sociology

# Para practicar el vocabulario

### A. Palabras y más palabras  ¿Qué palabra o frase corresponde a lo siguiente?

1. opuesto de día
2. asignatura donde estudiamos novelas y poemas
3. Tiene seis meses.
4. opuesto de invierno
5. clases que necesitamos tomar
6. Lo tomamos con leche.
7. Debemos hacerlo antes de tomar un examen.
8. opuesto de malo
9. sólo
10. *Budweiser*, por ejemplo
11. idioma de Shakespeare
12. opuesto de empezar

### B. Preguntas y respuestas  Match the questions in column *A* with the answers in column *B*.

| A | B |
|---|---|
| 1. ¿Qué clases tomas este semestre? | a. No, blanco. |
| 2. ¿Es difícil la clase de biología? | b. Sí, de julio a septiembre. |
| 3. ¿Tú trabajas? | c. A las ocho de la noche. |
| 4. ¿Trabajas los lunes? | d. Sí, de toronja. |
| 5. ¿Deseas un vaso de leche? | e. No, es aburrido. |
| 6. ¿A qué hora terminas hoy? | f. Química, inglés y física. |
| 7. ¿Deseas vino tinto? | g. No, una taza de café. |
| 8. ¿Deseas jugo? | h. No, los miércoles. |
| 9. ¿Trabajas en el verano? | i. No, es muy fácil. |
| 10. ¿El programa es interesante? | j. Sí, en la biblioteca. |

### C. ¿Qué deciden?  With a partner, take turns offering each other something to drink. Choose what you will have to drink according to the circumstances described in each case. Then indicate your choice, using **Voy a tomar...**

1. You are allergic to citrus fruit.
   a. un vaso de jugo de toronja
   b. un vaso de jugo de manzana
   c. un vaso de jugo de naranja

2. You are very hot and thirsty.
   a. una taza de chocolate caliente
   b. un vaso de té helado
   c. una taza de café

**3.** You don't drink alcohol.
   a. una botella de agua mineral
   b. una botella de cerveza
   c. una copa de vino tinto

**4.** You're having breakfast in Madrid.
   a. una copa de vino rosado
   b. un vaso de agua con hielo
   c. una taza de café con leche

**5.** It's a cold winter night.
   a. un vaso de jugo de uvas
   b. una taza de chocolate caliente
   c. un vaso de leche fría

**D. ¿Qué clases necesito?** With a partner, take turns saying what class(es) you need according to the following situations. Start by saying **Necesito tomar...**

**1.** You need to get in shape.
**2.** You would like to get a job in the business world.
**3.** You need two humanities classes.
**4.** You need three social science classes.
**5.** You know very little about other countries.
**6.** You need to learn about computers.

¿Qué clase cree Ud. que toman estos estudiantes?

## Pronunciación

**Linking**[1]   Practice linking by reading aloud the following sentences.

   **1.** Habla en la universidad.
   **2.** Juan habla con Norma Acosta.
   **3.** Termino a la una.
   **4.** ¿A qué hora es su clase de español?
   **5.** Deseo un vaso de agua.

[1]See Appendix A for an explanation of linking.

# Puntos para recordar

## 1. Present indicative of *-ar* verbs
### (*Presente de indicativo de los verbos terminados en* -ar)

♦ Spanish verbs are classified according to their endings. There are three conjugations: **-ar, -er,** and **-ir.**[1]

—Rosa, tú **hablas** inglés, ¿no?      *"Rosa, you **speak** English, don't you?"*
—Sí, **hablo** inglés y español.      *"Yes, **I speak** English and Spanish."*

| **hablar** (*to speak*) | | |
|---|---|---|
| *Singular* | | |
| | *Stem Ending* | |
| yo | habl- **o** | Yo **hablo** español. |
| tú | habl- **as** | Tú **hablas** español. |
| Ud. | habl- **a** | Ud. **habla** español. |
| él | habl- **a** | Juan **habla** español. Él **habla** español. |
| ella | habl- **a** | Ana **habla** español. Ella **habla** español. |
| *Plural* | | |
| nosotros(as) | habl- **amos** | Nosotros(as) **hablamos** español. |
| vosotros(as) | habl- **áis** | Vosotros(as) **habláis** español. |
| Uds. | habl- **an** | Uds. **hablan** español. |
| ellos | habl- **an** | Ellos **hablan** español. |
| ellas | habl- **an** | Ellas **hablan** español. |

—¿Qué idioma **hablan** Uds. con      *"What language **do you speak***
   el profesor?      *with the professor?"*
—**Hablamos** español.      *"**We speak** Spanish."*

♦ Native speakers usually omit subject pronouns in conversation because the ending of each verb form indicates who is performing the action described by the verb. The context of the conversation also provides clues as to whom the verb refers. However, the forms **habla** and **hablan** are sometimes ambiguous even in context. Therefore, the subject pronouns **usted, él, ella, ustedes, ellos,** and **ellas** are used in speech with greater frequency than the other pronouns.

---

[1]The infinitive (unconjugated form) of a Spanish verb consists of a stem and an ending. The stem is what remains after the ending (**-ar, -er,** or **-ir**) is removed from the infinitive.

- Regular verbs ending in -ar are conjugated like **hablar**. Other verbs conjugated like **hablar** are **conversar, desear, estudiar, necesitar, terminar, tomar,** and **trabajar.**

| | |
|---|---|
| —¿A qué hora **terminan** Uds. hoy? | *"What time **do you finish** today?"* |
| —**Terminamos** a las tres. | *"**We finish** at three o'clock."* |
| | |
| —¿Qué **necesitas**? | *"What **do you need**?"* |
| —**Necesito** el horario de clases. | *"**I need** the class schedule."* |

¡Atención! In Spanish, as in English, when two verbs are used together, the second verb remains in the infinitive.

| | |
|---|---|
| Deseo **hablar** con Roberto. | *I want **to speak** with Roberto.* |

- The Spanish present tense has three equivalents in English.

| | |
|---|---|
| **Yo hablo.** | *I speak.*<br>*I am speaking.*<br>*I do speak.* |

# Práctica y conversación

**Online Study Center**

For more practice with lesson topics, see the related activities on the *¡Hola, amigos!* web site at college.hmco.com/PIC/holaamigos7e.

**A. Olga habla con Sergio**   Complete the following conversation between two students. Use the present indicative of the verbs in the list. Then act it out with a partner.

desear   necesitar   tomar (2)   estudiar (2)   trabajar (2)   terminar (2)

Olga      ¿Cuántas clases _____ tú este semestre?

Sergio    _____ cuatro clases.

Olga      Tú y Álvaro _____ en la cafetería, ¿no?

Sergio    Sí, nosotros _____ los lunes y miércoles. Oye,
          ¿tú _____ tomar un vaso de agua?

Olga      Sí, gracias. ¿A qué hora _____ tú hoy?

Sergio    Mis clases _____ a las 4 de la tarde.

Olga      ¿Tú y Álvaro _____ juntos en la biblioteca?

Sergio    Sí, _____ por la noche. Ah, (yo) _____ tu número de teléfono.

Olga      Es el siete-treinta-veinticinco-doce.

**B. Entreviste a su compañero(a)** (*Interview your partner*)   Interview your partner, using the following questions.

1. ¿Cuántas clases tomas este semestre?
2. ¿Qué asignaturas tomas? ¿Son fáciles o difíciles?
3. ¿Estudias en la biblioteca o en tu casa (*house*)?
4. ¿Trabajas en la universidad?
5. ¿Cuántas horas (*hours*) trabajas?
6. ¿Trabajas en el verano?
7. ¿Deseas un vaso de jugo o una botella de agua mineral?
8. ¿Tú tomas café o chocolate caliente? ¿Tú tomas vino?

## 2. Interrogative and negative sentences
### (*Oraciones interrogativas y negativas*)

### Interrogative sentences

◆ In Spanish, there are three ways of asking a question to elicit a *yes/no* response.

> ¿**Elena** habla español?
> ¿Habla **Elena** español?  }  Sí, Elena habla español.
> ¿Habla español **Elena**?

◆ The three questions above ask for the same information and have the same meaning. The subject may be placed at the beginning of the sentence, after the verb, or at the end of the sentence. Note that written questions in Spanish begin with an inverted question mark.

—¿**Trabajan Uds.** en la biblioteca?     "**Do you work** in the library?"
—No, trabajamos en la cafetería.     "No, we work in the cafeteria."

—¿**Habla** español **la profesora**?     "**Does the professor speak** Spanish?"
—Sí, y también habla inglés.     "Yes, and she also speaks English."

—¿**Carmen es** bonita?     "**Is Carmen** pretty?"
—Sí y muy simpática.     "Yes, and very charming."

**Detalles culturales**

**Español y castellano** son sinónimos. En muchos países de habla hispana para referirse al idioma no usan el término **español**; usan **castellano**. Este término también se usa para referirse al español como una asignatura en las escuelas (*schools*).

◆ **En su universidad, ¿cuál de los dos términos usan?**

> **¡Atención!**  Spanish does not use an auxiliary verb, such as *do* or *does*, in an interrogative sentence.

¿**Habla Ud.** inglés?     ***Do you speak*** *English?*
¿**Necesita él** el horario de clases?     ***Does he need*** *the class schedule?*

*¿Aceptan Uds. cheques?*

LIMONADA 25¢

### Negative sentences

◆ To make a sentence negative in Spanish, simply place the word **no** in front of the verb.

Yo tomo café.     *I drink coffee.*
Yo **no** tomo café.     *I **don't** drink coffee.*

◆ If the answer to a question is negative, the word **no** appears twice: once at the beginning of the sentence, as in English, and again before the verb.

—¿Trabajan Uds. en la cafetería?　　*"Do you work in the cafeteria?"*
—**No,** nosotros **no** trabajamos en　　*"No, we **don't** work in the*
　la cafetería.　　　　　　　　　　　*cafeteria."*

**¡Atención!**　Spanish does not use an auxiliary verb, such as the English *do* or *does,* in a negative sentence.

**Ella no estudia** inglés.　　　　*She does not study English.*
**Yo no estudio** hoy.　　　　　　*I do not study today.*

## Práctica y conversación

**Online Study Center**

For more practice with lesson topics, see the related activities on the *¡Hola, amigos!* web site at college.hmco.com/PIC/holaamigos7e.

A.　**¿Qué preguntó?** (*What did he ask?*)　Complete the following dialogues by supplying the questions that would elicit the responses given.

1. —¿_____?
　—Sí, estudiamos en la biblioteca.

2. —¿_____?
　—No, este semestre tomo sociología.

3. —¿_____?
　—No, deseamos agua mineral.

4. —¿_____?
　—Sí, ellos trabajan en el verano.

5. —¿_____?
　—No, tomo jugo.

6. —¿_____?
　—No, deseo una taza de chocolate.

B. **¿Quiere saber?**   This person wants to know many things. Use the cues provided to give him the information.

◆ MODELO: —¿Ud. es de Miami? (Nueva York)
   —*No, no soy de Miami; soy de Nueva York.*

1. ¿Tú necesitas el libro?   (el horario de clases)
2. ¿Tú tomas café?   (té frío)
3. ¿Necesitamos muchos libros?   (dos)
4. ¿Rebeca es puertorriqueña?   (cubanoamericana)
5. ¿Elsa termina a las ocho?   (a las siete)
6. ¿Ellos hablan español?   (inglés)
7. ¿Es difícil la clase de geografía?   (fácil)
8. ¿Tu nueva compañera de cuarto es baja?   (alta)

C. **Sobre el diálogo** (*About the dialogue*)   With a partner, reread the dialogue on p. 22. Then ask each other questions that you know will elicit negative answers about the people in the dialogue.

◆ MODELO: —*¿Lisa es mexicana?*
   —*No, Lisa no es mexicana, es norteamericana.*

## 3. Possessive adjectives (*Adjetivos posesivos*)

| Forms of the Possessive Adjectives | | |
|---|---|---|
| *Singular* | *Plural* | |
| **mi** | **mis** | my |
| **tu** | **tus** | your (*fam.*) |
| **su** | **sus** | your (*form.*)<br>his<br>her<br>its<br>their |
| **nuestro(a)** | **nuestros(as)** | our |
| **vuestro(a)** | **vuestros(as)** | your (*fam. pl.*) |

◆ Possessive adjectives[1] always precede the nouns they introduce. They agree in number (singular or plural) with the nouns they modify.

Yo   necesito   **mi** — libro. / mochila.

Yo   necesito   **mis** — libro**s**. / mochila**s**.

―――――――
[1]See Appendix C.

- **Nuestro** and **vuestro** are the only possessive adjectives that have the feminine endings **-a** and **-as.** The others take the same endings for both genders.

Nosotros necesitamos      **nuestro**    libro.

                                 **nuestra**    computadora.

Nosotros necesitamos      **nuestros**    libros.

                                 **nuestras**    computadoras.

- Possessive adjectives agree with the thing possessed and *not* with the possessor. For instance, two male students would refer to their female professor as **nuestra profesora,** because **profesora** is feminine.

- Because **su** and **sus** have several possible meanings, the forms **de él, de ella, de ellos, de ellas, de Ud.,** or **de Uds.** can be substituted to avoid confusion. Use this pattern: *article + noun +* **de** *+ pronoun.*

—¿Es **la amiga de él**?          *"Is she **his** friend?"*
—Sí, es **su** amiga.             *"Yes, she is **his** friend."*

## Práctica y conversación

**Online Study Center**

For more practice with lesson topics, see the related activities on the *¡Hola, amigos!* web site at college.hmco.com/PIC/holaamigos7e.

**A. En la clase**   Complete the following exchanges using the appropriate possessive adjectives that correspond to each subject. Then act them out with a partner.

1. —¿Tú necesitas _____ bolígrafo rojo?
   —Sí, necesito _____ bolígrafo rojo y _____ lápices negros.
2. —¿De dónde es la profesora de Uds.?
   —_____ profesora es de Los Ángeles.

**3.** —¿Qué necesita Roberto?

—Necesita _____ cuadernos y _____ libro de español.

**4.** —Los alumnos de Uds., ¿son mexicanos?

—No, _____ alumnos son argentinos.

**5.** —¿Qué necesita Ana? ¿ _____ mochila?

—No, necesita _____ reloj.

**B. Entreviste a su compañero(a)** Interview your partner, using the following questions.

**1.** ¿De dónde es tu mejor (*best*) amigo(a)?
**2.** ¿Tus padres (*parents*) son de Miami?
**3.** ¿Necesitas tus libros hoy?
**4.** ¿Son interesantes tus clases?
**5.** ¿Es simpático(a) tu compañero(a) de cuarto?
**6.** ¿Tú y tus amigos estudian juntos?
**7.** ¿Dónde estudian?
**8.** ¿Las clases de Uds. son fáciles o difíciles?

# 4. Gender of nouns, part II (*Género de los nombres, parte II*)

Here are practical rules to help you determine the gender of those nouns that do not end in **-o** or **-a**. There are also a few important exceptions.

◆ Nouns ending in **-ción, -sión, -tad,** and **-dad** are feminine.

| | | | |
|---|---|---|---|
| **la** lec**ción** | *lesson* | **la** liber**tad** | *liberty* |
| **la** televi**sión** | *television* | **la** universi**dad** | *university* |

◆ Many words that end in **-ma** are masculine.

| | | | |
|---|---|---|---|
| **el** progra**ma** | *program* | **el** cli**ma** | *climate* |
| **el** siste**ma** | *system* | **el** proble**ma** | *problem* |
| **el** te**ma** | *theme* | **el** poe**ma** | *poem* |
| **el** idio**ma** | *language* | | |

◆ The gender of nouns that have other endings and that do not refer to males or females must be learned. Remember that it is helpful to memorize a noun with its corresponding article.

| | | | |
|---|---|---|---|
| **el** español | **el** borrador | **la** noche | **la** clase |
| **el** inglés | **el** reloj | **la** tarde | **la** leche |
| **el** café | **el** té | **la** luz | **la** calle |

# Práctica

**C. ¿Qué es...?** For each illustration or set of words, give the Spanish noun together with its corresponding definite article.

1. _____ _____

2. _____ _____

3. francés, italiano, portugués

4. Harvard, Yale, Stanford.
_____ _____

5. _____ _____

6. _____ _____

7. _____ _____

8. _____ _____

9. Quito, Lima, Bogotá
_____ _____

10. "The Raven"
_____ _____

# 5. Numbers 40 to 200 (*Números de 40 a 200*)

| | |
|---|---|
| 40 cuarenta | 90 noventa |
| 41 cuarenta y uno | 100 cien[1] |
| 45 cuarenta y cinco | 101 ciento uno |
| 50 cincuenta | 115 ciento quince |
| 60 sesenta | 175 ciento setenta y cinco |
| 70 setenta | 180 ciento ochenta |
| 80 ochenta | 200 doscientos |

[1]When counting beyond 100, **ciento** is used: **ciento uno**

**A. Sumas y restas** With a partner, take turns solving the problems.

1. $27 + 13 = 40$
2. $37 + 12 = 47$
3. $90 + 15 = 105$
4. $75 + 23 = 98$

5. $52 - 20 = 32$
6. $200 - 30 = 170$
7. $65 - 35 = 30$
8. $80 - 35 =$

9. $16 + 56 = 72$
10. $40 + 22 = 62$
11. $200 - 10 = 190$
12. $200 - 100 = 100$

**Online Study Center**

For more practice with lesson topics, see the related activities on the *¡Hola, amigos!* web site at college.hmco.com/PIC/holaamigos7e.

**B. Números de teléfono** Ask three or four classmates their phone numbers. To give a phone number, say the first number alone and the rest in pairs. This pattern is common in many Spanish-speaking countries.

◆ MODELO: —¿Cuál es tu número de teléfono?
—Es el 9–24–85–97.

## 6. Telling time (*La hora*)

◆ The following word order is used for telling time in Spanish:

| **Es la** | | | | **y** | | |
|---|---|---|---|---|---|---|
| *or* | + | *hour* | + | *or* | + | *minutes* |
| **Son las** | | | | **menos** | | |

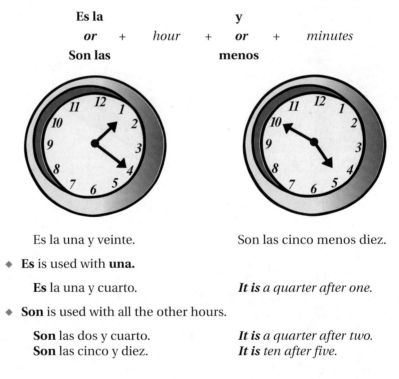

Es la una y veinte.                    Son las cinco menos diez.

◆ **Es** is used with **una.**

Es la una y cuarto.          *It is a quarter after one.*

◆ **Son** is used with all the other hours.

Son las dos y cuarto.          *It is a quarter after two.*
Son las cinco y diez.          *It is ten after five.*

| Programación de Telecaribe | | | |
|---|---|---|---|
| **VIERNES** | | | |
| 6:00 | Telecaribe | 9:00 | Noticiero Televisa |
| 6:50 | Noticiero Cartagena T.V. | 9:30 | Las Amazonas |
| 7:00 | Champagne | 10:00 | Amor gitano |
| 7:30 | Esta sí es la Costa | 11:00 | Noticiero Cartagena T.V. |
| 8:00 | Coralito | 11:10 | Cierre |

◆ The feminine definite article is always used before the hour, since it refers to **la hora.**

Es **la** una menos veinticinco.    *It is twenty-five to one.*
Son **las** cuatro y media.    *It is four-thirty.*

◆ The hour is given first, then the minutes.

Son las **cuatro** y **diez.**    *It is **ten** after **four.*** (literally, "four and ten")

◆ The equivalent of *past* or *after* is **y.**

Son las doce **y** cinco.    *It is five **after** twelve.*

◆ The equivalent of *to* or *till* is **menos.** It is used with fractions of time up to a half hour.

Son las ocho **menos** veinte.    *It is twenty **to** eight.* (literally, "eight minus twenty")

**¡Atención!**  To find out at what time an event will take place, use **¿A qué hora...?** as shown below. Observe that in the responses the equivalent of *at* + *time* is **a** + **la(s)** + *time.*

—¿**A qué hora** es la clase de arte?    *"**What time** is art class?"*
—**A la** una.    *"**At** one o'clock."*
—¿**A qué hora** termina Julio hoy?    *"**What time** does Julio finish today?"*
—**A las** cinco y media.    *"**At** five-thirty."*

◆ Note the difference between **de la** and **por la** in expressions of time.

  ◆ When a specific time is mentioned, **de la (mañana, tarde, noche)** should be used. This is the equivalent to the English A.M. and P.M.

Estudiamos a las **cuatro de la tarde.**    *We study at 4 P.M.*

◆ When no specific time is mentioned, **por la (mañana, tarde, noche)** should be used.

Yo trabajo **por la mañana** y ella trabaja **por la noche.**

*I work **in the morning** and she works **at night.***

## Detalles culturales

Para los horarios de aviones (*planes*), trenes, autobuses y algunas (*some*) invitaciones, se usa el sistema de veinticuatro horas. Por ejemplo, las cuatro de la tarde son las dieciséis horas.

◆ **¿Hay un sistema similar en este país?**

**Online Study Center**

For more practice with lesson topics, see the related activities on the *¡Hola, amigos!* web site at college.hmco.com/PIC/holaamigos7e.

## Práctica y conversación

**A. ¿Qué hora es?** Give the time indicated on the following clocks, writing out the numerals in Spanish. Start with clock number one; then read the times aloud.

## B. Entreviste a su compañero(a)   Interview your partner, asking the following questions.

1. ¿A qué hora es tu primera (*first*) clase?
2. ¿A qué hora termina?
3. ¿A qué hora termina tu última clase?
4. ¿Estudias por la mañana, por la tarde o por la noche?
5. ¿Mañana estudiamos juntos(as)? ¿A qué hora deseas estudiar?
6. ¿A qué hora trabajas?
7. ¿A qué hora terminas de trabajar?
8. ¿A qué hora es tu programa de televisión favorito?

## C. Nuestros horarios  With a partner, talk about your class schedule. Indicate whether your classes are in the morning, afternoon, or evening.

# 7. Days of the week, and months and seasons of the year
## (*Los días de la semana, y los meses y las estaciones del año*)

| MARZO 2007 | | | | | | |
| lunes | martes | miércoles | jueves | viernes | sábado | domingo |
|---|---|---|---|---|---|---|
| | | | | Estudiar con Ana 1 | ¡Fiesta! 2 | 3 |
| Examen de arte 4 | 5 | 6 | 7 | 8 | 9 | 10 |
| 11 | Clase de tenis 12 | 13 | Conferencia 14 | 15 | 16 | Programa religioso 17 |
| 18 | 19 | 20 | 21 | 22 | 23 | 24 |
| 25 | 26 | Examen de inglés 27 | 28 | Clase de yoga 29 | 30 | |

*all 07*

## Days of the week (*Los días de la semana*)

◆ In Spanish-speaking countries, the week begins on Monday.

◆ Note that the days of the week are not capitalized in Spanish.

◆ The days of the week are masculine in Spanish. The masculine definite articles **el** and **los** are used with them to express *on*: **el lunes, los martes,** etc.

◆ To ask: "What day is today?" say: **"¿Qué día es hoy?"**

## Months of the year (*Los meses del año*)

| | | | | | |
|---|---|---|---|---|---|
| **enero** | *January* | **mayo** | *May* | **septiembre** | *September* |
| **febrero** | *February* | **junio** | *June* | **octubre** | *October* |
| **marzo** | *March* | **julio** | *July* | **noviembre** | *November* |
| **abril** | *April* | **agosto** | *August* | **diciembre** | *December* |

**¡Atención!** In Spanish, months are not capitalized.

## Seasons of the year (*Las estaciones del año*)

la **primavera**

el **verano**       el **otoño**       el **invierno**

- ◆ Note that all the seasons are masculine except **la primavera**.
- ◆ To ask for the date, say:

  **¿Qué fecha es hoy?**      *What's the date today?*

- ◆ When telling the date, always begin with the expression **Hoy es...**

  **Hoy es** el 20 de mayo.      *Today is May 20.*

- ◆ Note that the number is followed by the preposition **de** (*of*), and then the month.

  | | |
  |---|---|
  | **el 15 de mayo** | *May 15* |
  | **el 10 de septiembre** | *September 10* |
  | **el 12 de octubre** | *October 12* |

- ◆ The ordinal number **primero** (*first*) is used when referring to the first day of the month.[1]

  | | |
  |---|---|
  | **el primero de febrero** | *February 1* |

  —¿Qué fecha es hoy, el      *"What's the date today,*
     **primero de octubre**?      *October 1?"*
  —No, hoy es el **2 de octubre**.    *"No, today is October 2."*

---

[1]In Spanish today, many people say **el uno de: el uno de febrero.**

# Práctica y conversación

**A. Mi calendario** With a partner, look at the calendar on p. 39 and take turns asking each other on which day each event takes place.

◆ **MODELO:** —¿Cuándo estudio con Ana?
—El viernes 2.

**B. Fechas importantes** On what dates do the following annual events take place?

1. Independence Day
2. Halloween
3. New Year's Day
4. Washington's birthday
5. Christmas
6. the first day of spring
7. April Fool's Day
8. Veteran's Day

**C. Las estaciones del año** In which season does each of these months fall in the Northern Hemisphere?

1. febrero
2. agosto
3. mayo
4. enero
5. octubre
6. julio
7. abril
8. noviembre

**D. ¿Cuándo es?** On what dates do the following events occur?

1. your mother's birthday
2. your father's birthday
3. your best friend's birthday
4. your birthday
5. the first day of classes this semester
6. the end of classes

**E. Feliz cumpleaños** Ask four or five classmates when their birthday is. Ask: **¿Cuándo es tu cumpleaños?** Choose one of the birthdays and announce it to the rest of the class:

*El cumpleaños de _____ es el _____ de _____.*

---

## Detalles culturales

Las estaciones ocurren en épocas opuestas en los dos hemisferios. Por ejemplo, cuando en Estados Unidos y Canadá (hemisferio norte) es verano; en Chile y Argentina (hemisferio sur) es invierno.

◆ **¿Cuál es su estación favorita?**

---

## Detalles culturales

Los hispanos generalmente celebran, además del día de su cumpleaños, el día de su santo, que corresponde al santo de su nombre en el calendario católico. Patricio celebra su santo el 17 de marzo. (*St. Patrick's Day*)

◆ **¿Le gusta la idea de celebrar su santo? ¿Sabe Ud. cuándo es?**

# Entre nosotros

## ¡Conversemos!

**Para conocernos mejor** Get to know your partner better by asking each other the following questions.

1. ¿Qué asignaturas tomas tú este semestre?
2. ¿Cuál es tu clase favorita?
3. ¿Conversas con tus amigos en la cafetería? ¿Tomas café con ellos?
4. ¿Cuántas horas estudias? ¿Cuántas horas trabajas?
5. ¿Tú trabajas los sábados? ¿Y los domingos?
6. En el verano, ¿tomas clases o trabajas?
7. ¿Qué clases deseas tomar el próximo semestre?
8. ¿Qué estación te gusta?
9. ¿Deseas tomar café, leche o té?
10. ¿Deseas agua con hielo o jugo de naranja?

**Una encuesta** Interview your classmates to identify who does the following activities. Be sure to change the statements to questions. Include your instructor, but remember to use the **Ud.** form when addressing him or her.

| | Nombre |
|---|---|
| 1. Trabaja por la noche. | |
| 2. Trabaja cuatro horas al día (a day). | |
| 3. Toma clases en el verano. | |
| 4. Toma mucho café. | |
| 5. Toma cerveza o vino. | |
| 6. Estudia los domingos. | |
| 7. Estudia en la biblioteca. | |
| 8. Toma danza aeróbica. | |
| 9. Toma una clase de psicología. | |
| 10. Desea tomar una clase de música. | |

**Y ahora...** Write a brief summary, indicating what you have learned about your classmates.

**¿Cómo lo decimos?** What would you say in the following situations? What might the other person say? Act out the scenes with a partner.

1. You want to ask a friend what subjects he or she is taking this semester.

2. You want to tell someone what subjects you are taking.
3. You want to ask someone where he or she works.
4. You want to order something to drink.
5. You want to know the time.
6. You want to ask a classmate if his/her classes are easy or difficult.

**¿Qué dice aquí?**   With a classmate, study Virginia's schedule and take turns asking each other the following questions.

1. ¿Qué días tiene (*has*) Virginia la clase de historia? ¿A qué hora?
2. ¿Cuántas clases tiene Virginia por la noche?
3. ¿Qué clases tiene ella los (*on*) lunes, miércoles y viernes a las ocho?
4. ¿Qué idioma estudia Virginia? ¿Qué días?
5. ¿Cuándo estudia con el grupo?
6. ¿A qué hora almuerza (*has lunch*) Virginia? ¿Dónde?
7. ¿Dónde trabaja Virginia?
8. ¿Cuántas horas trabaja por semana (*per week*)?
9. ¿Qué clases incluyen laboratorio?
10. ¿Qué estudia Virginia los sábados?

### Horario de Virginia

| | Lunes | Martes | Miércoles | Jueves | Viernes | Sábado |
|---|---|---|---|---|---|---|
| 8:00 | Biología | | Biología | | Biología | |
| 9:00 | Japonés | Japonés | Japonés | Japonés | | |
| 10:00 | Estudiar con el grupo | | Estudiar con el grupo | | Estudiar con el grupo | Cibernética |
| 11:00 | ↓ | Educación física | ↓ | Educación física | ↓ | |
| 12:00 | Cafetería | Cafetería | Cafetería | Cafetería | Cafetería | |
| 1:00 | | Biología (Laboratorio) | | Japonés (Laboratorio) | | |
| 2:00 | Trabajar en la biblioteca → | | | | | |
| 3:00 | | | | | | |
| 4:00 | ↓ | ↓ | ↓ | ↓ | ↓ | |
| 5:00 | | | | | | |
| 6:00 | | | | | | |
| 7:00 | Historia | | Historia | | | |
| 8:00 | ↓ | | ↓ | | | |

## Un dicho

> *El saber no ocupa lugar.*

This is a popular saying in Spanish; find out what it means. It doesn't have an equivalent in English. Can you make up one?

# Para escribir

**Tu horario**   With a partner, create a schedule for him or her. Use the following questions to ask about your partner's schedule.

¿Qué clases tomas?
¿Qué días es la clase de...? ¿A qué hora?
¿Trabajas? ¿Qué días? ¿A qué hora?
¿Cuándo estudias? ¿A qué hora? ¿Dónde? ¿Con quién?

# Lectura

**Estrategia de lectura**   The selection you are going to read talks about registration procedures at the **Universidad Nacional.** What types of information would you expect to find in such instructions?

**Vamos a leer**   As you read **Información sobre la matrícula,** find the answer to each of the following questions.

1. ¿Qué necesita revisar (*check*) el estudiante?
2. ¿Qué debe notificar?
3. ¿Qué debe hacer (*to do*) para tomar más de (*more than*) 18 unidades?
4. ¿Debe asistir (*attend*) a todas las clases?
5. ¿Qué información debe tener (*must have*) el carnet de estudiante?
6. ¿Cuándo debe pagar la matrícula (*pay tuition*)?
7. ¿Qué debe hacer si necesita un plan de pago (*payment*) especial?
8. ¿Con quién debe hablar si necesita cambiar (*to change*) una clase?

## UNIVERSIDAD NACIONAL
### Información sobre la matrícula

### *El estudiante debe:*

- revisar su horario de clases
- notificar cualquier error
- recibir la aprobación de la Administración para tomar más de 18 unidades
- asistir a todas las clases
- sacar un carnet de estudiante con su nombre, su número de identificación y su foto
- pagar la matrícula antes del primer día de clases
- llenar una solicitud en la Oficina de Administración si necesita un plan de pago especial
- hablar con un consejero si necesita cambiar una clase

# Video

¿Cuántas clases toma cada (*each*) uno de estos estudiantes? ¿Trabajan o solamente estudian?

**Díganos**   Answer the following questions, based on your own thoughts and experience.

1. ¿Revisa Ud. su horario de clases cuidadosamente (*carefully*)?
2. ¿Toma usted más o menos de (*less than*) 18 unidades?
3. ¿Asiste usted a todas las clases?
4. ¿Qué información tiene su carnet de estudiante?
5. ¿Cuánto es la matrícula en su universidad?
6. ¿Necesita usted un plan de pago especial?
7. ¿Habla usted con un(a) consejero(a) (*adviser*) o con un(a) profesor(a) si necesita cambiar una clase?

## Dos amigos

Pablo y Marisa, estudiantes de la Universidad de Costa Rica, estudian juntos y son buenos amigos. Cuando Marisa conoce a (*meets*) Fernando y Pablo conoce a Victoria, los dos amigos están un poco celosos (*jealous*).

## Los mexicoamericanos

◆ En los Estados Unidos (*United States*) hay unos 40 millones de hispanos. El 66 por ciento (%) son de origen mexicano. La mayoría de ellos están (*are*) concentrados principalmente en California, Texas, Nuevo México y Arizona.

◆ El grado (*degree*) de asimilación a la cultura norteamericana de los mexicoamericanos es muy diverso. Unos se adaptan fácilmente (*easily*) y otros no. La mayoría conserva su lengua y su unidad familiar.

◆ Muchos mexicoamericanos se destacan (*stand out*) en la política: Bill Richarson, gobernador de Nuevo México, Cruz Bustamante, vicegobernador de California y Ken Salazar, senador por Colorado; en educación: France Córdova, rectora de la Universidad de California, Riverside; en literatura: Rosaura Sánchez y Rolando Hinojosa; en música, cine y televisión: Carlos Santana, Eduardo James Olmos, George López y Eva Longoria. Muchos mexicoamericanos han ganado (*have earned*) honores en las fuerzas armadas.

▲ La famosa actriz hispana Eva Longoria en una fiesta en Pasadena, California.

## Los cubanoamericanos

◆ Más de medio (*a half*) millón de cubanos viven en Miami, donde ejercen una gran influencia cultural y económica. Antes de la llegada (*arrival*) de los cubanos en 1959, Miami era (*was*) fundamentalmente un centro turístico. Hoy es un centro industrial y comercial de primer orden (*first-class*) y el puente (*bridge*) que une la economía de los Estados Unidos con la de América Latina y con la de España (*Spain*).

◆ Los cubanos son el 4 por ciento de los hispanos de este país, y como buena parte de ellos vinieron (*came*) por razones políticas, no económicas, son los inmigrantes hispanos más conservadores, con mayor nivel de escolaridad y mayor ingreso (*income*) per cápita. Entre los más conocidos se destacan en la política: Ileana Ros-Lehtinen y Rafael Díaz Balart, Representantes al Congreso de los Estados Unidos; en el cine: Andy García y Cameron Díaz; y en la música: Jon Secada, Gloria Estefan y Celia Cruz (1925–2003).

◆ En la Pequeña Habana, un barrio (*neighborhood*) cubano de Miami, el español es el idioma más hablado (*spoken*).

▲ La cantante cubana Celia Cruz, ganadora de un Premio Grammy en el año 2003.

# Los puertorriqueños

◆ Los puertorriqueños son el segundo (*second*) grupo más grande (*largest*) de hispanos en los Estados Unidos. Como Puerto Rico es un Estado Libre Asociado a este país (*country*), los puertorriqueños son ciudadanos estadounidenses y no necesitan pasaporte ni visa para entrar en el país. En total, más de 2.700.000 puertorriqueños viven en los Estados Unidos, el 70 por ciento de ellos en Nueva York y Nueva Jersey. Más puertorriqueños viven en Nueva York que en San Juan, la capital de Puerto Rico.

◆ La mayoría de los puertorriqueños llegaron (*arrived*) a este país después de la Segunda Guerra Mundial (*World War II*) y, para muchos, fue (*it was*) muy difícil adaptarse a la vida (*life*) de la gran ciudad. En las últimas décadas, han llegado de Puerto Rico miles de profesionales, artistas y gente de negocios (*businesspeople*). Hoy hay puertorriqueños famosos en todos los campos (*fields*). Son buenos ejemplos de

▲ Marc Anthony y Jennifer López en una fiesta de Premios de la Vanity Fair Academy en Los Angeles.

estos éxitos Nydia Velázquez y José Serrano, congresistas; Marc Anthony, Ricky Martin y Chayanne, cantantes (*singers*); Jennifer López, Benicio del Toro y muchos más, artistas de Hollywood; Félix (Tito) Trinidad, ex triple campeón de boxeo, etc.

**Comentarios...** With a partner, answer these questions about the different Hispanic groups found in this country.

1. ¿Cuál es el grupo más numeroso de hispanos en este país?
2. ¿La mayoría de los mexicoamericanos están (*are*) en el Suroeste (*Southwest*) o en el Sureste (*Southeast*) de los Estados Unidos?
3. ¿En qué campos se destacan muchos mexicoamericanos?
4. ¿Por qué razones vinieron (*came*) a este país la mayor parte de los cubanos?
5. ¿Cómo se llama el barrio cubano de la ciudad de Miami?
6. ¿En qué ciudad norteamericana viven más puertorriqueños que en San Juan, Puerto Rico?
7. ¿Puede Ud. (*can you*) mencionar algunos hispanos importantes?
8. En su estado, ¿cuál es el grupo de hispanos más numeroso?

**Online Study Center**

For more practice with lesson topics, see the related activities on the *¡Hola, amigos!* web site at college.hmco.com/PIC/holaamigos7e.

# Tome este examen

## Lección 1

### A. Gender of nouns; plural forms of nouns; definite and indefinite articles
Place the corresponding definite and indefinite article before each noun.

| Definite | Indefinite | Nouns |
|----------|------------|-------|
| 1. _____ | _____ | lápices |
| 2. _____ | _____ | días |
| 3. _____ | _____ | hombre |
| 4. _____ | _____ | mujeres |
| 5. _____ | _____ | mano |
| 6. _____ | _____ | silla |
| 7. _____ | _____ | borradores |
| 8. _____ | _____ | mapas |

### B. Subject pronouns
Say which pronoun would be used to talk about the following people.

1. Ana y yo (*f.*)
2. Jorge y Rafael
3. la Dra. García
4. usted y el Sr. López
5. Amalia y Teresa
6. el doctor Torres

Now give the pronouns used to address the following people.

7. your professor
8. your best friend

### C. Present indicative of *ser*
Complete the following sentences, using the present indicative of the verb *ser.*

1. Yo _____ mexicana y John _____ norteamericano.
2. ¿Uds. _____ de Los Ángeles?
3. Teresa y yo _____ estudiantes.
4. Las plumas _____ rojas.
5. ¿Tú _____ de San Diego?
6. ¿De dónde _____ Ud.?

## D. Forms of adjectives and agreement of articles, nouns, and adjectives Change each sentence according to each new element.

1. Las alumnas son norteamericanas. (*alumno*)
2. Las tizas son verdes. (*lápices*)
3. El escritorio es blanco. (*mesas*)
4. Es una mujer española. (*hombre*)
5. El profesor es inglés. (*profesoras*)
6. La chica es rica. (*muchachos*)
7. Es un hombre inteligente (*mujer*)
8. La señora es muy simpática. (*señores*)

## E. The alphabet Spell the following last names in Spanish.

1. Díaz
2. Jiménez
3. Vargas
4. Parra
5. Feliú
6. Acuña

## F. Numbers 0–39 Write the following numbers in Spanish.

1. 8 _____
2. 14 _____
3. 26 _____
4. 11 _____
5. 35 _____
6. 10 _____
7. 13 _____
8. 0 _____
9. 28 _____
10. 17 _____
11. 39 _____
12. 15 _____

## G. Vocabulary Complete the following sentences, using vocabulary from **Lección 1.**

1. ¿Cómo se _____ Ud.? ¿Teresa? ¿De _____ es Ud.?
2. Mucho _____, señor Vargas.
3. ¿Cómo se _____ *"desk"* en español?
4. Mi compañera de _____ es _____ bonita.
5. Hay una profesora y diez _____ en la clase.
6. Rosa _____ con el profesor.
7. Buenos días. ¿Cómo _____ usted? ¿Bien?
8. Adiós. _____ a Marisa.
9. ¿Cómo _____ Sergio? ¿Guapo?
10. —Muchas gracias
    —De _____ .

## H. Culture Circle the correct answer, based on the cultural notes you have read.

1. El nombre María (no es/es) muy popular en los países hispanos.
2. El título "señorita" se usa solamente para mujeres (casadas / que no se han casado).

# Lección 2

## A. Present indicative of *-ar* verbs
Complete each sentence with the correct form of the verb in parentheses.

1. ¿Tú _____ leche? (*drink*)
2. La señora Paz _____ con los alumnos. (*talks*)
3. Nosotros _____ inglés con la doctora Torres. (*speak*)
4. Yo _____ tomar café. (*wish*)
5. ¿Ud. _____ matemáticas o biología? (*study*)
6. Ana y Paco _____ en la biblioteca. (*work*)
7. Ernesto _____ la pluma roja. (*needs*)
8. Eva y yo _____ en agosto. (*finish*)

## B. Interrogative and negative sentences
Convert the following statements first into questions and then into negative statements.

1. Ellos hablan inglés con los estudiantes.
   a. _____
   b. _____
2. Ella es de México.
   a. _____
   b. _____
3. Ustedes terminan hoy.
   a. _____
   b. _____

## C. Possessive adjectives
Complete these sentences, using the Spanish equivalent of the word in parentheses.

1. ¿Tú necesitas _____ libro? (*your*)
2. Yo hablo con _____ profesor. (*her*)
3. Nosotros necesitamos hablar con _____ profesora. (*our*)
4. Trabajo con _____ compañeros de clase. (*my*)
5. ¿Ud. desea hablar con _____ amigos? (*your*)
6. Carlos habla con _____ profesores. (*our*)
7. Los estudiantes necesitan hablar con _____ profesor. (*their*)
8. Necesito _____ número de teléfono. (*his*)

## D. Gender of nouns (Part II)
Write *el, la, los,* or *las* before each of the following nouns.

1. _____ lecciones
2. _____ relojes
3. _____ idioma
4. _____ unidades
5. _____ problemas
6. _____ café
7. _____ libertad
8. _____ televisión

## E. Numbers 40–200
Write the following phrases in Spanish. (Write the numbers in words.)

1. 80 ballpoint pens
2. 46 backpacks
3. 72 clocks
4. 33 windows
5. 200 books
6. 115 notebooks

7. 68 students
8. 50 maps
9. 95 computers
10. 73 wastebaskets
11. 100 pens
12. 113 erasers

## F. Telling time   Write the Spanish equivalent of the words in parentheses.

1. Oye, ¿qué hora es? ¿_____? (*Is it one o'clock?*)
2. Luis toma química _____. (*at nine-thirty in the morning*)
3. Estudiamos español _____. (*in the afternoon*)
4. _____ las ocho. (*It's*)
5. La clase es _____. (*at a quarter to three*)

## G. Days of the week, and months and seasons of the year   Write the names of the missing days.

lunes, _____, _____, jueves, _____, _____, domingo

Give the following dates in Spanish.

1. March 1
2. June 10
3. August 13
4. December 26
5. September 3
6. October 28
7. July 17
8. April 4
9. January 2
10. February 5

What seasons do these months fall in the Northern Hemisphere?

1. febrero
2. abril
3. octubre
4. julio

## H. Vocabulary   Complete the following sentences, using vocabulary from Lección 2.

1. ¿Qué _____ es? ¿Las dos?
2. Necesito el _____ de clases. ¡Ah! ¡ _____ está!
3. Yo tomo _____ dos clases.
4. Deseo una _____ de café y un _____ de agua.
5. ¿Ellos _____ café en la cafetería?
6. Este _____ tomo tres clases.
7. Marzo, abril y mayo son los meses de la _____.
8. ¿Qué _____ estudias? ¿Historia?
9. Él toma una _____ de vino.
10. Deseo tomar _____ de manzana.
11. Eva es muy aburrida; es una _____.
12. Trabajo porque necesito _____.

## I. Culture   Circle the correct answer, based on the cultural notes you have read.

1. El (30 / 66) por ciento de los hispanos que viven en los Estados Unidos son de origen mexicano.
2. En las tiendas de la Pequeña Habana, el idioma más hablado es el (español / inglés).
3. Los puertorriqueños son el (segundo / primer) grupo de hispanos más grande en los Estados Unidos.

## Objetivos

### Lección 3

- ◆ Talk about household chores
- ◆ Talk about family
- ◆ Talk about how you feel

### Lección 4

- ◆ Discuss plans for a party
- ◆ Extend, accept, and decline invitations
- ◆ Handle informal social situations such as parties

Una pareja celebra su boda en el Malecón en Puerto Vallarta.

# En familia

**Lección 3**
Los trabajos de la casa

**Lección 4**
Una fiesta de cumpleaños

## México

Vista panorámica de la Plaza de Las Tres Culturas, en México.

## Guatemala

Estos turistas admiran un templo en Tikal, Guatemala.

## El Salvador

El volcán Izalco, el más nuevo del país

# Lección 3 • Los trabajos de la casa

Alicia

Susana

Héctor

🎧 *Hoy es un día muy ocupado para Susana, Alicia y Héctor, tres hermanos que viven con sus padres en la Ciudad de México.*

**Alicia**   Esta noche vienen papá y mamá de Guadalajara y esta casa es un desastre.

**Susana**   Sí, especialmente el cuarto de Héctor. ¡Héctor! Tienes que limpiar tu recámara.

**Alicia**   Y también tienes que sacar la basura y cortar el zacate.

**Héctor**   Ustedes dos son muy mandonas. Yo siempre tengo que hacer todo el trabajo en esta casa.

**Susana**   ¡Ja! Tu ocupación favorita es comer porque siempre tienes hambre.

**Alicia**   Yo creo que lo mejor es dividir el trabajo: yo limpio la cocina y los baños, Susana sacude los muebles de la sala y Héctor barre el garaje.

**Héctor**   ¡Yo hago todo eso! No tengo tiempo porque viene Carlos para estudiar conmigo.

**Susana**   Tú siempre tienes excusas para no trabajar.

## Detalles culturales

Actualmente (*At present*) muchos hombres hispanos, especialmente los más jóvenes, ayudan (*help*) a su esposa con los trabajos de la casa. Esto es debido a que, generalmente, los dos trabajan fuera de casa.

◆ **¿Los esposos norteamericanos ayudan con los trabajos de la casa?**

## Detalles culturales

México tiene una comida típica excelente que hoy es popular en todo el mundo (*world*), pero en las grandes ciudades mexicanas los restaurantes sirven también comida internacional.

◆ **¿Qué comidas son típicas de su país?**

*Esa tarde.*

| | |
|---|---|
| Alicia | Todavía tenemos que lavar y planchar la ropa y lavar los platos. |
| Susana | ¡Hay mil cosas que hacer! |
| Héctor | ¿Por qué no descansamos un rato y bebemos una limonada? Yo tengo mucha sed. |
| Alicia | Tienes razón. Hay limonada en el refrigerador. |
| Susana | Bueno... descansamos un momento, pero después debemos pasar la aspiradora y preparar la comida. |
| Héctor | Yo hago la ensalada y ustedes preparan las enchiladas. |
| Alicia | ¿Y quién pone la mesa? |
| Susana | Yo. Héctor, oye. Tocan a la puerta. |
| Héctor | Debe ser Carlos. (*Héctor corre a abrir.*) |

*Esa noche, cuando llegan los padres, todos cenan y conversan en el comedor y después la mamá y las chicas miran su telenovela favorita.*

### Detalles culturales

La música mexicana es conocida (*known*) en todos los países y sus telenovelas se ven (*are seen*) no solamente en el mundo hispano sino que también son populares en países como Rusia y Japón.

◆ **¿Qué telenovelas de su país son famosas?**

# ¿Recuerda usted?

**¿Verdadero o falso?** With a partner, decide whether the following statements about the dialogue are true (**verdadero**) or false (**falso**).

1. Susana, Alicia y Héctor son hermanos.    □ V   □ F
2. Los padres de los chicos vienen de Acapulco.    □ V   □ F
3. Héctor tiene que limpiar su cuarto.    □ V   □ F
4. Héctor dice (*says*) que sus hermanas son muy mandonas.    □ V   □ F
5. Héctor come mucho.    □ V   □ F
6. Susana limpia la cocina y los baños.    □ V   □ F
7. Por la tarde, los chicos todavía tienen que lavar los platos.    □ V   □ F
8. Los chicos beben jugo de uvas.    □ V   □ F
9. Alicia prepara la ensalada.    □ V   □ F
10. Tocan a la puerta. Son los padres de los chicos.    □ V   □ F

**Y ahora... conteste** Answer these questions, basing your answers on the dialogue.

1. ¿De dónde vienen los padres de los chicos?
2. Según (*According to*) Susana, ¿cuál es la ocupación favorita de Héctor?
3. ¿Quién sacude los muebles de la sala?
4. ¿Quién viene a estudiar con Héctor?
5. ¿Dónde hay limonada?
6. ¿Qué preparan las chicas?
7. ¿Dónde cenan todos?
8. ¿Qué miran la mamá y las chicas?

# Para hablar del tema: Vocabulario

**Online Study Center**

For more practice with lesson topics, see the related activities on the *¡Hola, amigos!* web site at college.hmco.com/PIC/holaamigos7e.

## Cognados

| | | |
|---|---|---|
| el desastre | favorito(a) | el momento |
| la ensalada | el garaje | la ocupación |
| la excusa | la limonada | el refrigerador* |
| la familia | | |

## Nombres

| | |
|---|---|
| el baño, el cuarto de baño  bathroom | los muebles  furniture |
| la basura  garbage | los padres  parents |
| la casa  house | el papá  dad |
| la ciudad  city | el plato  plate, dish |
| la cocina  kitchen | el dormitorio*  bedroom |
| la comida  meal, food | la ropa  clothes |
| la cosa  thing | la sala  living room |
| el cuarto  room | la telenovela  soap opera |
| la hermana  sister | el tiempo  time |
| el hermano  brother | el trabajo  work |
| la mamá  mom | los trabajos de la casa  housework |
| | el césped*  lawn |

## Adjetivos

este(a)  this
mandón(ona)  bossy
ocupado(a)  busy

## Verbos

| | |
|---|---|
| abrir  to open | limpiar  to clean |
| barrer  to sweep | llegar  to arrive |
| beber  to drink | mirar  to watch, to look at |
| cenar  to dine | planchar  to iron |
| comer  to eat | preparar  to prepare |
| cortar  to cut, to mow | sacar  to take out |
| deber  to have to, must | sacudir*  to dust |
| descansar  to rest | tener  to have |
| hacer (yo hago)  to do, to make | venir  to come |
| lavar  to wash | vivir  to live |

### De país a país

el refrigerador  la heladera (*Méx.*, Cono Sur)
la nevera (*Esp.*)
el dormitorio  la recámara (*Méx.*)
el césped  el zacate (*Méx.*)
sacudir  limpiar el polvo (*Esp.*)

## Otras palabras y expresiones

| | |
|---|---|
| **conmigo** with me | **siempre** always |
| **cortar el césped** to mow the lawn | **tener hambre** to be hungry |
| **cosas que hacer** things to do | **tener que + *infinitivo*** to have to + *infinitive* |
| **cuando** when | **tener razón** to be right |
| **después** after | **tener sed** to be thirsty |
| **eso** that | **tocar (llamar) a la puerta** to knock at the door |
| **especialmente** especially | **todavía** still |
| **mil** a thousand | **todo(a)** all |
| **para** for, in order to | **un rato** a while |
| **pasar la aspiradora** to vacuum | |
| **poner la mesa** to set the table | |
| **¿Quién (es)?** Who (is it)? | |

# Amplíe su vocabulario

## Aparatos electrodomésticos y batería de cocina *(Home appliances and kitchen utensils)*

el horno de microondas
el colador
el tazón
la lavadora
la licuadora
la cafetera
la cacerola
la tostadora
la sartén
la plancha
el horno
la secadora
el lavaplatos

# Para practicar el vocabulario

**A. Preguntas y respuestas**  Match the questions in column *A* with the answers in column *B*.

| A | B |
|---|---|
| 1. ¿A qué hora cenan? ____ | a. No, la mamá. |
| 2. ¿Qué necesitas? ____ | b. Conmigo. |
| 3. ¿Quién viene hoy? ____ | c. Limonada. |
| 4. ¿Ella es la hermana de Eva? ____ | d. No, mi papá. |
| 5. ¿Dónde viven? ____ | e. No, gracias; no tengo sed. |
| 6. ¿Qué deseas beber? ____ | f. Mi hermano. |
| 7. ¿Comes en tu cuarto? ____ | g. Una telenovela. |
| 8. ¿Con quién estudia Luis? ____ | h. ¡No! ¡Siempre trabaja! |
| 9. ¿Deseas una Coca-Cola? ____ | i. A las ocho de la noche. |
| 10. ¿Quién hace los trabajos de la casa? ¿Tu hermano? ____ | j. En la ciudad de Lima. |
| 11. ¿No descansa? ____ | k. No, en la cocina. |
| 12. ¿Qué miran por la noche? ____ | l. ¡Muchas cosas! |

**B. ¡Hay mil cosas que hacer!**  Complete these exchanges, using vocabulary from Lección 3. Then act them out with a partner.

1. —¿Qué _____ (nosotros) que hacer hoy?
   —Tenemos que _____ los muebles, _____ los platos y _____ el baño y la cocina.

2. —Tengo que _____ la aspiradora y _____ la comida.
   —Yo tengo que _____ el garaje, _____ el césped y _____ la basura.

3. —Oye, Sara. Tienes que planchar la _____ y _____ la mesa.
   —Un _____, mamá. Tengo mucha _____ y deseo _____ una limonada.

¿Quiénes son estas personas y qué tienen que hacer hoy?

## C. ¿Qué necesitas?
With a partner, look at the following list and take turns asking each other whether you need certain items.

◆ **MODELO:** —¿Necesitas la lavadora?
—Sí, porque tengo que lavar la ropa.

1. lavar la ropa
2. secar (*dry*) la ropa
3. planchar
4. lavar los platos
5. tostar el pan (*bread*)

6. preparar un batido (*shake*)
7. hacer sopa (*soup*)
8. preparar una ensalada
9. colar (*strain*) espaguetis
10. hacer café

## D. Los trabajos de la casa
With a partner, play the roles of two family members trying to divide the housework by negotiating.

◆ **MODELO:** —Si tú preparas la ensalada, yo lavo los platos.

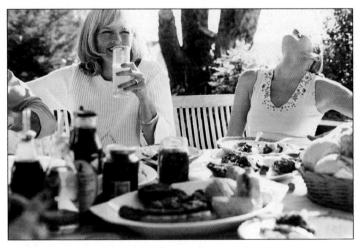

¿Qué quehaceres de la casa tienen que hacer Estela y su mamá
después de comer?

## Pronunciación

**Las consonantes** (*consonants*) *b, v*   In Spanish, **b** and **v** have the
same bilabial sound. To practice this sound, pronounce the following
words, paying particular attention to the sound of **b** and **v.**

| **b** | **b**asura | **b**arrer | **b**eber | **b**año | a**b**rir | |
|---|---|---|---|---|---|---|
| **v** | di**v**idir | **v**iene | **v**i**v**ir | la**v**ar | fa**v**orito | Bena**v**ente |

# Puntos para recordar

## 1. Present indicative of *-er* and *-ir* verbs
### (*Presente de indicativo de los verbos terminados en* -er *y en* -ir)

| comer (*to eat*) | | vivir (*to live*) | |
|---|---|---|---|
| yo | com**o** | yo | viv**o** |
| tú | com**es** | tú | viv**es** |
| Ud. ⎫ | | Ud. ⎫ | |
| él ⎬ | com**e** | él ⎬ | viv**e** |
| ella ⎭ | | ella ⎭ | |
| nosotros(as) | com**emos** | nosotros(as) | viv**imos** |
| vosotros(as) | com**éis** | vosotros(as) | viv**ís** |
| Uds. ⎫ | | Uds. ⎫ | |
| ellos ⎬ | com**en** | ellos ⎬ | viv**en** |
| ellas ⎭ | | ellas ⎭ | |

◆ Regular verbs ending in **-er** are conjugated like **comer.** Other regular **-er** verbs are **barrer, beber, correr** (*to run*), **creer, leer** (*to read*), and **deber.**

| | |
|---|---|
| —Uds. **beben** café, ¿no? | *"**You drink** coffee, don't you?"* |
| —No, **bebemos** limonada. | *"No, **we drink** lemonade."* |
| —¿Nosotros **debemos** poner la mesa? | *"**Do we have to** set the table?"* |
| —No, Uds. **deben** preparar la comida. | *"No, **you must** prepare the food."* |

◆ Regular verbs ending in **-ir** are conjugated like **vivir.** Other regular **-ir** verbs are **abrir, escribir** (*to write*), **recibir** (*to receive*), **sacudir,** and **dividir.**

| | |
|---|---|
| —Tú **escribes** en inglés, ¿no? | *"**You write** in English, don't you?"* |
| —No, **escribo** en español. | *"No, **I write** in Spanish."* |
| —¿Uds. **viven** en D.F.[1]? | *"**Do you live** in D.F.?"* |
| —No, nosotros **vivimos** en Guadalajara. | *"No, **we live** in Guadalajara."* |
| —¿Qué **sacudes** tú? | *"What do **you dust**?"* |
| —Yo **sacudo** los muebles de la sala. | *"**I dust** the living room furniture."* |

---

[1]Distrito Federal (Mexico City)

Vivo en un apartamento.

## Práctica y conversación

**Online Study Center**

For more practice with lesson topics, see the related activities on the *¡Hola, amigos!* web site at college.hmco.com/PIC/holaamigos7e.

**A. Minidiálogos** Complete the following exchanges appropriately, using the present indicative of the verbs in the list. Then act them out with a partner.

1. vivir
   —¿Dónde _____ Uds.?
   —Nosotros _____ en Guanajuato.
   —¿Y Pablo?
   —Él _____ en Puebla.

2. comer
   —¿A qué hora _____ tú?
   —Yo _____ a las dos.

3. leer
   —¿Qué libro _____ Uds.?
   —Nosotros _____ *El Quijote.*[1]

4. beber
   —¿Ud. _____ vino tinto?
   —No, yo _____ vino blanco.

5. correr
   —¿Uds. _____ por la mañana?
   —Sí, nosotros _____ por la mañana, pero Carlos _____ por la tarde.

6. sacudir
   —¿Tú _____ los muebles de la sala?
   —No, yo _____ los muebles del dormitorio.

---

[1] *El ingenioso hidalgo don Quijote de la Mancha,* Miguel de Cervantes's famous novel.

**7.** deber

—¿Qué _____ limpiar Uds.?

—Yo _____ limpiar el baño y Alicia _____ limpiar la cocina.

**8.** barrer

—¿Quién _____ el garaje? ¿Tú?

—No, Teresa y yo _____ la sala.

**9.** recibir

—¿Uds. _____ cartas (_letters_)?

—No, nosotros _____ mensajes electrónicos.

**10.** escribir

—¿Ud. _____ con lápiz?

—No, yo _____ con pluma.

**B. Entreviste a su compañero(a)** Interview a partner, using the following questions.

**1.** ¿Tú vives cerca de (_near_) la universidad? ¿Dónde vives?

**2.** ¿Bebes café por la mañana? Y por la tarde, ¿bebes té?

**3.** ¿Comes en la cafetería de la universidad? ¿A qué hora comes?

**4.** ¿Tú corres por la mañana?

**5.** ¿Tú escribes en inglés o en español? ¿Lees mucho?

**6.** ¿Tú abres la ventana de tu dormitorio por la noche?

**7.** ¿Qué días sacudes los muebles? ¿Qué días barres la cocina?

**8.** ¿Tú debes cortar el césped hoy? ¿Debes sacar la basura?

## 2. Possession with _de_ (_El caso posesivo_)

The **de** + _noun_ construction is used to express possession or relationship. Unlike English, Spanish does not use the apostrophe.

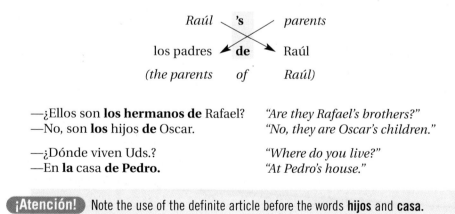

Raúl   's   parents

los padres   **de**   Raúl

(_the parents_   _of_   _Raúl_)

—¿Ellos son **los hermanos de** Rafael?   "_Are they Rafael's brothers?_"
—No, son **los** hijos **de** Oscar.   "_No, they are Oscar's children._"

—¿Dónde viven Uds.?   "_Where do you live?_"
—En **la** casa **de Pedro.**   "_At Pedro's house._"

**¡Atención!** Note the use of the definite article before the words **hijos** and **casa**.

## Práctica y conversación

**Online Study Center**

For more practice with lesson topics, see the related activities on the *¡Hola, amigos!* web site at college.hmco.com/PIC/holaamigos7e.

**A.** **¿Posesión o relación?**   Express the relationship of the people and/or objects in each illustration, using **de** + *noun* (i.e., the Spanish equivalent of *Marta's son*).

el hijo    Marta

la señorita Martínez

734.29.38

el número de teléfono

1. _____    2. _____

los libros

Elena

la profesora

el escritorio

3. _____    4. _____

**B.** **¿Quiénes son?**   According to the information given, you and a partner ask each other who everyone is. Answer expressing the relationship that exists among the people named.

◆ **MODELO:**  La señora López tiene (*has*) dos estudiantes: Eva y Ana.

   —*¿Quiénes son Eva y Ana?*
   —*Eva y Ana son las estudiantes de la señora López.*

1. Elena tiene un hermano: Roberto.
2. La profesora Fernández tiene tres alumnos: Sergio, Daniel y Luis.
3. Jorge tiene una hermana: Marisa.
4. La señora Gutiérrez tiene una secretaria: Alicia.
5. Diana tiene un papá: el señor Alba.
6. Eva tiene dos profesoras: la doctora Vélez y la doctora Mena.
7. José Luis tiene un compañero de clase: David.
8. Marta tiene dos compañeras de cuarto: Silvia y Mónica.

# 3. Present indicative of *tener* and *venir*
## (*Presente de indicativo de* tener *y* venir)

| tener (*to have*) | | venir (*to come*) | |
|---|---|---|---|
| yo | **tengo** | yo | **vengo** |
| tú | **tienes** | tú | **vienes** |
| Ud. | | Ud. | |
| él | **tiene** | él | **viene** |
| ella | | ella | |
| nosotros(as) | **tenemos** | nosotros(as) | **venimos** |
| vosotros(as) | **tenéis** | vosotros(as) | **venís** |
| Uds. | | Uds. | |
| ellos | **tienen** | ellos | **vienen** |
| ellas | | ellas | |

—¿**Tienes** la sartén?
—Sí, **tengo** la sartén y la cacerola.

"***Do you have*** *the frying pan?*"
"*Yes,* ***I have*** *the frying pan and the sauce pan.*"

—¿**Vienes** mañana por la mañana?
—No, **vengo** el jueves.

"***Are you coming*** *tomorrow morning?*"
"*No,* ***I'm coming*** *on Thursday.*"

—¿Cuántos platos **tienen** Uds.?
—**Tenemos** ocho platos.

"*How many dishes* ***do you have?***"
"***We have*** *eight dishes.*"

—¿Uds. **vienen** a la universidad los martes y jueves?
—No, nosotros **venimos** los lunes, miércoles y viernes.

"***Do you come*** *to the university on Tuesdays and Thursdays?*"
"*No,* ***we come*** *on Mondays, Wednesdays, and Fridays.*"

—¿**Tienes que** limpiar la casa hoy?

"***Do you have to*** *clean the house today?*"

—No, hoy no **tengo que** limpiar.

"*No,* ***I*** *don't* ***have to*** *clean today.*"

**¡Atención!** Tener que means *to have to,* and it is followed by an infinitive: **Elsa** *tiene que limpiar* **la casa hoy.** (*Elsa **has to clean** the house today.*)

# Práctica y conversación

**Online Study Center**

For more practice with lesson topics, see the related activities on the ¡*Hola, amigos!* web site at college.hmco.com/PIC/holaamigos7e.

**A. Minidiálogos**  Supply the missing forms of **tener** and **venir** to complete the dialogues. Then act them out with a partner.

1. —¿Cuándo _____ Uds.?

   —Pedro _____ el sábado y yo _____ el domingo.

   —¿Con quién _____ tú?

   —Yo _____ con la Srta. Aranda.

2. —¿Tú _____ a mi casa mañana?

   —No, yo _____ el viernes.

3. —¿Uds. _____ una licuadora?

   —Sí, y también una cafetera.

4. —¿Cuándo _____ tú de Guadalajara?

   —_____ el jueves.

5. —¿Tú _____ que lavar la ropa hoy?

   —No, yo no _____ que lavar hoy.

**B. ¿Quién puede ayudarme?** (*Who can help me?*)  You and your partner take turns playing the role of René, who keeps asking everyone for help. Use the elements given in your answers.

♦ MODELO:  yo / la ensalada

   —¿*Tú puedes ayudarme?*

   —*No, yo tengo que preparar la ensalada.*

1. Elsa / los muebles
2. Ana y Eva / los platos
3. nosotros / la ropa
4. Marta / la aspiradora
5. Roberto / la basura
6. Sergio / el césped

**C. ¿Hay mucho trabajo?**  With a partner, ask each other five questions about what you have to do at different times and on different days. Follow the model.

♦ MODELO:  —¿*Qué tienes que hacer el sábado?*

   —*Tengo que barrer el garaje.*

## 4. Expressions with *tener* (*Expresiones con* tener)

The following idiomatic expressions are formed with **tener.**

| | |
|---|---|
| **tener (mucho) frío** | *to be (very) cold* |
| **tener (mucha) sed** | *to be (very) thirsty* |
| **tener (mucha) hambre** | *to be (very) hungry* |
| **tener (mucho) calor** | *to be (very) hot* |
| **tener (mucho) sueño** | *to be (very) sleepy* |
| **tener prisa** | *to be in a hurry* |

| tener miedo | to be afraid, scared |
| tener razón | to be right |
| no tener razón | to be wrong |
| tener... años (de edad) | to be ... years old |

—¿Tienes hambre?     *"Are you hungry?"*
—No, pero **tengo** mucha **sed.**     *"No, but **I am** very **thirsty.**"*

—¿Cuántos **años tiene** Eva?     *"How **old** is Eva?"*
—**Tiene** veinte **años.**     *"**She is** twenty **years old.**"*

**Online Study Center**

For more practice with lesson topics, see the related activities on the *¡Hola, amigos!* web site at college.hmco.com/PIC/holaamigos7e.

# Práctica y conversación

**A. ¿Qué tienen?** Describe the following people according to the illustrations below, using an expression with **tener.**

**1.** Elena _____    **2.** Yo _____    **3.** Nosotros_____

**4.** Él _____    **5.** Ellos _____    **6.** Tú _____

**B. ¿Cómo se sienten?** How do these people feel? Answer, using expressions with **tener,** according to the information given.

1. Carlos and Daniel are in the middle of the Sahara desert.
2. Luis hasn't had a bite to eat for fifteen hours.
3. Marta sees a snake near her feet.
4. Darío and Eva have to get to the airport in a few minutes.
5. Rosa is in South Dakota in February.

ii **C. ¿Por qué...?** With a partner, take turns indicating why you are or are not doing the following, using an expression with **tener.**

1. ¿Por qué no abres las ventanas?
2. ¿Por qué corres?
3. ¿Por qué no comes ensalada?
4. ¿Por qué no tomas un vaso de limonada?
5. ¿Por qué cierras la puerta?

ii **D. Entreviste a su compañero(a)** Interview a partner, using the following questions.

1. ¿Cuántos años tienes? ¿Cuántos años tiene tu mamá?
2. ¿Qué comes cuando tienes hambre?
3. ¿Qué bebes cuando tienes frío? ¿Y cuando tienes calor?
4. ¿Tienes sueño en este momento?
5. ¿Tú tienes miedo a veces (*sometimes*)?
6. En tu familia, ¿quién tiene razón siempre? ¿Y en la clase?

# 5. Demonstrative adjectives and pronouns
## (*Adjetivos y pronombres demostrativos*)

### Demonstrative adjectives

◆ Demonstrative adjectives point out persons and things. Like all other adjectives, they agree in gender and number with the nouns they modify. The forms of the demonstrative adjectives are as follows.

| Masculine | | Feminine | | English Equivalent | |
|---|---|---|---|---|---|
| *Sing.* | *Pl.* | *Sing.* | *Pl.* | *Sing.* | *Pl.* |
| este | estos | esta | estas | this | these |
| ese | esos | esa | esas | that | those |
| aquel | aquellos | aquella | aquellas | that (*over there*) | those (*at a distance*) |

aquella mesa

esa mesa

esta mesa

—¿Qué necesitas?
—**Estos** vasos y **aquellas** tazas.

"*What do you need?*"
"***These** glasses and **those** cups (over there).*"

## Demonstrative pronouns

◆ The forms of the demonstrative pronouns are as follows.

| Masculine | | Feminine | | Neuter | | English equivalent | |
|---|---|---|---|---|---|---|---|
| *Sing.* | *Pl.* | *Sing.* | *Pl.* | *Sing.* | *Pl.* | *Sing.* | *Pl.* |
| éste | éstos | ésta | éstas | esto | estos | this (one) | these |
| ése | ésos | ésa | ésas | eso | esos | that (one) | those |
| aquél | aquéllos | aquélla | aquéllas | aquello | aquellos | that (over there) | those (at a distance) |

◆ The masculine and feminine demonstrative pronouns are the same as the demonstrative adjectives, except that they have a written accent.

◆ Each demonstrative pronoun has a neuter form. The neuter forms have no gender and refer to unspecified situations, ideas, or things: *this, this matter; that, that business.*

◆ Note that the demonstrative pronouns replace a noun.

—¿Qué libro quiere Ud., **éste** o **ése**?     *"Which book do you want, **this one** or **that one**?"*

— Quiero **aquél.**     *"I want **that one over there.**"*

— ¿Qué es **eso**?    *"What is **that**?"*
— Es una plancha.    *"It's an iron."*

### Online Study Center

For more practice with lesson topics, see the related activities on the *¡Hola, amigos!* web site at college.hmco.com/PIC/holaamigos7e.

## Práctica y conversación

**A. Este, ese y aquel**   Describe in Spanish the following illustrations, using the suggested demonstrative adjectives.

**1.** this, these:

a. _____     b. _____

c. _____     d. _____

**2.** that, those:

a. _____

b. _____

c. _____

d. _____

**3.** that (over there); those (over there):

a. _____

b. _____

c. _____

d. _____

**B. Ud. está aquí** Say what you need according to the objects in the illustration, using the corresponding demonstrative adjectives.

**C. Minidiálogos** Complete the following exchanges with the Spanish equivalent of the demonstrative pronouns in parentheses. Then act them out with a partner.

1. —¿Necesitas estos platos?
   —No, necesito _____. (*those*)
2. —¿Cuál de las mesas necesitan Uds.?
   —_____. (*This one*)
3. —¿Cuáles son tus tazas? ¿ _____ o _____? (*These / those over there*)
   —_____. (*Those*)
4. —¿Cuál es tu casa? ¿ _____ o _____? (*This one / that one*)
   —_____. (*That one over there*)

**D. Nuestros compañeros** You and your partner take turns asking each other who the people in your class are. According to the relative distance. Use the appropriate demonstrative adjectives.

◆ MODELO: —¿Quién es John?
   —**Ese** muchacho.

# 6. Numbers from 300 to 1,000 (*Números de 300 a 1.000*)

| | | | | | |
|---|---|---|---|---|---|
| 300 | trescientos | 600 | seiscientos | 900 | novecientos |
| 400 | cuatrocientos | 700 | setecientos | 1.000 | mil |
| 500 | quinientos | 800 | ochocientos | | |

◆ In Spanish, one does not count in hundreds beyond one thousand; thus 1,100 is expressed as **mil cien.** Note that Spanish uses a comma where English uses a decimal point to indicate values below one: 1.095,99 (Spanish) = 1,095.99 (English).

◆ When a number from 200 to 900 is used before a feminine noun, it takes a feminine ending: **doscient*as* mes*as*.**[1]

---

[1]This is also true for higher numbers that incorporate the numbers 200–900: **mil doscientas treinta sillas, dos mil ochocientos libros.**

👥 **¿Cómo lo decimos?**   What would you say in the following situations? What might the other person say? Act out the scenes with a partner.

1. You and a friend have invited guests for dinner and must decide what each of you has to do to prepare for them.
2. You tell your roommate that there is a knock at the door.
3. You ask a little boy how old he is.
4. You complain that there are a thousand things to do.

👥 **¿Qué pasa aquí?**   Get together in groups of three or four and create a story about the people in the illustration. Say who they are, what their relationship is to one another, what they are doing, and what they might be getting ready for.

✎ # Para escribir

**Para dividir el trabajo**   You are in charge of organizing all the chores that must be done on a certain day. Indicate what you and everyone else has to do. Some of the chores must be done in pairs. To start out, brainstorm about all kinds of household chores and make a list. Then decide who is going to do what.

## Un dicho

*Hogar, dulce hogar.*

This is a saying about home life.
Can you guess the meaning?
Do you think it applies . . . ?

Silvia y Esteban deciden dar una fiesta para celebrar el cumpleaños de Mónica, una chica guatemalteca que ahora vive en San Salvador con la familia de Silvia.

**Esteban**   Tenemos que mandar las invitaciones. ¿A quiénes vamos a invitar?

**Silvia**   A todos nuestros amigos, a mis primos, al novio de Mónica y a Yolanda.

**Esteban**   Yo no conozco a Yolanda. ¿Quién es?

**Silvia**   Es la hermana del novio de Mónica.

**Esteban**   ¿Ah, sí? ¿Es bonita? ¿Es rubia, morena o pelirroja? No es casada, ¿verdad?

**Silvia**   Es morena, de ojos castaños, delgada, de estatura mediana… encantadora… y es soltera.

**Esteban**   Bueno, si baila bien, ya estoy enamorado.

**Silvia**   Oye, tenemos que planear la fiesta. Va a ser en el club, ¿no?

**Esteban**   No, va a ser en la casa de mis abuelos. Ellos están en Costa Rica con mi madrina y yo tengo la llave de la casa.

**Silvia**   ¡Perfecto! yo traigo los entremeses y la torta de cumpleaños.

**Esteban**   Yo traigo las bebidas y los discos compactos. Yo sé que mis abuelos no tienen música para bailar.

## Detalles culturales

Los jóvenes hispanos frecuentemente organizan fiestas en sus casas y casi siempre bailan.

◆ **En una fiesta, ¿los jóvenes de este país prefieren bailar o conversar?**

## Detalles culturales

En los países hispanos, muchas personas pertenecen (*belong*) a un club. Allí pueden nadar, practicar deportes, asistir a fiestas o reunirse con sus amigos.

◆ **¿Qué clase de clubes hay en los Estados Unidos?**

## En la fiesta

*Cuando Mónica, su novio y Yolanda llegan a la casa, todos gritan: ¡Feliz cumpleaños!*

Mónica   (*Contenta*) ¡Qué sorpresa!

Silvia   ¿Qué deseas tomar? ¿Champán, cerveza...? ¿O deseas comer algo?

Mónica   Una copa de champán para brindar con todos mis amigos.

Silvia   (*Levanta su copa*) ¡Un brindis! ¡Por Mónica! ¡Salud!

Todos   ¡Salud!

Esteban   (*A Yolanda*) Hola, soy Esteban Campos. Tú eres Yolanda, ¿verdad?

Yolanda   Sí, mucho gusto.

Esteban   ¿Bailamos? ¿Te gusta bailar salsa?

Yolanda   Sí, me gusta, aunque no sé bailar muy bien.

*Esteban y Yolanda bailan y conversan. Todos los invitados lo pasan muy bien.*

Silvia   (*A Mónica*) Veo que Yolanda y Esteban están muy animados.

Mónica   Sí, hacen una buena pareja. Oye, Silvia, la fiesta es todo un éxito. ¡Muchas gracias!

### Detalles culturales

La palabra **salsa** (*sauce* o *spice*) se usa para referirse a la música caribeña, basada en la música afrocubana.

◆ **¿Cuáles son los ritmos típicos de este país?**

*Después de la fiesta, Esteban lleva a Silvia y a Mónica a su casa. Las chicas están cansadas, pero contentas.*

# ¿Recuerda usted?

**¿Verdadero o falso?**   With a partner, decide whether the following statements about the dialogue are true (**verdadero**) or false (**falso**).

1. Mónica es de Guatemala.   □ V   □ F
2. Mónica no tiene novio.   □ V   □ F
3. Esteban no sabe quién es Yolanda.   □ V   □ F
4. Yolanda es rubia, de ojos azules.   □ V   □ F
5. La fiesta es en el club.   □ V   □ F
6. Esteban hace la torta de cumpleaños.   □ V   □ F
7. Mónica desea brindar con champán.   □ V   □ F
8. Yolanda y Esteban bailan salsa.   □ V   □ F
9. Esteban y Yolanda están muy aburridos.   □ V   □ F
10. Todos lo pasan muy bien en la fiesta.   □ V   □ F

**Y ahora... conteste**   Answer these questions, basing your answers on the dialogue.

1. ¿Qué deciden Silvia y Esteban?
2. ¿Quién es la hermana del novio de Mónica?
3. ¿Dónde están los abuelos de Esteban?
4. ¿Quién trae las bebidas?
5. ¿Yolanda sabe bailar bien?
6. ¿Con quién baila y conversa Yolanda?
7. ¿Quiénes hacen una buena pareja?
8. ¿Quién lleva a las chicas a su casa?

# Para hablar del tema: Vocabulario

**Online Study Center**

For more practice with lesson topics, see the related activities on the *¡Hola, amigos!* web site at college.hmco.com/PIC/holaamigos7e.

## Cognados

| | |
|---|---|
| el champán | la invitación |
| el club | la música |
| guatemalteco(a) | la sorpresa |

## Nombres

| | |
|---|---|
| **la bebida** beverage | **la madrina** godmother |
| **el brindis** toast (i.e. *at a celebration*) | **la novia** girlfriend |
| **el cumpleaños** birthday | **el novio** boyfriend |
| **el disco compacto** CD | **los ojos** eyes |
| **los entremeses** appetizers, finger food | **el padrino** godfather |
| **el éxito** success | **la pareja** couple |
| **la fiesta** party | **el (la) primo(a)** cousin |
| **el (la) invitado(a)** guest | **la torta*** cake |

### De país a país

**la torta** la tarta (*Esp.*) el pastel (*Méx.*)
**moreno(a)** trigueño(a) (*Cuba, Par.*)

## Verbos

| | |
|---|---|
| **bailar** to dance | **levantar** to raise |
| **brindar** to toast | **llevar** to take (*someone or something someplace*) |
| **celebrar** to celebrate | |
| **conocer** to know, to be acquainted | **mandar, enviar** to send |
| **dar** to give | **planear** to plan |
| **decidir** to decide | **saber** to know |
| **estar** to be | **traer** to bring |
| **gritar** to shout | **ver** to see |
| **invitar** to invite | |

## Adjetivos

| |
|---|
| **animado(a)** enthused |
| **cansado(a)** tired |
| **casado(a)** married |
| **castaño** brown (*eyes, hair*) |
| **contento(a)** happy, content |
| **enamorado(a)** in love |
| **encantador(a)** charming |
| **feliz** happy |
| **moreno(a)*** dark, brunet(te) |
| **pelirrojo(a)** red-haired |
| **rubio(a)** blond(e) |
| **soltero(a)** single |

## Otras palabras y expresiones

| | |
|---|---|
| **¿a quién(es)?** whom | **de ojos castaños** with brown eyes |
| **ahora** now | **pasarlo bien** to have a good time |
| **aunque** although | **¡Salud!** Cheers! |
| **¿Bailamos?** Shall we dance? | **¡Qué sorpresa!** What a surprise! |
| **comer algo** to have something to eat | **todo un éxito** quite a success |
| **de estatura mediana** of medium height | **ya** already |

# Amplíe su vocabulario (*Expand your vocabulary*)

## La familia

**Doña Elsa**

**Don Luis**

abuela
(grandmother)
suegra
(mother-in-law)

abuelo
(grandfather)
suegro
(father-in-law)

**Carlos**     **Eva**

*padres
(parents)*

**Sergio**     **Marta**

cuñado
(brother-in-law)
yerno
(son-in-law)

hija (daughter)
tía (aunt)
hermana
madre (mother)
mamá (mom)

hijo (son)
padre (father)
papá (dad)
hermano
tío (uncle)

cuñada
(sister-in-law)
nuera
(daughter-in-law)

**Ana**   *hijos*   **Beto**

**Ada Marcos**   *hijos*   **Elena**

sobrina

sobrino
(nephew)
nieto
(grandson)

prima

primo
(cousin)

nieta
(granddaughter)

### Detalles culturales

Cuando los hispanos hablan de su "familia", incluyen a sus tíos, primos, etc. Generalmente, la relación entre ellos es muy estrecha.

◆ **¿La relación entre Ud. y su familia es muy estrecha?**

# Para practicar el vocabulario

**A. Preguntas y respuestas** With a partner, match the questions in column *A* with the answers in column *B*.

| A | B |
|---|---|
| 1. ¿Bailamos? | a. Champán. |
| 2. ¿Es casada? | b. En la casa de mis abuelos. |
| 3. ¿Es rubia o morena? | c. Las invitaciones. |
| 4. ¿Qué bebida tienen? | d. No, es soltera. |
| 5. ¿Qué celebran hoy? | e. No, es mi primo. |
| 6. ¿Qué vas a mandar? | f. No, es guatemalteco. |
| 7. ¿Luis es tu novio? | g. No, de estatura mediana. |
| 8. ¿Dónde es la fiesta? | h. Ahora no; estoy cansada. |
| 9. ¿Es alta? | i. Mi cumpleaños. |
| 10. ¿Es de El Salvador? | j. Es pelirroja. |

**B. Planes para la fiesta** Complete the following exchanges and then act them out with a partner.

1. —¿Qué vas a traer para comer?

   _____ y la _____ de cumpleaños.

2. —¿Los invitados lo _____ bien?

   —Sí, la fiesta es todo un _____.

3. —¿Vamos a brindar?

   —Sí. (_____ *su copa.*) ¡Un _____!
   ¡Salud!

4. —¿Uds. _____ una fiesta el sábado?

   —Sí, y vamos a _____ a todos nuestros amigos.

Una pareja de enamorados hace planes para una fiesta.
¿Qué creen Uds. que van a celebrar?

**C. El parentesco** (*Relationship with relatives*) With a partner, take turns saying what the relationship of one person to another is in the family tree. Mention eight to ten relationships.

◆ MODELO: —*Doña Elsa es la mamá de Eva.*

**D. De mi álbum de fotos** Bring photos of family members and share information about them in small groups. Be prepared to present your family photos to the class.

## Pronunciación

**La consonante *c*** In Spanish, **c** has two different sounds: [s] and [k]. The [s] sound occurs in **ce** and **ci,** the [k] sound in **ca, co, cu, cl,** and **cr.** Read the following words aloud.

| [s] | | [k] | |
|-----|-----|-----|-----|
| **ce**rveza | **ci**en**ci**as | **Ca**rmen | **cu**ándo |
| gra**ci**as | ne**ce**sito | **ca**nsado | **cl**ub |
| invita**ci**ón | **ce**lebrar | **có**mo | **cr**eo |

# Puntos para recordar

## 1. Verbs with irregular first-person forms
### (*Verbos irregulares en la primera persona*)

◆ The following verbs are irregular in the first-person singular of the present tense.

| Verb | yo form | Regular forms |
|------|---------|---------------|
| **salir** (*to go out*) | **salgo** | sales, sale, salimos, salís, salen |
| **hacer** (*to do, make*) | **hago** | haces, hace, hacemos, hacéis, hacen |
| **poner** (*to put, place*) | **pongo** | pones, pone, ponemos, ponéis, ponen |
| **traer** (*to bring*) | **traigo** | traes, trae, traemos, traéis, traen |
| **conducir** (*to drive, to conduct*) | **conduzco** | conduces, conduce, conducimos, conducís, conducen |
| **traducir** (*to translate*) | **traduzco** | traduces, traduce, traducimos, traducís, traducen |
| **conocer** (*to know*) | **conozco** | conoces, conoce, conocemos, conocéis, conocen |
| **caber** (*to fit*) | **quepo** | cabes, cabe, cabemos, cabéis, caben |
| **ver** (*to see*) | **veo** | ves, ve, vemos, veis, ven |
| **saber** (*to know*) | **sé** | sabes, sabe, sabemos, sabéis, saben |

## Práctica y conversación

**A. Olga y yo...** With a partner, take turns comparing what Olga does to what you do.

◆ MODELO: Olga traduce del inglés al español.
*Yo traduzco del español al inglés.*

Olga:

1. ...sale de su casa a las ocho de la mañana.
2. ...pone su dinero en el Banco de América.
3. ...conoce Guatemala.
4. ...sabe bailar salsa.
5. ...trae a su amiga a la universidad.
6. ...conduce un Ford.
7. ...ve a sus abuelos los domingos.
8. ...hace ejercicio (*exercises*) por la mañana.

**B. ¿Y los otros...?** Now get together with another pair and compare your answers to theirs.

# 2. Saber vs. conocer

The verb *to know* has two Spanish equivalents, **saber** and **conocer,** which are used to express distinct types of knowledge.

◆ **Saber** means *to know something by heart, to know how to do something* (a learned skill), or *to know a fact* (information).

| | |
|---|---|
| —**¿Sabes** el poema "The Raven" de memoria? | "***Do you know*** the poem 'The Raven' by heart?" |
| —¡No! | "No!" |
| —¿Ana **sabe** bailar salsa? | "***Does*** Ana ***know how*** to dance salsa?" |
| —No muy bien... | "Not very well . . ." |
| —¿Ud. **sabe** el número de teléfono de David? | "***Do you know*** David's phone number?" |
| —Sí, es 8–26–49–30. | "Yes, it's 8–26–49–30." |

◆ **Conocer** means *to be familiar or acquainted with a person, a thing, or a place.*

| | |
|---|---|
| —¿**Conoces** a Hugo? | "***Do you know*** Hugo?" |
| —Sí, es el primo de Alberto. | "Yes, he's Alberto's cousin." |
| —¿**Conocen** Uds. todas las novelas de Cervantes? | "***Are you acquainted with*** all of Cervantes's novels?" |
| —No, no todas. | "No, not all of them." |
| —¿**Conoces** San Salvador? | "***Do you know*** (Have you been to) San Salvador?" |
| — Sí, es una ciudad muy bonita. | "Yes, it is a very pretty city." |

## Práctica y conversación

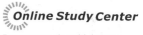

**Online Study Center**

For more practice with lesson topics, see the related activities on the *¡Hola, amigos!* web site at college.hmco.com/PIC/holaamigos7e.

**A. ¿Qué sabes y qué conoces?**  With a partner, take turns interviewing each other, using the **tú** form. Ask if your partner *knows* the following. You'll have to decide whether to use **saber** or **conocer.**

◆ MODELO:  bailar rumba
—*¿Sabes bailar rumba?*
—*Sí, yo sé bailar rumba. (No, no sé bailar rumba.)*

1. el número de teléfono de la universidad
2. Guatemala
3. las novelas de Hemingway
4. hablar italiano
5. a los padres del profesor (de la profesora)
6. el poema "The Raven" de memoria
7. dónde vive el profesor (la profesora) de español
8. preparar entremeses

**B. Queremos saber...**  With a partner, use **saber** and **conocer** to prepare five or six questions to ask your instructor.

# 3. Personal *a* (*La* a *personal*)

◆ The preposition **a** is used in Spanish before a direct object (recipient of the action expressed by the verb) referring to a specific person or persons. When the preposition **a** is used in this way, it is called the *personal* **a** and has no English equivalent.

<table>
<tr><td></td><td></td><td>**(Direct object)**</td></tr>
<tr><td>Yo conozco</td><td rowspan="2">**a**</td><td>Roberto.</td></tr>
<tr><td>*I know*</td><td>*Robert.*</td></tr>
</table>

—¿Tú conoces **a** Carmen y **a** Héctor?
—Conozco **a** Carmen, pero no conozco **a** Héctor.

"*Do you know Carmen and Héctor?*"
"*I know Carmen, but I don't know Héctor.*"

**¡Atención!** When there is a series of direct object nouns, referring to people, the personal **a** is repeated: **¿Tú conoces *a* Carmen y *a* Héctor?**

◆ The personal **a** is *not* used when the direct object is a thing or place.

Yo conozco Los Ángeles.   *I know Los Angeles.*

◆ The personal **a** is seldom used following the verb **tener** even if the direct object is a person or persons.

Tengo dos hermanas.   *I have two sisters.*

◆ The personal **a** is also used when referring to pets.

Yo llevo **a** mi perro a la veterinaria.   *I take my dog to the vet.*

**Online Study Center**

For more practice with lesson topics, see the related activities on the *¡Hola, amigos!* web site at college.hmco.com/PIC/holaamigos7e.

## Práctica y conversación

**A. Minidiálogos**   Complete the following exchanges, using the personal **a** when appropriate. Leave the space blank if **a** is not needed.

1. —¿Tú conoces _____ Silvia y _____ Mónica?
   —Conozco _____ Mónica, pero no conozco _____ Silvia.
2. —¿_____ quién llevas a la fiesta?
   —Llevo _____ mi suegra y _____ mi cuñada.
3. —¿Tienes _____ hermanos?
   —Sí, tengo _____ un hermano y _____ dos hermanas.
4. —Qué tienes que hacer?
   —Tengo que llevar _____ mi perro a caminar (*for a walk*).

**B. Los sábados** With a partner, take turns asking whom you call (**llamar**), visit (**visitar**), or see on Saturdays.

◆ MODELO: —¿A quién llamas todos los sábados?
—Yo llamo a mi abuela.

## 4. Contractions: *al* and *del* (*Contracciones:* al y del)[1]

◆ The preposition **a** and the article **el** contract to form **al.**

| Llevamos | **a** | + | **el** | profesor. |
|---|---|---|---|---|
| Llevamos | | **al** | | profesor. |

◆ Similarly, the preposition **de** and the definite article **el** contract to form **del.**

| Tiene los libros | **de** | + | **el** | profesor. |
|---|---|---|---|---|
| Tiene los libros | | **del** | | profesor. |

**¡Atención!** **A** + **el** and **de** + **el** must *always* be contracted to **al** and **del.**

—¿Vienes **del** club?     *"Are you coming **from the** club?"*
—No, vengo **de la** biblioteca.     *"No, I'm coming **from the** library."*

—¿Vamos **al** cine?     *"Shall we go **to the** movies?"*
—Sí, vamos.     *"Yes, let's go."*

◆ None of the other combinations of preposition and definite article (**de la, de los, de las, a la, a los, a las**) is contracted.

El esposo **de la** profesora viene **a la** clase de español.

¿Vamos al laboratorio de lenguas?

[1]See Appendix C.

## Práctica y conversación

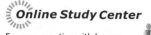
**Online Study Center**

For more practice with lesson topics, see the related activities on the *¡Hola, amigos!* web site at college.hmco.com/PIC/holaamigos7e.

**A. Ir y venir**  Using the list provided, you and your partner will take turns mentioning where everyone is going and whom everyone is taking.

◆ **MODELO:** Teresa / cine / Sr. López
  *Teresa **va al** cine. Lleva **al** señor López.*

1. Inés / teatro / Sra. Vigo
2. El doctor Rojas / fiesta / profesor Vega
3. Fernando / club / Srta. Acosta
4. Paloma / zoológico / niños
5. Ramiro / parque / perro
6. Sara / biblioteca / estudiantes

Now you both use the same list to mention where everyone is coming from.

◆ **MODELO:** *Teresa y el Sr. López vienen **del** cine.*

**B. Entreviste a su compañero(a)**  You and a partner take turns asking each other the following questions.

1. ¿Tú conoces a los amigos del profesor (de la profesora)?
2. ¿Tú vienes a la universidad antes de (*before*) las ocho de la mañana?
3. ¿Tú llamas al profesor (a la profesora) a veces (*sometimes*)?
4. ¿Tú tienes el libro del profesor (de la profesora)?
5. ¿Tú vienes a la universidad los domingos?
6. ¿Tú ves al profesor (a la profesora) los sábados?

## 5. Present indicative of *ir, dar,* and *estar*
### (*Presente de indicativo de* ir, dar *y* estar)

|  | ir (*to go*) | dar (*to give*) | estar (*to be*) |
|---|---|---|---|
| yo | voy | doy | estoy |
| tú | vas | das | estás |
| Ud. él ella | va | da | está |
| nosotros(as) | vamos | damos | estamos |
| vosotros(as) | vais | dais | estáis |
| Uds. ellos ellas | van | dan | están |

—¿Dónde **está** Aurora?   *"Where **is** Aurora?"*
—**Está** en el teatro.   *"**She is** at the theater."*
—¿No **da** una fiesta hoy?   *"**Isn't she giving** a party today?"*
—No, yo **doy** una fiesta.   *"No, **I'm giving** a party."*

—¿Adónde **vas**?   *"Where **are you going** (to)?"*
—**Voy** al cine.   *"**I'm going** to the movies."*
—¿No **estás** cansada?   *"**Aren't you** tired?"*
—No, no **estoy** cansada.   *"**No, I am** not tired."*

**¡Atención!**  The verb **estar** is used to indicate location and to describe condition at a given moment in time. **Estar** and **ser** are not interchangeable.

*Location:*   Aurora está en el club.
*Current condition:*   Estoy cansada.

## Práctica y conversación

**Online Study Center**

For more practice with lesson topics, see the related activities on the *¡Hola, amigos!* web site at college.hmco.com/PIC/holaamigos7e.

**A. Fiestas y más fiestas**  Complete the following statements about Mónica's birthday party, using the appropriate forms of **dar, ir,** and **estar.**

1. Todos los amigos de Silvia _____ a la fiesta que ella y Esteban _____ para Mónica. Esteban _____ dinero para la fiesta.
2. La abuela de Esteban no _____ a la fiesta; ella _____ en Costa Rica.
3. En la fiesta, Mónica _____ muy contenta y los invitados _____ muy animados.
4. Las bebidas y los entremeses _____ en la mesa (*table*).
5. Yo no _____ a la fiesta porque no _____ invitado.
6. Yo no _____ muchas fiestas en mi casa, pero mis amigos y yo _____ fiestas en el club.

**B. Entreviste a su compañero(a)**  You and your partner take turns interviewing each other, using the following questions.

1. ¿Adónde vas los viernes?
2. ¿Vas al cine los sábados? ¿Con quién?
3. ¿Vas a la iglesia (*church*) los domingos?
4. ¿Tú y tus amigos van a muchas fiestas?
5. ¿Estás invitado(a) a una fiesta esta noche?
6. ¿Das muchas fiestas en tu casa?
7. ¿Estás cansado(a)?
8. ¿Dónde están tus padres ahora?

Now, you and your partner are interviewing Miss Muñoz. How would you ask her the same questions? Use the **Ud.** form.

# 6. *Ir a* + infinitive (Ir a + *el infinitivo*)

The **ir a** + *infinitive* construction is used in Spanish to express future time, in the same way English uses the expression *to be going to* + *infinitive*.

| **ir** (*conjugated*) | + | **a** | + | *infinitive* |
|---|---|---|---|---|
| **Voy** | | **a** | | **estudiar.** |
| *I am going* | | | | *to study.* |

—¿Tú **vas a bailar** con Jorge?    *"**Are you going to dance** with Jorge?"*
—No, **voy a bailar** con Carlos.    *"No, **I'm going to dance** with Carlos."*

Ahora voy a estudiar un poco.

Elena va a estudiar ahora pero...
¿qué planea hacer después?

# Práctica y conversación

Online Study Center

For more practice with lesson topics, see the related activities on the *¡Hola, amigos!* web site at college.hmco.com/PIC/holaamigos7e.

**A. Entreviste a su compañero(a)**   You and your partner take turns interviewing each other, using the following questions.

1. ¿Cuándo vas a estudiar? ¿Dónde?
2. ¿Cuántas horas vas a estudiar?
3. ¿Qué vas a hacer mañana?
4. ¿Dónde vas a comer mañana?
5. ¿Adónde van a ir tú y tus amigos el viernes?
6. ¿Vas a dar una fiesta el sábado?
7. ¿A quiénes vas a invitar a tu próxima (*next*) fiesta?
8. ¿Qué bebidas vas a servir (*serve*) en tu fiesta?

**B. ¿Qué vamos a hacer?**   What will be the result of each of the following situations? Indicate what *is going to happen*.

◆ MODELO:   Yo tengo hambre.
   *Voy a comer algo.*

1. Ud. tiene un examen mañana.
2. Ud. y yo tenemos sed.
3. Mi tío tiene hambre.
4. Raquel y Luis van a ir a una fiesta.
5. Anita está cansada.
6. Marcelo quiere celebrar su cumpleaños.

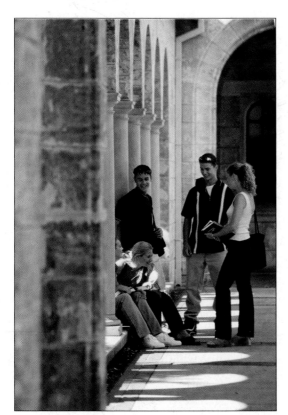

¿Qué va a hacer cada (*each*) uno de estos estudiantes el sábado por la noche?

# Entre nosotros

## ¡Conversemos!

**Para conocernos mejor**   Get to know your partner better by asking each other the following questions.

1. ¿Cuándo planeas dar una fiesta?
2. ¿Tus discos compactos son de música para bailar o para escuchar (*to listen to*)?
3. ¿Sabes cantar (*to sing*) "Feliz cumpleaños" en español?
4. ¿Qué haces los sábados por la tarde? ¿Y por la noche?
5. ¿A qué hora sales de tu casa?
6. ¿Cuántas llaves (*keys*) de tu casa tienes?
7. ¿Tú conduces bien?
8. ¿Ves a tus abuelos frecuentemente?
9. ¿Estás enamorado(a)? ¿De quién?
10. ¿Tus ojos son azules, verdes o castaños?

↳ brown eyes

moreno – brown skin eyes, hair

**Una encuesta**   Interview your classmates to identify who fits the following descriptions. Include your instructor, but remember to use the **Ud.** form when addressing him or her.

### Nombre

1. Tiene un esposo muy guapo (una esposa muy bonita). _____
2. Es la nieta favorita de su abuela. _____
3. Visita a sus tíos frecuentemente. _____
4. Da muchas fiestas en su casa. _____
5. Va a muchas fiestas. _____
6. Sabe bailar salsa. _____
7. Conoce Canadá. _____
8. Va a comer en la cafetería mañana. _____
9. Está enamorado(a). _____
10. Es soltero(a). _____

**Y ahora...**   Write a brief summary, indicating what you have learned about your classmates.

## ¿Cómo lo decimos?   What would you say in the following situations? What might the other person say? Act out the scenes with a partner.

1. You and a friend are planning a party. You ask him/her what beverages he/she is going to bring.
2. You ask a friend what he/she is going to do on Saturday and with whom.
3. You talk to a friend about some members of your family.

## ¿Qué pasa aquí?   Get together in groups of three or four and create a conversation among the people in the picture. You might have them introduce one another and discuss their friends, their activities, the occasion, or the party itself.

# Para escribir

**Un mensaje electrónico**   You are sending an e-mail to a friend, inviting him/her to a birthday party you are giving for someone.

Brainstorm about the place, the day, and the time, whom you are going to invite, what you are going to serve, and what you are going to do. Now make a list of all the details and then organize the e-mail.

## Un dicho

*Come y bebe, porque la vida es breve.*

This piece of advice reminds us of a similar one in English. Do you know what it is? Is it good advice? Memorize the Spanish saying!

# Lectura

**Estrategia de lectura**   Look at the **Sociales** reading below. Based on the headline and the photos, what do you think the reading is about? (**¿De qué trata la lectura?**) In which section of the newspaper can you find such articles?

**Vamos a leer**   As you read the **Sociales** section of the newspaper, find the answers to the following questions.

1. ¿En qué iglesia tuvo lugar (*took place*) la boda de Isabel?
2. ¿Cómo se llama el esposo de Isabel?
3. ¿Qué ofrecieron los padres de la novia?
4. ¿Adónde va a ir la feliz pareja de luna de miel (*honeymoon*)?
5. ¿Qué tuvo lugar en el Club Deportivo Santiago?
6. ¿En qué universidad estudia Ana María?
7. ¿Qué estudian Ana María y Eduardo?
8. ¿Para cuándo planean la boda?
9. ¿Quién va de vacaciones a California?
10. ¿Qué ciudades va a visitar? ¿Con quiénes?
11. ¿Con qué celebraron el cumpleaños de Olguita? ¿Dónde?
12. ¿Qué hogar visitó la cigüeña (*stork*) y cómo se llama el bebé?

## Detalles culturales

La mayoría de los hispanos generalmente usan dos apellidos: el apellido del padre y después el apellido de soltera (*maiden name*) de la madre.

◆ ¿Se usan dos apellidos en este país?

# SOCIALES

En la Catedral tuvo lugar la boda de la gentil señorita Isabel Gómez Vera con el distinguido caballero Juan Carlos Pérez Miranda el pasado sábado, 18 de agosto. Terminada la ceremonia religiosa, los padres de la novia ofrecieron un banquete en el Club Unión de San Salvador. La feliz pareja va a ir de luna de miel a la hermosa ciudad de Antigua. ¡Muchas felicidades al nuevo matrimonio!

# Video

■ En el Club Deportivo Santiago tuvo lugar la fiesta de compromiso de la señorita Ana María Reyes y el señor Eduardo Alcalá. Ana María es estudiante de educación en la Universidad Nacional y su prometido está terminando la carrera de arquitecto. La pareja planea su boda para el mes de mayo. ¡Felicidades!

■ La cigüeña visitó el hogar del matrimonio Viera Colombo. El hermoso bebé llevará el nombre de Miguel Ángel. ¡Enhorabuena a los nuevos padres!

■ La semana próxima va de vacaciones a California la señora Rosalía Mena de Castro. Allí va a visitar a sus padres, que residen en San Diego. Acompañada de sus padres, visitará Nueva York y Miami. ¡Le deseamos buen viaje!

■ El viernes pasado se celebró, con una gran fiesta infantil, el cumpleaños de Olga Paz Soldán en la residencia de sus padres. ¡Feliz cumpleaños, Olguita!

## Díganos   Answer the following questions based on your own thoughts and experiences.

1. ¿En qué mes celebra Ud. su cumpleaños?
2. ¿Van a ofrecer sus amigos un banquete para celebrar su cumpleaños?
3. ¿Es Ud. miembro de un club? ¿De cuál?
4. Para Ud., ¿cuál es el lugar (*place*) ideal para pasar la luna de miel?
5. ¿Adónde planea Ud. ir de vacaciones?
6. ¿Qué ciudades de este país desea visitar?
7. ¿Le gusta a Ud. viajar con sus padres, con sus amigos o solo(a) (*alone*)?
8. ¿Qué nombre le gusta para un bebé?

## ¡Qué sorpresa!

Los amigos de Marisa están en el apartamento de la muchacha, muy ocupados preparando una fiesta sorpresa para celebrar su cumpleaños. Cuando regresa más tarde y se esconden (*hide*), la sorpresa de Marisa es realmente grande…

# El mundo hispánico

 ## México

- México, con más de cien millones de habitantes, ocupa por su población el primer lugar entre los países del mundo hispano, y tiene casi tres veces el área de Texas. Su capital, la Ciudad de México, D.F. (Distrito Federal), con unos 24 millones de habitantes, es el centro urbano más grande del mundo.

- La economía tradicional del país está basada en el petróleo y la agricultura, pero en las últimas décadas la industria, el turismo y el dinero que los emigrantes en los Estados Unidos envían a sus casas, son la principal fuente de ingreso (*source of income*).

▲ Vista del Ángel de la Independencia, en la ciudad de México.

- La importancia del turismo se debe a (*is due to*) la abundancia de bellezas naturales y de reliquias históricas y al servicio eficiente de sus centros turísticos. Playas famosas como Acapulco, Cancún y Puerto Vallarta; ruinas arquitectónicas como Teotihuacán, Chichén Itzá y Tulum, y la arquitectura de muchas ciudades atraen a turistas de todo el mundo. En México, D.F., coexisten restos arquitectónicos de la ciudad prehistórica Tenochtitlán, fundada en 1325 por los aztecas, edificios coloniales y modernas estructuras.

▲ Mural de Diego Rivera (1886–1957)

- Otras ciudades de gran interés turístico son Guadalajara, la segunda ciudad más grande del país, origen del mariachi y del tequila; Guanajuato, famosa por sus momias, y San Miguel de Allende, residencia de artistas de todo el mundo.

- En el mundo del arte, se destacan (*stand out*) pintores como Diego Rivera, José Clemente Orozco, David Alfaro Siqueiros y Frida Kahlo.

# Guatemala

◆ Guatemala es uno de los países centroamericanos que fue (*was*) parte del imperio maya. Aunque el español es el idioma oficial, sólo lo habla el 60 por ciento de la población; el resto habla alguna lengua maya.

◆ Guatemala es un país de volcanes, montañas y bellos paisajes. Su clima es muy agradable y por eso se conoce como "el país de la eterna primavera". En Guatemala encontramos selvas tropicales (*jungles*), hermosas playas e innumerables centros arqueológicos. Uno de los más famosos es la ciudad maya de Tikal, que por su valor arqueológico fue declarada Patrimonio de la Humanidad por la UNESCO.

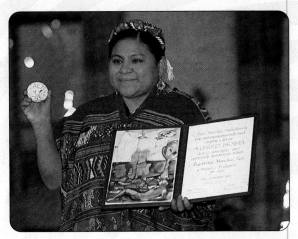

◆ La economía del país se basa en la agricultura. Los principales productos de exportación son café, bananas, algodón (*cotton*) y madera. En sus bosques hay numerosos pájaros (*birds*), entre ellos el quetzal, que le da nombre a la moneda del país, y que es el símbolo nacional de Guatemala.

◆ Una ciudad muy interesante de este país es Antigua, que fue la capital hasta 1776. Ciudad de Guatemala, la capital actual es, en su mayor parte, una ciudad moderna, aunque todavía hay algunas construcciones antiguas.

▲ Rigoberta Menchú (1959– ), Premio Nobel de la Paz, 1992

# El Salvador

◆ El Salvador es el país más pequeño de Centroamérica, pero es el más densamente poblado. Tiene más de seis millones de habitantes en un área aproximadamente del tamaño (*size*) del estado de Massachusetts.

◆ En El Salvador hay más de 200 volcanes y por eso lo llaman "la tierra (*land*) de los volcanes". El país tiene unos 300 kilómetros de costa, y sus playas están entre las más hermosas de América. El "surfing" es el deporte (*sport*) que más se practica en las playas.

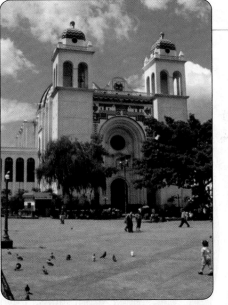

◆ El clima del país es tropical, con dos estaciones: la estación de las lluvias (de mayo a octubre) y la estación de la seca (*dry season*) (de noviembre a abril).

◆ La capital de El Salvador es San Salvador, la ciudad más industrializada de América Central.

▲ La Catedral Metropolitana frente a la plaza Barrios, en San Salvador.

**Comentarios...** With a partner, discuss, in Spanish, what impressed you the most about these three countries, and compare them to your own. Which places do you want to visit and why?

**Online Study Center**

For more practice with lesson topics, see the related activities on the *¡Hola, amigos!* web site at college.hmco.com/PIC/holaamigos7e.

# Tome este examen

## Lección 3

**A. Present indicative of -er and -ir verbs** Complete each sentence with the correct form of the Spanish equivalent of the verb in parentheses.

1. El profesor _____ en la pizarra. (*writes*)
2. Ana y yo _____ en la casa de la Sra. Paz. (*live*)
3. Ellos _____ limpiar el baño. (*must*)
4. ¿Tú _____ por la noche? (*run*)
5. Yo _____ limonada. (*drink*)
6. Esteban _____ en la cocina. (*eats*)
7. María _____ las ventanas. (*opens*)
8. ¿_____ Uds. libros de inglés? (*receive*)

**B. Possession with *de*** Write the Spanish equivalent of the words in parentheses.

1. Estela es _____. (*Pedro's friend*)
2. Aquí está _____. (*Paco's clothes*)
3. Ellos viven en _____. (*Mrs. Peña's house*)
4. Ellos son _____. (*Eva's brothers*)

**C. Present indicative of *tener* and *venir*** Complete the following sentences, using the present indicative of **tener** or **venir**.

1. ¿Tú _____ a la universidad los lunes?
2. Eva y yo _____ con Roberto porque no _____ automóvil.
3. Ellos _____ mis libros de español, pero hoy no _____ a clase.
4. Yo no _____ a la universidad los viernes porque no _____ clases.
5. Sergio no _____ hijos.
6. Elvira _____ que planchar la ropa ahora.

**D. Expressions with *tener*** Say how you and everybody else feel according to each situation, using expressions with **tener.**

1. It's July and you are in Phoenix, Arizona. (*Yo...*)
2. Marcelo hasn't had anything to eat for the last twelve hours. (*Marcelo...*)
3. Adela's throat is very dry. (*Adela...*)
4. I am in Alaska and it is winter. (*Tú...*)
5. We haven't slept for the last twenty-four hours. (*Nosotros...*)
6. The boys are being chased by a big dog. (*Los muchachos...*)
7. You have one minute to get to your next class, across campus. (*Yo...*)

## E. Demonstrative adjectives and pronouns   Use the appropriate demonstrative adjective.

1. (*those*)      **a.** _____ cosas      **b.** _____ muebles
2. (*this*)      **a.** _____ cocina      **b.** _____ dormitorio
3. (*that over there*)      **a.** _____ café      **b.** _____ limonada
4. (*that*)      **a.** _____ casa      **b.** _____ refrigerador
5. (*these*)      **a.** _____ platos      **b.** _____ casas

## F. Numbers 300–1,000   Write the following numbers in Spanish.

1. 567 _____
2. 790 _____
3. 1.000 _____
4. 345 _____
5. 615 _____
6. 874 _____
7. 965 _____
8. 825 _____
9. 481 _____
10. 13.816 _____

## G. Vocabulary   Complete the following sentences, using vocabulary from **Lección 3.**

1. No me gusta hacer los _____ de la casa.
2. Tengo que descansar un _____ .
3. ¿_____ es ese señor?
4. Yo corto el _____ los sábados.
5. Ellos tienen muchas _____ que hacer hoy.
6. Jorge, necesito los platos para _____ la mesa.
7. Tenemos que _____ los muebles.
8. Tocan a la _____ y Héctor corre a _____ .
9. Debes _____ la basura.
10. Mis amigos _____ dentro de un _____ .
11. Yo _____ limonada cuando tengo _____ .
12. Andrés tiene que _____ la aspiradora.

## H. Culture   Answer the questions based on the cultural information you have read.

1. Actualmente, ¿quiénes ayudan con los trabajos de la casa en los países hispanos?
2. ¿Dónde es popular la comida mexicana?
3. ¿En qué países son populares las telenovelas mexicanas?

# Lección 4

## A. Irregular first person in the present indicative
Complete each sentence with the correct form of the verb in parentheses.

1. Yo _____ de mi casa a los ocho.   (*leave*)
2. Yo_____ el auto de mi papá.   (*drive*)
3. Yo_____ la lección al inglés.   (*translate*)
4. Yo no _____ ejercicio (*exercises*) hoy.   (*do*)
5. Yo no _____ en este auto.   (*fit*)
6. Yo _____ las bebidas.   (*bring*)

## B. *Saber* vs. *conocer*
Complete the following sentences, using the present indicative of **saber** or **conocer.**

1. ¿Tú _____ México? ¿_____ hablar español?
2. Yo no _____ el número de teléfono de Ana.
3. Nosotros _____ las novelas de Cervantes.
4. ¿Uds. _____ a Fernando Baños?
5. ¿Olga _____ bailar?

## C. Personal *a*
Write a sentence with each group of words, adding any necessary words.

1. Yo / conocer / la tía / Julio
2. Luis / tener / tres tíos / dos tías
3. Ana / llevar / su prima / fiesta
4. Uds. / conocer / San Salvador

## D. Contractions *al* and *del*
Rewrite the following sentences, replacing the words in italics with the words in parentheses. Make all necessary changes.

1. No conocemos a la *señora* Vega.   (señor)
2. Es la hermana de la *profesora*.   (profesor)
3. Venimos de la *fiesta*.   (club)
4. Voy a la *clase*.   (laboratorio)
5. Vengo del *aula*.   (playa)

## E. Present indicative of *estar, ir,* and *dar*
Complete the following sentences, using the present indicative of **dar, ir,** and **estar.**

1. Yo no _____ mi número de teléfono.
2. Ella no _____ en el aula.
3. Nosotros _____ a la fiesta.
4. ¿Tú _____ bien?
5. Ellos _____ en la cafetería.
6. ¿Ud. _____ a la universidad por la mañana?
7. ¿Uds. _____ fiestas los sábados?
8. Yo _____ al club.

## F. *Ir a* + infinitive   Write the question that originated each response, using the cues in italics.

1. Yo voy a estudiar *en el laboratorio.*   (Use **tú.**)
2. Nosotros vamos a comer *sándwiches.*
3. Roberto va a ir *con Teresa.*
4. Yo voy a terminar *a las cuatro.*   (Use **Ud.**)
5. Ellos van a trabajar *el sábado.*

## G. Vocabulary   Complete the following sentences, using vocabulary from **Lección 4.**

1. Tenemos muchos _____ compactos.
2. Vamos a comer _____.
3. Mi madrina es morena de ojos _____.
4. ¿Es rubia, morena o _____?
5. Es de _____ mediana.
6. Dan una fiesta de _____ para Ana hoy.
7. Elena no es casada; es _____.
8. Paco y Rosa hacen una buena _____.
9. Ellos traen los _____ para comer en la fiesta.
10. Están _____ una salsa. ¿Quieres _____?
11. Todos _____ su copa y brindan: ¡_____!
12. La fiesta es todo un _____.

## H. Culture   Circle the correct answer based on the cultural information you have read.

1. La economía tradicional de México está basada en (el petróleo / la arquitectura).
2. Guanajuato es famosa por sus (momias / mariachis).
3. Guatemala es conocido como el país de la eterna (selva / primavera).
4. El Salvador tiene unos (200 / 300) kilómetros de costa.

# Unidad 3

## Objetivos

### Lección 5

- Order meals at cafés and restaurants
- Request and pay your bill
- Talk about what is going on
- Describe people and things
- Make comparisons

### Lección 6

- Shop for groceries in supermarkets and specialty stores
- Avoid repetition
- Contradict what someone else is saying
- Talk about how long something has been going on

Mercado de frutas y vegetales en Costa Rica

# ¿Qué comemos hoy?

## Costa Rica

Turistas admirando la selva desde un puente en el Parque Selvatura, en Costa Rica

## Panamá

Un barco de carga en el Canal de Panamá

## Honduras

Ruinas mayas en Copán, Honduras

## Nicaragua

Volcán Concepción, el más alto de Nicaragua, en la isla de Ometepe

99

# Lección 5 · El menú, por favor

Javier · Andrea · Camarero · Anita y Luisito

*La familia Carreras, de Panamá, está de vacaciones en Costa Rica. Esta noche Andrea y Javier están en uno de los mejores restaurantes de San José, celebrando su aniversario de bodas. Ahora están conversando y esperando al camarero.*

**Andrea** (*Leyendo el menú*) ¡Ay, no sé qué pedir! Pollo a la parrilla, langosta, pescado asado...

**Javier** Yo quiero bistec con puré de papas y verduras. ¡Oye!, ¿no quieres un coctel de camarones para empezar?

**Andrea** ¡Buena idea! Ah, aquí viene el camarero.

**Camarero** La especialidad de hoy es cordero asado y bistec con langosta; ¿qué desean tomar?

**Javier** Vermut.

**Camarero** ¿Y para comer?

**Andrea** Para mí, sopa de cebolla, cordero asado y arroz.

**Javier** Bistec con puré de papas y... una ensalada de tomates. Tráiganos también un coctel de camarones.

**Camarero** ¿Qué desean beber con la comida?

**Javier** Dos copas de vino tinto.

## Detalles culturales

Cada país latinoamericano tiene platos típicos, pero la mayoría de los restaurantes sirve también comida internacional.

◆ **¿Es fácil encontrar comida internacional en tu ciudad?**

## Detalles culturales

En los países hispanos, los restaurantes tienen camareros profesionales que trabajan tiempo completo. Por lo general, son hombres y usan uniforme: pantalones negros y chaqueta blanca.

◆ **¿Qué diferencia ve Ud. entre los camareros hispanos y los de este país?**

## Detalles culturales

◆ En los países de habla hispana, el café se sirve después del postre, nunca durante la comida. Generalmente es café tipo espresso, y se sirve en tazas muy pequeñas.

◆ La propina que se ofrece en los restaurantes generalmente es del 10%, pero hay variación según el país y el tipo de restaurante. Con frecuencia la propina está incluida en la cuenta. Si Ud. no está seguro de esto, debe preguntar (*ask*), **¿Está incluido el servicio?**

◆ El desayuno típico en Costa Rica es gallo pinto (arroz con frijoles negros), huevo, tortilla, jugo de mango y café.

1. ¿Se bebe mucho café en este país? ¿Qué tipo de café prefiere beber Ud.?
2. Generalmente, ¿cuánto se deja de propina en un restaurante en este país?
3. ¿Cuál es el desayuno típico en este país?

*Más tarde.*

Javier  (*Lee la lista de postres*) Flan, torta, helado, arroz con leche, pastel...

Andrea  Yo quiero helado de vainilla.

Javier  Yo voy a pedir flan con crema y después tomamos un café.

*Javier paga la cuenta y deja una buena propina.*

*Al día siguiente Andrea y Javier llevan a sus hijos a desayunar. Anita es una niña muy bonita y un poco tímida. Es mayor que Luisito, pero él es más alto que ella. El niño es simpático y travieso.*

Javier  (*Al mozo*) Jugo de naranja, huevos con jamón y pan tostado con mantequilla y mermelada.

Andrea  Una ensalada de frutas y un café con leche. (*A Anita*) ¿Qué quieres tú?

Anita  Yo quiero panqueques y un vaso de leche.

Luisito  Yo quiero un perro caliente y una Coca-Cola.

Javier  ¡No, no, no! Tienes que pedir algo mejor.

Luisito  Bueno..., una hamburguesa y una taza de chocolate.

Andrea  Está bien, pero en el almuerzo vas a comer pollo y verduras.

Luisito  No me gusta el pollo. No es tan sabroso como la pizza.

*Cuando terminan de desayunar son las diez de la mañana.*

# ¿Recuerda usted?

**¿Verdadero o falso?**   With a partner, decide whether the following statements about the dialogue are true (**verdadero**) or false (**falso**).

1. La familia Carreras es de Costa Rica y está de vacaciones en Panamá. ☐ V  ☐ F
2. Hoy Andrea y Javier celebran su aniversario de bodas. ☐ V  ☐ F
3. Javier come pollo a la parrilla. ☐ V  ☐ F
4. Andrea no quiere comer camarones. ☐ V  ☐ F
5. Andrea va a pedir sopa. ☐ V  ☐ F
6. Javier y Andrea comen postre. ☐ V  ☐ F
7. Javier y Andrea no tienen hijos. ☐ V  ☐ F
8. El niño es mayor que la niña. ☐ V  ☐ F
9. Javier come más que Andrea. ☐ V  ☐ F
10. La mamá de Luisito quiere comer una hamburguesa. ☐ V  ☐ F
11. Luisito prefiere comer pizza. ☐ V  ☐ F
12. La familia termina de desayunar a las doce. ☐ V  ☐ F

**Y ahora... conteste**   Answer these questions, basing your answers on the dialogue.

1. ¿Dónde están Andrea y Javier ahora?
2. ¿Qué están haciendo?
3. ¿Qué beben Javier y Andrea?
4. ¿Qué quiere Andrea de postre? ¿Y Javier?
5. ¿Cómo es Anita? ¿Cómo es Luisito?
6. ¿Anita quiere panqueques o pan tostado?
7. ¿Qué bebe Luisito en el desayuno?
8. ¿Qué debe comer Luisito en el almuerzo?

# Para hablar del tema: Vocabulario

**Online Study Center**

For more practice with lesson topics, see the related activities on the *¡Hola, amigos!* web site at college.hmco.com/PIC/holaamigos7e.

## Cognados

el aniversario

el coctel

la crema

la especialidad

la fruta

la hamburguesa

la lista

el menú

el panqueque*

el restaurante

la sopa*

la vainilla

el vermut

## Nombres

**el almuerzo** lunch

**el arroz** rice

_____ **con leche** rice pudding

**el bistec, el biftec** steak

**la boda** wedding

**el (la) camarero(a)*** waiter, waitress

**los camarones*** shrimp

**la cebolla** onion

**el cordero** lamb

**la cuenta** check, bill

**el flan** caramel custard

**el helado*** ice cream

**el huevo** egg

**el jamón** ham

**la langosta** lobster

**la mantequilla*** butter

**la mermelada** jam

**el (la) niño(a)** child

**el pan** bread

_____ **tostado** toast

**la papa*** potato

**el pastel** pie

**el perro caliente** hot dog

**el pescado** fish

**el pollo** chicken

**el postre** dessert

**la propina** tip

**el puré de papas** mashed potatoes

**la verdura, el vegetal** vegetable

## Verbos

**dejar** to leave (*behind*)

**desayunar** to have breakfast

**empezar (e>ie), comenzar (e>ie)** to begin, to start

**esperar** to wait

**pagar** to pay

**pedir** to order

**preferir (e>ie)** to prefer

**querer (e>ie)** to want, to wish

## Adjetivos

**asado(a)** baked

**mayor** older, oldest

**mejor** better, best

**sabroso(a), rico(a)** tasty, rich

**tímido(a)** shy

**travieso(a)** mischievous

## Otras palabras y expresiones

| | |
|---|---|
| **a la parrilla** grilled | **de postre** for dessert |
| **al día siguiente** next day | **de vacaciones** on vacation |
| **algo** something | **más tarde** later |
| **aquí** here | **tráiganos** bring us |

# Amplíe su vocabulario

**Para poner la mesa** (*To set the table*)

*la pimienta*   *la sal*   *las copas*

*la taza*
*el platillo*
*la servilleta*
*el cuchillo*
*el plato*

*la cucharita*
*el tenedor*
*la cuchara*

*el mantel*

## De país a país

**el panqueque** el panqué (*Méx.*)
**la sopa** el caldo (*Méx.*)
**el (la) camarero(a)** el (la) mozo(a) (*Cono Sur*), el (la) salonero(a) (Costa Rica), el (la) mesonero(a) (*Ven.*), el (la) mesero(a) (*Méx.*)
**los camarones** las gambas (*Esp.*)
**el helado** la nieve (*Méx.*)
**la mantequilla** la manteca (*Arg.*)
**la papa** la patata (*Esp.*)

# Para practicar el vocabulario

**A. En el restaurante**   Choose the word or phrase that best completes each sentence.

1. Quiero una ensalada de (camareros, camarones, cuentas).
2. La especialidad de hoy es biftec con (langosta, pastel, mantequilla).
3. De postre quiero (cordero, pollo, helado).
4. No quiero salmón. No me gusta el (jamón, huevo, pescado).
5. Quiero puré de (gambas, papas, arroz).
6. Quiero (almuerzo, pollo, mermelada) a la parrilla.
7. Voy a pagar la (cuenta, cebolla, idea).
8. Javier deja una buena (boda, propina, verdura) para el mozo.

**B. Preguntas y respuestas**   Match the questions in column *A* with the answers in column *B*.

| A | B |
|---|---|
| 1. ¿Qué quieres beber? | a. No, perros calientes. |
| 2. ¿Quieres langosta? | b. Sí, a la parrilla. |
| 3. ¿Quieren sopa? | c. A las once y media. |
| 4. ¿Comen hamburguesas? | d. ¡Muy traviesos! |
| 5. ¿Comes pan? | e. Sí, de cebolla. |
| 6. ¿A qué hora es el almuerzo? | f. No, con helado. |
| 7. ¿Quieres pollo? | g. Vermut. |
| 8. ¿Comen flan con crema? | h. Quince dólares. |
| 9. ¿Cómo son los niños? | i. Sí, con mantequilla y mermelada. |
| 10. ¿Cuánto dejas de propina? | j. No, prefiero camarones. |

**C. Voy a pedir...**   With a partner, play the roles of two dining companions looking at the menu and talking about what they are going to order. Start by saying "Yo voy a pedir…".

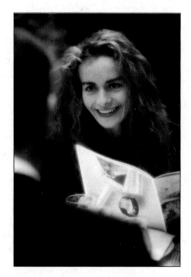

Marisa está leyendo el menú. ¿Qué cree Ud. que ella va a pedir para comer? ¿Y para tomar?

**D. Para poner la mesa** With a partner, decide what items you are going to need to set the table according to what is going to be served. Start out with a tablecloth and napkins.

You will serve soup, salad, steak and lobster, dessert, water, red wine, and coffee.

## Pronunciación

### Las consonantes *g, j, h*

**A.** Practice the sound of Spanish **g** in the following words.

| | |
|---|---|
| pa**g**ar | **g**racias |
| **g**ambas | **g**uapo |
| lan**g**osta | trái**g**anos |

**B.** Practice the sound of Spanish **j** (or **g** before **e** and **i**) in the following words.

| | | |
|---|---|---|
| ba**j**o | pare**j**a | **J**ulio |
| **g**iro | anaran**j**ado | **J**avier |
| **G**erardo | me**j**or | ve**g**etales |

**C.** Repeat the following words. Remember that the Spanish **h** is silent.

| | | |
|---|---|---|
| **a**hora | **h**asta | **h**elado |
| **h**oy | **h**ola | **h**amburguesas |
| **h**ora | **h**istoria | **h**uevo |

# Puntos para recordar

## 1. Present progressive (Estar + *gerundio*)

The present progressive describes an action that is in progress. It is formed with the present tense of **estar** and the **gerundio** (equivalent to the English *-ing* form) of the verb. Study the formation of the **gerundio** in the following chart.

| *Infinitive* | habl**ar** | com**er** | escrib**ir** |
|---|---|---|---|
| *Gerundio* | habl- **ando** | com- **iendo** | escrib- **iendo** |

| Yo | **estoy** | **comiendo.** |
|---|---|---|
| *I* | *am* | *eating.* |

—**¿Estás estudiando?**　　　　　*"Are you studying?"*
—No, **estoy escribiendo.**　　　*"No, I am writing."*

◆ The following forms are irregular. Note the change in their stems.

| pedir | → | **p**i**diendo** | *asking for* |
|---|---|---|---|
| decir | → | **d**i**ciendo** | *saying* |
| servir | → | **s**i**rviendo** | *serving* |
| dormir | → | **d**u**rmiendo** | *sleeping* |
| traer | → | **tra**y**endo** | *bringing* |
| leer | → | **le**y**endo** | *reading* |

◆ Note also that the **i** of **-iendo** becomes **y** between vowels.

—¿Qué están haciendo las chicas?　　*"What are the girls doing?"*
—Ana **está leyendo** y Eva está durmiendo.　　*"Ana is reading and Eva is sleeping."*

¡Mamá! ¡Mamá!
¿Estás durmiendo?

¡Atención! In Spanish, the present progressive is *never* used to indicate a future action. The present tense is used in future expressions that would require the present participle in English.

◆ Some verbs, such as **ser, estar, ir,** and **venir,** are rarely used in the progressive construction.

# Práctica y conversación

**Online Study Center**

For more practice with lesson topics, see the related activities on the *¡Hola, amigos!* web site at college.hmco.com/PIC/holaamigos7e.

**A.** **En casa de los Carreras** With a partner, say what is happening, using the cues provided.

1. Tú / preparar / una ensalada
2. Javier / traer / los manteles
3. Luisito y Anita / pedir / dinero
4. Yo / decir / que es tarde
5. Andrea y yo / desayunar / la cocina

**B.** **¿Qué están haciendo?** Describe what the following people are doing.

1. Tú... 2. Yo... 3. Ellos...

4. Eva... 5. La profesora... 6. Nosotros... y el chico...

**C.** **En una fiesta** With a partner, take turns asking and answering what everybody is doing at Andrea's party. Use the cues provided and the present progressive to formulate the questions. Use your imagination when responding.

| Persona | Pregunta |
|---|---|
| 1. Javier | qué / hacer |
| 2. Andrea | qué / servir |
| 3. Pablo | con quién / bailar |
| 4. Eva y Pablo | qué / beber |
| 5. Juan | qué / comer |
| 6. Olga y Estela | qué / pedir |
| 7. la orquesta (*band*) | qué / tocar |

# 2. Uses of *ser* and *estar* (*Usos de* ser y estar)

The English verb *to be* has two Spanish equivalents, **ser** and **estar,** which have distinct uses and are *not* interchangeable.

## Uses of *ser*

**Ser** expresses a fundamental quality and identifies the essence of a person or thing: *who* or *what* the subject is.

♦ It describes the basic nature or inherent characteristics of a person or thing. It is also used with expressions of age that do not refer to a specific number of years.

| | |
|---|---|
| Anita **es** tímida. | *Anita **is** shy.* |
| Estela **es** joven. | *Estela **is** young.* |

♦ It is used with **de** to indicate origin and with adjectives denoting nationality.

| | |
|---|---|
| Carmen **es** cubana; **es** de La Habana. | *Carmen **is** Cuban; she **is** from Havana.* |

♦ It is used to identify professions and jobs.

| | |
|---|---|
| Yo **soy** profesor de francés. | *I **am** a French professor.* |

♦ With **de,** it is used to indicate possession or relationship.

| | |
|---|---|
| El vaso **es** de Ana. | *The glass **is** Ana's.* |
| Ellas **son** las hermanas de Javier. | *They **are** Javier's sisters.* |

♦ With **de,** it describes the material that things are made of.

| | |
|---|---|
| El teléfono **es** de plástico. | *The telephone **is** (made of) plastic.* |
| La mesa **es** de metal. | *The table **is** (made of) metal.* |

♦ It is used with expressions of time and with dates.

| | |
|---|---|
| **Son** las cuatro y media. | *It **is** four-thirty.* |
| Hoy **es** jueves, primero de julio. | *Today **is** Thursday, July first.* |

♦ It is used with events as the equivalent of "taking place."

| | |
|---|---|
| La fiesta **es** en mi casa. | *The party **is** (**taking place**) at my house.* |

## Uses of *estar*

**Estar** is used to express more transitory qualities than **ser** and often implies the possibility of change.

♦ It indicates place or location.

| | |
|---|---|
| Ana **está** en casa. | *Ana **is** at home.* |

♦ It indicates a condition, often the result of an action, at a given moment in time.

| | |
|---|---|
| Él **está** cansado. | *He's tired.* |
| La puerta **está** cerrada. | *The door **is** closed.* |

- With personal reactions, it describes what is perceived through the senses—that is—how a subject tastes, feels, looks, or seems.

  **¡Estás** muy bonita hoy!     ***You look*** *very pretty today!*
  La sopa **está** muy sabrosa.     *The soup **is** very tasty.*

- In present progressive constructions, it describes an action in progress.

  **Estoy** desayunando.     ***I am*** *having breakfast.*

## Práctica y conversación

**Online Study Center**

For more practice with lesson topics, see the related activities on the *¡Hola, amigos!* web site at college.hmco.com/PIC/holaamigos7e.

**A. Entreviste a su compañero(a)**   Interview a partner, using the following questions.

1. ¿Eres norteamericano(a)?  *Si, norteamericano*
2. ¿De dónde eres?
3. ¿Tu mejor amigo es alto, bajo o de estatura mediana?
4. ¿Tu mejor amiga es rubia, morena o pelirroja?
5. ¿Dónde están tus padres ahora?
6. ¿Estás cansado(a)?
7. ¿Qué día es hoy?
8. ¿Qué hora es?

**B. Carlos Alberto y Marisa**   Complete the following story about Carlos Alberto and his girlfriend, Marisa, using the present indicative of **ser** or **estar,** as appropriate.

Carlos Alberto _____ joven, alto y delgado. _____ estudiante de la Universidad Central. Él _____ de Panamá, pero ahora _____ en Costa Rica. _____ las nueve de la noche y Carlos Alberto decide ir a la casa de Marisa. Marisa _____ su novia y _____ una chica muy inteligente y simpática. —¡Qué bonita _____ hoy, Marisa! —exclama Carlos Alberto cuando ella abre la puerta. Los dos van a una fiesta. La fiesta _____ en casa de Andrea y Javier.

**C. Ser o estar**   With a partner, take turns making statements about each illustration, using **ser** or **estar** as needed.

- **MODELO:** Pedro _____ y Luis _____ .
  *Pedro es alto y Luis es bajo.*

Ana    Mario

**CAJA**

*cajero*

**1.** Mario _____ moreno y
Ana _____ rubia.

**2.** Eva _____.

**3.** El doctor Torres _____.

**4.** Yo _____.

**Mayo**
**6**
**Lunes**

**5.** Hoy _____.

**6.** Los estudiantes _____.

**7.** _____.

**8.** Nosotros _____.

**D. En la clase**   In groups of three or four, prepare twelve statements about
objects and people in the classroom. Include as many uses of **ser** and **estar**
as possible.

# 3. Stem-changing verbs: *e > ie*
## (*Verbos que cambian en la raíz:* e > ie)

As you have already seen, Spanish verbs have two parts: a stem and an ending
(**-ar, -er,** or **-ir**). Some Spanish verbs undergo a change in the stem in the present indicative tense. When **e** is the last stem vowel and it is stressed, it changes
to **ie** as shown below.

| preferir (*to prefer*) | | | |
|---|---|---|---|
| yo | pref**ie**ro | nosotros(as) | preferimos |
| tú | pref**ie**res | vosotros(as) | preferís |
| Ud. | | Uds. | |
| él | pref**ie**re | ellos | pref**ie**ren |
| ella | | ellas | |

◆ Note that the stem vowel is not stressed in the verb forms used with
**nosotros(as)** and **vosotros(as);** therefore, the **e** does not change to **ie.**

◆ Stem-changing verbs have the same endings as regular **-ar, -er,** and **-ir**
verbs.

◆ Other verbs that also change from **e** to **ie** are **cerrar** (*to close*), **comenzar,**
**empezar, entender**[1] (*to understand*), **pensar**[2] (*to think*), and **querer.**

| | |
|---|---|
| —¿**Quieres** bistec? | "***Do you want** steak?*" |
| —No, **prefiero** pollo. | "*No, **I prefer** chicken.*" |
| —¿A qué hora **comienzan** Uds. a trabajar? | "*At what time **do you begin** to work?*" |
| —**Comenzamos** a las diez. | "***We begin** at ten.*" |

## Práctica y conversación

**A. No están de acuerdo** Alicia and Sergio cannot agree on anything.
Supply the correct form for each verb and act out the conversation with
a partner.

Alicia    ¿Tú _____ (pensar) ir a la fiesta de Olga?

Sergio    Yo no _____ (querer) ir a fiestas; _____ (preferir) ir a un
restaurante con los muchachos.

Alicia    ¡Ellos también _____ (querer) ir a la fiesta!

Sergio    ¿A qué hora _____ (empezar) la fiesta?

Alicia    _____ (Comenzar) a las nueve, pero Beatriz y yo _____ (querer)
estar allí (*there*) a las ocho porque tenemos que llevar las bebidas.

Sergio    Carlos y yo _____ (pensar) ir a la biblioteca.

Alicia    ¡¿Uds. _____ (pensar) ir a la biblioteca hoy?! Entonces yo voy a la
fiesta con Roberto.

Sergio    ¡Magnífico! Yo voy al restaurante con Marisa.

*Online Study Center*

For more practice with lesson
topics, see the related activities on
the *¡Hola, amigos!* web site at
college.hmco.com/PIC/holaamigos7e.

---

[1]For a complete list of stem-changing verbs, see Appendix B.
[2]When followed by an infinitive, **pensar** means *to plan:* **Pienso** estudiar hoy.

**B. Dime...** (*Tell me...*) With a partner, take turns asking and answering the following questions with complete sentences, using the illustrations as cues.

1. ¿Qué quieres tomar?

2. ¿A qué hora empieza la clase?

3. ¿Adónde quieren ir Uds.?

4. ¿Qué prefiere comer Adela?

5. ¿Cuándo comienzan las clases?

6. ¿A qué hora cierran la biblioteca?

7. ¿Qué prefieren beber Uds.: ponche o vino?

8. ¿En qué mes empieza el invierno?

9. ¿Con quién piensas ir?

# 4. Comparative and superlative adjectives, adverbs, and nouns
## (*Comparativo y superlativo de adjetivos, adverbios y nombres*)

## Comparisons of inequality

- ◆ In Spanish, the comparative of inequality of most adjectives, adverbs, and nouns is formed by placing **más** (*more*) or **menos** (*less*) before the adjective, the adverb, or the noun and **que** (*than*) after it.

|  |  | *adjective* |  |  |
|---|---|---|---|---|
| **más** (*more*) |  | or |  |  |
|  | + | *adverb* | + | **que** (*than*) |
| **menos** (*less*) |  | or |  |  |
|  |  | *noun* |  |  |

—¿Tú eres **más alta que** Ana?      "*Are you **taller than** Ana?*"
—Sí, ella es mucho **más baja que** yo.      "*Yes, she is much **shorter than** I.*"

> **¡Atención!**  **De** is used instead of **que** before a numerical expression of quantity or amount.
>
> Luis tiene **más de** treinta años.      *Luis is **over** thirty years old.*
> Hay **menos de** veinte estudiantes      *There are **fewer than** twenty students*
> aquí.      *here.*

## Comparisons of equality

- ◆ To form comparisons of equality with adjectives, adverbs, and nouns in Spanish, use the adjectives **tanto, -a, -os, as,** or the adverb **tan... como.**

| When comparing adjectives or adverbs: | When comparing nouns: |
|---|---|
| **tan** (*as*) ⟨ bonita / tarde ⟩ **+ como** | **tanto** (*as much*) diner**o** <br> **tanta** plata (*money*) **+ como** <br> **tantos** (*as many*) libr**os** <br> **tantas** plum**as** |

—¿Tu hermana habla bien el      "*Does your sister speak Spanish*
español?      *well?*"
—Sí, habla español **tan bien**      "*Yes, she speaks Spanish **as well***
**como** nosotros.      ***as** we do.*"

—Tú das muchas fiestas.      "*You give many parties.*"
—Sí, pero no doy **tantas fiestas**      "*Yes, but I don't give **as many***
**como** Uds.      ***parties as** you do.*"

## The superlative

◆ The superlative construction is similar to the comparative. It is formed by placing the definite article before the person or thing being compared.

| definite article | + | (noun) | + | más or menos | + | adjective | + | de |
|---|---|---|---|---|---|---|---|---|

—¿Quién es **el estudiante más inteligente** de la clase?
—Mario es **el[1] más inteligente** de todos.

*"Who is **the most intelligent student** in the class?"*
*"Mario is **the most intelligent** of all."*

**¡Atención!** Note that the Spanish **de** translates to the English *in* or *of* after a superlative.

Ellos son los más inteligentes **de** la clase.

*They are the most intelligent ones **in** the class.*

## Irregular comparative forms

◆ The following adjectives and adverbs have irregular comparative and superlative forms in Spanish.

| Adjective | Adverb | Comparative | Superlative |
|---|---|---|---|
| bueno (*good*) | bien (*well*) | mejor | el (la) mejor |
| malo (*bad*) | mal (*badly*) | peor | el (la) peor |
| grande (*big*) | | mayor | el (la) mayor |
| pequeño (*small*) | | menor | el (la) menor |

◆ When the adjectives **grande** and **pequeño** refer to size, the regular comparative forms are generally used.

Tu clase es **más grande que** la de Antonio.

*Your class is **bigger than** Antonio's.*

When these adjectives refer to age, the irregular comparative forms **mayor** and **menor** are used.

—¿Felipe es **mayor que** tú?
—No, es **menor que** yo.

*"Is Felipe **older** than you?"*
*"No, he's **younger** than I (am)."*

---

[1]The noun may be omitted in the superlative construction to avoid repetition when meaning is clear from context.

# Práctica y conversación

**Online Study Center**

For more practice with lesson topics, see the related activities on the *¡Hola, amigos!* web site at college.hmco.com/PIC/holaamigos7e.

**A. Más o menos...** Complete the following sentences, giving the Spanish equivalent of the words in parentheses.

1. ¿Tu esposo tiene _____ cuarenta años? (*less than*)
2. Mi primo baila _____ yo. (*as badly as*)
3. Mi amigo(a) es _____ tú. (*less intelligent than*)
4. Andrea es _____ su hermana. (*much younger than*)
5. Tú eres _____ ella. (*much thinner than*)
6. Luis es _____ Ariel. (*as nice as*)
7. Yo no tengo _____ tú. (*as many books as*)
8. Nosotros damos _____ Uds. (*as many parties as*)
9. Este restaurante es _____ todos. (*the best of*)
10. La langosta es _____ el pollo. (*tastier than*)

**B. Comparaciones** Establish comparisons between the following people and things, using the adjectives provided and adding any necessary words.

1. Hotel Hilton / Motel 6 / mejor
2. Einstein / yo / inteligente
3. Penélope Cruz / Meg Ryan / bonita
4. Maine / Texas / pequeño
5. Antonio Banderas / Danny De Vito / alto
6. Anita / Luisito / mayor
7. Brasil / Venezuela / grande
8. Jane Fonda / Jennifer López / menor

**C. En la clase** Read each statement; then answer the questions that follow.

1. Mario tiene A en español, José tiene B y Lolo tiene F.
   ¿Quién es el mejor estudiante?
   ¿Quién es el peor estudiante?
2. Juan tiene veinte años, Raúl tiene quince y David dieciocho.
   ¿Quién es el mayor de los tres?
   ¿Quién es el menor de los tres?

3. Lolo no es inteligente, Beto es inteligente y Rosa es muy inteligente.
   ¿Quién es más inteligente que Beto?
   ¿Quién es menos inteligente que Beto?
   ¿Quién es el (la) más inteligente de los tres?
   ¿Quién es el (la) menos inteligente de los tres?

**D. En mi familia**  With a partner, ask each other questions to find out how you compare to members of your family with respect to height, age, intelligence, etc.

# 5. Pronouns as objects of prepositions
## (*Pronombres usados como complemento de preposición*)

The object of a preposition[1] is the noun or pronoun that immediately follows it.

**La fiesta es *para María* (*ella*).**        **Ellos van *con nosotros*.**

| Singular | | Plural | |
|---|---|---|---|
| **mí** | me | **nosotros(as)** | us |
| **ti** | you (*fam.*) | **vosotros(as)** | you (*fam.*) |
| **Ud.** | you (*form.*) | **Uds.** | you (*form. / fam.*) |
| **él** | him | **ellos** | them (*masc.*) |
| **ella** | her | **ellas** | them (*fem.*) |

◆ Only the first- and second-persons singular, **mí** and **ti,** are different from regular subject pronouns.

◆ When used with the preposition **con, mí** and **ti** become **conmigo** and **contigo,** respectively. The other forms do not combine: **con él, con ella, con ustedes,** and so on.

—¿El café es para **mí**?                "Is the coffee for **me**?"
—No, no es para **ti;** es para **él**.   "No, it's not for **you**; it's for **him**."

—¿Vas a la fiesta **conmigo**?          "Are you going **with me** to the party?"
—No, no voy **contigo;** voy con         "No, I'm not going **with you**; I'm
  **ellos**.                                 going **with them**."

[1]See Appendix C.

Es para ti.

## Práctica y conversación

**Online Study Center**

For more practice with lesson topics, see the related activities on the *¡Hola, amigos!* web site at college.hmco.com/PIC/holaamigos7e.

**A. Entre amigos**   Complete the following sentences with the correct forms of the pronouns and prepositions in parentheses.

1. Elena no va _____, Anita. (*with you*)
2. Esas servilletas son para _____ y el mantel es para _____. (*me / her*)
3. Teresa está hablando de _____. (*us*)
4. Elsa va a venir con _____. (*them, masc.*)
5. Olga no va a ir al restaurante _____; va a ir _____. (*with you, pl. / with me*)
6. El vino no es para _____, Paco; es para _____. (*him / you*)
7. El postre es para _____, señorita. (*you*)
8. El café es para _____. (*them, fem.*)

**B. Entreviste a su compañero(a)**   Interview a partner, using the following questions.

1. Cuando tú vas a un restaurante, ¿quién va contigo generalmente?
2. De postre, el camarero trae flan con crema; ¿es para ti?
3. Tú vas a preparar dos postres para tus padres: arroz con leche y pastel, ¿cuál es para él y cuál es para ella?
4. ¿Qué idioma hablan tú y tu familia entre (*among*) Uds.?
5. ¿Quiénes hablan bien de ti? (¿mal?)
6. ¿Quieres ir al restaurante conmigo hoy?

# Entre nosotros

## ¡Conversemos!

**Detalles culturales**

En la mayoría de los países de habla hispana, el desayuno generalmente es café con leche y pan con mantequilla. El almuerzo (*lunch*), que es la comida principal del día, se sirve entre la una y las dos de la tarde; la cena generalmente no se sirve antes de las ocho o las nueve de la noche. La mayoría de los restaurantes no empiezan a servir la cena antes de las nueve de la noche.

◆ **Generalmente, ¿qué se desayuna en este país? ¿A qué hora se empieza a servir la cena en este país?**

**Para conocernos mejor**   Get to know your partner better by asking each other the following questions.

1. ¿Cuál es el mejor restaurante de esta ciudad? ¿Cuál es la especialidad de la casa?
2. ¿A qué hora empiezan a servir el almuerzo en los restaurantes de tu ciudad?
3. Cuando pagas la cuenta en un restaurante, ¿dejas una buena propina?
4. ¿A qué hora es el almuerzo en tu casa? ¿A qué hora desayunas?
5. ¿Dónde piensas desayunar mañana? ¿Qué vas a desayunar?
6. ¿Prefieres tomar café con crema o café negro?
7. ¿Tú prefieres pollo a la parrilla, cordero asado, hamburguesas o perros calientes?
8. Generalmente, ¿qué comes de postre?
9. ¿Cuándo es el aniversario de bodas de tus padres? ¿Cómo lo celebran?
10. ¿Tu mamá es mayor o menor que tu papá?

**Una encuesta**   Interview your classmates to identify who fits the following descriptions. Be sure to change the statements to questions. Include your instructor, but remember to use the **Ud.** form when addressing him or her.

Nombre

1. Es de otro estado. _____
2. Es tímido(a). _____
3. Es el (la) más inteligente de la familia. _____
4. Es tan alto(a) como su padre. _____
5. Siempre está cansado(a). _____
6. Piensa ir a comer más tarde. _____
7. Está leyendo un buen libro. _____
8. Comienza a trabajar a las ocho. _____
9. Tiene más de un mes de vacaciones. _____
10. Tiene un hermano(a) muy travieso(a). _____

**Y ahora...**   Write a brief summary, indicating what you have learned about your classmates.

**¿Cómo lo decimos?**   What would you say in the following situations? What might the other person say? Act out the scenes with a partner.

1. You are at a café having breakfast. You are very hungry. Order a big breakfast.
2. You are having lunch with a friend. Suggest a few things he or she can have to eat and drink.
3. Call a restaurant and make reservations for dinner.
4. You have invited some friends to a party. Tell them it's at your house, and what time it starts.
5. Your friend has suggested having dinner at a restaurant you dislike. Tell him that it's the worst restaurant in town.

**¿Qué pasa aquí?**   Get together in groups of three or four and create a conversation among some of the people in the picture. They discuss the menu, what they want to order, their preferences, etc.

## Para escribir

**En un restaurante**   Following the style of the dialogues in this lesson, write a dialogue describing a dinner in a restaurant you may have had recently. Give as much details as you can.

---

### Un dicho

*Donde hay hambre no hay pan duro.*

If we tell you that **"pan duro"** refers to bread that's old and hard, what does the saying mean to you? Don't forget to learn all the sayings, and use them when applicable.

# Lección 6 • En el mercado

Marta y Ariel son una pareja de recién casados. Ellos son de Honduras, pero hace un mes que viven en Managua, la capital de Nicaragua, en un apartamento que está cerca de la universidad.

**Marta** No hay nada en el refrigerador, excepto un poco de carne. Tenemos que ir al supermercado.

**Ariel** ¿Podemos almorzar antes de ir? Yo estoy muerto de hambre.

**Marta** Bueno, puedes llevarme a comer algo antes...

*Más tarde, en el supermercado.*

**Ariel** Necesitamos azúcar, una docena de huevos, mantequilla, papel higiénico, detergente, lejía... ¿qué más? ¿Dónde está la lista?

**Marta** Yo la tengo. A ver... papas, zanahorias, brócoli, apio, pimientos...

**Ariel** ¡Caramba! ¡Tantos vegetales! ¿Quién los va a comer?

**Marta** ¡Tú y yo! Mi mamá dice que debemos comer cuatro vegetales y cuatro frutas al día.

## Detalles culturales

En los países hispanos, la gente mayor (*elderly*), especialmente las mujeres que no tienen esposo, generalmente viven en casa de un pariente (*relative*).

◆ En este país, ¿dónde viven, generalmente, los ancianos y las mujeres mayores que no son casadas?

## Detalles culturales

Muchas familias hispanas tienen criadas. Algunas viven en la casa donde trabajan y se les considera como parte de la familia.

◆ ¿Tiene Ud. criada? ¿Alguien lo (la) ayuda a Ud. con los trabajos de la casa?

*Don José y doña Ada, los padres de Ariel, están en un mercado al aire libre.*

| | |
|---|---|
| Don José | ¿Cuánto cuestan las chuletas de cerdo? |
| Doña Ada | Son un poco caras, pero podemos comprarlas, si tú quieres. ¿Quieres chuletas de cerdo o chuletas de ternera? |
| Don José | Las dos, y también chuletas de cordero. |
| Doña Ada | ¡No, no! Tienes que elegir una. |
| Don José | Está bien... elijo las chuletas de cerdo. Después tenemos que ir a la pescadería y a la panadería. |
| Doña Ada | Sí, pero antes voy a comprar pepinos, tomates y cebollas. |
| Don José | También necesitamos salsa de tomate porque quiero preparar mis famosos espaguetis con albóndigas. |
| Doña Ada | Buena idea. Tu hermana vuelve a las seis y puede cenar con nosotros. |
| Don José | ¡Perfecto! La criada tiene el día libre hoy, de modo que yo soy el cocinero. |
| Doña Ada | ¡Y tú cocinas mejor que ella! |

# ¿Recuerda usted?

**¿Verdadero o falso?**   With a partner, decide whether the following statements about the dialogues are true (**verdadero**) or false (**falso**).

1. Marta dice que hay muchas cosas en el refrigerador.   ☐ V   ☐ F
2. Ariel no tiene hambre.   ☐ V   ☐ F
3. Marta tiene la lista de lo que necesitan comprar.   ☐ V   ☐ F
4. Marta quiere comprar muchos vegetales.   ☐ V   ☐ F
5. Don José es el suegro de Marta.   ☐ V   ☐ F
6. Don José quiere comprar tres tipos de chuletas.   ☐ V   ☐ F
7. Don José no piensa comprar pan.   ☐ V   ☐ F
8. Don José no sabe cocinar.   ☐ V   ☐ F

**Y ahora... conteste**   Answer these questions, basing your answers on the dialogue.

1. ¿De dónde son Marta y Ariel y dónde viven ahora?
2. ¿Qué quiere hacer Ariel antes de ir al supermercado?
3. ¿Qué van a comprar Ariel y Marta para lavar la ropa?
4. ¿Qué dice la mamá de Marta?
5. ¿Dónde están los padres de Ariel?
6. ¿Las chuletas de cerdo son baratas o son caras?
7. ¿Qué chuletas elige don José?
8. ¿Por qué va a cocinar don José hoy?

# Para hablar del tema: Vocabulario

**Online Study Center**

For more practice with lesson topics, see the related activities on the *¡Hola, amigos!* web site at college.hmco.com/PIC/holaamigos7e.

## Cognados

| | |
|---|---|
| **el apartamento*** | **los espaguetis** |
| **el brócoli** | **excepto** |
| **el detergente** | **famoso(a)** |
| **la docena** | **la salsa** |

## Nombres

**el apio** celery
**la albóndiga** meatball
**el azúcar** sugar
**la carne** meat
**la chuleta** chop
———— **de cerdo** pork chop
———— **de ternera** veal chop
**el (la) cocinero(a)** cook
**el (la) criado(a)** servant
**la lejía** bleach

**el mercado** market
———— **al aire libre** outdoor market
**la panadería** bakery
**el papel higiénico** toilet paper
**el pepino** cucumber
**la pescadería** fish market
**el pimiento, el ají** pepper
**el supermercado** supermarket
**la zanahoria** carrot

## Verbos

**almorzar (o>ue)** to have lunch
**cocinar** to cook
**comprar** to buy
**costar (o>ue)** to cost

**decir (e>i)** to say, to tell
**elegir (e>i), escoger** to choose
**poder (o>ue)** to be able to, can
**volver (o>ue)** to return, to go (come back)

## Adjetivos

**caro(a)** expensive
**tantos(as)** so many

## Otras palabras y expresiones

**a ver** let's see
**al día** a day
**antes (de)** before
**cerca (de)** near, close
**de modo (manera) que** so
**don** a title of respect, used with a man's first name
**doña** a title of respect, used with a lady's first name

**está bien** all right, o.k.
**estar muerto de hambre** to be starving
**libre** off
**nada** nothing
**qué más** what else
**los recién casados** newlyweds
**un poco (de)** a little

# Amplíe su vocabulario

## Más comestibles

### las frutas

- la piña
- las cerezas
- la sandía*
- el plátano*
- las fresas*
- el melocotón*
- la pera

### los mariscos

- la langosta
- el cangrejo
- la lechuga
- el aguacate*

**De país a país**

**el apartamento**  el departamento (*Méx., Arg.*)
el piso (*Esp.*)

**el aguacate**  la palta (*Arg.*)

**el plátano**  la banana (*Cono Sur*)

**la fresa**  la frutilla (*Cono Sur*)

**el melocotón**  el durazno (*Méx., Cono Sur*)

**la sandía**  el melón de agua (*Cuba, Puerto Rico*)
la patilla (*Col., Puerto Rico, R. Dom., Ven.*)

# Para practicar el vocabulario

**Preguntas y respuestas**   Match the questions in column *A* with the corresponding responses in column *B*.

| A | B |
|---|---|
| **1.** ¿Quieres comer algo? | **a.** Sí, necesito lejía y detergente. |
| **2.** ¿Son novios? | **b.** Al supermercado. |
| **3.** ¿Necesitas huevos? | **c.** En el baño. |
| **4.** ¿Vas a lavar la ropa? | **d.** La criada. |
| **5.** ¿Quieres chuletas de cerdo? | **e.** Cerca de la universidad. |
| **6.** ¿Quién va a cocinar? | **f.** Sí, una docena. |
| **7.** ¿Adónde vamos? | **g.** No, yo no como carne. |
| **8.** ¿Tienes que trabajar? | **h.** Que vuelve a las dos. |
| **9.** ¿Dónde está el apartamento? | **i.** Sí, estoy muerto de hambre. |
| **10.** ¿Quieres albóndigas? | **j.** No, tengo el día libre. |
| **11.** ¿Dónde está el papel higiénico? | **k.** No, de ternera. |
| **12.** ¿Qué dice Ariel? | **l.** No, son recién casados. |

B. **Dime...**   You and a partner take turns interviewing each other, using the following questions.

1. ¿Vives en una casa o en un apartamento?
2. ¿Vives cerca de la universidad? ¿Vives solo?
3. ¿Sabes cocinar? ¿Te gusta hacerlo?
4. En el desayuno, ¿tomas el café solo o con azúcar?
5. ¿Te gusta más comer carne o pescado?
6. ¿Comes mariscos? ¿Cuál prefieres?
7. ¿Qué frutas te gustan más?
8. ¿Prefieres comprar en un mercado al aire libre o en un supermercado? ¿Por qué?

C. **¿Qué les servimos?**   You and your partner have several guests. Discuss what you are going to serve them based on their likes and dislikes.

1. A Marisa le gusta mucho el helado, pero no le gusta el chocolate.
2. A Raúl le gustan las chuletas, pero no come carne de cerdo.
3. A Sergio y a Daniel les gusta la comida italiana.
4. A Mirta y a Silvia les gustan los mariscos.
5. Raúl prefiere las frutas tropicales.
6. Mirta quiere comer pastel.
7. Alicia es vegetariana.
8. Raquel está a dieta (*on a diet*).
9. A Marisa le gusta mucho la comida típica americana.

**D. En el supermercado** You and a classmate play the roles of two friends who are shopping at a supermarket. Talk about all the groceries that you need to buy for a week.

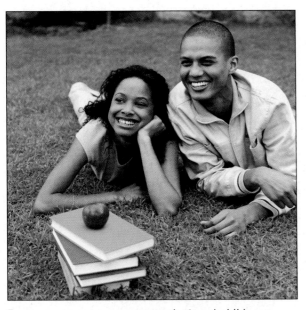

Eva va a comer una manzana mientras (*while*) descansa. ¿Qué frutas cree Ud. que va a comer Julio?

## Pronunciación

### Las consonantes *ll, ñ*

**A.** Practice the sound of Spanish **ll** in the following words.

| | | |
|---|---|---|
| llegar | cebolla | silla |
| llamar | Allende | allí |
| calle | ellos | mantequilla |

**B.** Practice the sound of Spanish **ñ** in the following words.

| | | |
|---|---|---|
| señor | señora | niño |
| año | otoño | Peña |
| español | mañana | España |

# Puntos para recordar

## 1. Stem-changing verbs: *o > ue*
### (*Verbos que cambian en la raíz:* o > ue)

◆ As you learned in **Lección 5,** some Spanish verbs undergo a stem change in the present indicative tense. When **o** is the last stem vowel and it is stressed, it changes to **ue,** as shown below.

| poder (*to be able to*) | | |
|---|---|---|
| yo **pue**do | nosotros(as) | **podemos** |
| tú **pue**des | vosotros(as) | **podéis** |
| Ud. | Uds. | |
| él } **pue**de | ellos } | **pue**den |
| ella | ellas | |

◆ Note that the stem vowel is not stressed in the verb forms used with **nosotros(as)** and **vosotros(as);** therefore, the **o** does not change to **ue.**

Some other verbs that undergo the **o > ue** changes:[1]

**almorzar    costar    dormir** (*to sleep*)    **encontrar    recordar    volver**

—¿A qué hora **pueden** Uds.
ir a la panadería?
—**Podemos** ir a las dos.

"*What time **can you** go to
the bakery?*"
"***We can** go at two o'clock.*"

—¿A qué hora **vuelves** tú del
mercado?
—**Vuelvo** a las tres.

"*At what time **do you return**
from the market?*"
"***I return** at three o'clock.*"

¿En qué puedo servirle?

Banco Nacional

[1]For a complete list of stem-changing verbs, see Appendix B.

# Práctica y conversación

**Online Study Center**

For more practice with lesson topics, see the related activities on the *¡Hola, amigos!* web site at college.hmco.com/PIC/holaamigos7e.

**A. Minidiálogos** Complete the following exchanges appropriately, using the present indicative of the verbs given. Then act them out with a partner.

1. —¿A qué hora _____ (almorzar) Uds.?
   —Nosotros _____ (almorzar) a las dos y _____ (volver) a casa a las cuatro. ¿A qué hora _____ (volver) tú?
   —Yo _____ (volver) a las cinco.

2. —¿Ud. _____ (poder) ir conmigo al supermercado?
   —Sí, yo _____ (poder) ir contigo esta tarde.
   —¿Ud. sabe cuánto _____ (costar) el detergente?
   —No, no sé.

3. —Jorge no _____ (encontrar) el número de teléfono de Nora. ¿Tú lo sabes?
   —No, no lo _____ (recordar), pero _____ (poder) buscarlo (*look it up*).

4. —¿Dónde _____ (dormir) los niños?
   —En mi cuarto; yo _____ (dormir) en el sofá de la sala.

**B. Entreviste a su compañero(a)** Interview a partner, using the following questions.

1. ¿Puedes ir al mercado conmigo?
2. ¿Qué cuesta más, el pollo o el pescado?
3. ¿Sabes cuánto cuestan los camarones?
4. ¿Dónde puedo comprar frutas?
5. ¿A qué hora almuerzas tú? ¿Dónde?
6. ¿A qué hora vuelves a tu casa hoy?
7. ¿Recuerdas el número de teléfono de todos tus amigos?
8. Generalmente, ¿cuántas horas duermes? ¿Duermes bien?

## 2. Stem-changing verbs: *e > i* (*Verbos que cambian en la raíz:* e > i)

◆ Some **-ir** verbs undergo a stem change in the present indicative. For these verbs, when **e** is the last stem vowel and it is stressed, it changes to **i** as shown below.

| servir (*to serve*) | | | |
|---|---|---|---|
| yo | **si**rvo | nosotros(as) | servimos |
| tú | **si**rves | vosotros(as) | servís |
| Ud. él ella | **si**rve | Uds. ellos ellas | **si**rven |

◆ Note that the stem vowel is not stressed in the verb forms used with **nosotros(as)** and **vosotros(as);** therefore, the **e** does not change to **i.**

Some other verbs that undergo the **e > i** change:

> **decir**[1] (*to say, to tell*)
> **conseguir**[2]
> **pedir**[3]
> **seguir** (*to follow, to continue*)

—¿A qué hora **sirven** Uds. el almuerzo?     *"What time **do you serve** lunch?"*
—**Servimos** el almuerzo a las doce.     *"**We serve** lunch at twelve o'clock."*

—¿Dónde **consigues** libros en español?     *"Where **do you get** books in*
                                               *Spanish?"*

—**Consigo** libros en la biblioteca.     *"**I get** books at the library."*

## Práctica y conversación

**A. Minidiálogos**   Complete the following exchanges, using the present indicative of the appropriate verb from the list. Then act them out with a partner.

| servir | pedir | conseguir | decir | seguir |
|---|---|---|---|---|

1. —Yo nunca (*never*) _____ carne buena.
   —Mis padres _____ carne muy buena en el Mercado Central.
2. —¿Marta y Ariel _____ viviendo en Managua?
   —Sí, ellos _____ que es una ciudad muy bonita.
3. —¿Qué _____ Uds. en sus fiestas?
   —Nosotros _____ hamburguesas y perros calientes.
4. —¿Qué _____ tú cuando vas a ese restaurante?
   —Yo _____ bistec con langosta.
   —Yo siempre _____ que en ese restaurante (ellos) _____ los mejores mariscos.

**B. Entreviste a su compañero(a)**   Interview a partner, using the following questions.

1. Cuando vas a un restaurante mexicano, ¿qué pides para comer? ¿Qué eliges para beber?
2. ¿La comida mexicana es mejor que la italiana? ¿Qué dices tú?
3. ¿Dónde consigues mariscos frescos (*fresh*)?
4. ¿Qué sirves tú en tus fiestas para comer? ¿Y para beber?
5. Cuando tú y tus amigos dan una fiesta, ¿sirven cerveza o refrescos?
6. ¿Tú consigues discos en español? ¿Dónde?

----

[1]First person: **yo digo.**
[2]Verbs like **conseguir** drop the **u** before **a** or **o: yo consigo.**
[3]**Pedir** also means *to order* (at a restaurant).

# 3. Direct object pronouns
## (*Pronombres usados como complemento directo*)

◆ In addition to a subject, most sentences have an object[1] that directly receives the action of the verbs.

| | |
|---|---|
| Él compra **el café.** | *He buys **the coffee.*** |
| s.    v.      d.o. | |

In the preceding sentence, the subject **él** performs the action, while **el café,** the direct object, directly receives the action of the verb. (The direct object of a sentence can be either a person or a thing.)

The direct object can be easily identified as the answer to the questions *whom?* and *what?*

| | |
|---|---|
| Él compra **el café.** | (***What** is he buying?*) |
| s.    v.      d.o. | |
| Alicia llama **a Luis.** | (***Whom** is she calling?*) |
| s.    v.      d.o. | |

◆ Direct object pronouns are used in place of direct objects. The forms of the direct object pronouns are as follows.

| Singular | | Plural | |
|---|---|---|---|
| **me** | me | **nos** | us |
| **te** | you (*fam.*) | **os** | you (*fam.*) |
| **lo** | him, you (*masc. form.*), it (*masc.*) | **los** | them (*masc.*), you (*masc. form. / fam.*) |
| **la** | her, you (*fem. form.*), it (*fem.*) | **las** | them (*fem.*), you (*fem. form. / fam.*) |

| | |
|---|---|
| Yo tengo **las sillas.** | ¿Ustedes **las** necesitan? |
| *I have the **chairs.*** | *Do you need **them**?* |

◆ Position of direct object pronouns

   ◆ In Spanish, object pronouns are normally placed before a conjugated verb.

| | |
|---|---|
| Yo compro **el café.** | *I buy **the coffee.*** |
| Yo        **lo**        compro. | *I buy **it.*** |

   ◆ In a negative sentence, **no** must precede the object pronoun.

| | |
|---|---|
| Yo compro **el café.** | *I buy **the coffee.*** |
| Yo        **lo**        compro. | *I buy **it.*** |
| Yo **no**  **lo**       compro. | *I **don't** buy it.* |

---

[1]See Appendix C.

- When a conjugated verb and an infinitive appear together, the direct object pronoun is either placed before the conjugated verb or attached to the infinitive. This is also the case in a negative sentence.

**La** voy a llamar.
Voy a llamar**la**. } *I'm going to call **her**.*

No **la** voy a llamar.
No voy a llamar**la**. } *I'm not going to call **her**.*

- In the present progressive, the direct object pronoun can be placed either before the verb **estar** or after the present participle.[1]

**Lo** está leyendo.
Está leyéndo**lo**. } *He's reading **it**.*

**¡Atención!** Note the use of the written accent on present participles that have pronouns attached: **está leyéndolo, estamos mirándola.**

*Online Study Center*

For more practice with lesson topics, see the related activities on the *¡Hola, amigos!* web site at college.hmco.com/PIC/holaamigos7e.

## Práctica y conversación

**A. Minidiálogos** Complete the following exchanges supplying the missing direct object pronouns. Then act them out with a partner.

1. —¿Tú tienes la lejía?
   —No, yo no _____ tengo. ¿Quién tiene el detergente?
   —Julián _____ tiene.

2. —¿A qué hora cierran el supermercado?
   —_____ cierran a las diez. ¿Tú vas a comprar las frutas?
   —Sí, _____ voy a comprar esta noche.

3. —Ariel, ¿Carlos _____ va a llevar a ti o a mí?
   —_____ va a llevar a mí.

4. —¿Tú conoces a los hermanos de Marta?
   —No, yo no _____ conozco.

5. —¿Ellos _____ invitan a Uds. a sus fiestas?
   —Sí, siempre _____ invitan.

### Detalles culturales

La mayoría de los pueblos hispanos tienen un mercado central, con pequeñas tiendas. Mucha gente compra en estos mercados donde los precios generalmente son más bajos y los clientes pueden regatear (*bargain*) con los vendedores (*merchants*).

- **¿Es costumbre regatear aquí o los precios son fijos?**

---

[1] *Present participle* is **gerundio** (-**ando** and -**iendo** forms) in Spanish.

## B. Susana dice que sí

Susana has a car and her teacher and her friends often need rides. Susana always says yes. What does she say to the following people?

1. *Ana* —¿Puedes llevarme a casa?
2. *Raúl y Jorge* —¿Puedes llevarnos a la biblioteca?
3. *Profesora* —¿Puedes llevarme a mi apartamento?
4. *Teresa* —¿Puedes llevar a Rosa y a Carmen a casa?
5. *Sergio* —¿Puedes llevar a Pedro y a Luis al restaurante?
6. *Marta y Raquel* —¿Puedes llevarnos al Mercado Central?

## C. ¿Qué hacemos?

Use the appropriate direct object pronouns to say what we do with respect to the following people or things.

◆ **MODELO:** el café
*Lo bebemos.*

1. las cartas (*letters*)
2. las frutas
3. el pan
4. el coctel de camarones
5. los libros
6. la ensalada
7. el taxi
8. dos chicas (dos muchachos)

## D. Planes

You and your friends Gustavo and Jaime are making plans to go out for the evening. Answer Gustavo's questions, using direct object pronouns and the cues provided.

1. ¿A qué hora me llamas? (a las cinco)
2. ¿Adónde nos llevas? (a un restaurante)
3. ¿Recuerdas el número de teléfono de Jaime? (no)
4. ¿Tienes tu licencia para conducir (*driver's license*)? (sí)
5. ¿Cuándo vas a llamar a Teresa y a Susana? (más tarde)
6. ¿El novio de Teresa los conoce a Uds.? (no)

**E. Necesitamos información** With a partner, take turns answering the following questions, basing your answers on the illustrations. Use direct object pronouns in your responses.

1. ¿A qué hora llama Sara a Luis?
2. ¿Cuándo tiene que llamar Luis a Sara?

3. ¿Pepe puede llevar a los chicos a casa?
4. ¿Dónde tiene Pepe los libros?

5. ¿Quién sirve el café?

6. ¿Quién bebe el refresco?

7. ¿Quién tiene las cartas?

8. ¿Quién abre la puerta?

# 4. Affirmative and negative expressions
## (*Expresiones afirmativas y negativas*)

| Affirmative | | Negative | |
|---|---|---|---|
| **algo** | something, anything | **nada** | nothing |
| **alguien** | someone, anyone | **nadie** | nobody, no one |
| **algún** **alguno(a)** **algunos(as)** | any, some | **ningún** **ninguno(a)** | none, not any; no one, nobody |
| **siempre** **alguna vez** **algunas veces,** **a veces** | always ever sometimes | **nunca** **jamás** | never |
| **también** **o... o** | also, too either . . . or | **tampoco** **ni... ni** | neither neither . . . nor |

—¿Uds. **siempre** van a Tegucigalpa?     *"Do you **always** go to Tegucigalpa?"*
—No, **nunca** vamos.     *"No, we **never** go."*
—Nosotros **tampoco.**     *"**Neither** do we."*

—¿Conoces a **alguien** de Honduras?     *"Do you know **anyone** from Honduras?"*
—No, no conozco a **nadie** de Honduras.     *"No, I don't know **anyone** from Honduras."*

◆ **Alguno** and **ninguno** drop the final **-o** before a masculine singular noun, but **alguna** and **ninguna** keep the final **-a.**

—¿Hay **algún** libro o **alguna** pluma en la mesa?     *"Is there **any** book or pen on the table?"*
—No, no hay **ningún** libro ni **ninguna** pluma.     *"No, there is **no** book or pen."*

◆ **Alguno(a)** can be used in the plural form, but **ninguno(a)** is used only in the singular.

—¿Necesita mandar **algunas** cartas?     *"Do you need to send **some** letters?"*
—No, no necesito mandar **ninguna** carta.     *"No, I don't need to send **any** letters."*

♦ Spanish sentences frequently use a double negative. In this construction, the adverb **no** is placed before the verb. The second negative word either follows the verb or appears at the end of the sentence. **No** is never used, however, if the negative word precedes the verb.

—¿Habla Ud. francés siempre?               *"Do you always speak French?"*
—No, yo **no** hablo francés              *"No, I **never** speak French."*
   **nunca.**

*or:*

—No, yo **nunca** hablo francés.

—¿Compra Ud. **algo** aquí?               *"Do you buy **anything** here?"*
—No, **no** compro **nada nunca.**        *"No, I **never** buy **anything**."*

*or:*

—No, yo **nunca** compro **nada.**

♦ In fact, Spanish often uses several negatives in one sentence.

     Yo **nunca** pido **nada tampoco.**        *I **never** ask for **anything either.***

## Práctica y conversación

**A. No estoy de acuerdo** (*I don't agree*)   Contradict the following statements by saying that just the opposite is true.

   ♦ MODELO:  Eva quiere comer algo.
              *Eva **no** quiere comer **nada.***

1. Jorge siempre va a ese mercado al aire libre.
2. Ellos tienen algunas verduras.
3. Ana siempre come langosta o cangrejo.
4. Pedro siempre va a ese restaurante y Eva también va.
5. Ella quiere hablar con alguien.

6. Luis tiene algunas amigas españolas.
7. Paco siempre compra algo.
8. Ella nunca habla con nadie.

**B. Entreviste a su compañero(a)** Interview a partner, using the
following questions.

1. ¿Vas al mercado por la mañana a veces?
2. En el mercado, ¿siempre compras mariscos?
3. ¿Siempre llevas dinero contigo?
4. ¿Necesitas comprar algo en la panadería?
5. Yo nunca voy a la pescadería los domingos. ¿Y tú?
6. ¿Comes algunas frutas tropicales?
7. ¿Alguien va contigo al mercado?
8. ¿Tú comes pan tostado o panqueques por la mañana?

**C. Queremos saber...** With a partner, prepare five affirmative and five
negative questions to ask your instructor.

**D. Siempre... a veces... nunca...** In groups of three, tell your classmates
two things you always do, two things you sometimes do, and two things
you never do.

## 5. *Hace... que*

◆ To express how long something has been going on, Spanish uses the following formula.

> **Hace** + length of time + **que** + verb (*in the present tense*)
> **Hace** dos años       **que**    vivo aquí.
> *I have been living here for two years.*

—Oye, ¿dónde está Eva?      *"Listen, where is Eva?"*
—No sé. **Hace dos días que no**    *"I don't know. **She hasn't come***
   **viene** a clase.            *to class **for two days.**"*

◆ The following construction is used to ask how long something has been
going on.

> **¿Cuánto tiempo hace que** + verb (*present tense*)?[1]

—**¿Cuánto tiempo hace que ella**   *"**How long has she been working***
   **trabaja** aquí?            *here?"*
—**Hace una semana que trabaja**   *"**She has been working** here **for***
   aquí.                *a week.**"*

---

[1]Note that English uses the present perfect progressive or the present perfect tense to express
the same concept.

## Práctica y conversación

**A. ¿Cuánto tiempo hace?** In complete sentences, tell how long each action depicted below has been going on. Use **hace... que** and the length of time specified.

1. veinte minutos

2. tres años

3. una hora

4. dos horas

5. seis meses

6. cinco días

**B. Entreviste a su compañero(a)**   Interview one of your classmates and then report to the class.

1. ¿Cuánto tiempo hace que vives en esta ciudad?
2. ¿Cuánto tiempo hace que estudias en esta universidad?
3. ¿Cuánto tiempo hace que trabajas en esta ciudad?
4. ¿Cuánto tiempo hace que no comes?
5. ¿Cuánto tiempo hace que no ves a tus abuelos?
6. ¿Cuánto tiempo hace que no hablas con tus padres?
7. ¿Cuánto tiempo hace que no vas a la biblioteca?
8. ¿Cuánto tiempo hace que hablas español?

**C. ¿Dónde están?**   In groups of three or four, mention three or four friends and relatives that you haven't seen for a while.

◆ **MODELO:**   *Hace dos años que no veo a mi prima Eva.*

Ésta es una reunión familiar, pero el abuelo no está aquí. ¿Cuánto tiempo hace que no lo ven?

# Entre nosotros

## ¡Conversemos!

**Para conocernos mejor**   Get to know your partner better by asking each other the following questions.

1. ¿A qué hora almuerzas? ¿Con quién?
2. ¿Prefieres la comida italiana, la comida china o la comida mexicana?
3. ¿Qué prefieres: la ternera, la carne de cerdo o el pollo?
4. ¿Qué vegetales comes? ¿Cuáles no comes?
5. ¿Tú desayunas en tu casa o en la cafetería?
6. Generalmente, ¿qué días vas al mercado?
7. ¿Qué marca (*brand*) de detergente usas para lavar la ropa? ¿Usas lejía también?
8. Cuando das una fiesta, ¿sirves bebidas alcohólicas?
9. ¿Cuánto tiempo hace que vives en la misma (*same*) ciudad?
10. ¿Hay alguien en tu casa ahora?
11. ¿Tus amigos te llaman por teléfono todos los días?
12. ¿Tú puedes llamarme esta tarde?

**Una encuesta**   Interview your classmates to identify who fits the following descriptions. Include your instructor, but remember to use the **Ud.** form when addressing him or her.

Nombre

1. Conoce a una pareja de recién casados. _____
2. Vive cerca de la universidad. _____
3. Tiene el día libre mañana. _____
4. Está muerto(a) de hambre. _____
5. Come cuatro vegetales y cuatro frutas al día. _____
6. A veces va a la pescadería. _____
7. Sabe preparar espaguetis con albóndigas. _____
8. Es buen(a) cocinero(a). _____
9. Cocina mejor que su madre. _____
10. No bebe ni vino ni cerveza. _____

**Y ahora...**   Write a brief summary indicating what you have learned about your classmates.

**¿Cómo lo decimos?** What would you say in the following situations? What might the other person say? Act out the scenes with a partner.

1. You are telling a friend that you need many things from the supermarket. Tell him or her what they are.
2. You are at an outdoor market in Managua and you need vegetables, fish, meat, and bread. You inquire about prices and so on.
3. You are telling someone what ingredients you need to make vegetable soup.
4. You tell someone what you serve to eat and to drink when you give a party.
5. You tell a friend what fruits you need to prepare a fruit salad (**ensalada de frutas**).

**¿Qué pasa aquí?** Working with classmates in groups of three or four, describe what is happening in the picture. Create a story, naming the characters and explaining who is who, and what these people plan to buy. Each group will compare its story with the rest of the class.

## Para escribir

**Un invitado importante** Imagine that next Saturday you are hosting a very important guest. Who is the guest? What are you going to do to prepare for the occasion? What housework do you have to do? What do you need to buy and prepare for dinner? What else are you going to do in honor of your guest's arrival?

### Un proverbio

*No sólo de pan vive el hombre.*

You have probably heard this proverb before. Do you know where it comes from? What does it mean to you? Memorize it!

# Lectura

**Estrategia de lectura**  Look at the **Sección Gastronómica** of this paper. Based on the headline, what do you think the reading is about? What do you already know about the topic? Make a list in Spanish of key words that might appear in the reading.

**Vamos a leer**  As you read this section of the paper, find the answers to the questions that follow.

# sección gastronómica

*por Juan Carlos Miró*

Si Ud. quiere celebrar un cumpleaños o un aniversario en un ambiente elegante, visite el restaurante Miramar, donde va a encontrar sabrosísimos platos típicos e internacionales.

Si le gusta el pescado, yo recomiendo el salmón a la parrilla; si prefiere comer mariscos, pida la langosta Termidor. Además de pescados y mariscos, el restaurante ofrece una gran variedad de carnes, entre otras: bistec, pollo y chuletas preparadas por el conocido chef Antonio.

La lista de postres es muy variada y todos son excelentes, pero si tengo que elegir uno, pido la torta de fresas con crema chantilly.

En cuanto a los vinos, puede escoger entre los mejores de Chile, España y California.

### ¡Nos vemos en el restaurante Miramar!

1. ¿Cómo es el ambiente del restaurante Miramar?
2. ¿Qué tipos de platos va a encontrar en el restaurante?
3. Si Ud. quiere comer pescado o mariscos, ¿qué recomienda Miró?

# Video

4. ¿Qué carnes ofrece el restaurante, entre otras?
5. ¿Quién es Antonio?
6. ¿Cuál es el postre favorito de Miró?
7. ¿Qué vinos tienen en el restaurante?

**Díganos** Answer the following questions based on your own thoughts and experiences.

1. ¿Cuál es su restaurante favorito? ¿Cuál es su especialidad?
2. Si Ud. va a un restaurante que tiene un menú similar del restaurante Miramar, ¿qué pide?
3. ¿Cuál es su postre favorito?
4. ¿De dónde cree Ud. que vienen los mejores vinos?
5. Si Ud. va a celebrar su cumpleaños, ¿prefiere ir a un restaurante o celebrarlo en su casa?

Esta pareja de recién casados está en un restaurante. ¿Qué comidas creen Uds. que hay en el menú?

## Marisa en la cocina

Marisa está preparando una cena para el cumpleaños de Pablo. No tiene los ingredientes necesarios para el guiso (*stew*), y usa otros, con el resultado que podemos imaginar.

# El mundo hispánico

## Costa Rica

- Costa Rica es uno de los países más pequeños del continente americano (51.000 km² —kilómetros cuadrados). Está situado en América Central y su capital es San José. Los productos principales del país son el café, las bananas, el cacao y la caña de azúcar (*sugar cane*).

- La mayoría de los "ticos" (como se les llama a los costarricenses) son católicos y de origen español. De todos los países centroamericanos, Costa Rica es el que tiene el menor número de analfabetos (*illiterates*). Tiene el mayor ingreso (*income*) per cápita y un gobierno democrático con muy pocos problemas políticos.

- En Costa Rica se le da una gran importancia a la educación, la cultura y las artes. Se dice (*It is said*) que en Costa Rica "hay más maestros (*teachers*) que soldados". Este país tiene excelentes programas para proteger la ecología, sobre todo (*especially*) la selva (*rainforest*).

▲ Miles de peregrinos visitan la Basílica de la Virgen de los Ángeles en Cartago, Costa Rica

▲ El Fuerte de Santiago de la Gloria en Portobello, Panamá

## Panamá

- Panamá está situado en el istmo (*isthmus*) que une (*joins*) Suramérica con América del Norte. El país, que está dividido por el Canal de Panamá, tiene una superficie de unos 78.000 km² y una población de más de dos millones y medio de habitantes. Su cultura es una mezcla (*mixture*) de las tradiciones españolas, africanas, indígenas y norteamericanas. El idioma oficial del país es el español, pero también se usa mucho el inglés.

- La principal fuente de ingresos (*source of income*) del país está asociada con las operaciones del Canal, que es administrado por Panamá desde el año 2000. La construcción del Canal por parte del gobierno de los Estados Unidos duró (*lasted*) diez años y fue terminada en 1914. El Canal mide 82,4 km y tiene tres esclusas (*locks*) a cada lado del istmo que cruza.

- Junto al Canal están las dos ciudades más grandes del país: Ciudad de Panamá, la capital, y Colón, la segunda ciudad más importante del país.

## Honduras

◆ Cuando Colón llegó a la costa de esta región de Centroamérica, sorprendido por la profundidad (*depth*) de las aguas junto a la tierra, llamó al lugar Honduras. Aquí floreció el imperio maya unos 500 años antes de la llegada de los conquistadores. Hoy Honduras, un país pequeño, tiene casi seis millones de habitantes, en su mayoría mestizos.

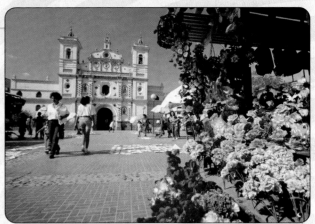

◆ Honduras es el único país centroamericano que no tiene volcanes, pero esto no es favorable para el país, pues las tierras volcánicas son, por lo general, fértiles y buenas para la agricultura. Como la economía del país se basa en la agricultura, Honduras es hoy uno de los países más pobres de América.

▲ La Iglesia de la Virgen de los Dolores y un puesto de flores en Tegucigalpa, Honduras

◆ La capital de Honduras es Tegucigalpa, que significa "colina de plata" (*silver hill*). La mayor atracción turística del país es Copán, una ciudad maya que existió hace unos dos mil años y de la cual sólo quedan ruinas.

## Nicaragua

◆ Nicaragua es el país más extenso de América Central, pero menos de una décima parte de su territorio es cultivable. Nicaragua es la tierra de los lagos y de los volcanes. Uno de los lagos, el Nicaragua, es el mayor lago de agua dulce de Centroamérica, y en él hay tiburones (*sharks*) y otros peces que sólo viven en agua salada en otras regiones.

◆ Las tres ciudades más importantes del país son Managua, la capital, León y Granada.

◆ La economía del país se basa en la agricultura, y sus principales productos de exportación son café, algodón (*cotton*), carne de res (*beef*) y madera (*wood*). El país tiene una selva virgen mucho más extensa que la de Costa Rica, pero lamentablemente no está debidamente (*duly*) protegida contra la explotación excesiva.

▲ Vista panorámica de Managua, la capital nicaragüense

**Online Study Center**

For more practice with lesson topics, see the related activities on the *¡Hola, amigos!* web site at college.hmco.com/PIC/holaamigos7e.

**Comentarios...** With a partner discuss, in Spanish, what impressed you the most about these four countries and compare them to your own. Which places do you want to visit and why?

# Tome este examen

## Lección 5

### A. Present progressive
Use the present progressive of the verbs **bailar, comer, dormir, leer,** and **servir** to complete the following sentences. Use each verb once.

1. Nosotros _____ café.
2. Yo _____ un libro.
3. Fernando _____ en la fiesta.
4. ¿Qué _____ (tú)? ¿Pollo?
5. Carlos _____ en su cuarto.   (*room*)

### B. Uses of *ser* and *estar*
Complete each sentence, using the present indicative of **ser** or **estar.**

1. Paco _____ de Madrid, pero ahora _____ en Panamá.
2. Gabriela _____ estudiando italiano. _____ una chica muy inteligente.
3. Las mesas _____ de metal.
4. ¡Tú _____ muy bonita hoy!
5. La fiesta _____ en el club "Los Violines".
6. Alina _____ la novia de Marcos.
7. Nosotros _____ muy cansados.
8. _____ las cinco de la tarde.
9. Los chicos _____ de Costa Rica.
10. Las frutas _____ muy sabrosas hoy.

### C. Stem-changing verbs (*e > ie*)
Complete each sentence with the Spanish equivalent of the verb in parentheses.

1. ¿Tú _____ pollo o pescado?   (*prefer*)
   Ana _____ bistec.   (*wants*)
2. Las clases _____ a las seis y terminan a las nueve.   (*start*)
3. Nosotros _____ estudiar esta noche. No tenemos ganas de ir a la fiesta de Eva.   (*plan*)
4. Ellos _____ comer aquí.   (*prefer*)
5. Ana y yo _____ venir mañana.   (*want*)
6. Yo no _____ este menú; está en inglés.   (*understand*)

## D. Comparative and superlative of adjectives, adverbs, and nouns

Complete these sentences with the Spanish equivalent of the words in parentheses.

1. Mi novio es _____ yo.   (*much older than*)
2. Mi primo no es _____ mi tío.   (*as tall as*)
3. Elsa es _____ la familia.   (*the most intelligent in*)
4. Yo no bailo _____ tú.   (*as well as*)
5. Este hotel es _____ la ciudad.   (*the best in*)
6. Clara es _____ su hermana.   (*much prettier than*)

## E. Pronouns as object of prepositions   Complete each sentence with the Spanish equivalent of the words in parentheses.

1. ¿Tú vas _____, Paquito?   (*with me*)
   No, no voy _____, Anita. Voy _____.   (*with you / with them*)
2. ¿Los camarones son _____, Tito?   (*for you*)
   No, no son _____; son _____.   (*for me / for her*)

## F. Vocabulary   Complete the following sentences, using vocabulary from **Lección 5.**

1. Voy a _____ la cuenta y a dejar una buena _____.
2. Julio quiere _____ de cebolla y yo _____ de camarones.
3. Ellos quieren pan _____ con _____ y _____.
4. Yo prefiero el pollo _____, no a la parrilla.
5. La _____ de la casa es _____ de cordero.
6. De postre quiero _____ de vainilla.
7. Tráiganos _____ de papas y _____ de tomates.
8. Andresito no es tímido; es muy _____.
9. Para desayunar quiero huevos con _____.
10. ¿Qué deseas comer, una _____ o un perro _____?

## G. Culture   Circle the correct answer based on the cultural notes you have read.

1. En los países de habla hispana, el café se sirve (después de / durante) la comida.
2. En la mayoría de los países hispanos, el almuerzo es la comida (menos importante / principal) del día.

# Lección 6

## A. Stem-changing verbs: *o > ue*   Complete each sentence, using one of the following verbs: **costar, encontrar, recordar, poder** (use twice), **volver, dormir.**

1. Yo no _____ el número de teléfono de Raúl.
2. Jorge _____ a casa a las cinco.
3. ¿Cuánto _____ las chuletas?
4. ¿En qué _____ (yo) servirle?
5. Nosotros no _____ el dinero. ¿Dónde está?
6. Nosotros no _____ ir a la pescadería hoy.
7. Él _____ en su cuarto.

## B. Stem-changing verbs: *e > i*   Complete these sentences, using the present indicative of the following verbs: **conseguir, servir, pedir, decir.** (Use each verb twice.)

1. Ellos _____ trabajo en el hotel.
2. Nosotros _____ ensalada y sándwiches en la fiesta.
3. ¿Dónde _____ tú fresas?
4. Él _____ que está cansado.
5. Ella me _____ una taza de café.
6. Yo _____ que van al mercado.
7. Mi esposo y yo siempre _____ vino cuando comemos en ese restaurante.
8. ¿Dónde _____ Ud. las tarjetas de México?

## C. Direct object pronouns   Answer the following questions in the negative, replacing the italicized words with direct object pronouns.

1. ¿Vas a leer *estos libros*?
2. ¿Él *me* conoce? (*Use the* **Ud.** *form.*)
3. ¿*Te* llevan ellos al mercado?
4. ¿Ella *me* llama mañana? (*Use the* **tú** *form.*)
5. ¿Necesitas *el detergente*?
6. ¿Tienes *la lejía* aquí?
7. ¿Ellos *los* conocen a Uds.?
8. ¿Uds. consiguen *buenas frutas* en el supermercado?

## D. Affirmative and negative expressions   Rewrite the following sentences, changing the negative expressions to the affirmative.

1. No tengo nada aquí.
2. ¿No quiere nada más?
3. Nunca vamos al supermercado.
4. No quiero ni la pluma roja ni la pluma verde.
5. Nunca llamo a nadie.

**E. *Hace... que***   Write the following sentences in Spanish.

1. I have been living in Honduras for five years.
2. How long have you been studying Spanish, Mr. Smith?
3. They have been writing for two hours.
4. She hasn't eaten for two days.

**F. Vocabulary**   Complete the following sentences, using vocabulary from **Lección 6.**

1. Yo le pongo _____ al café.
2. Ellos no quieren _____ de cerdo.
3. Va a comprar el pan en la _____.
4. En mi casa _____ a las doce.
5. ¿A qué hora _____ Uds. a su casa?
6. Ellos están _____ de hambre.
7. Ana y Jorge son _____ casados.
8. Ellos viven _____ de la universidad.
9. El _____ y la _____ son mariscos.
10. Necesito una _____ de huevos y _____ de tomate para los espaguetis.

**G. Culture**   Circle the correct answers, based on the cultural notes you have read.

1. La capital de Costa Rica es (San José / San Juan).
2. La principal fuente de ingresos de Panamá está asociada con (la agricultura / las operaciones del Canal).
3. Honduras (tiene / no tiene) volcanes.
4. La principal exportación de Nicaragua es (el café / el petróleo).

# Unidad 4

## Objetivos

### Lección 7
- Discuss plans for a party
- Talk about what you like or dislike to do
- Extend, accept, and decline invitations
- Handle informal situations such as parties
- Talk about your daily routine

### Lección 8
- Discuss activities you can do outdoors
- Discuss past actions and events
- Talk about the way things used to be

**Venezuela**

El Salto Ángel, en Venezuela, es la catarata más alta del mundo. Fue descubierto en 1935 y nombrado en honor de James Ángel, un piloto norteamericano que estrelló su avión cerca de allí en el año 1937.

# Para divertirse

**Lección 7**
Un fin de semana

**Lección 8**
Las actividades al aire libre

### Cuba
Vista del Capitolio Nacional de Cuba. Al frente, un anuncio de los tabacos Partagás.

### República Dominicana
Una playa en Bayahibe La Romana, en la República Dominicana.

### Puerto Rico
El Castillo del Morro, situado en la Bahía de San Juan, Puerto Rico.

### Colombia
Una réplica de la Balsa Muisca en el Museo del Oro en Colombia.

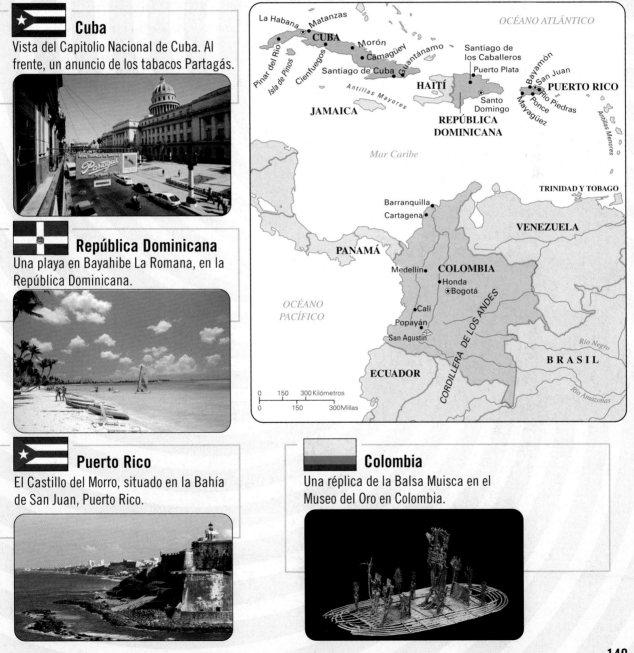

149

# Lección 7·Un fin de semana

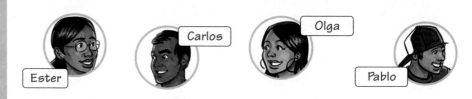

Ester · Carlos · Olga · Pablo

*Carlos Aranda y su esposa Ester son cubanos, pero ahora viven en un apartamento grande y moderno en Santo Domingo. Tienen dos hijos: Olga, de dieciocho años, y Pablo, de quince años.*

*Carlos y Ester se levantan temprano hoy porque tienen muchos planes para el fin de semana. Los chicos duermen hasta las diez porque anoche fueron a una fiesta de cumpleaños en la casa de sus primos y volvieron muy tarde.*

| | |
|---|---|
| Ester | ¿Vamos a ir al teatro con tus padres? Ellos nos invitaron la semana pasada. |
| Carlos | Tú sabes que a mí no me gusta ir al teatro; me gusta más el cine. Papá quiere ver la película americana que ponen en el cine Rex… |
| Ester | Bueno, voy a preguntarles si quieren cambiar sus planes. |
| Carlos | ¡Ah! Recibimos una invitación a una boda. La recepción es mañana, en el club Náutico. ¿Quieres ir? |
| Ester | Podemos ir un rato. ¿Ya se levantaron los chicos? |
| Carlos | Sí, están desayunando. Olga se está quejando porque no puede ir a patinar con sus amigos esta tarde. |
| Ester | Ella sabe que esta tarde tenemos que ir a visitar a tía Marcela, que nos invitó a merendar. |
| Carlos | ¡Ay, pobre chica! En vez de divertirse con sus amigos se va a aburrir con tu tía Marcela… |
| Ester | (*Se ríe*) ¡Está bien! Le voy a decir que no tiene que ir con nosotros. |
| Carlos | (*Bromeando*) ¿Yo puedo ir a patinar con ella? |

## Detalles culturales

Las películas americanas son muy populares en el mundo hispánico. Generalmente tienen subtítulos en español o están dobladas (*dubbed*).

◆ ¿Le gusta ver películas extranjeras (*foreign*)?

*Olga y Pablo están hablando en la cocina.*

**Pablo** Yo voy a ir a nadar con Beto y René esta tarde y después vamos a ir a ver un partido de béisbol.

**Olga** ¿Me estás diciendo que no tienes que ir a la casa de tía Marcela?

**Pablo** No, papá me dio permiso para salir con mis amigos.

**Olga** ¡Eso no es justo! ¡Mamá!

**Ester** (*Entra en la cocina.*) No tienes que ir con nosotros, Olga. La última vez que fuimos a la casa de tía Marcela, tú rompiste su florero favorito. A ella tampoco le gustan tus visitas... ¡Ella compró ese florero en San Juan!

**Olga** ¡No fui yo! ¡Fue Pablo! Bueno, no me importa. Esta noche, ¿puedo ir a bailar con María Inés y su hermano? Hay una discoteca nueva...

**Ester** ¡Ajá! ¿El hermano... ?

**Olga** A los dos nos gusta bailar... eso es todo...

**Ester** Bueno, pero tienes que volver antes de la medianoche.

**Olga** Les voy a decir que me tienen que traer a las doce menos cinco.

# ¿Recuerda usted?

### ¿Verdadero o falso?
With a partner, decide whether the following statements about the dialogue are true (**verdadero**) or false (**falso**).

1. Olga es mayor que Pablo. ☐ V ☐ F
2. Carlos y Ester no piensan hacer nada este fin de semana. ☐ V ☐ F
3. Carlos y su esposa están invitados a una boda. ☐ V ☐ F
4. Los chicos se levantaron muy temprano hoy. ☐ V ☐ F
5. Olga nunca se queja de nada. ☐ V ☐ F
6. A Pablo le gusta el béisbol. ☐ V ☐ F
7. A Marcela no le gustan las visitas de Ester. ☐ V ☐ F
8. Alguien rompió el florero. ☐ V ☐ F
9. María Inés no tiene hermanos. ☐ V ☐ F
10. Olga tiene que volver a su casa antes de las diez. ☐ V ☐ F

### Y ahora... conteste
Answer these questions, basing your answers on the dialogue.

1. ¿Dónde viven Carlos Aranda y su familia?
2. ¿Adónde fueron los chicos anoche?
3. ¿Qué quiere ver el papá de Carlos? ¿En qué cine?
4. ¿Cuándo y dónde es la recepción?
5. ¿Carlos cree que su hija se va a divertir o que se va a aburrir con la tía de Ester?
6. ¿Con quiénes va a ir a nadar Pablo?
7. ¿Qué quiere hacer Olga esta noche?
8. ¿Adónde van a ir a bailar?

# Para hablar del tema: Vocabulario

Online Study Center

For more practice with lesson topics, see the related activities on the *¡Hola, amigos!* web site at college.hmco.com/PIC/holaamigos7e.

## Cognados

el béisbol
la discoteca
moderno(a)
el permiso

el plan
el teatro
la visita

## Nombres

el cine  movie theatre
el fin de semana  weekend
el florero  vase
la medianoche  midnight

el partido, el juego  game
la película  movie, film
la semana  week
la vez  time

## Verbos

aburrirse  to be bored
bromear  to kid, to joke
cambiar  to change
divertirse (e>ie)  to have a good time
entrar (en)  to enter, to go in
gustar  to like, to appeal
levantarse  to get up
merendar (e>ie)  to have an afternoon snack

nadar  to swim
patinar  to skate
preguntar  to ask (*a question*)
quejarse  to complain
reírse[1]  to laugh
romper*  to break
visitar  to visit

## Adjetivos

justo(a)  fair
pasado(a)  last
pobre  poor
último(a)  last (*in a series*)

## Otras palabras y expresiones

anoche  last night
en vez de  instead of
hasta  until
importarle (a uno)  to matter

ir a patinar  to go skating
poner una película*  to show a movie
temprano  early

[1]me río, te ríes, se ríe, nos reímos, os reís, se ríen

**152** ciento cincuenta y dos  ◆  Lección 7

# Amplíe su vocabulario

**Para invitar a alguien a salir** (*Asking someone out*)

## ¿Quieres ir...

**a escalar una montaña?** *mountain climbing*

**a montar\* en bicicleta?** *bicycle riding*

**a esquiar?** *skiing (to ski)*

**a montar a caballo?** *horseback riding*

**a un club nocturno?** *to a nightclub*

**a un concierto?** *to a concert*

**a la playa?** *to the beach*

**al museo?** *to the museum*

**al parque de diversiones\*?** *to the amusement park*

**de picnic?** *on a picnic*

**al zoológico?** *to the zoo*

## De país a país

**romper** quebrar (*Méx.*)

**poner una película** dar una película (*Ecuador, Cono Sur*)

**montar en bicicleta** andar en bicicleta (*Arg.*)

**el parque de diversiones** el parque de atracciones (*Esp.*)

# Para practicar el vocabulario

## A. Preguntas y respuestas
Match the questions in column *A* with the answers in column *B*.

| A | B |
|---|---|
| 1. ¿Se divierten en esas fiestas? | a. La semana pasada. |
| 2. ¿Viste a Roberto en el club? | b. No, no tenemos hambre. |
| 3. ¿Cuándo volvieron? | c. Sí, pero no me importa. |
| 4. ¿Los niños rompieron el florero? | d. Sí, vamos a ir a patinar. |
| 5. ¿Van a merendar? | e. No, porque yo trabajo los sábados. |
| 6. ¿Tiene dinero? | f. ¡Sí! ¡No es justo! |
| 7. ¿Vas los fines de semana? | g. No, se aburren. |
| 8. ¿Tienen planes? | h. A la medianoche. |
| 9. ¿A qué hora vienen? | i. No, es muy pobre. |
| 10. ¿Tú haces todo el trabajo? | j. Sí, dos veces. |

## B. Todos se divierten
Complete the following statements about a great weekend.

1. Hoy _____ una buena _____ en el cine Victoria.
2. Los chicos van a ir a _____ a caballo.
3. Sergio va a ir a ver un _____ de béisbol.
4. Ana y sus amigos van a una _____ a bailar.
5. Esta tarde yo voy a ir a _____ con mi novio.
6. Estoy invitada a la _____ de una boda.
7. Vamos a la piscina (*pool*) a _____.
8. Vamos al _____ a ver *Romeo y Julieta*.
9. Voy a _____ a mi tía favorita.
10. Teresa y Armando van a un club _____.

## C. ¿Adónde vamos...?
Your friend has accepted your invitation. Where are you going to go? Begin your answers with **Vamos a ir...**

1. You want to sunbathe and swim.
2. You feel like climbing a mountain.
3. You want to go to Disneyland.
4. You want to dance salsa.
5. You want to see animals.
6. You want to see Picasso's paintings.
7. You want to have lunch and commune with nature.
8. You want to hear some live music.
9. You want to go to Aspen, Colorado.
10. You want to go horseback riding or ride your bicycle.

**D.** **¿Quieres ir...?**  With a partner, play the roles of two friends who cannot agree on where to go or what to do on the weekend.

◆ MODELO: —¿Quieres ir al cine?
—No, prefiero ir al teatro.

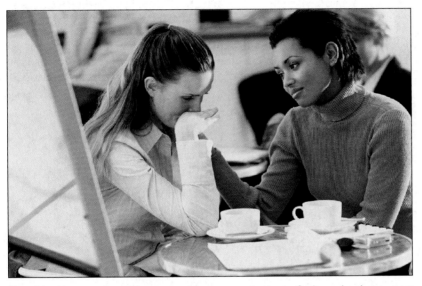

Es evidente que estas chicas no están muy contentas. ¿Qué pueden hacer para divertirse un poco?

## Pronunciación

### Las consonantes *l, r, rr*

**A.** Practice the Spanish **l** in the following words.

| | | |
|---|---|---|
| Olga | abril | último |
| mil | Ángel | béisbol |
| Isabel | mal | volver |

**B.** Practice the Spanish **r** in the following words.

| | | |
|---|---|---|
| moderno | teatro | florero |
| primero | París | cuarenta |
| partido | favorito | derecha |

**C.** Practice the Spanish **rr** (spelled **r** both at the beginning of a word and after an **n**) in the following words.

| | | |
|---|---|---|
| recibir | borrador | correr |
| Enrique | aburrirse | romper |
| recepción | pizarra | reírse |

# Puntos para recordar

## 1. Preterit of regular verbs (*El pretérito de los verbos regulares*)

◆ Spanish has two simple past tenses: the preterit and the imperfect. (The imperfect will be presented in **Lección 8.**) The preterit of regular verbs is formed as follows. Note that the endings for **-er** and **-ir** verbs are identical.

| -ar *verbs*<br>*tomar* (to take) | -er *verbs*<br>*comer* (to eat) | -ir *verbs*<br>*escribir* (to write) |
|---|---|---|
| tom**é** | com**í** | escrib**í** |
| tom**aste** | com**iste** | escrib**iste** |
| tom**ó** | com**ió** | escrib**ió** |
| tom**amos** | com**imos** | escrib**imos** |
| tom**asteis** | com**isteis** | escrib**isteis** |
| tom**aron** | com**ieron** | escrib**ieron** |

| | |
|---|---|
| yo **tomé** | *I took; I did take* |
| Ud. **comió** | *you ate; you did eat* |
| ellos **decidieron** | *they decided; they did decide* |

◆ Verbs ending in **-ar** and **-er** that are stem-changing in the present indicative are regular in the preterit.

| | | |
|---|---|---|
| **encontrar** | tú enc**ue**ntras | tú enc**o**ntraste |
| **volver** | yo v**ue**lvo | yo v**o**lví |
| **cerrar** | yo c**ie**rro | yo c**e**rré |

◆ Verbs ending in **-gar, -car,** and **-zar** change **g** to **gu, c** to **qu,** and **z** to **c** before **é** in the first person of the preterit.

**pagar** → pa**gu**é     **buscar** → bus**qu**é     **empezar** → empe**c**é

◆ Verbs whose stem ends in a strong vowel change the unaccented **i** of the preterit ending to **y** in the third-person singular and plural of the preterit.

**leer** → le**y**ó     le**y**eron

◆ The preterit tense refers to actions or events that the speaker views as completed in the past.

| | |
|---|---|
| —¿Qué **compraste** ayer? | *"What **did you buy** yesterday?"* |
| —**Compré** un florero. | *"**I bought** a vase."* |
| —¿Qué **comieron** Uds.? | *"What **did you eat**?"* |
| —**Comimos** ensalada. | *"**We ate** salad."* |
| —¿A qué hora **volvió** usted? | *"What time **did you return**?"* |
| —Yo **volví** a las seis. | *"**I returned** at six."* |
| —¿A qué hora **llegaste**? | *"What time **did you arrive**?"* |
| —**Llegué** a las seis. | *"**I arrived** at six."* |

**¡Atención!** Note that Spanish has no equivalent for the English *did* used as an auxiliary verb in questions and negative sentences.

—¿**Encontraste** el dinero?      *"**Did you find** the money?"*
—No lo **busqué.**     *"**I didn't look for** it."*

# Práctica y conversación

**Online Study Center**

For more practice with lesson topics, see the related activities on the *¡Hola, amigos!* web site at college.hmco.com/PIC/holaamigos7e.

**A. Minidiálogos** Complete the following dialogues, using the correct preterit forms of the verbs in parentheses. Then act them out with a partner.

1. —¿A qué hora _____ (volver) Uds. ayer?

   —Yo _____ (volver) a las siete y Mario _____ (volver) a las nueve. ¿A qué hora _____ (volver) tú?

2. —¿ _____ (Leer) Ud. este libro, Sr. Vega?

   —Sí, lo _____ (leer) ayer.

   —¿Ud. lo _____ (sacar) de la biblioteca o lo _____ (comprar)?

   —Lo _____ (sacar) de la biblioteca.

3. —¿Cuándo _____ (empezar) a trabajar tú?

   —_____ (Empezar) la semana pasada.

   —¿En qué mes _____ (llegar) aquí?

   —_____ (Llegar) en noviembre del año pasado.

4. —¿Con quién _____ (hablar) Uds.?

   —Yo _____ (hablar) con mi madrina y Ramiro _____ (hablar) con su abuela.

**B. Ayer...** Read what the following people typically do. Then complete each sentence telling how they varied from their normal routines yesterday.

1. Yo siempre hablo con mis padres, pero ayer...
2. Yo siempre escribo en inglés, pero ayer...
3. Tú siempre estudias por la mañana, pero ayer...
4. Alberto siempre compra café, pero ayer...
5. Los chicos siempre toman café, pero ayer...
6. Nosotros siempre comemos en la cafetería, pero ayer...
7. Adela siempre sale con su novio, pero ayer...
8. Ustedes siempre vuelven a las seis, pero ayer...
9. Yo siempre llego a la universidad a las ocho, pero ayer...
10. Yo siempre empiezo a trabajar a las tres, pero ayer...

**C.** **Entreviste a su compañero(a)** Interview a classmate about his / her activities yesterday, using the following questions.

1. ¿A qué hora saliste de tu casa ayer?
2. ¿A qué hora llegaste a la universidad?
3. ¿Trabajaste mucho?
4. ¿Cuántas horas estudiaste?
5. ¿Dónde comiste? ¿Qué comiste?
6. ¿Qué tomaste?
7. ¿Compraste algo? ¿Qué?
8. ¿A qué hora volviste a tu casa?
9. ¿Qué programa de televisión viste?
10. ¿A qué hora cenaste?
11. ¿Leíste algo antes de acostarte?
12. ¿A qué hora te acostaste?

## 2. Preterit of *ser, ir,* and *dar* (*El pretérito de* ser, ir *y* dar)

- The preterits of **ser, ir,** and **dar** are irregular.

| ser (*to be*) | ir (*to go*) | dar (*to give*) |
|---|---|---|
| fui | fui | di |
| fuiste | fuiste | diste |
| fue | fue | dio |
| fuimos | fuimos | dimos |
| fuisteis | fuisteis | disteis |
| fueron | fueron | dieron |

—¿**Fuiste** al club ayer? | "***Did you go*** to the club yesterday?"

—Sí, **fui** para comprar ropa. Papá me **dio** el dinero. | "Yes, ***I went*** to buy clothes. Dad ***gave*** me the money."

—¿Quién **fue** tu profesor de español? | "Who ***was*** your Spanish professor?"
—El Dr. Vega. | "Dr. Vega."

**¡Atención!** Note that **ser** and **ir** have identical preterit forms; however, there is no confusion as to meaning, because the context clarifies it.

# Práctica y conversación

**A. Minidiálogos**   Complete the following dialogues, using the preterit of **ser, ir,** and **dar.** Then act them out with a partner, adding your own original lines of dialogue.

1. —¿Con quién _____ tú al cine?

—_____ con mi hijo.

—¿_____ (Uds.) por la mañana o por la tarde?

—_____ por la tarde.
2. —¿Cuánto dinero _____ Uds. para la fiesta?

—Yo _____ 10 dólares y Carlos _____ 5 dólares.

—¿Luisa _____ a la fiesta con Roberto?

—No, ella y Marisol _____ con Juan Carlos al cine.
3. —¿Quién _____ el profesor de literatura de Uds. en la universidad?

—El Dr. Rivas.

—¿Uds. no _____ estudiantes de la Dra. Torres?

—No, no _____ estudiantes de ella.

**B. Entreviste a su compañero(a)**   Interview a partner, using the following questions.

1. ¿Quién fue tu profesor(a) favorito(a) el año pasado?
2. ¿Fuiste a la biblioteca ayer? ¿A qué hora?
3. ¿Adónde fuiste el fin de semana pasado?
4. ¿Tus amigos fueron también?
5. ¿Cuándo diste una fiesta?
6. ¿Dónde la diste?
7. ¿Fueron tú y tus amigos al cine el sábado pasado?
8. ¿Fuiste de vacaciones el verano pasado? ¿Adónde fuiste?

**C. Queremos saber...**   With a partner, prepare five questions to ask your instructor about his/her activities. Use the preterit of **ser, ir,** and **dar.**

## 3. Indirect object pronouns (*Los pronombres usados como complemento indirecto*)

◆ In addition to a subject and direct object, a sentence can have an indirect object.[1]

> Ella les da **el dinero a los muchachos.**
>
> S.    V.    D.O.            I.O.
>
> *What does she give?*   **(el dinero)**
>
> *To whom does she give it?*   **(a los muchachos)**

In this sentence, **ella** is the subject who performs the action, **el dinero** is the direct object, and **a los muchachos** is the indirect object, the final recipient of the action expressed by the verb.

[1]See Appendix C.

- Indirect object nouns are for the most part preceded by the preposition **a.**

- An indirect object usually tells to whom or for whom something is done. Compare these sentences:

  Yo voy a mandar**lo** a México.   (**lo:** *direct object*)
  *I'm going to send **him** to Mexico.*

  Yo voy a mandar**le** dinero.   (**le:** *indirect object*)
  *I'm going to send **him** money.*   (*I'm going to send money **to him.***)

- An indirect object pronoun can be used with or in place of the indirect object. In Spanish, the indirect object pronoun includes the meaning *to* or *for*. The forms of the indirect object pronouns are shown in the following table.

| Singular | | Plural | |
|---|---|---|---|
| **me** | (to/for) me | **nos** | (to/for) us |
| **te** | (to/for) you (*fam.*) | **os** | (to/for) you (*fam.*) |
| **le** | ⎧ (to/for) you (*form.*)<br>⎨ (to/for) him<br>⎩ (to/for) her | **les** | ⎧ (to/for) you (*form., fam.*)<br>⎩ (to/for) them (*masc., fem.*) |

- Indirect object pronouns have the same form as direct object pronouns, except in the third person.

- Indirect object pronouns are usually placed in front of the conjugated verb.

  **Le** dimos una propina.          *We gave **him** a tip.*

- When used with an infinitive or in the present progressive, however, the indirect object pronoun may either be placed in front of the conjugated verb or attached to the infinitive or the present participle.

  **Le** voy a escribir una carta.
  *or:*                              ⎰ *I'm going to write **you** a letter.*
  Voy a escribir**le** una carta.

  **Les** estoy diciendo la hora.
  *or:*                              ⎰ *I'm telling **them** the time.*
  Estoy diciéndo**les**[1] la hora.

> **¡Atención!**  The indirect object pronouns **le** and **les** require clarification when the context does not specify the gender or the person to which they refer. Spanish provides clarification by using the preposition **a** + *pronoun or noun.*

  **Le** doy la información.          *I give the information . . .*
                                      *(to whom? to him? to her?*
  *but:*                             *to you?)*

  **Le** doy la información **a ella.**   *I give the information **to her.***

---

[1]When an indirect object pronoun is attached to a present participle, an accent mark is added to maintain the correct stress.

The prepositional phrase provides clarification or emphasis; it is not, however, a substitute for the indirect object pronoun. While the prepositional form can be omitted, the indirect object pronoun must always be used.

—¿Qué vas a comprar**le** a tu hija?    *"What are you going to buy (for)*
                                         *your daughter?"*

—**Le** voy a comprar un florero.    *"I'm going to buy **her** a vase."*

## Práctica y conversación

**Online Study Center**

For more practice with lesson topics, see the related activities on the *¡Hola, amigos!* web site at college.hmco.com/PIC/holaamigos7e.

**A. Frutas para todos**    Mom went to the market and bought fruit for everyone. Indicate for whom she bought each fruit, using indirect object pronouns. Clarify when necessary.

◆ **MODELO:** Mamá compró duraznos *para él.*
             Mamá **le** compró duraznos *a él.*

1. Mamá compró manzanas *para mí.*
2. Mamá compró peras *para nosotros.*
3. Mamá compró uvas *para ella.*
4. Mamá compró una piña *para ti.*
5. Mamá compró melocotones *para Ud.*
6. Mamá compró una sandía *para ellos.*
7. Mamá compró cerezas *para Uds.*
8. Mamá compró fresas *para él.*
9. Mamá compró bananas *para Rodolfo.*
10. Mamá compró mangos *para Sofía.*

**B. Entreviste a su compañero(a)**    Interview a partner, using the following questions.

1. ¿Cuándo vas a escribirles a tus amigos?
2. ¿Le escribiste a alguien ayer?
3. ¿Tú siempre le escribes a tu mejor amigo(a)?
4. ¿Tus padres te escribieron esta semana?
5. ¿Tus padres te dan dinero para comprar ropa?
6. ¿Tú vas a mandarle dinero a alguien? ¿A quién?
7. ¿Tus padres les hablan a Uds. en inglés o en español?
8. ¿Tú siempre les dices la verdad a tus padres?

**C. Son bilingües**    What languages do the people below speak and what languages are spoken to them? With a partner, match each name to the most likely language.

alemán (*German*)      italiano
español                japonés
francés                portugués
inglés                 ruso (*Russian*)

◆ **MODELO:** María del Pilar (a mí)
             *María del Pilar me habla en español.*
             *Yo le hablo en español a ella.*

1. Boris (a ti)
2. Giovanni (a ellos)
3. John (a mí)
4. El Sr. Toyota (a Uds.)
5. Monique y Pierre (a nosotros)
6. Hans (a Ud.)
7. Nelson (de Brasil) (a él)
8. Rosa y José (a ella)

**D. Regalos** (*Presents*)  In groups of three or four, tell each other about four or five gifts that you bought your friends and relatives for Christmas (*la Navidad*) or a birthday and describe what they bought you.

> ◆ MODELO:  *A mi mamá le compré una licuadora para su cumpleaños.*
> *El día de mi cumpleaños, mi mamá me compró un escritorio.*

## 4. The verb *gustar* (*El verbo* gustar)

◆ The verb **gustar** means to like something or somebody (literally, *to be pleasing*). A special construction is required in Spanish to translate the English *to like*. Note that the equivalent of the English direct object becomes the subject of the Spanish sentence. The English subject then becomes the indirect object of the Spanish sentence.

<table>
<tr><td></td><td></td><td></td><td colspan="2">*I like your house.*</td></tr>
<tr><td>**Me** gusta **tu** *casa.*</td><td></td><td></td><td>S.</td><td>D.O.</td></tr>
<tr><td>I.O.</td><td>S.</td><td></td><td colspan="2">*Your house is pleasing to me.*</td></tr>
<tr><td></td><td></td><td></td><td>S.</td><td>I.O.</td></tr>
</table>

◆ **Gustar** is *always* used with an indirect object pronoun—in this example, **me.**

◆ The two most commonly used forms of **gustar** are the third-person singular **gusta** if the subject is singular or if the verb is followed by one or more infinitives, and the third-person plural **gustan** if the subject is plural.

*Indirect Object Pronouns*

| | | |
|---|---|---|
| **Me** | | el café. |
| **Te** | gust**a** | bailar. |
| **Le** | | comer y beber. |
| **Nos** | | |
| **Os** | gust**an** | **esos** mantele**s.** |
| **Les** | | |

◆ Note that **gustar** agrees in number with the *subject* of the sentence, that is, the person or thing being liked.

> Me gust**an las manzanas.**   *Apples are pleasing to me.*

◆ The person who does the liking is the indirect object.

> **Me** gustan las manzanas.   *Apples are pleasing **to me.***

> —¿**Te** gusta este mantel rojo?   *"Do **you** like this red tablecloth?"*
> —No, no **me** gustan los manteles rojos.   *"No, **I** don't like red tablecloths."*

> —¿**Les** gusta el francés?   *"Do **you** like French?"*
> —Sí, **nos** gusta mucho el francés, pero **nos** gusta más el español.   *"Yes, **we** like French very much, but **we** like Spanish better."*

> **¡Atención!**  Note that the words **más** and **mucho** immediately follow **gustar.**

The preposition **a** + *a noun* or *pronoun* is used to clarify meaning or to emphasize the indirect object.

**A Aurora (A ella)** le gusta esa panadería, pero **a mí** no me gusta.

*Aurora likes that bakery, but I don't like it.*

**A Beto** y **a Rosa** les gusta ese restaurante.

*Beto and Rosa like that restaurant.*

**¡Atención!** If the thing liked is an action, the second verb is an infinitive: **Me gusta patinar.**

## Detalles culturales

En la cultura hispánica, los sobrenombres son muy populares. Roberto: **Beto;** Enrique: **Quique;** Dolores: **Lola.**

◆ **¿Qué sobrenombres son populares en este país? ¿Ud. tiene sobrenombre?**

**Online Study Center**

For more practice with lesson topics, see the related activities on the *¡Hola, amigos!* web site at college.hmco.com/PIC/holaamigos7e.

# Práctica y conversación

**A. ¿Qué les gusta?** Tell who likes what.

◆ MODELO: Yo / ese cine
*Me gusta ese cine.*

1. Nosotros / más / estos floreros
2. Tú / visitar / tus tíos
3. Yo / mucho / cocinar
4. Ellos / mucho / La Habana
5. Él / no / mucho / ese parque de diversiones
6. Uds. / más / esas ciudades
7. Ella / ese club nocturno
8. Yo / mucho / los restaurantes italianos
9. Uds. / no/ la música jazz
10. Mi mamá / mucho / esquiar

**B. Entreviste a su compañero(a)** Interview a classmate, asking the following questions.

1. ¿A ti te gusta más el invierno o el verano?
2. ¿Te gusta más venir a clase por la mañana o por la tarde?
3. ¿A ti te gusta más el rojo o el azul?
4. ¿Te gusta más vivir en una casa o en un apartamento?
5. ¿Te gustan más las ciudades grandes o las ciudades pequeñas?
6. ¿Te gustan más las peras o las manzanas?
7. ¿A tu mamá le gusta más bailar o cantar (*sing*)?
8. ¿A tus amigos les gusta más ir al cine o al teatro?

**C. Los sábados** With a partner, talk about what you, your parents, and your friends like and don't like to do on Saturdays.

◆ MODELO: A mi papá...
*A mi papá le gusta leer. No le gusta trabajar.*

1. A mí...
2. A mi mamá...
3. A mi papá...
4. A nosotros...
5. A mis amigos...
6. A mi mejor amigo(a)...

**D. Preferencias...** Look at these illustrations and say what these people like and what they don't like to do.

◆ **MODELO:**

Juan

A Juan le gusta leer.

Inés

1. _____

Jorge        Mario

2. _____

Yo

3. _____

Nostotras

4. _____

Tú

5. _____

Ud.

6. _____

Carmen

7. _____

**E. Queremos saber** With a partner, prepare three or four questions to ask your instructor about what he or she likes or doesn't like to do.

# 5. Reflexive constructions (*Construcciones reflexivas*)

◆ The reflexive construction (e.g., *I introduce myself* ) consists in Spanish of a reflexive pronoun and a verb.

◆ Reflexive pronouns[1] refer to the same person as the subject of the sentence does.

| Subjects | Reflexive Pronouns | |
|---|---|---|
| yo | **me** | myself, to (for) myself |
| tú | **te** | yourself, to (for) yourself (*fam.*) |
| nosotros(as) | **nos** | ourselves, to (for) ourselves |
| vosotros(as) | **os** | yourselves, to (for) yourselves (*fam.*) |
| Ud. | **se** | yourself, to (for) yourself (*form.*) |
| Uds. | | yourselves, to (for) yourselves (*form., fam.*) |
| él | | himself, to (for) himself |
| ella | | herself, to (for) herself |
| | | itself, to (for) itself |
| ellos, ellas | | themselves, to (for) themselves |

**¡Atención!** Reflexive pronouns are positioned in the sentence in the same manner as object pronouns.

◆ Note that except for **se,** reflexive pronouns have the same forms as the direct and indirect object pronouns.

◆ The third-person singular and plural **se** is invariable, that is, it does not show gender or number.

◆ Any verb that can act upon the subject can be made reflexive in Spanish with the aid of a reflexive pronoun.

Julia **le** prueba el vestido **a su hija.**
  (*Julia tries the dress on her daughter.*)

Julia **se prueba** el vestido.
  (*Julia tries on the dress.*)

---

[1]See Appendix C.

| vestirse (e > i) (*to dress oneself, to get dressed*) | |
|---|---|
| Yo **me visto.** | I dress myself. |
| Tú **te vistes.** | You dress yourself. (*fam.*) |
| Ud. **se viste.** | You dress yourself. (*form.*) |
| Él **se viste.** | He dresses himself. |
| Ella **se viste.** | She dresses herself. |
| Nosotros **nos vestimos.** | We dress ourselves. |
| Vosotros **os vestís.** | You dress yourselves. (*fam.*) |
| Uds. **se visten.** | You dress yourselves. (*form., fam.*) |
| Ellos **se visten.** | They (*masc.*) dress themselves. |
| Ellas **se visten.** | They (*fem.*) dress themselves. |

◆ The following commonly used verbs are reflexive.

| | | | |
|---|---|---|---|
| **aburrirse** | *to get bored* | **lavarse** | *to wash oneself* |
| **acostarse (o>ue)** | *to go to bed* | **levantarse** | *to get up* |
| **afeitarse, rasurarse** | *to shave* | **ponerse** | *to put on* |
| **bañarse** | *to bathe* | **probarse (o>ue)** | *to try on* |
| **despertarse (e>ie)** | *to wake up* | **quitarse** | *to take off* |
| **divertirse (e>ie)** | *to have fun* | **sentarse (e>ie)** | *to sit down* |

—¿A qué hora **se levantan** Uds.? *"What time do you **get up**?"*

—Yo **me levanto** a las seis y Jorge **se levanta** a las ocho. *"I **get up** at six o'clock and Jorge **gets up** at eight."*

—Uds. **se levantaron** muy tarde hoy. *"You **got up** very late today."*

—Sí, porque anoche **nos acostamos** a la medianoche. *"Yes, because last night **we went to bed** at midnight."*

## Práctica y conversación

**Online Study Center**

For more practice with lesson topics, see the related activities on the *¡Hola, amigos!* web site at college.hmco.com/PIC/holaamigos7e.

**A.** **Entreviste a su compañero(a)** Interview a partner, using the following questions.

1. ¿A qué hora te despertaste esta mañana?
2. Generalmente, ¿te levantas temprano o tarde? ¿A qué hora te levantas?
3. ¿Te acuestas temprano? ¿Te acuestas antes de las once?
4. ¿Te bañas por la mañana o por la noche? ¿Con qué jabón (*soap*) te bañas?
5. ¿Puedes bañarte y vestirte en diez minutos?
6. ¿Con qué jabón te lavas las manos?
7. ¿Tu papá se afeita todos los días?
8. ¿Siempre te pruebas la ropa antes de comprarla?
9. En la clase de español, ¿prefieres sentarte cerca de la puerta o cerca de la pizarra?
10. ¿Te sientas cerca de la ventana? ¿Por qué?
11. ¿Te diviertes en la clase de español?
12. ¿En qué clase te aburres?

**B. ¿Qué pasó...?** Use your imagination to complete the following sentences.

1. Yo me levanté a las seis y Jorge…
2. Mi hermana se bañó por la noche y tú…
3. Yo me desperté temprano y Rosa…
4. Nosotras nos probamos los vestidos negros y ellas…
5. Tú te sentaste cerca de la puerta y ella…
6. Yo me vestí en diez minutos y tú…
7. Yo me afeité por la noche y él…
8. Nosotros nos acostamos a las once y Uds.…
9. Yo me aburrí en la fiesta y tú…
10. Yo me lavé las manos con jabón Dove y ellos…

**C. La rutina diaria** Look at the illustrations below. How would José describe his routine and that of his family?

**3.** Yo...

**1.** Yo...

*los sábados*

**4.** Nosotros...

**2.** Mi papá...

**5.** Mamá...

**6.** Nosotros...

**7.** Yo...

**8.** ¿Tú...?

 **D. ¿Cada cuánto tiempo...?** (*How often . . . ?*)   In groups of three or four, talk about how often you do the following things. Use **siempre, todos los días, nunca, a veces,** and **frecuentemente.**

1. levantarse antes de las siete
2. despertarse muy tarde
3. bañarse por la noche
4. ponerse pijama para dormir
5. acostarse muy tarde
6. quejarse de sus profesores

## Rodeo

### Summary of the Pronouns (Resumen de los pronombres)

| Subject | Direct Object | Indirect Object | Reflexive | Object of Prepositions |
|---------|---------------|-----------------|-----------|------------------------|
| yo | me | me | me | mí |
| tú | te | te | te | ti |
| usted (*masc.*) | lo | | | usted |
| usted (*fem.*) | la | le | se | usted |
| él | lo | | | él |
| ella | la | | | ella |
| nosotros(as) | nos | nos | nos | nosotros(as) |
| vosotros(as) | os | os | os | vosotros(as) |
| ustedes (*masc.*) | los | | | ustedes |
| ustedes (*fem.*) | las | les | se | ustedes |
| ellos | los | | | ellos |
| ellas | las | | | ellas |

**Online Study Center**

For more practice with lesson topics, see the related activities on the *¡Hola, amigos!* web site at college.hmco.com/PIC/holaamigos7e.

# Práctica

**Queridos padres**   Supply all the missing pronouns in the letter that Oscar wrote to his parents and read the letter aloud.

Queridos padres:

_____ escribo para decir_____ que estoy bien y estoy trabajando mucho. Ayer hablé con Eva. _____ está estudiando en la universidad y dice que quiere conocer_____ porque _____ siempre _____ hablo de _____. _____ invitó a una fiesta que ella da esta noche.

Hoy _____ levanté muy temprano y fui de compras. Para _____, papá, compré un reloj. A _____, mamá, _____ compré un vestido. Para _____, compré un par de zapatos para la fiesta de Eva.

¿Cómo está mi hermana? Hace mucho que no _____ llamo por teléfono ni _____ escribo. ¡Ah! A _____ _____ compré un libro.

Bueno, ya son las seis y tengo que bañar_____ y vestir_____ para ir a la fiesta.

_____ quiero mucho.

Un abrazo,

*Oscar*

Sergio le envía un mensaje electrónico a su novia. ¿Qué le dice de sus planes para el sábado? ¿Va a salir con ella? ¿La va a llamar por teléfono?

# Entre nosotros

## ¡Conversemos!

**Para conocernos mejor**   Get to know your partner better by asking each other the following questions.

1. ¿Te gusta levantarte temprano? ¿A qué hora te levantaste hoy?
2. ¿A qué hora te acostaste anoche?
3. ¿Qué te gusta hacer los fines de semana? ¿Qué no te gusta hacer?
4. ¿Qué actividades planeas para este fin de semana?
5. Si te invitan a un concierto de música clásica, ¿tú vas?
6. ¿Te gusta más patinar o esquiar?
7. ¿Adónde fuiste el sábado pasado? ¿Con quién fuiste?
8. ¿Le escribiste a alguien? ¿A quién?
9. ¿Cuándo fue la última vez que tus padres te dieron dinero para comprar ropa?
10. ¿Fuiste alumno(a) de esta universidad el año pasado?

**Una encuesta**   Interview your classmates to identify who fits the following descriptions. Include your instructor, but remember to use the **Ud.** form when addressing him or her.

|  | Nombre |
|---|---|
| 1. Dio una fiesta el mes pasado. | _____ |
| 2. Fue al zoológico el año pasado. | _____ |
| 3. Va al cine todos los fines de semana. | _____ |
| 4. Fue a un parque de diversiones el verano pasado. | _____ |
| 5. Va a la playa frecuentemente. | _____ |
| 6. Fue de picnic con sus amigos. | _____ |
| 7. Sabe montar a caballo. | _____ |
| 8. Le gusta escalar montañas. | _____ |
| 9. Se queja de sus profesores a veces. | _____ |
| 10. Se despierta muy temprano. | _____ |

✎ **Y ahora...** Write a brief summary, indicating what you have learned about your classmates.

👥 **¿Cómo lo decimos?** What would you say in the following situations? What might the other person say? Act out the scenes with a partner.

1. You ask a friend three questions about his/her daily routine.
2. While leaving a movie theatre, you see a friend. Ask him what movie he saw and whether he liked it.
3. You and a friend are making plans for the weekend and are discussing activities that you like.

👥 **¿Qué pasa aquí?** The people in this photo are friends trying to plan a weekend. Two of them are making different suggestions and the third one rejects them all. In groups of three, indicate who they are and what they are saying. Say what happens at the end.

✎ # Para escribir

**Un día típico** Describe a typical day in your life: what time you get up, what you generally eat, where you go, what you do, and so on.

## Un dicho

*Todo tiempo pasado fue mejor.*

Is there an English equivalent to this saying? Do we all tend to see the past as better? Can you memorize the saying?

Jaime    Gloria    David    Susana

*Susana y Gloria son dos hermanas colombianas que están casadas con Jaime y David, de Venezuela. Los dos matrimonios viven en Caracas, y frecuentemente se juntan para ir a cenar, al cine o a la playa. Ahora están planeando un fin de semana.*

**Jaime**    Cuando yo era chico, mi familia y yo siempre íbamos a acampar al Parque Nacional de Canaima, de modo que soy un experto en armar tiendas de campaña, en hacer fogatas...

**Susana**    En cambio Gloria y yo pasábamos nuestras vacaciones en ciudades grandes, y nos hospedábamos en hoteles muy buenos.

**Gloria**    ¡Ay, sí! Ya te dije que nosotras no estábamos acostumbradas a todas estas actividades que te gustan a ti, mi amor.

**Jaime**    ¡Les va a encantar dormir bajo las estrellas, en una bolsa de dormir!

**David**    Oye, tu hermano prometió prestarte sus bolsas de dormir. ¿Te las trajo?

**Jaime**    No, me las va a traer esta noche. También me va a prestar su caña de pescar.

**David**    ¡Ah! No hay nada como comer pescado frito que uno acaba de pescar.

### Detalles culturales

El Parque Nacional de Canaima es una de las áreas naturales más importantes de Venezuela y su mayor atracción turística. Aquí se encuentran las cataratas del Salto Ángel, las más altas del mundo. También existe en el parque una gran variedad de animales, muchos en peligro (*danger*) de extinción. Muchas de las plantas que hay en el parque son exclusivas de esta región.

◆ **¿Qué parques nacionales importantes hay en este país?**

### Detalles culturales

En Latinoamerica son muy populares los vendedores ambulantes a los que se les pueden comprar diversos artículos. Los productos que ellos venden son más baratos y con ellos es más fácil regatear (*to haggle*).

◆ **¿Son populares los vendedores ambulantes en este país?**

*Llegaron al parque el viernes por la tarde. Por la noche no durmieron muy bien y hoy están un poco cansados. Se levantaron muy temprano para hacer una caminata y ahora Jaime y David están tratando de pescar algo en el lago.*

David     Cuando veníamos para acá vi a unos hombres que vendían pescado. Si no pescamos nada...

Jaime     Pronto vamos a tener pescado para el almuerzo. ¡Te lo prometo!

David     Espero que sí, porque tengo mucha hambre. Jaime, ¿dónde pusiste el termo de café?

Jaime     Se lo di a Gloria esta mañana, porque ella me lo pidió. Oye, después de almorzar podemos alquilar una canoa para ir a remar.

*Dos horas más tarde.*

David     ¿Por qué no llamamos a Gloria y a Susana y les decimos que no pudimos pescar nada?

Jaime     ¡Porque nos van a tomar el pelo! ¡Chist! ¡Ahí vienen!

*Susana y Gloria traen dos cestas de picnic.*

Susana     Gloria y yo trajimos comida, por si acaso...

Gloria     Pollo frito, ensalada de papas, pastel de manzana...

David     ¡Excelente idea! ¡Vamos a comer!

# ¿Recuerda usted?

**¿Verdadero o falso?**    With a partner, decide whether the following statements about the dialogue are true (**verdadero**) or false (**falso**).

1. Los dos matrimonios viven en la capital de Venezuela.    ☐ V    ☐ F
2. Jaime sabe armar tiendas de campaña.    ☐ V    ☐ F
3. Gloria y su hermana siempre iban a acampar cuando eran niñas.    ☐ V    ☐ F
4. El hermano de David tiene bolsas de dormir.    ☐ V    ☐ F
5. A David y a Jaime no les gusta pescar.    ☐ V    ☐ F
6. El sábado todos se despertaron muy tarde.    ☐ V    ☐ F
7. Jaime es muy optimista.    ☐ V    ☐ F
8. Gloria tiene el termo de café.    ☐ V    ☐ F
9. A Jaime no le gusta remar.    ☐ V    ☐ F
10. Todos comieron pescado.

**Y ahora... conteste**    Answer these questions, basing your answers on the dialogue.

1. ¿Para qué se juntan, frecuentemente, los dos matrimonios?
2. ¿A dónde iban a acampar Jaime y su familia cuando él era chico?
3. ¿Dónde pasaban sus vacaciones Gloria y Susana?
4. Según (*According to*) Jaime, ¿qué les va a encantar a Gloria y a Susana?
5. ¿Cómo durmieron todos anoche?
6. ¿Qué le promete Jaime a David?
7. ¿Qué pueden hacer todos después de almorzar?
8. ¿Qué trajeron Susana y Gloria?

# Para hablar del tema: Vocabulario

**Online Study Center**

For more practice with lesson topics, see the related activities on the *¡Hola, amigos!* web site at college.hmco.com/PIC/holaamigos7e.

### Cognados

| | | |
|---|---|---|
| la actividad | experto(a) | el hotel |
| la canoa | excelente | el termo |

### Nombres

| | | |
|---|---|---|
| **la actividad al aire libre** outdoor activity | **la cesta** basket | **el lago** lake |
| **la bolsa de dormir\*** sleeping bag | **la estrella** star | **el matrimonio** married couple |
| **la caña de pescar** fishing rod | **la fogata** bonfire | **la tienda de campaña** tent |

### Verbos

| | | |
|---|---|---|
| **acampar** to camp | **hospedarse** to stay (i.e., *at a hotel*) | **prestar** to lend |
| **alquilar\*** to rent | | **prometer** to promise |
| **armar** to pitch (*a tent*), to put together | **juntarse** to get together | **remar** to row |
| **encantar**[1] to love, to like very much | **pasar** to spend (time) | **tratar (de)** to try to |
| | **pescar** to fish, to catch a fish | **vender** to sell |

### Adjetivos

**acostumbrado(a)** accustomed or used to
**chico(a), pequeño(a)** little
**frito(a)** fried

### Otras palabras y expresiones

| | |
|---|---|
| **acá** here | **hacer una caminata** to go hiking |
| **acabar de + *infinitive*** to have just (*done something*) | **ir a acampar** to go camping |
| **ahí** there | **mi amor** darling, my love |
| **bajo** under | **por si acaso** just in case |
| **en cambio** on the other hand | **pronto** soon |
| **Espero que sí.** I hope so. | **tomarle el pelo a alguien** to pull someone's leg |
| **frecuentemente, a menudo** often | **Vamos a comer.** Let's eat. |

## De país a país

**la bolsa de dormir** el saco de dormir (*Col.*)
**alquilar** rentar (*Méx.*)
**el velero** el bote de vela (*Cuba, Arg.*)
**el traje de baño** la trusa (*Cuba*), el bañador (*Esp.*), la malla (*Cono Sur*)

---

[1]Conjugated like **gustar**

# Amplíe su vocabulario

## Más sobre las actividades al aire libre

el palo de golf

la escopeta

la raqueta

jugar al golf

cazar

jugar al tenis

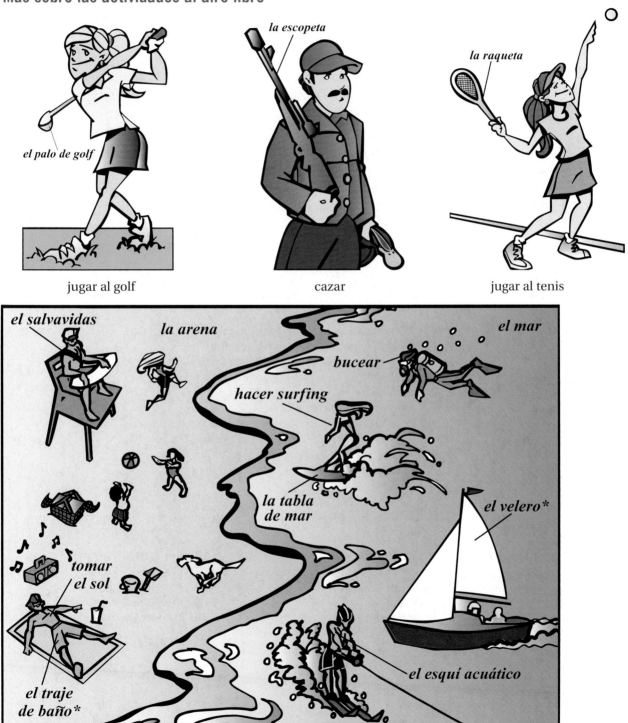

el salvavidas

la arena

el mar

bucear

hacer surfing

la tabla
de mar

el velero*

tomar
el sol

el esquí acuático

el traje
de baño*

# Para practicar el vocabulario

**A. Preguntas y respuestas**   Match the questions in column *A* with the answers in column *B*.

| A | B |
|---|---|
| 1. ¿Tienes hambre? | **a.** Sí, me encanta. |
| 2. ¿Vas a ir a acampar? | **b.** Sí, soy un experto. |
| 3. ¿Uds. se juntan para salir? | **c.** Sí, bajo las estrellas. |
| 4. ¿Tú sabes armar tiendas de campaña? | **d.** En la cesta de picnic. |
| 5. ¿Dónde se hospedaron? | **e.** Sí, necesito la tienda de campaña. |
| 6. ¿Te gusta pescar? | **f.** En el termo. |
| 7. ¿Compraste una caña de pescar? | **g.** En el hotel Hilton. |
| 8. ¿Dormiste en una bolsa de dormir? | **h.** No, acabo de almorzar. |
| 9. ¿Dónde pusiste el café? | **i.** No, no me gusta remar. |
| 10. ¿Qué vendían esos hombres? | **j.** No, me la prestaron. |
| 11. ¿Vas a ir en canoa? | **k.** Sí, frecuentemente. |
| 12. ¿Dónde pusiste el pollo frito? | **l.** Pescado. |

**B. ¿Lógico o ilógico?**   With a partner, indicate whether each of the following statements is logical (**L**) or illogical (**I**).

1. Necesitamos el traje de baño para ir a cazar.
2. En la playa generalmente hay salvavidas.
3. Necesito la escopeta para hacer una fogata.
4. Voy a ir a bucear porque quiero tomar el sol.
5. Vamos a hacer esquí acuático en el lago.
6. Para remar usamos la tabla de mar.
7. Hicimos una caminata y ahora estamos muy cansados.
8. Traje los palos de golf para jugar al tenis.
9. Siempre dejamos el velero en el cuarto del hotel.
10. Anoche comimos arena.

**C. Palabras y más palabras**   ¿Qué palabra o frase corresponde a lo siguiente?

1. La necesito para pescar.
2. Las vemos en el cielo (*sky*).
3. pequeño
4. a menudo
5. La necesito para jugar al tenis.
6. opuesto de comprar
7. muy, muy bueno
8. Me gusta mucho.
9. quedarse (en un hotel)
10. La necesito para cazar.

**D. Planes de vacaciones** You and a classmate play the roles of two friends who are planning a fun weekend. Talk about everything you can do.

Estas chicas fueron a acampar el fin de semana pasado. ¿Qué hicieron?

## Pronunciación

### Pronunciation in context

In this lesson, there are some words or phrases that may be challenging to pronounce. Listen to your instructor and pronounce the following sentences.

1. **Pasábamos** nuestras **vacaciones** en ciudades grandes y **nos hospedábamos** en hoteles muy buenos.
2. Ya te dije que nosotras no estábamos **acostumbradas** a todas estas **actividades.**
3. **Se levantaron** muy temprano para **hacer** una caminata.
4. **Después** de almorzar podemos **alquilar** una canoa para ir a **remar.**
5. ¿Por qué no **llamamos** a Gloria y a Susana y les **decimos** que no pudimos pescar nada?

# Puntos para recordar

## 1. Preterit of some irregular verbs (*El pretérito de algunos verbos irregulares*)

◆ The following Spanish verbs are irregular in the preterit.

| | |
|---|---|
| **tener** | tuve, tuviste, tuvo, tuvimos, tuvisteis, tuvieron |
| **estar** | estuve, estuviste, estuvo, estuvimos, estuvisteis, estuvieron |
| **poder** | pude, pudiste, pudo, pudimos, pudisteis, pudieron |
| **poner** | puse, pusiste, puso, pusimos, pusisteis, pusieron |
| **saber** | supe, supiste, supo, supimos, supisteis, supieron |
| **hacer** | hice, hiciste, hizo, hicimos, hicisteis, hicieron |
| **venir** | vine, viniste, vino, vinimos, vinisteis, vinieron |
| **querer** | quise, quisiste, quiso, quisimos, quisisteis, quisieron |
| **decir** | dije, dijiste, dijo, dijimos, dijisteis, dijeron |
| **traer** | traje, trajiste, trajo, trajimos, trajisteis, trajeron |
| **conducir**[1] | conduje, condujiste, condujo, condujimos, condujisteis, condujeron |
| **traducir**[1] | traduje, tradujiste, tradujo, tradujimos, tradujisteis, tradujeron |

**¡Atención!** The third-person singular of the verb **hacer** changes the **c** to **z** in order to maintain the original soft sound of the **c** in the infinitive. The **i** is omitted in the third-person plural ending of the verbs **decir, traer, conducir,** and **traducir.**

—¿Qué **trajeron** Uds. ayer?     *"What **did you bring** yesterday?"*
—**Trajimos** las cestas.     *"**We brought** the baskets."*

—Ayer no **viniste** a clase.     *"**You did** not **come** to class yesterday.*
  ¿Qué **hiciste?**     *What **did you do**?"*
—**Tuve** que trabajar.     *"**I had** to work. **Was there** an exam?"*
  ¿**Hubo** un examen?
—No.     *"No."*

**¡Atención!** The preterit of **hay** (impersonal form of **haber**) is **hubo.**

---

[1]**conducir** = *to drive;* **traducir** = *to translate.*

# Práctica y conversación

Online Study Center

For more practice with lesson topics, see the related activities on the *¡Hola, amigos!* web site at college.hmco.com/PIC/holaamigos7e.

**A. Minidiálogos** Complete the following exchanges, using the preterit of the verbs in parentheses. Then act them out with a partner.

1. —¿Dónde _____ (estar) tú la semana pasada?
   —(Yo) _____ (estar) en el Parque Nacional de Canaima.
   —¿Y tus padres?
   —Ellos _____ (estar) en Caracas.
2. —¿Qué _____ (hacer) Roberto ayer?
   —Él _____ (tener) que trabajar.
3. —¿Tus padres te _____ (traer) las bolsas de dormir?
   —No, no _____ (poder) traerlas porque _____ (venir) en autobús.
4. —Cuando Uds. _____ (venir) al parque, ¿qué coche (car) _____ (conducir)?
   —_____ (conducir) el coche de papá.
5. —¿Dónde _____ (poner) Uds. la cesta de picnic?
   —La _____ (poner) en la mesa.
   —¿Sergio comió con Uds.?
   —No, él no _____ (querer) comer con nosotros.

**B. La semana pasada** Rewrite this paragraph, changing all the verbs to the preterite to indicate that everything happened last week.

Tengo que limpiar mi apartamento porque Ana y Eva vienen a visitarme. Después hago una torta para ellas. Las chicas traen bolsas de dormir porque no quieren dormir en mi cuarto. Las ponen en la sala y miran televisión hasta tarde. Mi prima Julia está con nosotras hasta las diez, pero no puede quedarse a dormir porque tiene que ir a trabajar.

**C. Entreviste a su compañero(a)** Interview a partner, using the following questions.

1. ¿A qué hora viniste a la universidad ayer?
2. ¿Condujiste tu coche o viniste en ómnibus (*bus*)?
3. ¿Tuviste algún examen? ¿En qué clase?
4. ¿Estuviste en la biblioteca por la tarde?
5. ¿Trajiste algún libro de la biblioteca a la clase?
6. ¿Dónde pusiste tus libros?
7. ¿Hiciste la tarea (*homework*) de la clase de español?
8. ¿Pudiste terminarla?
9. ¿Estuviste en tu casa por la noche?
10. ¿Tuviste una fiesta en tu casa? (¿Quiénes vinieron?)

**D. Queremos saber...** In groups of three, prepare some questions for your instructor about what he or she did yesterday, last night, or last week. Use irregular preterit forms in your questions.

## 2. Direct and indirect object pronouns used together
### (*Los pronombres de complemento directo e indirecto usados juntos*)

◆ When an indirect object pronoun and a direct object pronoun are used together, the indirect object pronoun always comes first.

Ana **me** da la comida.     Ana **me** **la** da.

◆ With an infinitive, the pronouns can be placed either before the conjugated verb or after the infinitive.

Ana **me** **la** va a dar.

Ana va a **dármela.**[1]

*Ana is going to give **it to me.***

◆ With a present participle, the pronouns can be placed either before the conjugated verb or after the present participle.

Ella **te** **lo** está diciendo.

Ella está **diciéndotelo.**[1]

*She is saying **it to you.***

◆ If both pronouns begin with **l,** the indirect object pronoun (**le** or **les**) is changed to **se.**

Ana **le** da **la comida.**     Ana **se** **la** da.

---

[1]Note that the use of the written accent follows the standard rules for the use of accents. See Appendix A.

For clarification, it is sometimes necessary to add **a él, a ella, a Ud., a Uds., a ellos,** or **a ellas.**

—¿A quién le dio la comida Ana?  *"To whom did Ana give the meal?"*
—**Se la** dio **a él.**  *"She gave **it to him.**"*

A proper name may also be given for clarification.

    **Se la** dio **a Luis.**  *She gave **it to Luis.***

> Necesito veinte dólares.
> ¿Puedes dármelos?

**Online Study Center**

For more practice with lesson topics, see the related activities on the *¡Hola, amigos!* web site at college.hmco.com/PIC/holaamigos7e.

## Práctica y conversación

**A. Un tío generoso**  We want to go camping, but we don't have anything that we need. Our generous uncle Ernesto provides everything. Rewrite the statements following the model.

    ◆ MODELO: No tenemos dinero. (dar)
            *Él nos lo da.*

1. Yo necesito una caña de pescar. (prestar)
2. Tú no tienes traje de baño. (comprar)
3. Nosotros necesitamos tablas de mar. (traer)
4. Daniel no tiene esquíes acuáticos. (prestar)
5. Mis hermanas quieren una cesta de picnic. (conseguir)
6. Mis primos necesitan unas raquetas de tenis. (comprar)

## B. Excusas, excusas
What excuses would you give in response to these questions? Follow the model and use the cues provided.

◆ MODELO: —¿Por qué no le diste el dinero a Ada? (no estuvo aquí)
—*No se lo di porque no estuvo aquí.*

1. ¿Por qué no me trajiste las raquetas? (no pude)
2. ¿Por qué no les mandaste los palos de golf? (no tuve tiempo)
3. ¿Por qué no te compró tu papá la escopeta? (no quiso)
4. ¿Por qué no les dio Lupe el dinero a Uds.? (no vino a casa)
5. ¿Por qué te escribió Johnny la carta en inglés? (no sabe español)
6. ¿Por qué no les llevaste el pastel a los niños? (no lo hice)

## C. Lo siento
With a partner, take turns asking and answering questions about what the following people want, saying you cannot help them. Use the verbs **mandar, dar, prestar, comprar, traer,** and **conseguir** and the cues provided.

◆ MODELO: —¿Qué quiere Elisa? (dinero)
—*Elisa quiere dinero, ¿tú se lo puedes conseguir?*
—*No, lo siento, yo no puedo conseguírselo.*

1. ¿Qué quiere Susana? (un traje de baño)
2. ¿Qué quiere David? (una caña de pescar)
3. ¿Qué quieren Susana y Gloria? (raquetas de tenis)
4. ¿Qué quiere Jaime? (una tabla de mar)
5. ¿Qué quiere Lucía? (palos de golf)
6. ¿Qué quieren Jaime y David? (comida)

## D. Comprando comestibles
You went to the market to get groceries for your family. Talk about your errands.

◆ MODELO: ¿Quién te dio la lista? (mi mamá)
*Mi mamá me la dio.*

1. ¿Tu papá te escribió la lista de los comestibles? (sí)
2. ¿A quién le pediste el dinero? (a mi papá)
3. ¿A quién le trajiste las naranjas? (a mi mamá)
4. ¿A quién le compraste el helado? (a mi hermana)
5. ¿Quién te dio el dinero para comprar la leche? (mi hermano)
6. ¿Le trajiste la carne a tu hermana? (sí)
7. Nosotros te pedimos uvas. ¿Nos las compraste? (no)
8. ¿Dónde le compraste el pan a tu mamá? (la panadería)

## E. Necesitamos ayuda (*help*)
With a partner, take turns indicating who does what for whom. Use the cues provided.

◆ MODELO: Raquel no sabe traducir las cartas. (Ana)
*Ana se las traduce.*

1. Marta no tiene dinero para comprar una bolsa de dormir. (nosotros)
2. Tú no sabes armar la tienda de campaña. (yo)
3. Nosotras no sabemos hacer una fogata. (papá)
4. Yo no puedo comprar un velero. (mi abuelo)
5. Los chicos no pueden llevarle las raquetas a Teresa. (mi hermana)
6. Ud. no puede conseguir trabajo de salvavidas. (su padre)

# 3. Stem-changing verbs in the preterit
## (*Los verbos con cambio radical en el pretérito*)

◆ As you will recall, **-ar** and **-er** verbs with stem changes in the present tense have no stem changes in the preterit. However, **-ir** verbs with stem changes in the present tense have stem changes in the third-person singular and plural forms of the preterit (**e > i** and **o > u**), as shown below.

| servir (*e > i*) | | dormir (*o > u*) | |
|---|---|---|---|
| serví | servimos | dormí | dormimos |
| serviste | servisteis | dormiste | dormisteis |
| s**i**rvió | s**i**rvieron | d**u**rmió | d**u**rmieron |

◆ Other **-ir** verbs that follow the same pattern are **pedir** (*to order, to request*), **seguir** (*to continue, to follow*), **sentir(se)** (*to feel*), **conseguir, divertirse** (*to have fun*), and **morir** (*to die*).

—¿Qué te **sirvieron** en la cafetería?     *"What **did they serve** you at the cafeteria?"*

—Me **sirvieron** café y sándwiches.     *"**They served** me coffee and sandwiches."*

—¿Cómo **durmió** Ud. anoche?     *"How **did you sleep** last night?"*
—**Dormí** muy bien.     *"**I slept** very well."*

—¿Se **divirtieron** ayer?     *"Did **you have a good time** yesterday?"*

—Sí, nos **divertimos** mucho.     *"Yes, **we had a** very **good time.**"*

¿Cómo dormiste anoche?

UNIVERSIDAD

# Práctica y conversación

**Online Study Center**

For more practice with lesson topics, see the related activities on the *¡Hola, amigos!* web site at college.hmco.com/PIC/holaamigos7e.

**A. Minidiálogos**   Complete the following exchanges by supplying the preterit of the verbs given. Then act them out with a partner.

**1. dormir**      —¿Cómo _____ Uds. anoche?

—Yo _____ muy bien, pero mamá no _____ bien.

**2. pedir**       —¿Qué _____ ellos?

—Ana _____ pastel y los niños _____ torta.

**3. seguir**      —¿Hasta qué hora _____ hablando Uds.?

—_____ hablando hasta las doce.

**4. servir**      —¿Qué _____ Uds. en la fiesta?

—_____ torta y Coca-Cola.

**5. divertirse**  —¿_____ Uds. mucho?

—Yo _____ pero Julio no _____ mucho.

**6. conseguir**   —¿_____ ellos el dinero?

—No, no lo _____.

**7. morir**       —Hubo un accidente, ¿no?

—Sí, y _____ mucha gente.

**B. ¿Qué hicieron anoche?**   With a partner, take turns describing what the following people did last night.

**1.** Arturo _____.

**2.** Ernesto _____.

**3.** Paco _____.

**4.** Mirta y Rafael _____.

**5.** El mozo _____.

**6.** Pilar _____.

**C. Fuimos a cenar**   In groups of three, tell your classmates about a recent meal at a restaurant. Tell where you went and with whom, what you ordered, and whether or not you had a good time.

# 4. The imperfect tense (*El imperfecto de indicativo*)

## Forms of the imperfect

◆ There are two simple past tenses in the Spanish indicative: the preterit, which you have been studying, and the imperfect. To form the imperfect, add the following endings to the verb stem.

| -ar *verbs* | -er *and* -ir *verbs* | |
|---|---|---|
| *hablar* | *comer* | *vivir* |
| habl- **aba** | com- **ía** | viv- **ía** |
| habl- **abas** | com- **ías** | viv- **ías** |
| habl- **aba** | com- **ía** | viv- **ía** |
| habl- **ábamos** | com- **íamos** | viv- **íamos** |
| habl- **abais** | com- **íais** | viv- **íais** |
| habl- **aban** | com- **ían** | viv- **ían** |

Note that the endings of the **-er** and **-ir** verbs are the same. Observe the accent on the first-person plural form of **-ar** verbs: **hablábamos.** Note also that there is a written accent on the first **í** of the endings of the **-er** and **-ir** verbs.

—Tú siempre te **levantabas** a las seis, ¿no?
—Sí, porque mis clases **empezaban** a las siete y media y yo **vivía** lejos de la universidad.

*"You always **used to get up** at six, didn't you?"*
*"Yes, because my classes **started** at seven-thirty and I **lived** far from the university."*

**¡Atención!** Stem-changing verbs are regular in the imperfect.

◆ Only three Spanish verbs are irregular in the imperfect tense: **ser, ir,** and **ver.**

| ser | ir | ver |
|---|---|---|
| era | iba | veía |
| eras | ibas | veías |
| era | iba | veía |
| éramos | íbamos | veíamos |
| erais | ibais | veíais |
| eran | iban | veían |

—Cuando yo **era** chica, siempre **iba** a acampar en el verano.
—Nosotros **íbamos** también.

*"When I **was** little, I always **went** camping in the summer."*
*"**We used to go** too."*

—¿Cuándo **veías** a tus amigos?
—Los **veía** sólo los sábados y los domingos.

*"When **did you see** your friends?"*
*"**I used to see** them only on Saturdays and Sundays."*

# Uses of the imperfect

◆ The Spanish imperfect tense is equivalent to three English forms.

Yo **vivía** en Caracas.

> I ***used to live*** in Caracas.
> I ***was living*** in Caracas.
> I ***lived*** in Caracas.

◆ The imperfect is used to describe actions or events that the speaker views as in the process of happening in the past, with no reference to when they began or ended.

**Empezábamos** a estudiar cuando él vino.

*We **were beginning** to study when he came.*

◆ It is also used to refer to habitual or repeated actions in the past, again with no reference to when they began or ended.

—¿Uds. **hablaban** inglés cuando **vivían** en Bogotá?
—No, cuando **vivíamos** allí siempre **hablábamos** español.

*"**Did** you **speak** English when **you lived** in Bogotá?"*
*"No, when **we lived** there we always **spoke** Spanish."*

En mi casa, hablábamos español.

◆ It describes physical, mental, or emotional conditions in the past.

Mi casa **era** muy grande.
No me **gustaba** estudiar.
Yo no me **sentía** bien.

*My house **was** very big.*
*I **didn't like** to study.*
*I **wasn't feeling** well.*

◆ It expresses time and age in the past.

—¿Qué hora **era**?
—**Eran** las seis.
Julia **tenía** veinte años.

*"What time **was it**?"*
*"**It was** six o'clock."*
*Julia **was** twenty years old.*

◆ The imperfect is used to describe or set the stage in the past.

Mi novia **era** bonita.
**Era** muy tarde.

*My girlfriend **was** pretty.*
***It was** very late.*

# Práctica y conversación

**Online Study Center**

For more practice with lesson topics, see the related activities on the *¡Hola, amigos!* web site at college.hmco.com/PIC/holaamigos7e.

## A. La vida cambia...   Things have changed; tell how they used to be.

1. Ahora vivo en..., pero cuando era niño(a)...
2. Ahora hablamos español, pero cuando éramos niños(as)...
3. Ahora comemos pescado, pero cuando éramos niños(as)...
4. Ahora mis padres no se divierten mucho, pero cuando tenían veinte años...
5. Ahora Julia no ve a sus tíos, pero cuando era niña...
6. Ahora tú vas al teatro, pero cuando eras niño(a)...
7. Ahora mi hermana no da fiestas, pero cuando tenía dieciocho años...
8. Ahora me gustan los vegetales, pero cuando era niño(a)...
9. Ahora mi mamá nada muy bien, pero cuando era pequeña...
10. Ahora Ud. se levanta a las nueve, pero cuando era pequeño(a)...

## B. Entreviste a su compañero(a)   Interview a partner, using the following questions.

1. ¿Dónde vivías cuando eras niño(a)?
2. ¿Con quién vivías?
3. ¿Tu casa era grande o pequeña?
4. ¿Cuántos dormitorios tenía?
5. ¿En qué idioma te hablaban tus padres?
6. ¿A qué escuela (*school*) ibas?
7. ¿Te gustaba estudiar?
8. ¿Qué te gustaba comer?
9. ¿Qué te gustaba hacer los sábados? ¿Y los domingos?
10. ¿Pasabas mucho tiempo con tus amigos los fines de semana?
11. ¿Sabías nadar? ¿Ibas a acampar?
12. ¿Jugabas al béisbol o al fútbol?

## Detalles culturales

El béisbol es un deporte (*sport*) muy popular en Venezuela, Cuba, Puerto Rico y la República Dominicana. Muchos de los jugadores (*players*) de las Grandes Ligas de los Estados Unidos son de estos países. En España y en la mayoría de los otros países latinoamericanos el deporte más popular es el fútbol (*soccer*).

◆ ¿Cuáles son los deportes más populares en este país?

## C. En el parque

Use your imagination to tell what was happening when you and your friends were seen in the park.

Anoche te vi en el parque con unos amigos.

1. ¿Qué hora era?
2. ¿Con quiénes estabas?
3. ¿De dónde venían Uds.?
4. ¿Adónde iban?

5. ¿De qué hablaban?
6. ¿Quién era la chica pelirroja?
7. ¿Quién era el muchacho alto y moreno?
8. ¿Esperaban a alguien?

## D. Queremos saber

With a partner, prepare five questions to ask your instructor about what he or she used to do when he or she was a teenager (**adolescente**).

# 5. Formation of adverbs (*La formación de los adverbios*)

- Most Spanish adverbs are formed by adding **-mente** (the equivalent of the English *-ly*) to the adjective.

| | | | |
|---|---|---|---|
| general | *general* | general**mente** | *generally* |
| reciente | *recent* | reciente**mente** | *recently* |

—¿La fiesta de bienvenida es para Olga y sus amigas?
—No, es **especialmente** para Olga.

"The welcome party is for Olga and her friends?"
"No, it's **especially** for Olga."

- Adjectives ending in **-o** change the **-o** to **-a** before adding **-mente**.

| | | | |
|---|---|---|---|
| lent**o** | *slow* | lent**amente** | *slowly* |
| rápid**o** | *rapid* | rápid**amente** | *rapidly* |

La fiesta es especialmente para él.

- If two or more adverbs are used together, both change the **-o** to **-a,** but only the last one in the sentence ends in **-mente.**

    Habla clar**a** y lent**amente.**              *She speaks clearly and slowly.*

- If the adjective has an accent mark, the adverb retains it.

    **fá**cil          *easy*              **fá**cilmente          *easily*

## Práctica y conversación

**Online Study Center**

For more practice with lesson topics, see the related activities on the *¡Hola, amigos!* web site at college.hmco.com/PIC/holaamigos7e.

**A. De adjetivos a adverbios**   You can recognize the following Spanish adjectives because they are cognates. Change them to adverbs.

1. real
2. completo
3. raro
4. frecuente

5. posible
6. general
7. franco
8. normal

**B. Lo entiendo perfectamente**   Use some of the adverbs you have learned to complete the following sentences appropriately.

1. Ellos hablan _____ y _____.
2. Viene a casa _____.
3. Yo _____ estudio por la mañana.
4. _____, no quiero bailar con Ud.
5. Ellos vuelven mañana, _____.
6. Los chicos escriben muy _____.
7. _____ estoy muy cansado.
8. Yo no escribo cartas; _____ escribo mensajes electrónicos (*e-mail*).

**C. ¿Cuándo...?**   With a partner, talk about what you and your friends generally do, frequently do, and rarely do.

Las actividades al aire libre   ◆   ciento ochenta y nueve   **189**

# Entre nosotros

## ¡Conversemos!

**Detalles culturales**

En muchos países latinoamericanos y en España se usa el sistema de estrellas para clasificar los hoteles de lujo (*luxury*) y de primera clase.

◆ **¿Se hospeda Ud. a veces en hoteles de cinco estrellas?**

**Para conocernos mejor** Get to know your partner better by asking each other the following questions.

1. ¿Esperas poder ir de vacaciones este verano? ¿Adónde quieres ir?
2. La última vez que fuiste de vacaciones, ¿te hospedaste en un hotel de cinco estrellas?
3. ¿Dónde pasaste las vacaciones el año pasado? ¿Te aburriste o te divertiste?
4. ¿Te juntas a veces con tus amigos para salir?
5. ¿Te gusta ir a acampar, o prefieres ir a un buen hotel?
6. ¿Qué actividades al aire libre te gustaban cuando eras chico?
7. ¿Ahora prefieres hacer esquí acuático, hacer surfing o bucear?
8. ¿Qué prefieres, mirar televisión o hacer una caminata?
9. Necesito tu raqueta de tenis, ¿puedes prestármela?
10. ¿Te gusta jugar al golf? ¿Tienes palos de golf?

**Una encuesta** Interview your classmates to identify who does the following. Be sure to change the statements to questions. Include your instructor, but remember to use the **Ud.** form when addressing him or her.

|  | Nombre |
|---|---|
| 1. Hizo esquí acuático en un lago el año pasado. | _____ |
| 2. Va a tratar de alquilar una cabaña (cabin) el verano próximo (next). | _____ |
| 3. Prometió ser más paciente. | _____ |
| 4. Va a acampar a menudo. | _____ |
| 5. Acaba de comer. | _____ |
| 6. Pronto va a tener vacaciones. | _____ |
| 7. Le gusta tomar el sol. | _____ |
| 8. Compró un traje de baño recientemente. | _____ |
| 9. Es experto(a) en armar tiendas de campaña. | _____ |
| 10. Siempre les toma el pelo a sus amigos. | _____ |

**Y ahora...** Write a brief summary, indicating what you have learned about your classmates.

**¿Cómo lo decimos?** What would you say in the following situations? What might the other person say? Act out the scenes with a partner.

1. You ask a friend if he or she prefers to go to the beach, to go hiking, or to go camping near a lake or a river (**río**) for a couple of days.
2. You are going on a camping trip for the first time. Tell a friend what items you need and what you need to learn to do.
3. Tell someone what your favorite outdoor activities are. Mention at least four.

**¿Qué pasa aquí?** In groups of three or four, create a story about the people in the illustration. Say who they are and what their relationships are to one another. Also say what activities they are doing and what they will do later.

## Para escribir

**De vacaciones** Write a conversation between you and a friend, in which you are deciding what you are going to do when you have a couple of days off. One of you loves outdoor activities and the other doesn't. Try to compromise.

### Un dicho

*El que ríe último, ríe mejor.*

Undoubtedly, you know the English version of this saying. Memorize it in Spanish, and use it at appropriate times.

# Lectura

**Estrategia de lectura** What images or ideas do you associate with the colors green, red, and white? Scan the two poems and make a list of the words associated with nature.

**Vamos a leer** As you read the introduction to Martí and the poems, answer the following questions.

1. ¿En qué año nació (*was born*) el poeta?
2. ¿Dónde y en qué año murió?
3. ¿Cuáles son los temas principales de la poesía de Martí?
4. ¿Cómo se describe el poeta en el primer poema?
5. ¿Qué quiere hacer Martí antes de morirse?
6. ¿Qué imágenes usa Martí para describir sus versos?
7. ¿Con quiénes quiere echar su suerte el poeta?
8. ¿Qué flor (*flower*) cultiva el poeta?
9. ¿Cultiva el poeta la rosa solamente para sus amigos o también para sus enemigos?
10. ¿Qué simboliza la rosa blanca?
11. Según este poema, ¿el poeta odia a sus enemigos?

*José Martí (Cuba: 1853–1895) dedicó su vida y su obra a la independencia de Cuba, donde murió en el campo de batalla° en 1895. Es famoso, no sólo como poeta y ensayista, sino también como orador.*

    *Los poemas de Martí se caracterizan por la melodía, el ritmo y el uso de oraciones cortas, con las que expresa ideas muy profundas. Sus temas principales son la libertad, la justicia, la independencia de su patria y la defensa de los pobres y los oprimidos.°*

**Campo...** *battlefield*

*oppressed*

# Video

# De Versos sencillos[1]

### JOSÉ MARTÍ

## I

Yo soy un hombre sincero
de donde crece° la palma;                          *grows*
y antes de morirme, quiero
echar° mis versos del alma.°            *to pour out / soul*

## V

Mi verso es de un verde claro,°                     *light*
y de un carmín encendido°:        ***carmín...*** *bright red*
mi verso es un ciervo herido°     ***ciervo...*** *wounded deer*
que busca en el monte amparo.°                    *shelter*

## III

Con los pobres de la tierra,°                  *earth, land*
quiero yo mi suerte echar;°    ***mi...*** *to share my destiny*
el arroyo° de la sierra                              *brook*
me complace° más que el mar.                      *pleases*

## XXXIX

Cultivo una rosa blanca,
en julio como en enero,
para el amigo sincero
que me da su mano franca.°                           *open*

Y para el cruel que me arranca°                  *tears out*
el corazón con que vivo,
cardo° ni ortiga° cultivo:              *thistle / nettle*
cultivo la rosa blanca.

[1]Este poema es la letra de la canción "La Guantanamera".

## Díganos
Answer the following questions based on your own thoughts and experiences.

1. ¿Ha oído Ud. la canción "La Guantanamera"?
2. Al final del segundo poema, el poeta perdona (*forgives*) las ofensas de sus enemigos. ¿Haría Ud. (*Would you do*) lo mismo?

## Recuerdos

Pablo y Marisa están en la casa de los padres de ella. Marisa y su mamá invitan a Pablo cenar y también a acampar con la familia ese fin de semana. El problema es que Pablo no sabe nada de acampar y ellas creen que él es un experto en actividades al aire libre.

# El mundo hispánico

## Cuba

- Cuba es la mayor de las islas del archipiélago de las Antillas. Su figura es similar a la de un cocodrilo y, como es larga (*long*) y estrecha (*narrow*), tiene extensas costas en las cuales hay playas de gran belleza (*beauty*). Muchos llaman a Cuba "la Perla de las Antillas".

- Hoy Cuba exporta azúcar, níquel, tabaco y frutas. El tabaco cubano tiene fama mundial. Sin embargo, las principales fuentes de ingreso (*sources of income*) del país son el turismo y el dinero que les envían a sus familiares más de un millón de cubanos que viven en el extranjero (*abroad*).

▲ La Catedral, construida entre 1748 y 1767, en La Habana Vieja.

- La Habana, la capital, es la ciudad más grande del Caribe. La Habana Vieja (*old*), su sección antigua, se caracteriza por sus iglesias, plazas, fortalezas, y edificios coloniales, como la Catedral y su plaza, y las fortalezas de El Morro y la Cabaña. En la Habana nació José Martí, escritor, poeta y el más famoso de los patriotas cubanos.

- La música cubana o afrocubana es muy popular en todo el mundo. De Cuba vienen el son, el danzón, la rumba, la conga, el cha cha cha, el mambo y, en buena parte, la salsa. El deporte más popular del país es el béisbol, al que los cubanos llaman "la pelota".

## Colombia

- Colombia es la única nación nombrada en honor de Cristóbal Colón. Es el cuarto país suramericano en tamaño (*size*), y es el único con costas en el Pacífico y en el mar Caribe.

- Colombia produce y exporta café, bananas, flores y petróleo. El café colombiano tiene fama mundial por su alta calidad. Colombia es también famosa por sus esmeraldas, consideradas las mejores del mundo. El 90 por ciento de todas las esmeraldas provienen de este país.

▲ Vista panorámica de Bogotá de noche

- La música típica de Colombia es muy variada. Incluye la cumbia y el vallenato, que han alcanzado fama internacional. Shakira, Juanes y Carlos Vives son cantantes populares en los Estados Unidos.

- La capital de Colombia es Bogotá, una ciudad rodeada (*surrounded*) de montañas, por lo que el transporte entre ella y el resto del país es principalmente por vía aérea. En la ciudad hay muchos museos, pero el más famoso de ellos es el Museo del Oro, que tiene una de las mejores colecciones de la artesanía precolombina, incluidos unos 30.000 objetos de oro.

- El deporte más popular en todo el país es el fútbol, y Colombia es uno de los cuatro países latinoamericanos donde se celebran las corridas de toros (*bullfights*).

**Online Study Center**

For more practice with lesson topics, see the related activities on the *¡Hola, amigos!* web site at college.hmco.com/PIC/holaamigos7e.

## Puerto Rico

- Puerto Rico, "la isla del encanto", es la menor de las islas de las Antillas Mayores. Los indios la llamaban **Boriquén** (modernizado luego como **Borinquen**), y aún hoy muchos la llaman así, y llaman **boricuas** a sus habitantes.

- Puerto Rico está muy densamente poblado; en un área de menos de 3.500 millas cuadradas de superficie, viven cerca de (*around*) 4 millones de habitantes. Desde 1952 el país es un Estado libre asociado de los Estados Unidos.

▲ Jugada (*play*) sensacional durante el Campeonato Mundial de Béisbol entre Cuba y Puerto Rico, 2006

- San Juan, la capital, es la ciudad más grande y más poblada. Su parte antigua, el Viejo San Juan, es un centro de atracción turística por sus interesantes museos, sus edificios coloniales y las fortalezas de El Morro y San Cristóbal. Otros puntos de interés son sus playas y el Yunque, un bosque (*forest*) tropical.

- Igual que en Cuba, se ve la influencia de España, de África y de Estados Unidos en el arte y en la música. De los deportes, el más popular es el béisbol.

## Venezuela

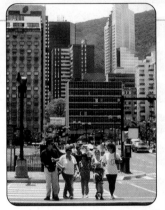

- Cuando los conquistadores españoles llegaron al lago Maracaibo, las construcciones de los indígenas a orillas del lago les recordaron las de Venecia, y por eso llamaron al país Venezuela, nombre que significa "pequeña Venecia".

- El país es uno de los diez mayores exportadores de petróleo del mundo. Más de la octava parte del petróleo importado por los Estados Unidos viene de Venezuela. La mayor parte de su gran reserva de petróleo se encuentra debajo del lago Maracaibo. Este lago es el mayor de Venezuela y de toda América del Sur.

- La principal atracción turística del país es el Salto Ángel, mucho más alto que las cataratas del Niágara.

▲ Una familia cruza una calle en Caracas. Al fondo se ven los modernos edificios de la ciudad y una majestuosa montaña.

- Caracas, la capital de Venezuela, es el centro gubernamental, financiero, cultural y artístico del país. En Caracas nació Simón Bolívar, llamado el Libertador de América.

## La República Dominicana

- La República Dominicana ocupa las dos terceras partes de la isla que Colón descubrió en su primer viaje y a la que llamó La Española. La parte occidental de la isla está ocupada por la República de Haití. Su economía se basa en la agricultura, pero el turismo comienza a ser una buena fuente de ingresos para el país. Sus principales atracciones son sus construcciones coloniales y sus hermosas playas.

▲ Juan Luis Guerra es un compositor y cantante (*singer*) de merengue

- La música típica del país es el merengue, pero además son populares otros ritmos del Caribe como la rumba y la salsa. Como en Cuba y en Puerto Rico, el béisbol es el deporte más popular de la isla.

- Casi la mitad de la población del país vive en la capital, Santo Domingo, la primera ciudad europea fundada en el Nuevo Mundo. Aquí se encuentran algunas de las construcciones coloniales más antiguas de América.

**Comentarios...** With a partner, discuss in Spanish what impressed you most about these countries, and compare them to your own. Which places do you want to visit and why?

# Tome este examen

## Lección 7

### A. Preterit of regular verbs
Rewrite the following sentences, changing the verbs to the preterit.

1. Ellos comen tortilla y beben limonada.
2. Luis sale a las ocho y vuelve a las cinco.
3. Tú cierras la puerta y abres las ventanas.
4. Yo empiezo a las seis y termino a las ocho.
5. Nosotros leemos un poema y ella lee una novela.
6. Yo busco el dinero y no lo encuentro.
7. Yo llego temprano y comienzo a trabajar.
8. Yo compro carne aquí y pago menos.

### B. Preterit of *ser, ir,* and *dar*
Change the verbs in the following sentences to the preterit.

1. Ella va a la discoteca.
2. Dan mucho dinero.
3. ¿Ud. es mi profesor?
4. Yo voy más tarde.
5. Ellos son mis alumnos.
6. Doy muchas fiestas.
7. Yo soy su novio.
8. Nosotros vamos al cine.

### C. Indirect object pronouns
Answer the following questions in the negative.

1. ¿Te traen el jugo?
2. ¿Le das el dinero a él?
3. ¿Me vas a comprar los libros?
4. ¿Le vas a dar los cuadernos a Elsa?
5. ¿Le gusta el café a Ud.?
6. ¿Ellos les van a dar las invitaciones a Uds.?

### D. The verb *gustar*
Complete the following sentences with the Spanish equivalent of the words in parentheses.

1. _____ patinar, pero _____ nadar.   (*I like / I don't like*)
2. ¿_____ esta película, Anita?   (*Do you like*)
3. _____ ese club.   (*My mother likes better*)
4. _____ levantarnos temprano.   (*We like*)
5. _____ bailar salsa.   (*My brother likes*)

## E. Reflexive constructions

Complete these sentences, using the verbs from the following list appropriately. Use each verb once.

acostarse   afeitarse   bañarse   levantarse   probarse   sentarse   vestirse

1. Mis hijos _____ muy temprano y _____ tarde.
2. Yo voy a _____ la barba (*beard*).
3. ¿Tú _____ el vestido (*dress*) antes de comprarlo?
4. Ella siempre _____ en esa silla.
5. Nosotros nunca _____ por la noche.
6. Él va a _____ ahora. Necesita el traje (*suit*) azul.

## F. Vocabulary

Complete the following sentences, using vocabulary from **Lección 7.**

1. Este _____ de semana voy a ir a la playa.
2. No me _____; me aburrí.
3. Ellos _____ a las siete de la mañana.
4. Mañana vamos a ir a un _____ de fútbol.
5. En el _____ Rex, ponen hoy una película muy buena.
6. El niño _____ el florero ayer.
7. En el _____ hay muchos animales.
8. Ellos van a ir a _____ montañas este verano.
9. Carlos fue a _____ a caballo.
10. Son las doce de la noche: es _____.
11. Voy a _____ en el lago (*lake*).
12. Esta noche vamos a estudiar, en _____ de ir al teatro.

## G. Culture

Complete the following sentences, based on the cultural notes you have read.

1. El sobrenombre de Enrique es _____.
2. Las películas americanas son muy _____ en el mundo hispano.

# Lección 8

## A. Preterit of some irregular verbs
Change the verbs in the following sentences to the preterit tense.

1. Ellos traen la raqueta y yo traigo la caña de pescar.
2. Tengo que ir al hotel.
3. ¿Qué hace él con la escopeta?
4. Tú dices que sí y ellos dicen que no.
5. Laura viene al parque conmigo y tú vienes con Sergio.
6. Tú y yo estamos aquí y ellos están allá.
7. Ellas hacen el postre.
8. Yo sé toda la verdad.
9. Ellas conducen muy bien, pero yo conduzco muy mal.
10. Enrique no quiere ir a pescar.

## B. Direct and indirect object pronouns used together
Answer the following questions in the affirmative, replacing the direct objects with direct object pronouns.

1. ¿Me compraste *las raquetas*?
2. ¿Nos trajeron Uds. *los palos de golf*?
3. ¿Ellos te van a dar *el traje de baño*?   (*two ways*)
4. ¿Él les va a traer *los termos* a Uds.?   (*two ways*)
5. ¿Ella me va a comprar *la canoa*?   (*Use the **Ud.** form.*) (*two ways*)
6. ¿Ellos te traen *las cestas*?

## C. Stem-changing verbs in the preterit
Complete the following sentences in the preterit tense, using the verbs listed.

| conseguir | divertirse | dormir |
|-----------|------------|--------|
| morir     | pedir      | seguir |

1. Ana y Eva _____ mucho en la fiesta. Cuando volvieron a casa, _____ hablando y no _____ mucho por la noche.
2. Elsa _____ la comida y Juan se la trajo.
3. Hubo un accidente, pero no _____ nadie.
4. Roberto _____ el pescado en el mercado.

## D. The imperfect tense
Change the verbs in the following sentences to the imperfect.

1. ¿Tú vas al supermercado con tu papá?
2. Ella es muy bonita.
3. Ellos hablan español.
4. Nosotros no vemos a nuestros amigos.
5. Uds. nunca pescan en el lago.
6. Yo siempre como frutas por la mañana.

## E. Formation of adverbs
Write the following adverbs in Spanish.

1. easily
2. especially
3. slowly
4. rapidly
5. slowly and clearly
6. frankly

## F. Vocabulary
Complete the following sentences, using vocabulary from **Lección 8.**

1. ¿Qué actividades al _____ libre prefieres?
2. Voy a ir a _____; necesito la escopeta.
3. Él no sabe _____ una tienda de campaña.
4. Voy a poner el pollo en la _____ de pícnic.
5. No quiero ir en la canoa porque no sé _____.
6. Ellos siempre me toman el _____.
7. Un sinónimo de "a menudo" es _____.
8. No me gusta hacer esquí _____.
9. Cuando voy a la playa, me gusta _____ el sol.
10. Necesito mi _____ de mar.
11. Ellos van a _____ una caminata.
12. Me gusta mucho nadar. Me _____.

## G. Culture
Complete the following sentences, based on the cultural notes you have read.

1. Cuba es la _____ de las Antillas.
2. La música típica de la República Dominicana es el _____.
3. Él _____ es un bosque tropical de Puerto Rico.

# Unidad 5

## Objetivos

### Lección 9

- Shop for clothing and shoes, conveying your needs with regard to sizes and fit
- Talk about the weather
- Discuss past actions and events
- Talk about possession

### Lección 10

- Open an account and cash checks at the bank
- Mail letters and buy stamps at the post office
- Describe people and things
- Refer to actions, states, and events that have been completed in the past
- Tell others what to do

Una calle dedicada exclusivamente a los peatones *(pedestrians)* en la ciudad de Lima, Perú

# ¿Qué hacemos hoy?

### Lección 9
No tengo nada que ponerme

### Lección 10
Diligencias

### Ecuador
Monumento Mitad del Mundo en la línea del ecuador, latitud 0°

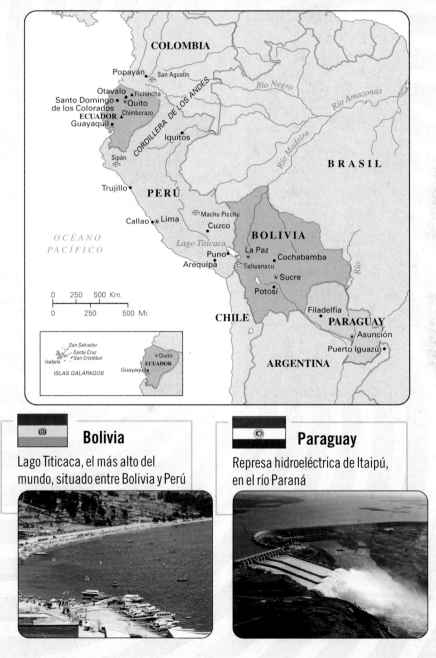

### Perú
Departmento de Química, Universidad de San Marcos, Lima

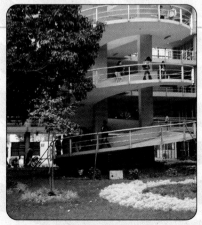

### Bolivia
Lago Titicaca, el más alto del mundo, situado entre Bolivia y Perú

### Paraguay
Represa hidroeléctrica de Itaipú, en el río Paraná

Sara

Pablo

Empleado

*Sara y Pablo son muy buenos amigos. Los dos son de Ecuador pero ahora viven y estudian en Lima. Se conocieron en la facultad de medicina hace dos años. Ahora están en una tienda porque Pablo necesita comprar ropa y, según Sara, ella sabe exactamente lo que él necesita.*

**Sara** ¿Por qué no te pruebas estos pantalones? No son muy caros y están de moda.

**Pablo** ¿Qué? Yo tenía unos pantalones como éstos cuando tenía quince años.

**Sara** *(Se ríe)* Bueno... todo vuelve... Tú usas talla mediana ¿no? Allí está el probador. Voy a buscarte una camisa.

**Pablo** Quiero una camisa blanca de mangas largas y una de mangas cortas.

**Sara** También necesitas un traje y una corbata para la boda de tu hermano... ¡y una chaqueta! Ya empezó el invierno y hace frío.

**Pablo** Oye, todo esto me va a costar un ojo de la cara.

**Sara** También tienes que comprar un regalo para tu mamá; me dijiste que era su cumpleaños.

**Pablo** No sé qué comprarle. ¿Un vestido? ¿Una blusa y una falda? Pero... no sé qué talla usa.

**Sara** No sé... quizá un par de aretes o una cadena de oro...

**Pablo** Sí, como la tuya. A ella le gusta mucho. A ver cuánto puedo gastar.

## Detalles culturales

En la mayoría de los países hispanos la talla de la ropa se basa en el sistema métrico. Por ejemplo, la medida *(measure)* del cuello *(collar)* y el largo de las mangas *(sleeves)* de una camisa se dan en centímetros. Una talla 10 en los Estados Unidos es equivalente a la 30 en España. Estas equivalencias varían de país a país.

◆ **La talla de la ropa, ¿se basa en el sistema métrico en este país?**

## Detalles culturales

El sistema métrico decimal se usa en todos los países de habla hispana. La unidad básica del sistema es el metro, que equivale a 3,28 pies.

◆ **¿Se estudia el sistema métrico en las escuelas de este país?**

*Más tarde, en la zapatería.*

| | |
|---|---|
| Empleado | ¿En qué puedo servirle, señor? |
| Pablo | Necesito un par de zapatos. Creo que calzo el número cuarenta y cuatro. |
| Sara | Las botas que compraste el mes pasado eran cuarenta y tres. |
| Pablo | Sí, pero como me quedaban chicas y me apretaban un poco, se las mandé a mi hermano. |
| Sara | Buena idea. ¡Los zapatos tienen que ser cómodos! |
| Pablo | (*Se ríe.*) Entonces, ¿por qué usas esas sandalias de tacones altos? |
| Sara | Las compré porque eran baratas, pero prefiero usar zapatos de tenis. |
| Pablo | Yo prefiero andar descalzo. Cuando era chico, me quitaba los zapatos en cuanto llegaba de la escuela. |
| Sara | Oye, ¿qué hora es? |
| Pablo | No sé. Eran las cuatro cuando salimos de la tienda. ¿Quieres ir a comer algo? |
| Sara | Bueno, voy a llamar a Teresa para decirle que no voy a cenar con ella. |
| Pablo | Bueno, tú llamas a tu compañera de cuarto y yo llamo al mío. |

# ¿Recuerda usted?

**¿Verdadero o falso?**   With a partner, decide whether the following statements about the dialogues are true (**verdadero**) or false (**falso**).

1. Hace tres años que Sara y Pablo se conocieron.  ☐ V  ☐ F
2. Pablo se va a probar unos pantalones de talla mediana.  ☐ V  ☐ F
3. Pablo quiere comprar una camisa.  ☐ V  ☐ F
4. Pablo necesita un traje para su boda.  ☐ V  ☐ F
5. Pronto va a empezar el verano.  ☐ V  ☐ F
6. Pablo compró botas el mes pasado.  ☐ V  ☐ F
7. A Pablo le quedaban grandes las botas.  ☐ V  ☐ F
8. Pablo usa tacones altos.  ☐ V  ☐ F
9. A Pablo no le gustaba usar zapatos cuando era chico.  ☐ V  ☐ F
10. Pablo y Sara salieron de la tienda a las cinco.  ☐ V  ☐ F

**Y ahora... conteste**   Answer the following questions, basing your answers on the dialogue.

1. ¿De dónde son Sara y Pablo y dónde viven ahora?
2. ¿Qué dice Sara de los pantalones?
3. ¿Pablo quiere una camisa de mangas cortas o de mangas largas?
4. ¿Qué más dice Sara que necesita Pablo?
5. ¿Qué número calza Pablo?
6. ¿Qué tipo de zapatos prefiere usar Sara?
7. ¿Qué hacía Pablo en cuanto llegaba de la escuela?
8. ¿A quiénes van a llamar Sara y Pablo?

# Para hablar del tema: Vocabulario

**Online Study Center**

For more practice with lesson topics, see the related activities on the *¡Hola, amigos!* web site at college.hmco.com/PIC/holaamigos7e.

## Cognados

la blusa
exactamente
la medicina

el par
las sandalias

## Nombres

los aretes* earrings
la bota boot
la cadena chain
la camisa shirt
la chaqueta* jacket
la corbata tie
el (la) empleado(a) clerk
la escuela school
la facultad college
la falda skirt
la manga sleeve

el oro gold
los pantalones, el pantalón pants
el probador fitting room
el regalo gift
el tacón* heel
la talla size (*of clothing*)
la tienda store
el traje* suit
el vestido dress
la zapatería shoe store
el zapato shoe

## Verbos

apretar (e>ie) to be tight
buscar to look for, to get
calzar to wear (*a certain shoe size*)
gastar to spend (i.e. *money*)
usar to wear, to use

## Otras palabras y expresiones

andar descalzo(a) to go barefoot
como like
costar un ojo de la cara to cost an arm and a leg
en cuanto as soon as
¿en qué puedo servirle? how may I help you?

estar de moda to be in style
lo que what, that which
no tener nada que ponerse not to have anything to wear
quedarle chico(a) (grande) a uno to be too small (big) (on someone)
quizás, tal vez maybe, perhaps
según according to

### De país a país

los aretes los pendientes (*Esp.*)
los aros (*Par., Arg.*)
las pantallas (*P.R.*)
la chaqueta la chamarra (*Méx.*)
el tacón el taco (*Arg.*)
el traje el vestido (*Colombia*)
el camisón la bata de dormir (*Cuba*)
el cinturón la correa (*P.R.*)

## Adjetivos

alto(a) high
barato(a) inexpensive, cheap
cómodo(a) comfortable
corto(a) short
largo(a) long
mediano(a) medium

# Amplíe su vocabulario

## Más Ropa (*More clothes*)

la
bata

la
camiseta

el suéter

el
sombrero

los
calzoncillos

la
bufanda

el cinturón,
cinto*

el
camisón*

la
billetera

los
guantes

el
chaleco

el
pijama,
los pijamas

las
zapatillas

## El tiempo (*The weather*)

El cielo está { nublado.
despejado.

*The sky is* { *cloudy.*
*clear.*

el grado   *degree*

el clima { cálido
templado
frío
seco
húmedo

*hot*
*warm*
*cold*
*dry*
*humid* } *climate*

¿Qué temperatura hace?     *What is the temperature?*

Hay... grados.     *It's . . . degrees.*

# Para practicar el vocabulario

**A. En la tienda y en la zapatería**   Complete the following statements appropriately.

1. Pablo se va a probar la camisa de _____ cortas y también los _____ en el _____.
2. La chaqueta no es _____; cuesta un _____ de la cara.
3. Cuando él _____ el traje azul, se pone una camisa blanca y una _____ roja.
4. Compré un _____ de botas, pero me _____ chicas; me _____ mucho.
5. Ella se puso una _____ blanca y una blusa negra. También se puso unas sandalias de _____ altos.
6. No uso talla grande ni chica. Uso talla _____.
7. Busco unos aretes y una _____ de _____ para mi mamá.
8. No quiero usar zapatos en mi casa; prefiero andar _____.
9. Voy a comprar el vestido. Está de _____ y no es muy caro. Cuesta solamente 50 dólares.
10. Tengo que comprar ropa. No _____ nada que _____. ¿Vamos a la _____?

**B. ¿Qué se ponen?**   Describe what Pablo and Sara usually wear, based on the cues provided.

## Pablo

1. con el traje
2. debajo del pantalón
3. debajo de la camisa
4. para sujetarse (*hold*) los pantalones
5. para dormir
6. en las manos, cuando tiene frío
7. en los pies (*feet*)

## Sara

1. cuando tiene frío
2. para dormir
3. en la cabeza (*head*)
4. con el camisón
5. en los pies
6. en el cuello (*neck*), cuando tiene frío

¿Y dónde ponen los dos el dinero?

## C. Hablando del tiempo

1. ¿Cómo es el clima de
   a. Alaska?        c. Oregón?        e. San Diego?
   b. Arizona?       d. Miami?
2. Va a llover (*rain*). ¿Cómo está el cielo?
3. El cielo no está nublado. ¿Cómo está?
4. ¿Cuál es la temperatura de hoy?

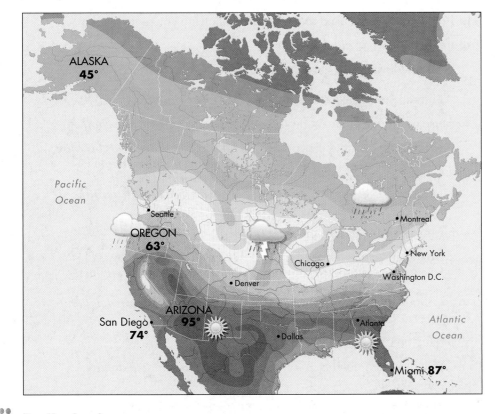

D. **Haciendo compras**   With a partner, play the roles of two friends who are shopping together, giving each other suggestions and making comments. Use questions such as **¿Por qué no te pruebas…?** or **¿Te gusta…?** and comments like **Te queda(n)…**

## Pronunciación

**Pronunciation in context**   In this lesson, there are some words or phrases that may be challenging to pronounce. Listen to your instructor and pronounce the following sentences.

1. **Se conocieron** en la **facultad** de **medicina** hace dos años.
2. **Ahora** están en una tienda porque Pablo necesita **comprar ropa.**
3. Necesito un par de **zapatos.** Creo que **calzo** el **número** cuarenta y cuatro.
4. Cuando era chico, **me quitaba** los zapatos en cuanto **llegaba** de la escuela.
5. Tú **llamas** a tu **compañera** de **cuarto** y yo llamo al mío.

# Puntos para recordar

## 1. Some uses of *por* and *para* (*Algunos usos de* por *y* para)

The preposition **por** is used to express the following concepts.

◆ motion (*through, along, by, via*)

| | |
|---|---|
| No puedo salir **por** la ventana. | *I can't go out **through** the window.* |
| Fuimos **por** la calle Quinta. | *We went **via** Fifth Street.* |

◆ cause or motive of an action (*because of, on account of, on behalf of*)

| | |
|---|---|
| No compré las sandalias **por** no tener dinero. | *I didn't buy the sandals **because** I didn't have any money.* |
| Lo hice **por** ti. | *I did it **on** your **behalf.*** |
| Llegaron tarde **por** el tráfico. | *They arrived late **on account of** the traffic.* |

◆ means, manner, unit of measure (*by, per*)

| | |
|---|---|
| No me gusta viajar **por** tren. | *I don't like to travel **by** train.* |
| Va a setenta kilómetros **por** hora. | *She is doing seventy kilometers **per** hour.* |
| Cobran 100 dólares **por** noche. | *They charge a hundred dollars **per** night.* |

◆ *in exchange for*

| | |
|---|---|
| Pagamos cien dólares **por** las botas. | *We paid a hundred dollars **for** the boots.* |

◆ period of time during which an action takes place (*during, in, for*)

| | |
|---|---|
| Voy a quedarme aquí **por** un mes. | *I'm going to stay here **for** a month.* |
| Ella prepara la comida **por** la mañana. | *She prepares the meal **in** the morning.* |

The preposition **para** is used to express the following concepts.

◆ destination

¿Cuándo sales **para** Quito?        *When are you leaving **for** Quito?*

◆ goal for a specific point in the future (*by* or *for* a certain time in the future)

Necesito la camisa y el pantalón        *I need the shirt and the pants*
   **para** mañana.                         ***for** (**by**) tomorrow.*

◆ whom or what something is for

La blusa es **para** ti.        *The blouse is **for** you.*

◆ objective or goal

Mi novio estudia **para** profesor.        *My boyfriend is studying **to be** a*
                                              *professor.*

◆ *in order to*

—Ayer fui a su casa.        *"Yesterday I went to his house."*
—¿**Para** qué?              *"What **for**?"*
—**Para** hablar con él.    *"**(In order) To** talk with him."*

## Práctica y conversación

**Online Study Center**

For more practice with lesson topics, see the related activities on the *¡Hola, amigos!* web site at college.hmco.com/PIC/holaamigos7e.

**A. Minidiálogos**  Supply **por** or **para** in each dialogue. Then act each one out with a partner.

1. —¿_____ qué calle fuiste?

   —Fui _____ la calle Esperanza.

2. —¿_____ cuándo necesitas los pantalones?

   —Los necesito _____ el sábado _____ la noche.

3. —¿Para qué fuiste al mercado?

   —_____ comprar frutas. Lo hice _____ ti, porque estabas muy cansada... Y no compré más carne_____ no tener más dinero.

4. —¿Cuánto pagaron Uds. _____ ese vestido?

   —Cien soles. Es _____ nuestra hija.

   —¿Cuándo sale ella _____ Cuzco?

   —El 3 de enero. Va a estar allí _____ dos meses. Va _____ visitar a su abuela.

   —¿Va _____ tren?

   —Sí.

5. —¿Ofelia está en la universidad?

   —Sí, estudia _____ profesora.

**Detalles culturales**

Sol: moneda peruana
◆ **¿Sabe Ud. cuáles son las monedas de otros países hispanos?**

## B. Cosas que pasan

Look at the illustrations and describe what is happening, using **por** or **para.**

1. Fuimos _____ a Lima.

2. Roberto salió _____.

3. Marisa va a estar en Medellín _____.

4. La torta es _____ Ana.

5. Jorge pagó _____ el vino.

6. Ana sale mañana _____.

## C. Diferentes circunstancias

In groups of three, and using your imagination, add some details to the following circumstances. Use **por** or **para** and think of various possibilities.

◆ **MODELO:** Marisa compró un vestido.
   *Pagó 100 dólares **por** el vestido. El vestido es **para** su tía.*

1. Mi sobrino va a ir a Ecuador.
2. Mi prima está en la universidad.
3. Amalia trabaja de siete a once de la mañana.
4. Marité tiene una fiesta el sábado. Necesita comprar un vestido.
5. David compró una corbata.
6. Mi cuñado no pudo pagar la cuenta.

7. Este hotel es muy barato.
8. Julio conduce muy rápido (*fast*).
9. Ellos llegaron tarde a la fiesta.
10. Luis no pudo salir por la puerta.

## 2. Weather expressions (*Expresiones para describir el tiempo*)

◆ The following expressions are used when talking about the weather.

| | |
|---|---|
| Hace (mucho) frío. | *It is (very) cold.* |
| Hace (mucho) calor. | *It is (very) hot.* |
| Hace (mucho) viento. | *It is (very) windy.* |
| Hace sol. | *It is sunny.* |
| —¿Qué tiempo **hace** hoy? | *"What's the weather **like** today?"* |
| —**Hace buen (mal) tiempo.** | ***"The weather is good (bad)."*** |

**¡Atención!**   All of the expressions above use the verb **hacer** followed by a noun.

| | |
|---|---|
| —¿Abro la ventana? | *"Shall I open the window?"* |
| —¡Sí! ¡**Hace** mucho **calor**! | *"Yes! **It's** very **hot!**"* |

Hace mucho viento hoy…

Sí…

◆ The impersonal verbs **llover (o > ue)** (*to rain*) and **nevar (e > ie)** (*to snow*) are also used to describe the weather. They are used only in the third-person singular forms of all tenses, and in the infinitive, the present participle, and the past participle.

| | |
|---|---|
| Aquí **llueve** mucho. | *It **rains** a lot here.* |
| Creo que va a **nevar** hoy. | *I think it's going to **snow** today.* |
| Está **lloviendo;** no podemos salir. | *It's **raining;** we can't go out.* |

Other weather-related words are **lluvia** (*rain*) and **niebla** (*fog*).

| | |
|---|---|
| Hay **niebla.** | *It's **foggy.*** |
| No me gusta **la lluvia.** | *I don't like **rain.*** |

# Práctica y conversación

**A. ¿Qué tiempo hace?** Describe the weather in each illustration.

1. _____

2. _____

3. _____

4. _____

*Brrr...*

5. _____

6. _____

## B. Minidiálogos
With a partner, complete the exchanges in a logical manner.

1. —¿Necesitas un paraguas (*umbrella*)?
   —Sí, porque _____.

2. —¿No necesitas un abrigo (*coat*)?
   —No, porque _____.

3. —¿Quieres un impermeable (*raincoat*)?
   —Sí, porque _____ mucho.

4. —¿No quieres llevar el suéter?
   —¡No! ¡Hace _____!

5. —¿Vas a llevar el sombrero?
   —Sí, porque _____.

6. —¿Necesitas un suéter y un abrigo?
   —Sí, porque _____.

7. —¿Un impermeable? ¿Por qué? ¿Está lloviendo?
   —No, pero _____.

8. —¡Qué _____! Necesito un paraguas y un impermeable.

9. —No hay vuelos (*flights*) porque hay mucha _____.

## C. De viaje (*On a trip*)
A friend of yours from Lima is going to travel in the United States for a year. With a partner, discuss what kind of weather he's going to find in cities like Chicago, Boston, Phoenix, and San Francisco.

# 3. The preterit contrasted with the imperfect (*El pretérito contrastado con el imperfecto*)

◆ The difference between the preterit and imperfect tense can be visualized in the following way.

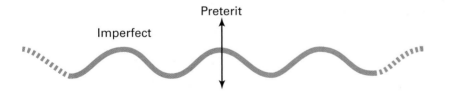

The wavy line representing the imperfect shows an action or event taking place over a period of time in the past. There is no reference as to when the action began or ended. The vertical line representing the preterit shows an action or event completed at a certain time in the past.

In many instances, the choice between the preterit and the imperfect depends on how the speaker views the action or event. The following table summarizes the most important uses of both tenses.

| Preterit | Imperfect |
| --- | --- |
| • Reports past actions or events that the speaker views as completed<br>**Ella vino ayer.** | • Describes past actions or events in the process of happening, with no reference to their beginning or end.<br>**Íbamos** al cine cuando... |
| • Sums up a condition or state viewed as a whole (and no longer in effect).<br>**Estuve** cansada todo el día. | • Indicates a repeated or habitual action (*used to . . . , would*)<br><br>Todos los días **íbamos** con él.[1] |
| | • Describes a physical, mental, or emotional state or condition in the past.<br>**Estaba** muy cansada. |
| | • Expresses time and age in the past.<br>**Eran** las dos.<br>**Tenía** veinte años. |
| | • Is used in indirect discourse.<br>Dijo que **venía.** |
| | • Describes in the past or sets the stage.<br>Mi novia **era** muy bonita.<br>**Hacía** frío y **llovía.** |

—¿**Viste** a Eva ayer?          "*Did you see* Eva yesterday?"
—Sí, **estaba** en el restaurante    "Yes, *she was* at the restaurant
cuando la **vi.**                 when *I saw* her."

—¿Qué te **dijo** Raúl?          "What *did* Raúl *say* to you?"
—Dijo que **necesitaba** dinero.   "He said *he needed* money."

**¡Atención!**   *Direct discourse:*   Juan dijo: "Vengo mañana".
          *Indirect discourse:*   Juan dijo que **venía** mañana.

---

[1]Note that this use of the imperfect corresponds to the English *would* used to describe a repeated action in the past. *Every day **we used to** go with him.* = *Every day **we would** go with him.* Do not confuse this with the English conditional *would*, as in: *If I had the time **I would go** with him.*

# Práctica y conversación

**Online Study Center**

For more practice with lesson topics, see the related activities on the *¡Hola, amigos!* web site at college.hmco.com/PIC/holaamigos7e.

**A. Pequeñas historias**   Complete the following stories, using the appropriate form of the preterit or the imperfect of the verbs provided. Then read the stories aloud.

1. _____ (Ser) las once y _____ (hacer) frío cuando Ada _____ (llegar) a su casa anoche. La chica _____ (estar) cansada y no _____ (sentirse) bien. Su mamá _____ (levantarse) y le _____ (hacer) una taza de té.

2. Cuando yo _____ (ser) niño yo _____ (vivir) en Chile. Todos los veranos _____ (ir) a visitar a mis abuelos, que _____ (vivir) en el campo. El año pasado mi familia y yo _____ (mudarse) a Cuzco y mis abuelos _____ (venir) a vivir con nosotros.

3. Ayer Ana y Carlos _____ (ir) a la tienda La Peruana. Ana _____ (comprar) una camisa. El empleado les _____ (decir) que ellos _____ (tener) mucha ropa buena y barata. Ana y Carlos _____ (volver) a su casa a las siete, _____ (cenar) y _____ (acostarse). Ana no _____ (dormir) muy bien.

**B. Entreviste a su compañero(a)**   Interview a partner, using the following questions.

1. ¿Dónde vivías tú cuando eras niño(a)?
2. ¿Qué idioma hablabas tú cuando eras niño(a)?
3. ¿Tú siempre estudiabas mucho cuando eras niño(a)?
4. ¿Cómo era tu primer(a) novio(a)?
5. ¿En qué año comenzaste a estudiar en la universidad?
6. ¿De qué hablaste con tus amigos ayer?
7. ¿Tú estudiaste mucho anoche?
8. ¿Qué hora era cuando llegaste a la universidad hoy?
9. ¿Qué hacías cuando llegó el (la) profesor(a)?
10. ¿Qué te dijo el (la) profesor(a) que tenías que estudiar esta noche?

**C. ¿Qué hacíamos... qué hicimos...?**   With a partner, talk about what you used to do when you were in high school and then discuss what you did last week. Use the following phrases to start.

1. Cuando yo estaba en la escuela secundaria,
   a. todos los días yo...
   b. los fines de semana mi familia y yo...
   c. en mi clase de inglés mi profesor(a)...
   d. en la cafetería mis amigos y yo...
   e. mi mejor amigo(a) siempre...
   f. los viernes por la noche yo...

2. La semana pasada,
   a. el lunes por la mañana yo...
   b. en mi clase de español mi profesor(a)...
   c. el martes por la noche...
   d. el jueves por la tarde...
   e. el sábado mis amigos y yo...
   f. el domingo yo...

**D. Ricitos de oro y los tres osos** Working with your classmates in groups of three or four, write the Spanish version of the story "Goldilocks and the Three Bears." Some useful vocabulary is provided.

> Había una vez   (*Once upon a time there was/were*)
> Ricitos de oro   (*Goldilocks*)
> el oso   (*bear*)
> la avena   (*porridge*)
> mediana   (*medium*)
> el bosque   (*forest*)
> caliente   (*hot*)
> la cama   (*bed*)
> el tazón   (*bowl*)

**E. Soy escritor** (*I'm a writer*)   Use your imagination to finish the following story.

> Eran las dos de la mañana y yo estaba durmiendo en mi apartamento. Tocaron a la puerta y yo fui a abrir. Cuando la abrí, vi...

## 4. *Hace...* meaning *ago* (Hace... *como equivalente de* ago)

In sentences in the preterit and in some cases the imperfect, **hace** + *period of time* is equivalent to the English *ago*. When **hace** is placed at the beginning of the sentence, the construction is as follows.

> **Hace** + period of time   + **que** + verb (*preterit*)
> **Hace** + **dos años**   + **que** + la conocí.
> *I met her two years **ago**.*

An alternative construction is:
**La conocí hace dos años.**

**¡Atención!** To find out how long ago something took place, ask:

**¿Cuánto tiempo hace que...** + *verb in the preterit*
**¿Cuánto tiempo hace que viniste a Guayaquil?**

—**¿Cuánto tiempo hace que** tú llegaste?   *"**How long ago did** you arrive?"*

—**Hace tres años que** llegué.   *"I arrived **three years ago**."*

# Práctica y conversación

**Online Study Center**

For more practice with lesson topics, see the related activities on the *¡Hola, amigos!* web site at college.hmco.com/PIC/holaamigos7e.

**A. ¿Cuánto tiempo hace...?** Say how long ago the following events took place.

> ◆ **MODELO:** Son las cuatro. Yo llegué a las tres.
> *Hace una hora que yo llegué.*

1. Estamos en noviembre. Los García celebraron su aniversario de bodas en septiembre.
2. Son las seis. Yo almorcé a la una.
3. Hoy es viernes. Esteban salió para Bolivia el martes.
4. Son las diez. Pedimos el postre a las diez menos cuarto.
5. Estamos en el año 2008. Vinimos a California en el año 1994.
6. Son las diez. Ellos empezaron a estudiar a las siete.

**B. ¿Cuándo pasó eso?** Discuss with a partner how long ago the following events happened in your life.

1. ¿Cuánto tiempo hace que empezaste a estudiar español?
2. ¿Cuánto tiempo hace que Uds. tomaron el último examen?
3. ¿Cuánto tiempo hace que hablaste con tus padres?
4. ¿Cuánto tiempo hace que le escribiste a un(a) amigo(a)?
5. ¿Cuánto tiempo hace que tu mejor amigo(a) te llamó por teléfono?
6. ¿Cuánto tiempo hace que estuviste en un buen restaurante?
7. ¿Cuánto tiempo hace que compraste ropa?
8. ¿Cuánto tiempo hace que saliste con tus amigos?

## Detalles culturales

En las ciudades hispanas hay excelentes tiendas donde se puede comprar ropa hecha (*ready-to-wear*), pero muchas personas prefieren utilizar los servicios de un sastre (*tailor*) o de una modista (*dressmaker*).

◆ ¿Le gusta a Ud. la idea de tener una modista (un sastre)?

# 5. Possessive pronouns (*Pronombres posesivos*)

◆ Possessive pronouns in Spanish agree in gender and number with the person or thing possessed. They are generally used with the definite article.

| Singular | | Plural | | |
|---|---|---|---|---|
| **Masc.** | **Fem.** | **Masc.** | **Fem.** | |
| (el) mío | (la) mía | (los) míos | (las) mías | mine |
| (el) tuyo | (la) tuya | (los) tuyos | (las) tuyas | yours (*fam.*) |
| (el) suyo | (la) suya | (los) suyos | (las) suyas | yours (*form.*) his hers |
| (el) nuestro | (la) nuestra | (los) nuestros | (las) nuestras | ours |
| (el) vuestro | (la) vuestra | (los) vuestros | (las) vuestras | yours (*fam.*) |
| (el) suyo | (la) suya | (los) suyos | (las) suyas | yours (*form.*) theirs |

—Mis libros están aquí.
   ¿Dónde están los **tuyos**?
—Los **míos** están en la mesa.

"*My books are here.*
   *Where are* **yours**?"
"**Mine** *are on the table.*"

**¡Atención!** Note that **los tuyos** substitutes for **los** *libros* **tuyos**; the noun has been deleted. Also note that after the verb **ser**, the article is usually omitted.

—¿Estas invitaciones son **tuyas**?
—Sí, son **mías**.

"*Are these invitations* **yours**?"
"*Yes, they're* **mine**."

- Because the third-person forms of the possessive pronouns (**el suyo, la suya, los suyos, las suyas**) can be ambiguous, they can be replaced with the following for clarification.

| | | |
|---|---|---|
| **el** | de | **Ud.** |
| **la** | de | **él** |
| **los** | de | **ella** |
| **las** | de | **Uds.** |
| | | **ellos** |
| | | **ellas** |

¿El diccionario? Es **suyo.** (*unclarified*)      *The dictionary?*

                Es **el de ellas.** (*clarified*)      *It's theirs.*
                                                              (*fem. pl. possessor*)

# Práctica y conversación

**Online Study Center**

For more practice with lesson topics, see the related activities on the *¡Hola, amigos!* web site at college.hmco.com/PIC/holaamigos7e.

**A. Todo es nuestro**    Supply the correct possessive pronoun to agree with each subject. Clarify when necessary.

- MODELO: Yo tengo una camisa. Es _____.
  - Es *mía.*

1. Nosotros tenemos un apartamento. Es _____.
2. Ellos tienen una tienda. Es _____. (Es _____ _____ _____.)
3. Él tiene dos trajes. Son _____. (Son _____ _____ _____.)
4. Yo tengo una billetera. Es _____.
5. Tú tienes dos cinturones. Son _____.
6. Uds. tienen muchos zapatos. Son _____. (Son _____ _____ _____.)
7. Ella tiene dos camisones. Son _____. (Son _____ _____ _____.)
8. Nosotros tenemos una casa. Es _____.

**B. ¿De quién es...?**    Who owns the following items? Answer the questions affirmatively.

1. Aquí hay una blusa verde. ¿Es tuya?
2. Yo encontré 100 dólares. ¿Son tuyos?
3. ¿La cartera roja es de tu mamá?
4. El libro que tú tienes, ¿es mío?
5. Las plumas que están en mi escritorio, ¿son de ustedes?
6. Aquí hay un diccionario. ¿Es de ustedes?

**C. Vamos a comparar**    With a partner, make comparisons between the objects and people described. Use appropriate possessive pronouns when asking each other questions.

- MODELO: —Mi hermano tiene... años. ¿Cuántos años tiene el tuyo?
  - —*El mío tiene dieciocho.*

1. Mi casa está en la calle...
2. Mis abuelos son de...
3. Mi mejor amigo(a) se llama...
4. Mis profesores son...
5. Mis padres están en...
6. Mis tías viven en...

# Entre nosotros

## ¡Conversemos!

**Para conocernos mejor**   Get to know your partner better by asking each other the following questions.

1. ¿Dónde conociste a tu mejor amigo(a)? ¿Cuántos años tenías cuando lo (la) conociste?
2. ¿Qué le compraste a tu mejor amigo(a) para su cumpleaños?
3. Cuando vas de compras, ¿prefieres ir solo(a) o con un(a) amigo(a)?
4. Yo compré mi ropa en la tienda _____. ¿Dónde compras tú la tuya?
5. ¿Cuándo fue la última vez que fuiste a la tienda? ¿Qué compraste?
6. Generalmente, ¿usas camisas (blusas) de mangas largas o de mangas cortas?
7. ¿Qué ropa te vas a poner mañana? ¿Te vas a poner sandalias o zapatos?
8. ¿Cuánto te costaron los zapatos? ¿Qué número calzas tú?
9. Si te gustan unos zapatos pero te quedan un poco chicos, ¿los compras?
10. ¿Qué te pones cuando hace mucho frío? ¿Te gustan más los climas fríos o los cálidos?

**Una encuesta**   Interview your classmates to identify who fits the following descriptions. Include your instructor, but remember to use the **Ud.** form when addressing him or her.

| | Nombre |
|---|---|
| 1. Prefiere los climas cálidos. | |
| 2. Usa impermeable cuando llueve. | |
| 3. Le gusta viajar por tren. | |
| 4. Llegó tarde a clase por el tráfico. | |
| 5. Siempre dice que no tiene nada que ponerse. | |
| 6. Estudia para profesor(a). | |
| 7. Celebró su cumpleaños el mes pasado. | |
| 8. Nació (was born) en el mes de julio. | |
| 9. Compró algo para un amigo (una amiga) recientemente. | |
| 10. Gastó mucho dinero en ropa este mes. | |

**Y ahora...**   Write a brief summary, indicating what you have learned about your classmates.

## 👥 ¿Cómo lo decimos?
What would you say in the following situations? What might the other person say? Act out the scenes with a partner.

1. You are shopping for clothes in Lima. Tell the clerk what clothes you need, your size, and discuss colors and prices.
2. You go shopping for shoes, sandals, and boots. You try on several pairs, but have problems with them. You finally buy a pair of boots.
3. Your friends went to the store without you. Ask them what they bought and how much they spent.
4. You ask a new acquaintance from Ecuador where she lived when she was a child and what she liked to do. Give her the same information about you.

## ¿Qué dice aquí?
Look at the following ad and help a friend of yours who is shopping at **La Limeña,** in Lima. Answer his or her questions, using the information provided in the ad.

1. ¿Cómo se llama la tienda?
2. ¿En qué mes son las rebajas (*sales*)?
3. Tengo una hija de nueve años. ¿Qué puedo comprarle en la tienda?
4. Mi esposo necesita zapatos. ¿Qué tipo de zapatos están en liquidación?
5. Además de (*Besides*) los zapatos, ¿qué puedo comprar para mi esposo?
6. Vamos a ir a la playa (*beach*). ¿Qué puedo comprar para mis hijos?
7. Soy profesora y necesito más ropa para el trabajo. ¿Qué puedo comprar?

### Las Rebajas de La Limeña
#### En Agosto más Ventajas
Ahora en La Limeña, Rebajas sobre Rebajas. Todo cuesta mucho menos.

**Señoras**
- Vestidos lisos y estampados, en poliéster-algodón
- Blusas, faldas, en distintos dibujos y colores
- Zapatos de tacón alto y sandalias

**Caballeros**
- Trajes y pantalones de sport y de vestir de lana
- Camisas de algodón, de mangas largas y mangas cortas
- Zapatos de cuero

**Niños y Jóvenes**
- Camisetas lisas y estampadas
- Para ellas, trajes de baño, lisos y de fantasía
- Para ellos, bañadores y pantalones cortos
- Playeros en distintos colores y en todas las tallas

### Un dicho

*Lo barato sale caro.*

Do you only buy clothes that are of good quality? If you do, you will agree with this saying. What does it mean? Can you memorize it?

## ✎ Para escribir

### ¿Cómo era Ud.?
Write a short narration about your life when you were twelve. Where were you living? What were you like? What did you like to do? Make a list of all the facts and then organize them.

*Roberto ha estado muy ocupado últimamente y no ha tenido tiempo de ir al banco. Hoy, por fin, tiene un par de horas para hacer diligencias. Primero va al Banco Nacional de Asunción.*

Roberto   Buenas tardes. Dígame, ¿qué tengo que hacer para abrir una cuenta de ahorros?

Cajero   Siéntese, por favor. ¿Tiene usted alguna otra cuenta en este banco?

Roberto   Sí, tengo una cuenta corriente.

Cajero   ¿Quiere abrir una cuenta individual o una cuenta conjunta?

Roberto   Una cuenta individual.

Cajero   Bien, llene esta planilla, féchela y fírmela, por favor. ¿Cuánto va a depositar?

Roberto   Trescientos mil guaraníes.[1] También quiero cobrar este cheque por cuarenta mil guaraníes. ¿Cuál es el saldo de mi cuenta, por favor?

Cajero   Déjeme buscarlo en la computadora. A ver... quinientos mil guaraníes, señor.

## Detalles culturales

Abrir una cuenta bancaria no es muy fácil en los países latinoamericanos, especialmente si es una cuenta corriente. La gente pobre que puede ahorrar, generalmente deposita su dinero en la caja postal de ahorros, un servicio que las oficinas de correo ofrecen en algunos países.

◆ ¿Existe ese tipo de servicio en este país?

## Detalles culturales

El uso de cheques no es tan común en América Latina como en los Estados Unidos y en Canadá, pero muchos bancos tienen sus propias (*own*) tarjetas de crédito.

◆ ¿Paga Ud. siempre con cheques o prefiere pagar en efectivo o con tarjetas de crédito?

---

[1]Paraguayan currency

*Media hora más tarde, Roberto está en la oficina de correos. Está haciendo cola, porque hay mucha gente.[1]*

| | |
|---|---|
| Roberto | Quiero mandar esta carta a La Paz, certificada. |
| Empleada | Sí, señor. Son diez mil guaraníes. |
| Roberto | ¿Cuánto cuesta enviar un giro postal a Montevideo? |
| Empleada | Seis mil guaraníes. ¿Quiere mandar uno? |
| Roberto | No, voy a volver otro día. |
| Empleada | Bien, ¿necesita algo más, señor? |
| Roberto | Sí, deme estampillas para tres tarjetas postales. |
| Empleada | Aquí las tiene. |
| Roberto | Gracias. ¡Ah! ¿El correo está abierto mañana? |
| Empleada | No, señor. Está cerrado. Mañana es día feriado. |

*Roberto salió de la oficina de correos y trató de recordar dónde había estacionado su coche. Por fin lo encontró a una cuadra del correo. Como les había dicho a sus padres que iba a cenar con ellos, fue directamente a casa.*

## Detalles culturales

En muchos países de habla hispana, las estampillas sólo pueden comprarse en el correo o en tiendas especializadas que están autorizadas para venderlas.

♦ **¿Dónde puede Ud. comprar estampillas en este país?**

# ¿Recuerda usted?

**¿Verdadero o falso?** With a partner, decide whether the following statements about the dialogue are true (**verdadero**) or false (**falso**).

1. Roberto va a hacer algunas diligencias hoy. ☐ V ☐ F
2. Roberto va a abrir una cuenta corriente. ☐ V ☐ F
3. Roberto no tiene ninguna cuenta en el Banco Nacional. ☐ V ☐ F
4. Roberto va a depositar más de 100.000 guaraníes. ☐ V ☐ F
5. Roberto manda una carta certificada. ☐ V ☐ F
6. Roberto manda un giro postal a Montevideo. ☐ V ☐ F
7. Roberto puede ir al correo mañana. ☐ V ☐ F
8. Roberto fue al correo en taxi. ☐ V ☐ F

**Y ahora... conteste** Answer these questions, basing your answers on the dialogue.

1. ¿En qué ciudad está el Banco Nacional?
2. ¿Por qué no ha tenido tiempo Roberto para ir al banco?
3. ¿Qué tipo de cuenta quiere abrir Roberto?
4. ¿Dónde va a buscar el empleado el saldo de la cuenta de Roberto?
5. En el correo, ¿por qué tiene que hacer cola Roberto?
6. ¿Cuántas tarjetas postales quiere enviar Roberto?
7. ¿Por qué está cerrado el correo mañana?
8. ¿Dónde encontró Roberto su coche?

---

[1] **Gente** (*People*) is considered singular in Spanish.

# Para hablar del tema: Vocabulario

Online Study Center

For more practice with lesson topics, see the related activities on the *¡Hola, amigos!* web site at college.hmco.com/PIC/holaamigos7e.

## Cognados

el banco
certificado(a)
el cheque

la computadora*
directamente
individual

## Nombres

el (la) cajero(a)  teller, cashier
la carta  letter
el coche*  car
la cuadra*  block
la cuenta  account
_____ corriente  checking account
_____ conjunta  joint account
_____ de ahorros  savings account
la estampilla*  stamp

la gente  people
el giro postal  money order
la hora  hour
la oficina  office
_____ de correos, el correo  post office
la planilla  form
el saldo  balance
la tarjeta  card
_____ postal  postcard

## Verbos

cobrar  to cash
depositar  to deposit
estacionar*  to park
fechar  to date
firmar  to sign
llenar  to fill, to fill out

## Adjetivos

abierto(a)  open
cerrado(a)  closed
medio(a)  half

ocupado(a)  busy
otro(a)  another, other

## Otras palabras y expresiones

¿Algo más?  Anything else?
Aquí las tiene.  Here you are.
día feriado  holiday
hacer cola  to stand in line

hacer diligencias  to run errands
por fin  finally
primero  first
últimamente  lately

### De país a país

la computadora  el ordenador (*Esp.*)
el coche  el carro (*Méx.*)
la cuadra  la manzana (*Esp.*)
la estampilla  el timbre (*Méx.*)
estacionar  parquear (*Antillas*)

### Detalles culturales

El uso del "Internet" o la "Red", como se llama en español, es cada día más popular en el mundo hispánico, y muchas instituciones (empresas y organizaciones) tienen su propia página (*home page*).

◆ En este país, ¿la mayoría de las instituciones tienen su propia página en la Red? ¿Cree Ud. que esto es importante? ¿Por qué?

# Amplíe su vocabulario

## Más sobre el banco

**ahorrar** to save
**la caja de seguridad** safe-deposit box
**el cajero automático** automatic teller machine (ATM)
**la casa central** home office
**en efectivo** in cash
**gratis** free (of charge)
**la libreta de ahorros** passbook
**el plan de ahorros** savings plan
**el talonario de cheques** check book
**solicitar un préstamo** to apply (ask) for a loan
**la sucursal** branch office
**la memoria** memory
**la microcomputadora** laptop
**el ordenador personal, la computadora personal** personal computer
**archivar la información** to store information
**navegar la Red** to surf the net
**tener acceso a la Red** to have access to the Internet

### Detalles culturales

Cada nación latinoamericana tiene un banco central encargado de (*in charge of*) emitir el dinero y de controlar la actividad de los bancos comerciales. En algunos países hay también sucursales de bancos extranjeros.

◆ **En su país, ¿qué institución está encargada de emitir el dinero?**

## Un poco de tecnología (*A little about technology*)

*el mensaje electrónico*
*el monitor*
*la pantalla*
*la computadora*
*el disco duro*
*la impresora*
*el ratón*
*el teclado*

# Para practicar el vocabulario

### A. Preguntas y respuestas
Match the questions in column *A* with the answers in column *B*.

| A | B |
|---|---|
| 1. ¿Cuál es el saldo de tu cuenta? | a. No, en una sucursal. |
| 2. ¿Vas a depositar el cheque? | b. No, es un día feriado. |
| 3. ¿Qué debo llenar? | c. No, abierto |
| 4. ¿Qué vas a solicitar? | d. No, voy a cobrarlo. |
| 5. ¿Necesitas algo más? | e. No, con un cheque. |
| 6. ¿Trabajas hoy? | f. Quinientos dólares. |
| 7. ¿Dónde pusiste el dinero? | g. Esta planilla. |
| 8. ¿Trabajas en la casa central? | h. No, nada. Gracias. |
| 9. ¿El banco está cerrado? | i. En la caja de seguridad. |
| 10. ¿Pagas en efectivo? | j. Un préstamo. |

### B. Rubén y Eva hacen diligencias
Complete the following description of Rubén and Eva's busy morning.

1. 8:15: Van al banco y abren una cuenta de _____ y una cuenta _____. Las cuentas no son individuales; son_____.
2. 8:50: Sacan dinero del _____ automático.
3. 10:15: Van al Departamento de Vehículos. Eva llena una _____ para sacar su licencia para conducir (*driver's license*); la fecha y la _____.
4. 11:30: Van a la oficina de _____ y después de hacer _____ por unos cinco minutos mandan una carta _____ a La Paz. También envían un giro _____ y compran _____ para tres _____ postales.
5. 12:00: Van a buscar el coche que Rubén había _____ a dos _____ del correo.

### C. ¿Qué necesito o qué tengo que hacer?
Say what you need or what you have to do, according to each circumstance.

1. Quieres comprar un automóvil, pero no tienes dinero.
2. Quieres saber cuánto dinero tienes en el banco.
3. Quieres ahorrar dinero.
4. Quieres guardar (*to keep*) documentos muy importantes en el banco.
5. En la sucursal del banco no tienen lo que necesitas.
6. No puedes pagar con un cheque ni con tu tarjeta de crédito.

## Detalles culturales

En España y en la mayoría de los países latinoamericanos una persona debe tener por lo menos (*at least*) 18 años para obtener una licencia de conducir y los exámenes para obtenerla son muy difíciles.

◆ ¿A qué edad se puede obtener una licencia para conducir en este país?

**D.** **¿Qué necesita hacer?** With a partner, take turns saying what parts of the computer you need to use or what you need to do, according to each circumstance. Use **Necesito** (+ *infinitive*)... or **Necesito usar...**

1. You need to write a report on the computer.
2. You need to print the report.
3. You need to read your e-mails.
4. You need to save a résumé.
5. You need to use a computer during a plane trip.
6. You need to look something up on the Internet.

Miguel está comprando ropa por Internet. ¿Qué va a comprar?

## Pronunciación

**Pronunciation in context** In this lesson, there are some words or phrases that may be challenging to pronounce. Listen to your instructor and pronounce the following sentences.

1. Hoy, por **fin,** tiene un par de **horas** para hacer **diligencias.**
2. ¿Qué tengo que **hacer** para abrir una cuenta de **ahorros**?
3. ¿Quiere abrir una cuenta **individual** o una cuenta **conjunta**?
4. Quiero mandar esta carta a **La Paz, certificada.**
5. Trató de **recordar** dónde había **estacionado** su coche.

# Puntos para recordar

## 1. Past participles (*Los participios pasados*)

◆ In Spanish, regular past participles are formed by adding the following endings to the stem of the verb.

| -ar *verbs* | -er *verbs* | -ir *verbs* |
|---|---|---|
| habl- **ado** (*spoken*) | com- **ido** (*eaten*) | recib- **ido** (*received*) |

The following verbs have irregular past participles in Spanish.[1]

| | | | |
|---|---|---|---|
| abrir | **abierto** | poner | **puesto** |
| decir | **dicho** | romper | **roto** |
| escribir | **escrito** | ver | **visto** |
| hacer | **hecho** | volver | **vuelto** |
| morir | **muerto** | | |

**¡Atención!** The past participle of **ir** is **ido**.

◆ Past participles used as adjectives

In Spanish, most past participles can be used as adjectives. As such, they agree in number and gender with the nouns they modify.

| | |
|---|---|
| —¿**Las cartas** están **firmadas**? | *"Are the letters signed?"* |
| —Sí, ya están **firmadas** y **fechadas.** | *"Yes they are already signed and dated.* |
| —¿**Las ventanas** están **abiertas**? | *"Are the windows open?"* |
| —No, están **cerradas.** | *"No, they're shut."* |

## Práctica y conversación

### A. Participios pasados  Give the past participles of the following verbs.

1. decir
2. cerrar
3. hacer
4. beber
5. morir
6. poner
7. vivir
8. ver
9. recetar
10. volver
11. ir
12. tener
13. romper
14. abrir
15. parar
16. ser
17. escribir
18. buscar
19. leer
20. salir

**Online Study Center**

For more practice with lesson topics, see the related activities on the *¡Hola, amigos!* web site at college.hmco.com/PIC/holaamigos7e.

---

[1]Verbs ending in **-er** and **-ir** whose stem ends in a strong vowel require an accent mark on the **i** of the **-ido** ending: **leer, leído; oír, oído; traer, traído; creer, creído.**

**B. ¿Qué pasa?** With a partner, take turns completing the description of each illustration, using the verb **estar** and the appropriate past participle.

**1.** El coche _____ en la esquina (*corner*).

**2.** Los niños _____.

**3.** El restaurante _____.

**4.** La ventana _____.

**5.** La puerta _____.

**6.** La carta _____ en español.

**7.** Los vestidos _____ en México.

**8.** El cuaderno _____.

**9.** La señora _____ cerca de la ventana.

**C.** **Preguntas de un turista** With a partner, take turns answering a tourist's questions.

1. ¿Los bancos están abiertos a las ocho de la mañana?
2. Hoy es feriado, ¿están abiertas las tiendas?
3. ¿El correo ya está cerrado a las siete de la noche?
4. ¿Aquí todos los letreros (*signs*) están escritos en inglés?
5. ¿Dónde están hechos estos vinos?
6. ¿Los restaurantes están cerrados los domingos?

## 2. Present perfect tense (*Pretérito perfecto*)

◆ The present perfect tense is formed by using the present tense of the auxiliary verb **haber** with the past participle of the verb that expresses the action or state.

| Present Indicative of haber (*to have*)[1] | |
|---|---|
| he | hemos |
| has | habéis |
| ha | han |

| Formation of the Present Perfect Tense | | | |
|---|---|---|---|
| | *Present of* **haber** + | *Past Participle* | |
| yo | **he** | **hablado** | I have spoken |
| tú | **has** | **comido** | you (*fam.*) have eaten |
| Ud., él, ella | **ha** | **vuelto** | you (*form.*) have returned; he, she has returned |
| nosotros(as) | **hemos** | **dicho** | we have said |
| vosotros(as) | **habéis** | **roto** | you (*fam.*) have broken |
| Uds., ellos, ellas | **han** | **hecho** | you (*form., fam.*) have done, made; they have done, made |

◆ The present perfect tense is equivalent to the use in English of the auxiliary verb *have + past participle*, as in *I have spoken.*

—¿Nora **ha ido** al correo?   "*Has Nora gone to the post office?*"
—No, no **ha podido** ir.   "*No, she hasn't been able to go.*"

◆ Note that in Spanish, when the past participle is part of a perfect tense, its form does not vary for gender or number agreement.

Él **ha estacionado** aquí.   "*He has parked here.*"
Ella **ha estacionado** aquí.   "*She has parked here.*"

---

[1]Note that the English verb *to have* has two equivalents in Spanish: **haber** (used as an auxiliary verb) and **tener.**

◆ Unlike English, the past participle in Spanish is never separated from the auxiliary verb **haber.**

Ella **nunca ha hecho** nada.     *She **has never done** anything.*
Él **siempre ha escrito** las cartas     *He **has always written** the letters*
    en inglés.                        *in English.*

¿Sr. Soto? Hemos encontrado su coche.

## Práctica y conversación

**Online Study Center**

For more practice with lesson topics, see the related activities on the *¡Hola, amigos!* web site at college.hmco.com/PIC/holaamigos7e.

**A. Hoy llega mamá**   Mrs. Aranda is coming home today after a business trip. With a partner, take turns saying what everybody has done to get ready for her homecoming. Use the cues provided.

◆ **MODELO:** Viviana / preparar / comida
              *Viviana ha preparado la comida.*

1. El Sr. Aranda / lavar / coche
2. Jorge / barrer / garaje
3. Yo / sacudir / muebles
4. Tú / hacer / una torta
5. Los niños / poner / mesa
6. Andrés / comprar / rosas
7. Raquel / pasar/ aspiradora
8. Rolando y yo / traer / bebidas

**B. Entreviste a su compañero(a)**   Interview a classmate, using the following questions.

1. ¿Has ido al banco últimamente?
2. ¿Has pedido un préstamo recientemente?
3. ¿Has tenido que sacar dinero del cajero automático esta semana?
4. ¿Tus padres han abierto una cuenta conjunta contigo?
5. ¿Alguien te ha mandado tarjetas postales recientemente?
6. ¿Tú y tu familia han estado en Suramérica alguna vez (*ever*)?
7. ¿Dónde has estacionado tu coche hoy?
8. ¿Has llegado tarde a clase?

**C. Lo que hemos hecho**   In groups of three, discuss what you have done since yesterday. Include what you have eaten, whom you have seen and spoken to, and so on. Be prepared to report to the class something that all of you have done.

# 3. Past perfect (pluperfect) tense (*Pretérito pluscuamperfecto*)

♦ The past perfect tense is formed by using the imperfect tense of the auxiliary verb **haber** with the past participle of the verb that expresses the action or state.

| Imperfect of haber | |
|---|---|
| había | habíamos |
| habías | habíais |
| había | habían |

| Formation of the Past Perfect Tense | | | |
|---|---|---|---|
| | *Imperfect of* haber | + | *Past Participle* |
| yo | **había** | hablado | I had spoken |
| tú | **habías** | comido | you (*fam.*) had eaten |
| Ud., él, ella | **había** | vuelto | you (*form.*), he, she had returned |
| nosotros(as) | **habíamos** | dicho | we had said |
| vosotros(as) | **habíais** | roto | you (*fam.*) had broken |
| Uds., ellos, ellas | **habían** | hecho | you (*form., fam.*) had done, made; they had done, made |

♦ The past perfect tense is equivalent to the use in English of the auxiliary verb *had + past participle*, as in *I had spoken.*

In Spanish, as in English, this tense refers to actions, states, or events that were already completed before the start of another past action, state, or event.

—¿Uds. **habían estado** en Chile antes del año pasado?
*"**Had** you **been** in Chile before last year?"*

—No, nunca **habíamos estado** allí.
*"No, **we had** never **been** there."*

—¿Ricardo está aquí?
*"Is Ricardo here?"*

—Sí, cuando yo vine, él ya **había llegado.**
*"Yes, when I came, he **had** already **arrived.**"*

**Online Study Center**

For more practice with lesson topics, see the related activities on the *¡Hola, amigos!* web site at college.hmco.com/PIC/holaamigos7e.

## Práctica y conversación

**A. Minidiálogos** Complete the following exchanges with the past perfect of the verbs given.

1. —¿Qué _____ (hacer) el empleado?
   —Le _____ (traer) las estampillas.
2. —¿Tú ya _____ (ver) a Roberto?
   —Sí, yo ya _____ (hablar) con él.
3. —¿El niño _____ (romper) el florero?
   —Sí, y por eso tuve que comprar otro.

**4.** —Cuando papá vino a buscarnos, ¿Uds. ya _____ (ir) al correo?

—No, no _____ (ir) todavía.

**5.** —¿Qué _____ (decir) tu mamá?

—Que necesitaba su talonario de cheques.

**6.** —¿Adónde _____ (ir) Uds., a la casa central del banco?

—No _____ (ir) a una sucursal.

**7.** —¿Dónde _____ (poner) tú los documentos?

—Los _____ (poner) en la caja de seguridad.

**8.** —¿Qué le _____ (comprar) a Jorge Uds.?

—Le _____ (comprar) una computadora personal.

**B. Están de vuelta** Your parents just got back from a vacation. Say what everybody had done by the time they came back.

| | | |
|---|---|---|
| **1.** yo | **3.** mis hermanos | **5.** tú |
| **2.** mi amiga | **4.** mi tío y yo | **6.** Uds. |

**C. Antes de los 16** Find out which of the following things your partner had done before turning 16.

◆ MODELO: conducir
   —¿*Habías conducido antes de cumplir dieciséis años?*
   —*Sí (No),...*

| | | |
|---|---|---|
| **1.** abrir una cuenta corriente | **4.** vivir en otro país (*country*) |
| **2.** trabajar | **5.** estudiar un idioma |
| **3.** tener novio(a) | **6.** terminar la escuela secundaria |

## 4. Formal commands: *Ud.* and *Uds.* (*Mandatos formales:* Ud. *y* Uds.)

◆ The command forms for **Ud.** and **Uds.**[1] are formed by dropping the **-o** of the first-person singular of the present indicative and adding **-e** and **-en** for **-ar** verbs and **-a** and **-an** for **-er** and **-ir** verbs.

| Infinitive | First-Person Sing. Present Indicative | Stem | Commands Ud. | Uds. |
|---|---|---|---|---|
| habl**ar** | yo habl**o** | habl- | habl**e** | habl**en** |
| com**er** | yo com**o** | com- | com**a** | com**an** |
| abr**ir** | yo abr**o** | abr- | abr**a** | abr**an** |
| cerr**ar** | yo c**ie**rr**o** | c**ie**rr- | c**ie**rr**e** | c**ie**rr**en** |
| volv**er** | yo v**ue**lv**o** | v**ue**lv- | v**ue**lv**a** | v**ue**lv**an** |
| ped**ir** | yo p**i**d**o** | p**i**d- | p**i**d**a** | p**i**d**an** |
| dec**ir** | yo d**i**g**o** | d**i**g- | d**i**g**a** | d**i**g**an** |

—¿Con quién debo hablar?       *"With whom must I speak?"*
—**Hable** con el cajero.       *"**Speak** with the teller."*

—¿Cuándo debemos volver?       *"When must we come back?"*
—**Vuelvan** mañana.       *"**Come back** tomorrow."*

_____

[1]The command form for **tú** will be studied in **Lección 12.**

♦ The command forms of the following verbs are irregular.

|  | dar | estar | ser | ir |
|---|---|---|---|---|
| *Ud.* | **dé** | **esté** | **sea** | **vaya** |
| *Uds.* | **den** | **estén** | **sean** | **vayan** |

—¿Vamos al correo ahora?  *"Shall we go to the post office now?"*

—No, no **vayan** ahora; **vayan**  *"No, don't **go** now; **go** at two*
a las dos.  *o'clock."*

♦ With all direct *affirmative* commands, object pronouns are placed after the verb and are attached to it, thus forming only one word. With all *negative* commands, the object pronouns are placed in front of the verb.

—¿Dónde pongo las cartas?  *"Where shall I put the letters?"*
—**Póngalas** aquí; **no las ponga**  *"**Put them** here; **don't put them**
allí.  *there."*

**¡Atención!**  Note the use of the written accent in **póngalas**.

**Online Study Center**

For more practice with lesson topics, see the related activities on the *¡Hola, amigos!* web site at college.hmco.com/PIC/holaamigos7e.

# Práctica y conversación

**A. Instrucciones**  A bank employee must give the customers certain instructions. Following the model, change each sentence to the appropriate command.

♦ MODELO: Tiene que llenar la planilla.
*Llene la planilla.*

1. Tienen que fechar y firmar la planilla.
2. Tienen que hacer cola.

3. Tienen que estar aquí a las tres.
4. Tiene que hablar con el cajero.
5. Tiene que sentarse y esperar unos minutos.
6. Tiene que venir más tarde y traer el número de su cuenta.
7. Tiene que darle su nombre al gerente (*manager*).
8. Tiene que dejarme su número de teléfono.
9. Tienen que decirle que los cheques son gratis.
10. Tiene que volver mañana.

## B. Mamá (Papá) y nosotros   Two teenagers are helping their Mom (Dad) and asking what to do. Take the role of the parent and answer their questions. Use the command forms and the cues provided.

1. ¿Adónde vamos ahora? (al mercado)
2. ¿Qué compramos? (frutas)
3. ¿A quién le pedimos el dinero? (a su abuelo)
4. ¿Qué más traemos? (detergente)
5. ¿Qué coche llevamos? (el mío)
6. ¿A qué hora empezamos a cocinar? (a las tres)
7. ¿Qué hacemos de postre? (arroz con leche)
8. ¿Invitamos a cenar a Roberto o a Miguel? (Miguel)

## C. ¿Que sí o que no?   Andrés says yes to everything, while Ana always says no. With your partner, play the roles of Ana and Andrés. Answer each question as he or she would, using a formal command and a direct object pronoun to replace each direct object.

1. ¿Mando las cartas hoy? (Andrés)
2. ¿Compramos los sellos? (Ana)
3. ¿Traigo el talonario de cheques? (Ana)
4. ¿Compramos las tarjetas postales? (Andrés)
5. ¿Llamo a Rafael? (Andrés)
6. ¿Llamamos a nuestros amigos? (Ana)
7. ¿Mando el giro postal? (Andrés)
8. ¿Hacemos las diligencias hoy? (Ana)

## D. A mi secretaria   Using commands, tell your secretary to do the following tasks.

1. *Escribirles* al Dr. López y al Dr. Smith. *Escribirle* al Dr. López en español y *escribirle* al Dr. Smith en inglés. *Decirles* que los documentos ya están listos. *Mandarles* las cartas hoy.
2. *Comprarle* (a él) papel y lápices.
3. *Darle* al Sr. Gómez su número de teléfono, pero no *darle* su dirección.
4. *No hablarles* a los empleados del nuevo horario.
5. *Llevarle* las planillas al Sr. Soto, pero *no llevarle* los cheques.
6. *No decirle* a la Sra. Castro que los cheques son gratis.

## E. Una nota   You and your partner are going to be gone for a few days, and you have two very irresponsible roommates. Write them a note telling them four things to do and four things not to do in your absence.

# Entre nosotros

## ¡Conversemos!

**Para conocernos mejor** Get to know your partner better by asking each other the following questions.

1. ¿En qué banco tienes tu cuenta de ahorros? ¿Y tu cuenta corriente?
2. ¿Usas el cajero automático a veces?
3. Cuando compras algo, ¿pagas en efectivo o con cheque?
4. ¿Vas a depositar dinero en tu cuenta de ahorros mañana?
5. ¿Tienes tu talonario de cheques contigo?
6. ¿Tú sabes cuál es el saldo de tu cuenta corriente?
7. ¿Tienes tus documentos importantes en una caja de seguridad?
8. Cuando vas al correo, ¿a veces tienes que hacer cola?
9. ¿Envías muchas tarjetas de Navidad (*Christmas*)?
10. ¿Usas microcomputadora o computadora personal?
11. ¿Navegas mucho la Red?
12. ¿Cuántos mensajes electrónicos recibes al día?

**Una encuesta** Interview your classmates to identify who fits the following descriptions. Include your instructor, but remember to use the **Ud.** form when addressing him or her.

Nombre

1. Hace sus diligencias los sábados.
2. A veces manda giros postales.
3. A veces envía cartas certificadas.
4. Recuerda su número de Seguro Social (Social Security).
5. Piensa abrir una cuenta en el banco.
6. Tiene un buen plan de ahorros.
7. Necesita ahorrar más.
8. Tiene una cuenta conjunta.
9. Siempre manda tarjetas postales cuando viaja (he/she travels).
10. Deposita dinero en el banco todos los meses.

**Y ahora...** Write a brief summary, indicating what you have learned about your classmates.

## ¿Cómo lo decimos?
What would you say in the following situations? What might the other person say? Act out the scenes with a partner.

1. Ask for the necessary information to open a savings account.
2. You need to cash a check. Tell the teller how much you want to deposit in your checking account, and how much cash you want.
3. You are in Asunción, and you need to send some letters and postcards to the United States. Tell the employee what you need.
4. You are teaching a computer class for beginners. In Spanish, identify the parts of a computer for your students.
5. You are at a computer lab at closing time. Tell the attendant three things you need to do before you leave.

## ¿Qué dice aquí?
Read the following ad, and answer the questions that follow.

**El Banco Nacional le ofrece ahora:**

¡GRATIS!

- Cuenta corriente gratis
- Cheques gratis con un depósito mínimo de 10.000 guaraníes
- Uso del cajero automático gratis
- Depósito automático de sus cheques en su cuenta corriente o de ahorros
- Pago de sus cuentas sin cargos adicionales

*Para más información visite nuestra nueva sucursal en*

**Calle Palma #324**
**¡Lo esperamos!**

**BANCO NACIONAL**

---

**Un dicho**

*El tiempo es oro (gold).*

As you can see, time is important in both cultures. Next time someone is wasting time you can quote this saying in Spanish.

1. ¿Cuánto hay que pagar por tener una cuenta corriente?
2. ¿Cuánto se debe tener depositado para recibir los cheques gratis?
3. ¿Cuánto cobra el banco por el uso del cajero automático?
4. ¿En qué tipos de cuentas se pueden depositar los cheques automáticamente?
5. ¿Que otro servicio ofrece gratis el banco?
6. ¿Dónde se puede obtener más información sobre los servicios que da el banco?
7. ¿Cómo se llama el banco? ¿Cuál es la dirección de la nueva sucursal?

## Para escribir

**En el banco** Write about your banking practices. Mention . . .

1. the name of your bank and types of accounts you have.
2. the interest (**interés**) your bank pays.
3. whether you need to pay for the checks or if they are free.
4. whether you pay for purchases by check or by a credit card.
5. whether you save money, and why.

# Lectura

## Estrategia de lectura
Make a list of some aspects of English that make it difficult to learn as a second language. Think about some of the problems that Spanish-speaking students might face.

## Vamos a leer
As you read the story, find the answers to the following questions.

1. ¿Qué deletrea (*spell*) un inglés cuando se presenta?
2. Según el autor, ¿de cuántas maneras puede escribirse una palabra?
3. ¿Es más difícil el deletreo cuando se hace por teléfono?
4. ¿Qué se puede decir como tesis fundamental?
5. ¿Cuál es el título de su libro en español? ¿Y en inglés?
6. Cuando Arciniegas habla de su libro en inglés, nadie sabe si él escribió un nocturno o un libro de caballería. ¿Por qué?
7. ¿Cómo anunciaron un día una conferencia de Arciniegas en el periódico?
8. Para el autor, ¿dónde está la dificultad del inglés?
9. ¿Qué dice Arciniegas de las vocales?
10. ¿Qué causa el esfuerzo que un hispanohablante realiza para producir "eres" o "eses"?
11. ¿Qué deja en el rostro?
12. ¿Qué explicación les da siempre el autor a sus colegas?

---

*Germán Arciniegas (1900–1999) es uno de los escritores colombianos más distinguidos. Sus brillantes ensayos° se centran en la cultura, la sociología, la historia, el arte y la literatura de su país y de toda Latinoamérica. Su estilo es ligero° y ágil. Su famosa biografía,* El caballero de El Dorado *(1942), sobre la vida° de Gonzalo Jiménez de Quesada, conquistador de Colombia y fundador de Bogotá, es una de las mejor escritas° en este continente. Muchos de sus libros han sido traducidos al inglés.*

*essays*

*light*

*life*

*written*

---

# Video

# Lecciones de inglés
## (*Adaptado*)

### GERMÁN ARCINIEGAS

Un inglés que en algo se estima° se presenta de esta manera: "Soy Mr. John Nielsen, Ene-i-e-ele-ese-e-ene". Esto es porque en inglés se supone que una palabra se pronuncia de un modo —cosa que no es exacta— pero que en todo caso puede escribirse de mil maneras. Aun el deletreo° puede no ser suficientemente claro, principalmente si se hace por teléfono. En este caso lo más discreto y usual es decir: "Mr. Arciniegas, *A* como en Argentina, *R* como en Rusia, *C* como en Colombia, *I* como en Irlanda..." De esta manera, siendo el idioma de Shakespeare tan conciso, un apellido puede extenderse indefinidamente.

    Las confusiones no quedan limitadas a los apellidos. Como tesis fundamental usted puede decir que toda palabra inglesa es un jeroglífico. Yo tengo un libro que, en la edición española, se llama *El caballero° de El Dorado.* Aquí, *The Knight of El Dorado.* Pero como en inglés "noche" y "caballero" se pronuncian de un mismo modo°, cuando estoy hablando de mi libro nadie sabe si escribí un nocturno° o una obra de caballería°. En la cubierta de este libro aparece la siguiente advertencia°: "Germán Arciniegas (se pronuncia *Hairmáhn Ar-seen-yay-gus*)". La advertencia es indispensable.

    Pero si el lector° quiere saber más sobre los problemas de mi apellido en este país, puedo informarle que un día en el periódico anunciaron una conferencia mía así: "Hoy da una conferencia sobre la América Latina el doctor *Arthur Nagus*".

    La dificultad del inglés está en la emisión de los sonidos. Cuando uno se da cuenta° de que cada letra de las vocales se pronuncia de cuatro o cinco modos distintos, desfallece°. El esfuerzo que uno realiza para producir "eres" o "eses" no sólo causa una gran fatiga a quienes estamos acostumbrados al español, sino que deja en el rostro° una impresión de dolor o de gran torpeza°. Yo siempre les doy esta explicación a mis colegas: "Yo no soy bobo; es que no sé inglés".

*que... who has some self esteem*

*spelling*

*knight*

*way*
*nocturne / chivalry*
*warning*

*reader*

*se... realizes*
*one faints*

*face, stupidity*

**Díganos**   Answer the following questions, based on your own thoughts and experience.

1. ¿Sabe usted deletrear en español?
2. ¿Qué cree usted que es lo más difícil en español? ¿Pronunciar las palabras? ¿Conjugar verbos? ¿Escribir?
3. ¿Qué problemas tiene usted para aprender español?
4. ¿Usted tiene que realizar un gran esfuerzo para hablar español?
5. ¿Cuánto tiempo hace que usted empezó a estudiar español? ¿Lo practica frecuentemente?
6. ¿Usted piensa continuar estudiando español?

## Un día funesto

Marisa, Teresa y Pablo han tenido un día difícil en el que todo les fue mal (*went badly for them*). ¿Qué van a hacer? Los tres están demasiado cansados. ¿Encuentran una solución...?

# El mundo hispánico

## Ecuador

- Ecuador debe su nombre a su posición geográfica. El país está situado justamente sobre la línea del ecuador. Su territorio, incluidas las islas Galápagos, es un poco menor que el de Nevada, y su población es de unos 13,5 millones de habitantes.

- Debido a la inestabilidad del sucre, su antigua moneda, en septiembre de 2000 el país adoptó el dólar de Estados Unidos como su moneda oficial.

- Quito, la capital de Ecuador, está situada en las laderas (*hillsides*) del volcán Pichincha, a más de 9.000 pies de altura sobre el nivel del mar. Por eso, aunque la ciudad está muy cerca de la línea del ecuador, su clima es templado (*mild*) y agradable. Quito es la capital más antigua de América del Sur, y todavía mantiene su aspecto colonial, con sus calles estrechas (*narrow*) y sus viejas iglesias.

▲ Estas enormes tortugas les dieron nombre a las famosas Islas Galápagos.

- A 22 millas de Quito, cerca de la villa de San Antonio, está el monumento La Mitad del Mundo, que marca el sitio exacto por donde pasa la línea del ecuador.

- Las islas Galápagos, situadas frente a las costas de Ecuador, son una de las zonas ecológicas mejor conservadas del mundo. Charles Darwin hizo la mayor parte de sus estudios sobre la evolución de las especies en estas islas.

## Perú

- Perú es el tercer país más grande de Suramérica. Su territorio es un poco menor que el de Alaska, y su población es de unos 28 millones de habitantes. La moneda del país es el nuevo sol. La principal fuente de ingreso del país continúa siendo la industria pesquera.

- Entre los animales típicos de la fauna de Perú están las llamas, alpacas y vicuñas. De su lana dependen muchas de las artesanías del país. La llama, además, se usa como animal de carga y para el transporte.

▲ Machu Picchu es el más conocido de los símbolos del Imperio Inca.

- Las principales atracciones turísticas del país son Cuzco, la antigua capital de los incas, y las impresionantes ruinas de Machu Picchu, situadas en las montañas cerca de Cuzco a una altura de 2.350 metros. Machu Picchu fue una fortaleza incaica que después de la conquista quedó perdida hasta 1911, cuando fue descubierta por el arqueólogo norteamericano Hiram Bingham.

- La capital de Perú es Lima. En esta ciudad se encuentra la Universidad de San Marcos, que es la más antigua de Suramérica.

*Online Study Center*

For more practice with lesson topics, see the related activities on the *¡Hola, amigos!* web site at college.hmco.com/PIC/holaamigos7e.

240 doscientos cuarenta ◆ Unidad 5

## Bolivia

▲ La plaza del estudiante en La Paz, Bolivia

◆ Bolivia, llamada así en honor del Libertador Simón Bolívar, es un país de superlativos. Tiene la capital (La Paz), el aeropuerto y el lago navegable más altos del mundo, y unas de las ruinas más antiguas. En realidad, La Paz es una de las dos capitales de Bolivia; la otra es Sucre. La Paz, situada a 12.000 pies de altura, es la capital administrativa, y Sucre, la capital política. El lago Titicaca está a 12.500 pies de altura y es, después del lago Maracaibo, el segundo más grande de América del Sur. El país es tan grande como los estados de California y Texas juntos, pero apenas puede explotar sus riquezas naturales porque no tiene salida al mar y su territorio es muy montañoso.

◆ Los indios quechua y aymará, que constituyen más de la mitad de su población, mantienen su cultura y sus lenguas tradicionales. El resto de la población lo constituyen las personas de ascendencia europea (un 15% de la población) y los mestizos producto de la integración de las razas indígenas y europeas. La mayor parte de los habitantes del país vive en el altiplano (*plateau*).

◆ Bolivia es uno de los más atractivos destinos turísticos por sus bellísimos paisajes andinos, que le han valido el nombre de "el Tibet de América", y por las ruinas doblemente milenarias de Tiahuanaco.

## Paraguay

◆ Paraguay es casi tan grande como el estado de California, pero su población es de menos de 6 millones de habitantes. La mayoría de los paraguayos hablan dos idiomas: el español y el guaraní.

◆ Paraguay es un país principalmente agrícola y su economía depende de sus bosques y sus fértiles tierras (*lands*). Sin embargo, desde la construcción de la planta hidroeléctrica de Itaipú, el país ha comenzado a industrializarse. Itaipú, la mayor planta hidroeléctrica del mundo, obra del esfuerzo conjunto de Brasil y Paraguay, ha hecho de este país el mayor exportador de energía hidroeléctrica.

▲ El Panteón de los Héroes, en Asunción, Paraguay

◆ Al igual que Bolivia, Paraguay no tiene salida al mar, pero tiene más de 1.800 millas de ríos navegables, que son sus principales vías de transporte. En la frontera de Paraguay, Argentina y Brasil están las famosas cataratas de Iguazú, nombre guaraní que significa "agua grande".

◆ Asunción, la capital de Paraguay, es también su principal puerto. Es una ciudad de más de dos millones de habitantes en la que se mezclan los edificios coloniales con modernas construcciones.

**Comentarios...** With a partner, discuss, in Spanish, what impressed you the most about these four countries, and compare them to your own. Which places do you want to visit and why?

# Tome este examen

## Lección 9

### A. Some uses of *por* and *para*  Complete each sentence, using **por** or **para.**

1. El vestido es _____ ti, mamá.
2. ¿Cuánto pagaron _____ los aretes?
3. Yo no trabajo _____ la mañana.
4. Los chicos salieron _____ la puerta principal.
5. Ellos fueron al club nocturno _____ bailar.
6. Necesito la falda _____ mañana _____ la tarde.
7. El sábado salimos _____ Lima. Vamos _____ avión (*airplane*). Vamos a estar allí _____ una semana.
8. En ese hotel cobran 100 dólares _____ noche.

### B. Weather expressions  Complete each sentence with the appropriate word(s).

1. En verano _____ mucho _____ en Texas.
2. En invierno en Denver _____ mucho _____ y _____ mucho.
3. En Oregón _____ todo el año.
4. Hoy no hay vuelos (*flights*) porque _____ mucha _____.
5. Necesito la sombrilla porque _____ mucho _____.

### C. The preterit contrasted with the imperfect  Complete each sentence, using the preterit or the imperfect tense of the verbs in parentheses.

1. Ayer nosotros _____ (celebrar) nuestro aniversario.
2. _____ (Ser) las cuatro de la tarde cuando yo _____ (salir) del restaurante. _____ (Llegar) a mi casa a las cinco.
3. El mozo me _____ (decir) que la especialidad de la casa _____ (ser) cordero y yo lo _____ (pedir).
4. Cuando Raúl _____ (ser) pequeño _____ (vivir) aquí.
5. Jorge _____ (estar) en el café cuando yo lo _____ (ver).
6. Ella no _____ (ir) a la fiesta anoche porque _____ (estar) muy cansada. _____ (Preferir) quedarse en su casa.
7. Ayer yo _____ (hacer) las reservaciones.
8. Nosotros _____ (estar) almorzando cuando tú _____ (llamar).

## D. *Hace...* meaning *ago*   Indicate how long ago everything took place.

1. Llegué a las seis. Son las nueve.
2. Ellos vinieron en marzo. Estamos en julio.
3. Empecé a trabajar a las dos. Son las dos y media.
4. Terminaron el domingo. Hoy es viernes.
5. Llegaste en 1998. Estamos en el año 2008.

## E. Possessive pronouns   Complete each sentence, giving the Spanish equivalent of the word in parentheses.

1. Mi vestido es mejor que _____, María.   (*yours*)
2. Las camisas azules son _____.   (*mine*)
3. Yo voy a invitar a mis amigos. ¿Tú vas a invitar a _____?   (*yours*)
4. Estos zapatos son _____.   (*ours*)
5. Mi abuelo es de México. _____ es de Cuba.   (*Theirs*)
6. Ese libro no es _____; es _____.   (*mine / hers*)

## F. Vocabulary   Complete the following sentences, using vocabulary from **Lección 9.**

1. Estos zapatos no son caros, son muy _____.
2. Voy a la _____ para comprar unas sandalias.
3. Estudia en la _____ de medicina.
4. Necesito un _____ de botas.
5. Necesito una camisa de _____ largas.
6. ¿En que puedo _____, Srta.?
7. Este traje no está de _____ ahora.
8. No me gusta andar _____. Siempre uso zapatos.
9. Voy a comprar ropa porque no tengo nada que _____.
10. Los aretes me costaron un _____ de la _____.
11. ¿Qué número _____ Ud.?
12. El clima de este país no es seco, es _____.

## G. Culture   Complete the following sentences, based on the cultural notes you have read.

1. En los países hispanos se usa el sistema _____ decimal.
2. La moneda de Perú es el _____.

## Lección 10

### A. Past participles  Complete each sentence, using the past participle of the verb in parentheses.

1. Las puertas están _____.  (cerrar)
2. La oficina está _____.  (abrir)
3. El florero está _____.  (romper)
4. Los niños están _____.  (dormir)
5. Las cartas están _____ en italiano.  (escribir)
6. La cena ya está _____.  (hacer)

### B. Present perfect tense  Complete each sentence, using the present perfect of the verb in parentheses.

1. El cajero no _____.  (llegar)
2. Yo _____ los vasos.  (romper)
3. Ellos no _____ las cartas.  (traer)
4. Como los niños no _____, nosotros no _____ salir.  (volver / poder)
5. Ellos _____ en el accidente.  (morir)
6. Tú se lo _____ antes.  (decir)

### C. Past perfect (Pluperfect) tense  Indicate what had taken place by the time Ana arrived home, using the past perfect tense.

Ana llegó a su casa a las diez.

1. Los chicos volvieron a casa.
2. Yo firmé la planilla.
3. Tú hiciste los cheques.
4. Nosotros escribimos las cartas.
5. Carlos puso el dinero en su cuenta.
6. Uds. fueron al banco.

### D. Formal commands  Complete each sentence, using the command form of the verb in parentheses. Use the **Ud.** or **Uds.** form, as needed.

1. _____ a su esposa, Sr. García.  (Llamar)
2. _____, Sr. Vega.  (Caminar)
3. _____ en seguida, señoritas.  (Salir)
4. _____ aquí a las dos, señora.  (Estar)
5. No _____ ahora, Sr. Sosa.  (venir)
6. _____ a la izquierda, señores.  (Ir)
7. No _____ Ud. ahora.  (hacerlo)
8. Señor, no _____ su número de teléfono.  (dar)
9. Chicos, _____ buenos, por favor.  (ser)
10. _____ aquí. Srta. Pérez.  (Ponerla)

## E. Vocabulary
Complete the following sentences, using vocabulary from **Lección 10.**

1. Ud. debe _____ y _____ esta planilla.
2. ¿Cuánto dinero va a _____ en su cuenta?
3. El banco no está _____ hoy, porque es un día _____.
4. Quiero saber cuál es el _____ de mi cuenta corriente.
5. Mi esposa y yo queremos abrir una cuenta de ahorros _____.
6. Estacioné mi coche a dos _____ de aquí.
7. Tengo que hacer _____ porque hay mucha gente en el banco.
8. Necesito mi _____ de cheques.
9. No tengo mi dinero en el banco central, sino en una _____.
10. Ellos van a sacar dinero del _____ automático.
11. Necesito dinero. Voy a solicitar un _____ en el banco.
12. No quiero pagar con cheque, prefiero pagar en _____.
13. Tengo mis documentos en una _____ de seguridad.
14. Necesito comprar _____ para estas cartas.
15. Hoy tengo que hacer muchas _____.

## F. Culture
Complete the following sentences, based on the cultural notes you have read.

1. Las islas _____ son una de las zonas ecológicas mejor conservadas.
2. Machu Picchu y _____ son las principales atracciones turísticas de Perú.
3. Bolivia tiene dos capitales: La Paz y _____.
4. En Paraguay está _____, la mayor planta hidroeléctrica del mundo.

# Unidad

# 6

## Objetivos

### Lección 11

- handle routine travel arrangements
- discuss tour features and prices
- request information regarding stopovers, plane changes, gate numbers, and seating
- express feelings and reactions

### Lección 12

- register at a boarding house, discuss room prices, accommodations, and service
- tell others what to do
- describe needs and wants
- ordinal numbers

Situado entre lagos, ríos y glaciares, está el hotel Llao Llao en Bariloche, Argentina.

# De vacaciones

**Lección 11**
¡Buen viaje!

**Lección 12**
¿Dónde nos hospedamos?

## Argentina

El obelisco en la famosa Avenida 9 de Julio en Buenos Aires, Argentina

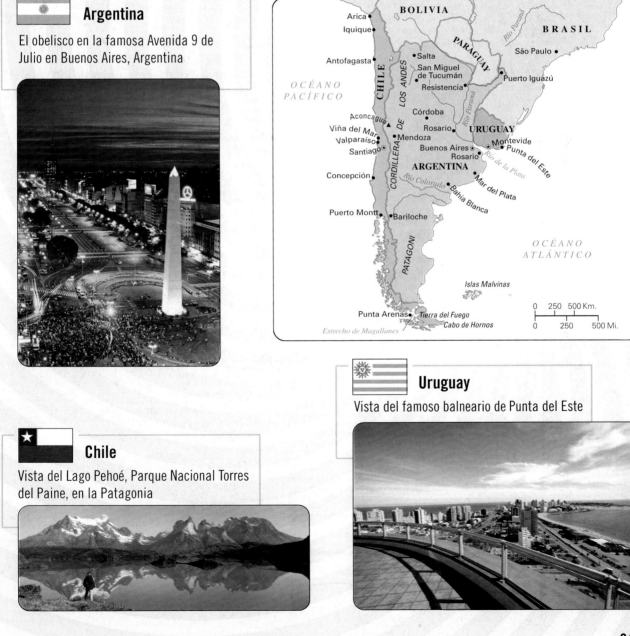

BOLIVIA

BRASIL

Arica
Iquique

PARAGUAY

Río Paraná

Antofagasta

Salta
San Miguel de Tucumán
Resistencia

São Paulo

Puerto Iguazú

OCÉANO PACÍFICO

CHILE

CORDILLERA DE LOS ANDES

Córdoba

Aconcagua

Viña del Mar
Valparaíso
Santiago

Rosario

Mendoza

URUGUAY

Montevide
Punta del Este

Buenos Aires
Rosario

ARGENTINA

Río de la Plata

Concepción

Río Colorado

Mar del Plata

Bahía Blanca

Puerto Montt

Bariloche

OCÉANO ATLÁNTICO

PATAGONI

Islas Malvinas

| 0 | 250 | 500 Km. |
| 0 | 250 | 500 Mi. |

Punta Arenas
Estrecho de Magallanes
Tierra del Fuego
Cabo de Hornos

## Uruguay

Vista del famoso balneario de Punta del Este

## Chile

Vista del Lago Pehoé, Parque Nacional Torres del Paine, en la Patagonia

# Lección 11 ◆ ¡Buen viaje!

*Héctor Rivas y su esposa Sofía Vargas viven en Santiago, la capital de Chile. Ahora están planeando sus vacaciones de verano. No pueden ponerse de acuerdo porque ella quiere pasar un mes en Viña del Mar, y él quiere ir a Buenos Aires y a Mar del Plata.*

**Héctor** Espero que hoy podamos decidir lo que vamos a hacer, porque tenemos que ir a la agencia de viajes para comprar los pasajes.

**Sofía** Yo te sugiero que averigües lo que cuestan dos pasajes de ida y vuelta a Buenos Aires, por avión. Podemos ahorrar dinero si vamos a Viña del Mar en coche...

**Héctor** ¡Pero hemos estado en Viña del Mar muchas veces! ¡Estoy empezando a cansarme de hacer siempre lo mismo!

**Sofía** ¡Y yo temo que el viaje a Buenos Aires nos cueste mucho dinero!

**Héctor** Yo busqué información en Internet. Hay paquetes que incluyen vuelo directo a Buenos Aires, hotel y algunas excursiones.

**Sofía** Siento no poder compartir tu entusiasmo, querido, pero viajar a otro país es complicado... Necesitamos pasaporte...

**Héctor** Eso no es problema. Un momento... ¿Es porque no quieres viajar en avión?

**Sofía** Bueno... en parte... un poco.

**Héctor** ¡Pero, mi amor! Sólo necesitas que tu médico te dé alguna pastilla para los nervios.

**Sofía** Está bien, pero te pido que me dejes pensarlo antes de tomar una decisión.

## Detalles culturales

Viña del Mar es el más conocido de los balnearios (*resorts*) de Chile, y uno de los centros turísticos más populares de Suramérica. Allí hay numerosas playas, parques, hoteles y casinos. La ciudad es también un centro comercial e industrial importante.

◆ **¿Cuál es un famoso balneario de su país?**

*Sofía decidió ir a Buenos Aires en avión. El día del viaje, hablan con el agente de la aerolínea en el aeropuerto.*

| | |
|---|---|
| Agente | ¿Qué asientos desean? ¿De ventanilla o de pasillo? |
| Héctor | Dos asientos juntos. |
| Sofía | Cerca de la salida de emergencia. |
| Héctor | El avión no hace escala, ¿verdad? |
| Agente | No, señor. ¿Cuántas maletas tienen? |
| Sofía | Cinco maletas y dos bolsos de mano. |
| Agente | Tienen que pagar exceso de equipaje. |
| Héctor | Pero, Sofía, ¿has puesto toda nuestra ropa en las maletas? |
| Sofía | ¡Es que no sabía qué llevar! |
| Agente | La puerta de salida es la número tres. ¡Buen viaje! |

EXCESO DE EQUIPAJE

*En la puerta número tres.*

"Última llamada para los pasajeros del vuelo 340 a Buenos Aires. Suban al avión, por favor."

*Héctor y Sofía le dan las tarjetas de embarque a la auxiliar de vuelo, suben al avión y ponen los bolsos de mano en el compartimento de equipajes.*

| | |
|---|---|
| Sofía | Tenemos que abrocharnos el cinturón de seguridad. ¡Espero que el piloto tenga mucha experiencia! |

# ¿Recuerda usted?

## ¿Verdadero o falso?
With a partner, decide whether the following statements about the dialogue are true (**verdadero**) or false (**falso**).

1. Sofía quiere pasar las vacaciones en Chile. ☐ V ☐ F
2. Héctor piensa comprar los pasajes por Internet. ☐ V ☐ F
3. Sofía dice que es más barato viajar en coche. ☐ V ☐ F
4. Héctor y Sofía han pasado muchas vacaciones en Viña del Mar. ☐ V ☐ F
5. A Sofía le encanta viajar en avión. ☐ V ☐ F
6. Héctor y Sofía quieren dos asientos de ventanilla. ☐ V ☐ F
7. El vuelo a Buenos Aires es directo. ☐ V ☐ F
8. Héctor y Sofía viajan con poco equipaje. ☐ V ☐ F
9. Héctor y Sofía no llevan bolsos de mano. ☐ V ☐ F
10. Sofía espera que el piloto sepa lo que está haciendo. ☐ V ☐ F

## Y ahora... conteste
Answer these questions, basing your answers on the dialogue.

1. ¿Dónde quiere pasar sus vacaciones Héctor?
2. ¿De qué está empezando a cansarse Héctor?
3. ¿Qué incluyen los paquetes?
4. ¿Qué puede tomar Sofía para viajar en avión?
5. En el avión, ¿dónde quiere sentarse Sofía?
6. ¿Qué tienen que pagar Héctor y Sofía?
7. ¿Cuál es el número del vuelo?
8. ¿Qué le dan Héctor y Sofía a la auxiliar de vuelo?

# Para hablar del tema: Vocabulario

**Online Study Center**

For more practice with lesson topics, see the related activities on the *¡Hola, amigos!* web site at college.hmco.com/PIC/holaamigos7e.

## Cognados

la aerolínea
el aeropuerto
la agencia
el (la) agente
la capital
complicado(a)
directo(a)

la emergencia
el entusiasmo
la experiencia
la información
los nervios
el pasaporte
el piloto

## Nombres

el compartimiento de equipaje
el (la) auxiliar de vuelo*
el equipaje
el avión
el bolso de mano
el pasajero
la maleta*
el asiento de pasillo
el asiento de ventanilla
la salida de emergencia

la agencia de viajes   travel agency
la excursión  tour
la llamada  call
el (la) médico(a)  medical doctor, MD
el país  country, nation
el paquete  package
el pasaje*  ticket
———— de ida  one-way ticket
———— de ida y vuelta  round-trip ticket
la pastilla  pill
la puerta de salida  gate
la salida  exit
la tarjeta de embarque*  boarding pass
el viaje  trip
el vuelo  flight

querido(a)  dear

## Verbos

| | |
|---|---|
| **ahorrar**  to save | **sentir** (e>ie)  to regret |
| **averiguar**  to find out | **subir, abordar**  to board |
| **cansarse**  to get tired | **sugerir** (e>ie)  to suggest |
| **compartir**  to share | **temer**  to fear, to be afraid |
| **dejar**  to let | **viajar**  to travel |
| **incluir**  to include | |

## Otras palabras y expresiones

**abrocharse el cinturón de seguridad**  to fasten the seat belt

**¡Buen viaje!**  Have a good trip!

**en parte**  in part

**exceso de equipaje**  excess luggage

**hacer escala**  to make a stop over

**lo mismo**  the same thing

**ponerse de acuerdo**  to come to an agreement, to agree upon

**tomar una decisión**  to make a decision

**¿verdad?**  right?

# Amplíe su vocabulario

## Más sobre los viajes

**¿A cuánto está el cambio de moneda?**  What's the rate of exchange?

**cancelar**  to cancel

**el cheque de viajero**  traveler's check

**(de) clase turista**  tourist class

**confirmar**  to confirm

**crucero**  cruise

**la lista de espera**  waiting list

**los lugares de interés**  places of interest

**el maletín**  small suitcase, hand luggage

**(de) primera clase**  first class

### De país a país

**la auxiliar de vuelo**  la azafata (*Esp.*)

**la maleta**  la valija (*Cono Sur*) el veliz (*Méx.*)

**el pasaje**  el billete (*Esp.*)

**la tarjeta de embarque**  la tarjeta de embarco (*Arg.*)

# Para practicar el vocabulario

**A. Preguntas y respuestas** With a partner, match the questions in column *A* with the answers in column *B*.

| A | B |
|---|---|
| 1. ¿Dónde compraste los pasajes? | a. A la auxiliar de vuelo. |
| 2. ¿Es un vuelo directo? | b. Estas pastillas. |
| 3. ¿Quieres un asiento de pasillo? | c. No sé, voy a averiguar. |
| 4. ¿Qué te dio el médico? | d. No, hace escala. |
| 5. ¿Tienen que pagar exceso de equipaje? | e. En el compartimiento de equipaje. |
| 6. ¿A qué país van a viajar? | f. Abrocharse el cinturón. |
| 7. ¿A quién le doy la tarjeta de embarque? | g. No, no se pusieron de acuerdo. |
| 8. ¿Dónde pongo el bolso de mano? | h. Sí, tienen cinco maletas. |
| 9. ¿Qué deben hacer los pasajeros? | i. A Chile. |
| 10. ¿Cuál es la puerta de salida? | j. En la agencia de viajes. |
| 11. ¿Tomaron una decisión? | k. No, de ventanilla. |
| 12. ¿A qué hora sale el avión? | l. La número cuatro. |

**B. ¿Qué hago? ¿Adónde voy?** Complete the following sentences.

1. Van a _____ el vuelo porque hay mucha niebla.
2. Los pasajes de _____ clase son más caros.
3. ¿Cuáles son los _____ de interés en la ciudad donde Ud. vive?
4. Vamos a viajar. Tenemos que _____ la reservación del hotel.
5. ¿A cómo está el _____ de _____?
6. ¿Vas a llevar tu tarjeta de crédito o vas a llevar cheques de _____?
7. No tenemos mucho dinero. Vamos a viajar en clase _____.
8. Solamente puede llevar un _____ con Ud. en el avión.
9. Este verano vamos a hacer un _____ por el Caribe.
10. No hay pasaje para hoy pero podemos ponerlo en la lista de _____.

**C. Definiciones** Write the words or phrases that correspond to the following.

1. Delta, Continental
2. Allí tomamos el avión.
3. decidir
4. que no hace escala
5. Argentina, por ejemplo
6. maletas y bolsos de mano
7. subir
8. dar una sugerencia
9. lo que le decimos a una persona que va a viajar
10. donde ponemos el bolso de mano durante el vuelo

**D. En la agencia de viajes** With a partner, play the roles of a travel agent and someone getting a round-trip-ticket to Buenos Aires. The "traveler" asks pertinent questions, talks about date of travel, and reserves a seat.

¿A qué ciudad suramericana van los pasajeros de este avión? ¿A qué hora llegan? ¿Qué quieren hacer allí?

## Pronunciación

### Pronunciation in context

In this lesson, there are some words or phrases that may be challenging to pronounce. Listen to your instructor and pronounce the following sentences.

1. Tenemos que ir a la **agencia de viajes** para comprar los **pasajes.**
2. Yo te **sugiero** que **averigües** lo que cuestan dos pasajes de ida y vuelta.
3. Hay **paquetes** que **incluyen** vuelo directo a Buenos Aires, hotel y algunas **excursiones.**
4. El día del viaje, hablan con el **agente** de la **aerolínea** en el **aeropuerto.**
5. **Héctor** y Sofía le dan las tarjetas a la **auxiliar** de vuelo.

# Puntos para recordar

## 1. Introduction to the subjunctive mood
### (*Introducción al modo subjuntivo*)

Until now, you have been using verbs in the indicative mood. The indicative is used to express factual, definite events. By contrast, the subjunctive is used to reflect the speaker's feelings or attitudes toward events, or when the speaker views events as uncertain, unreal, or hypothetical. Because expressions of volition, doubt, surprise, fear, and the like all represent reactions to the speaker's perception of reality, they are followed in Spanish by the subjunctive.

### Forms (*Formas*)

◆ Present subjunctive forms of regular verbs

To form the present subjunctive, add the following endings to the stem of the first-person singular of the present indicative, after dropping the **o.** Note that the endings for the **-er** and **-ir** verbs are identical.

| -ar *verbs* | -er *verbs* | -ir *verbs* |
|---|---|---|
| habl- **e** | com- **a** | viv- **a** |
| habl- **es** | com- **as** | viv- **as** |
| habl- **e** | com- **a** | viv- **a** |
| habl- **emos** | com- **amos** | viv- **amos** |
| habl- **éis** | com- **áis** | viv- **áis** |
| habl- **en** | com- **an** | viv- **an** |

The following table shows how to form the first-person singular of the present subjunctive.

| Verb | First-Person Sing. (Indicative) | Stem | First-Person Sing. (Subjunctive) |
|---|---|---|---|
| hab**lar** | hablo | habl- | habl**e** |
| aprend**er** | aprendo | aprend- | aprend**a** |
| escrib**ir** | escribo | escrib- | escrib**a** |
| conoc**er** | conozco | conozc- | conozc**a** |
| dec**ir** | digo | dig- | dig**a** |
| hac**er** | hago | hag- | hag**a** |
| tra**er** | traigo | traig- | traig**a** |
| ven**ir** | vengo | veng- | veng**a** |

# Práctica

**Online Study Center**

For more practice with lesson topics, see the related activities on the *¡Hola, amigos!* web site at college.hmco.com/PIC/holaamigos7e.

**Formas del subjuntivo I**    Give the present subjunctive forms of the following verbs.

1. *yo:*   comer, venir, hablar, hacer, salir
2. *tú:*   decir, ver, traer, trabajar, escribir
3. *él:*   vivir, aprender, salir, estudiar, ver
4. *nosotros:*   escribir, caminar, poner, desear, tener
5. *ellos:*   salir, hacer, llevar, conocer, ver

## Present subjunctive forms of stem-changing and irregular verbs

◆ Verbs ending in **-ar** and **-er** undergo the same stem changes in the present subjunctive as in the present indicative.

| recomendar (e > ie) | | recordar (o > ue) | |
|---|---|---|---|
| recomiende | recomendemos | recuerde | recordemos |
| recomiendes | recomendéis | recuerdes | recordéis |
| recomiende | recomienden | recuerde | recuerden |

| entender (e > ie) *(to understand)* | | volver (o > ue) | |
|---|---|---|---|
| entienda | entendamos | vuelva | volvamos |
| entiendas | entendáis | vuelvas | volváis |
| entienda | entiendan | vuelva | vuelvan |

◆ For verbs ending in **-ir,** the three singular forms and the third-person plural form undergo the same stem changes in the present subjunctive as in the present indicative. However, in addition, observe that unstressed **e** changes to **i** and unstressed **o** changes to **u** in the first- and second-person plural forms.

| mentir *(to lie)* | | dormir | |
|---|---|---|---|
| mienta | mintamos | duerma | durmamos |
| mientas | mintáis | duermas | durmáis |
| mienta | mientan | duerma | duerman |

◆ The following verbs are irregular in the present subjunctive.

| dar | estar | saber | ser | ir |
|---|---|---|---|---|
| dé | esté | sepa | sea | vaya |
| des | estés | sepas | seas | vayas |
| dé | esté | sepa | sea | vaya |
| demos | estemos | sepamos | seamos | vayamos |
| deis | estéis | sepáis | seáis | vayáis |
| den | estén | sepan | sean | vayan |

For more practice with lesson topics, see the related activities on the *¡Hola, amigos!* web site at college.hmco.com/PIC/holaamigos7e.

**Online Study Center**

¡Atención! The present subjunctive of **hay** (impersonal form of **haber**) is **haya**.

## Práctica

**Formas del subjuntivo II**   Give the present subjunctive forms of the following verbs.

1. *yo:*   dormir, ir, cerrar, sentir, ser
2. *tú:*   mentir, volver, ir, dar, recordar
3. *ella:*   estar, saber, perder, dormir, ser
4. *nosotros:*   pensar, recordar, dar, morir, cerrar
5. *ellos:*   preferir, dar, ir, saber, dormir

## Uses of the subjunctive (*Usos del subjuntivo*)

♦ The Spanish subjunctive is used in subordinate, or dependent, clauses. The subjunctive is also used in English, although not as often as in Spanish. For example:

| Sugiero | que **llegue** mañana. | *I suggest* | *that **he arrive** tomorrow.* |
|---|---|---|---|
| **Main clause** | **Dependent clause** | **Main clause** | **Dependent clause** |

The expression that requires the use of the subjunctive is in the main clause, *I suggest.* The subjunctive appears in the dependent clause, *that he arrive tomorrow.*

♦ There are four main conditions that call for the use of the subjunctive in Spanish.

♦ *Volition:* demands, wishes, advice, persuasion, and other impositions of will

| Ella **quiere** que yo lo llame. | *She wants me to call him.* |
| Te **aconsejo** que no **vayas** a ese viaje. | *I advise you not to go on that trip.* |

♦ *Emotion:* pity, joy, fear, surprise, hope, and so on

| Me **sorprende** que **llegues** tan temprano. | *I am surprised that you are arriving so early.* |

♦ *Unreality:* expectations, indefiniteness, uncertainty, nonexistence

| —¿**Hay alguien** aquí que **hable** español? | *"**Is there anyone** here who **speaks** Spanish?"* |
| —No, **no hay nadie** que lo **sepa.** | *"No, **there is no one** who **knows** it."* |

♦ *Doubt and denial:* negated facts, disbelief

| **No es verdad** que Rosa **sea** azafata. | *It isn't true that Rosa is a flight attendant.* |
| **Dudo** que **tengas** dinero. | *I doubt that you have money.* |
| Roberto **niega** que ella **sea** su esposa. | *Roberto denies that she is his wife.* |

# 2. Subjunctive with verbs of volition (*El subjuntivo con verbos que indican voluntad o deseo*)

All expressions of will require the use of the subjunctive in subordinate clauses. Note that the subject in the main clause must be different from the subject in the subordinate clause. Some verbs of volition that require the use of the subjunctive are:

| | | |
|---|---|---|
| aconsejar (*to advise*) | mandar (*to order*) | querer |
| decir | necesitar | recomendar |
| desear | pedir | sugerir |

| Mi | madre | **quiere** | que | yo | **trabaje.** |
|---|---|---|---|---|---|
| *My* | *mother* | *wants* | | *me* | *to work.* |

—¿Qué **quieres** que **haga**?
*"What **do you want** me to **do**?"*

—**Quiero** que **vayas** al aeropuerto.
*"**I want** you to **go** to the airport."*

—Necesito hablar con un médico.
*"**I need to talk** with a doctor."*

—Te **sugiero** que **hables** con el Dr. Paz.
*"**I suggest** that **you talk** with Dr. Paz."*

> **¡Atención!** Note that the infinitive is used following verbs of volition if there is no change of subject: **Quiero comer.**

> ¿Que querés que te mande de África?

## Detalles culturales

En Argentina, como también en Costa Rica, Paraguay, Uruguay y Guatemala, la forma tú no se usa en la conversación. En lugar de (*In place of*) esta forma, se usa la forma **vos.** Por ejemplo, en estos países no dicen **"tú quieres"** sino **"vos querés"**. Este fenómeno se llama **voseo.**

◆ ¿Se usa la forma tú en inglés?

◆ Certain verbs of volition (**mandar, sugerir, aconsejar,** and **pedir**) are often preceded by an indirect object pronoun, which indicates the subject of the verb in the subjunctive.

**Te sugiero** que **vayas** al médico.
*I **suggest** that **you go** to the doctor.*

**Le aconsejo** que **venga** temprano.
*I **advise you** to **come** early.*

## Práctica y conversación

**Online Study Center**

For more practice with lesson topics, see the related activities on the *¡Hola, amigos!* web site at college.hmco.com/PIC/holaamigos7e.

**A. Minidiálogos**  Complete the following dialogues, using either the subjunctive or the infinitive, as appropriate. Then act them out with a partner.

1. —Marcos quiere que (nosotros) _____ (ir) a su casa esta noche. ¿Tú quieres _____ (ir)?

   —No, hoy me quiero _____ (acostar) temprano porque no me siento bien.

   —Te sugiero que _____ (tomar) dos aspirinas antes de acostarte.

   —No quiero _____ (tomar) aspirina porque soy alérgica a la aspirina.

2. —Necesito que tú me _____ (traer) las maletas hoy.

   —No puedo porque mamá quiere que la _____ (llevar) a la agencia de viajes.

3. —Sofía me aconseja que _____ (ir) al médico, pero yo no quiero _____ (ir) hoy.

   —Pues yo te sugiero que lo _____ (ver) lo más pronto posible (*as soon as possible*).

4. —Elena quiere que yo le _____ (comprar) un pasaje, pero yo no deseo _____ (ir) a la agencia de viajes ahora.

   —En ese caso te sugiero que le _____ (decir) que no puedes ir.

5. —Adela, quiero que hoy _____ (volver) antes de las nueve y que te _____ (acostar) porque mañana tienes que levantarte a las cinco.

   —¿Por qué quieres que nos _____ (levantar) a las cinco?

   —Porque mamá quiere que nosotros _____ (estar) en el aeropuerto a las seis.

**B. Nadie está de acuerdo**  Complete each sentence creatively, using a verb in the infinitive or the subjunctive, as appropriate.

◆ **MODELO:** Yo quiero volver en agosto, pero mi padre quiere que...
   *Yo quiero volver en agosto, pero mi padre quiere que vuelva en julio.*

1. Luis quiere que yo hable sobre Chile, pero yo quiero...
2. El médico les aconseja que tomen las pastillas ahora, pero yo les aconsejo que...
3. Yo quiero ir a casa, pero mis amigos quieren...
4. Ellos le sugieren que pase todo el día aquí, pero ella quiere...
5. Mi esposo quiere que yo haga un crucero por el Mediterráneo, pero yo prefiero...
6. Ellos quieren ir al aeropuerto, pero nosotros queremos que...
7. Nora quiere viajar en avión, pero yo le sugiero que...
8. Los niños se quieren acostar a las once, pero su mamá quiere que...

**258**  doscientos cincuenta y ocho  ◆  Lección 11

## C. Deseos y sugerencias (*Wishes and suggestions*) With a partner, take turns completing the following according to the illustrations below.

**1.** Ana quiere
_____ .

**2.** Te sugiero
_____ .

**3.** Te aconsejo
_____ .

**4.** Olga quiere que Paco le
_____ .

**5.** La doctora le recomienda
_____ .

**6.** Pablo no quiere que su
mamá _____ .

## D. ¿Qué queremos? Say what you and these people want (or don't want) everybody to do. Compare notes with your partner.

**1.** Yo quiero que mi mamá...
**2.** Mis padres no quieren que yo...
**3.** La novia de Julio quiere que él...
**4.** El profesor quiere que nosotros...
**5.** El médico quiere que mi padre...
**6.** Tu papá no quiere que tú...
**7.** Yo quiero que mis abuelos...
**8.** Nosotros no queremos que ellos...

**E. Soluciones** In groups of three, advise each of the following people what to do according to each circumstance. Use **sugerir, recomendar,** or **aconsejar.**

1. Julio no quiere viajar en avión.
2. A la Sra. Ruiz no le gusta viajar a otros países.
3. Mireya está muy nerviosa (*nervous*).
4. Ramiro quiere comprar un pasaje a Chile.
5. Aurora no quiere pagar exceso de equipaje.
6. A Nora no le gustan los asientos de ventanilla.
7. Enrique no quiere un vuelo que haga escala.
8. Rosario no puede viajar en primera clase.

# 3. Subjunctive with verbs of emotion (*El subjuntivo con verbos que expresan emoción*)

◆ In Spanish, the subjunctive mood is always used in the subordinate clause when the verb in the main clause expresses the emotions of the subject, such as fear, joy, pity, hope, regret, sorrow, surprise, and anger. Again, the subject in the subordinate clause must be different from the subject in the main clause for the subjunctive to be used.

◆ Some verbs of emotion that call for the subjunctive are **temer, esperar, alegrarse (de),** and **sentir.**

| | |
|---|---|
| —Mañana salgo para Quito. | *"Tomorrow I leave for Quito."* |
| —**Espero** que **te diviertas** mucho. | *"I hope you have a very good time."* |
| —**Temo** no **poder** ir de vacaciones con ustedes este verano. | *"I'm afraid that I cannot go on vacation with you this summer."* |
| —**Espero** que **puedas** ir con nosotros el verano que viene. | *"I hope that you can go with us next summer."* |

**¡Atención!** If there is no change of subject, the infinitive is used.

**Temo** no **poder** ir.          *I'm afraid that I cannot go.*

◆ The expression **ojalá** always takes the subjunctive.

**Ojalá** que **puedas** venir.          *I hope you can come.*

## Práctica y conversación

**A. Minidiálogos**   Complete the following exchanges, using the subjunctive or the infinitive, as appropriate. Then act them out with a partner.

1. —Temo que Estela no _____ (ir) a la fiesta, porque tiene que trabajar.
   —Siento mucho que _____ (tener) que trabajar; pero espero que _____ (poder) ir la próxima vez.

2. —Me alegro de _____ (estar) aquí con Uds.
   —Y nosotros nos alegramos de que tú _____ (estar) aquí. Esperamos que te _____ (divertir) mucho.

3. —Necesito comprar un pasaje hoy. Espero que _____ (haber) una agencia de viajes cerca.
   —Hay una agencia cerca, pero temo que no _____ (estar) abierta a esta hora.

4. —Temo no _____ (poder) ir al aeropuerto a buscar a Rita. Espero que Ud. _____ (poder) ir.
   —Rita va a sentir mucho que tú no _____ (estar) allí.

5. —Espero que Jorge no _____ (dejar) de ir hoy al banco.
   —Ojalá que le _____ (dar) el préstamo que pidió.

**B. Emociones**   Complete each sentence in an original manner. Use the subjunctive or the infinitive, as appropriate.

1. Ojalá que yo...
2. Siento mucho no poder...
3. Me alegro de que mi papá...
4. Temo no...
5. Mi amigo(a) espera...
6. El (La) profesor(a) siente que nosotros...
7. Mi madre se alegra de...
8. Tememos que las clases...

**Online Study Center**

For more practice with lesson topics, see the related activities on the *¡Hola, amigos!* web site at college.hmco.com/PIC/holaamigos7e.

**C. ¿Cómo reaccionas...?** React appropriately to a friend's statements.

1. Mi mamá está enferma (*sick*).
2. Mi papá está mejor.
3. No puedo ir contigo.
4. Son las cinco. Tengo que estar en casa a las cinco y media.
5. Quiero comprar un coche, pero es muy caro.
6. El mes próximo voy a México de vacaciones.

**D. Amigos y parientes** In groups of three, tell two or three things you hope your friends and relatives will do and one or two things you fear they can't or won't do.

# 4. Some uses of the prepositions *a, de,* and *en*
## (*Algunos usos de las preposiciones* a, de *y* en)

◆ The preposition **a** (*to, at, in*) expresses direction toward a point in space or a moment in time. It is used for the following purposes:

  ◆ to indicate the time (hour) of day

   **A** las cinco salimos para Lima.     ***At** five we leave for Lima.*

  ◆ after verbs of motion, when followed by an infinitive, a noun, or a pronoun

   Siempre vengo **a** comprar aquí.     *I always come **to** buy here.*

  ◆ after the verbs **empezar, comenzar, enseñar,** and **aprender,** when followed by an infinitive

   Ellos empezaron **a** salir.     *They began **to** go out.*
   Te enseñé **a** bailar el tango.     *I taught you **to** dance the tango.*

  ◆ after the verb **llegar**

   Cuando él llegó **a** su casa, le     *When he arrived **at** his house,*
   dieron los pasajes.         *they gave him the tickets.*

**Detalles culturales**

El tango tuvo su origen en los suburbios de Buenos Aires a finales del siglo (*century*) XIX. Para muchos, Argentina es la tierra del tango, y éste se considera la música típica del país, pero hoy la música argentina es muy variada e incluye diferentes tipos de ritmos.

◆ ¿Cuál es la música típica de este país?

- before a direct object noun that refers to a specific person. It may also be used to personify an animal or a thing

    Yo no conozco **a** ese médico.      *I don't know that doctor.*
    Bañé **a** mi perro.      *I bathed my dog.*

**¡Atención!**   If the direct object is not a definite person, the personal **a** is not used.

    Busco un buen médico.      *I'm looking for a good doctor.*

- The preposition **de** (*of, from, about, with, in*) indicates possession, material, and origin. It is also used in the following ways:
  - to refer to a specific period of the day or night when telling time

    El sábado pasado trabajamos      *Last Saturday we worked*
       hasta las ocho **de** la noche.      *until 8 P.M.*

  - after the superlative to express *in* or *of*

    Orlando es el más simpático      *Orlando is the nicest **in** the*
       **de** la familia.      *family.*

  - to describe personal physical characteristics

    Es morena, **de** ojos negros.      *She is brunette, **with** dark eyes.*

  - as a synonym for **sobre** or **acerca de** (*about*)

    Hablaban **de** todo menos      *They were talking **about** everything*
       **del** viaje.      *except **about** the trip.*

- The preposition **en** (*at, in, on, inside, over*) in general situates someone or something within an area of time or space. It is used for the following purposes:
  - to refer to a definite place

    Él siempre se queda **en** casa.      *He always stays **at** home.*

  - as a synonym for **sobre** (*on*)

    Está sentada **en** la silla.      *She is sitting **on** the chair.*

  - to indicate means of transportation

    Nunca he viajado **en** ómnibus.      *I have never traveled **by** bus.*

Online Study Center

For more practice with lesson topics, see the related activities on the *¡Hola, amigos!* web site at college.hmco.com/PIC/holaamigos7e.

# Práctica y conversación

**A. La carta de Isabel** Complete the following letter, adding the missing prepositions **a, de,** or **en.**

Querida Alicia:

Como te prometí, te escribo en seguida. Ayer llegamos _____ Quito. Es una _____ las ciudades más antiguas _____ Suramérica. Llegamos _____ las tres _____ la tarde y fuimos _____ buscar hotel. _____ el hotel conocimos _____ unos chicos muy simpáticos que nos invitaron a salir con ellos. Yo salí con Carlos, que es alto, moreno, _____ ojos verdes. Me ha dicho que me va _____ enseñar _____ bailar salsa. Espero aprender _____ bailar otros bailes también. Mañana vamos _____ ir _____ visitar los museos. Vamos _____ ir _____ el coche _____ Carlos.

Bueno, _____ la próxima carta espero poder contarte más _____ mi vida _____ esta hermosa ciudad.

*Isabel*

**B. Entre amigos** Use the illustrations to complete the following information about a group of friends. Use appropriate prepositions.

**Delia**

**1.** Delia va a...

La clase es interestante.

Me gusta el español.

**2.** Sergio y Toña están...

**3.** Beatriz es rubia...

**4.** Teresa se quedó...

**5.** Rogelio quiere ir al club...

**6.** Tito salió de su casa...

**7.** Julio es... grupo.

**8.** Eva llega...

**C. Charlemos** (*Let's chat*)   With a partner, talk about someone you met recently or someone you went out with. Include information about where you went, what time you left and returned home, what the person is like, and what you talked about. Your partner will ask you pertinent questions and make comments.

Aurora llama a una amiga. ¿De qué están hablando?

# Entre nosotros

## ¡Conversemos!

**Para conocernos mejor** Get to know your partner better by asking each other the following questions.

1. ¿Adónde piensas ir de vacaciones el verano que viene? ¿Con quién vas?
2. ¿Prefieres viajar solo(a) o con tu familia?
3. ¿Compras los pasajes en una agencia de viajes o por Internet?
4. Generalmente, ¿viajas en clase turista o en primera clase?
5. ¿Prefieres un asiento de ventanilla o de pasillo?
6. ¿Hiciste un crucero el verano pasado?
7. ¿Cuántas maletas llevaste la última vez que viajaste?
8. ¿Has tenido que pagar exceso de equipaje alguna vez?
9. ¿Dónde pones tu bolso de mano cuando viajas?
10. ¿Conoces a alguien que trabaje de auxiliar de vuelo?

**Una encuesta** Interview your classmates to identify who fits the following descriptions. Include your instructor, but remember to use the **Ud.** form when addressing him or her.

### Detalles culturales

En los países hispanos no existe tanta separación entre (*among*) las generaciones como en este país. Los niños, los padres y los abuelos frecuentemente van juntos a viajes o a fiestas y reuniones.

◆ Generalmente, ¿Ud. viaja con otros miembros de su familia o prefiere ir con sus amigos?

**Nombre**

1. Hace muchos viajes. _____
2. Le gusta viajar los fines de semana. _____
3. Conoce muchos lugares de interés en este país. _____
4. Prefiere volar por la noche. _____
5. Tuvo que hacer escala la última vez que viajó. _____
6. Necesita ahorrar más. _____
7. Siempre lleva cheques de viajero cuando va de viaje. _____
8. Lleva mucho equipaje cuando viaja. _____
9. No fue de vacaciones el año pasado. _____
10. Fue de excursión el mes pasado. _____

 **Y ahora...** Write a brief summary, indicating what you have learned about your classmates.

## ¿Cómo lo decimos?   What would you say in the following situations? What might the other person say? Act out the scenes with a partner.

1. You want to find out how much a round-trip ticket to Santiago costs.
2. You ask the travel agent to give you information on several types of tours.
3. You need to know if there are flights to Buenos Aires on Sundays.
4. A friend of yours is traveling abroad for the first time. Give him suggestions and advice about what to do and what not to do.

## ¿Qué dice aquí?   Answer the questions about the new flight of Aerolíneas del Sur using the information provided in the ad.

**Más Viajes a Latinoamérica**
Viaje por Aerolíneas del Sur y acumule millas más rápido.

Aerolíneas del Sur le ofrece,
desde el 15 de enero,
un vuelo diario más, sin escala,

**Miami-Buenos Aires**
Para reservaciones consulte a su agente de viajes, visite nuestro sitio en la Internet o llame gratis al teléfono 1-800-342-4538, 24 horas al dia, 7 días a la semana.

**Aerolíneas del Sur**
Precios más bajos    Mejor servicio

1. ¿Qué compañía ofrece más viajes a Latinoamérica?
2. ¿Qué puedo acumular si viajo por Aerolíneas del Sur?
3. ¿De qué ciudad sale el nuevo vuelo?
4. ¿Había antes vuelos a Buenos Aires desde Miami? ¿Cuándo comienza el nuevo vuelo?
5. Si tomo ese vuelo, ¿tengo que hacer escala?
6. ¿Qué puedo hacer para obtener más información y para hacer la reservación?
7. ¿Puedo llamar cualquier (any) día y a cualquier hora?
8. ¿Qué ventajas me ofrece Aerolíneas del Sur?

## Para escribir

**En una agencia de viajes**   Write a dialogue between you and a travel agent. Choose your destination, ask about prices, flights, and any necessary documentation. Then make your reservations and choose your seat.

### Un dicho

*Martes 13, no te cases ni te embarques.*

This saying advices you not to get married or get on a ship . . . on what day? If you are superstitious, you now have two days to worry about! Remember the saying in Spanish.

Estrella

Mariana

Sr. Ruiz

Estrella y Mariana, dos chicas peruanas, están de vacaciones en Montevideo.

**Estrella** Tenemos que encontrar un hotel que no sea muy caro y que quede cerca de la playa.

**Mariana** ¡Estrella! ¡No hicimos reservaciones! ¡Y no hay ningún hotel que tenga habitaciones libres!

**Estrella** No seas pesimista. A ver... queremos un hotel que tenga aire acondicionado, teléfono, televisor, servicio de habitación y, si es posible, vista al mar.

**Mariana** ¡Qué optimista! Hay muchos hoteles que tienen todo eso, pero están llenos. Hay un montón de turistas, y un montón de convenciones.

**Estrella** ¡Espera! Ahí hay un hotel...

**Mariana** Pero, dime una cosa: ¿No ves que es un hotel de lujo? Probablemente cobran cinco mil pesos por noche. Nosotras necesitamos uno que cobre mucho menos...

**Estrella** Pero tú tienes una tarjeta de crédito, ¿no? Bueno, ven. Vamos a buscar un taxi que nos lleve a Pocitos. Allí va a haber hoteles más baratos...

**Mariana** O una pensión. ¡Acuérdate de que las pensiones son más baratas...!

## Detalles culturales

En los países hispanos, los hoteles y restaurantes generalmente aceptan tarjetas de crédito como Visa o MasterCard.

◆ **¿Cuáles son las tarjetas de crédito que más se usan en este país?**

## Detalles culturales

Las pensiones son muy populares en los países de habla hispana. Son más económicas que los hoteles y generalmente el precio incluye el cuarto y las comidas.

◆ **¿Dónde se hospeda Ud. cuando viaja?**

*Estrella y Mariana están hablando con el Sr. Ruiz, el dueño de la pensión.*

Estrella — ¿Tiene un cuarto libre para dos personas?

Sr. Ruiz — Sí, hay uno disponible en el segundo piso, con dos camas chicas. Cobramos 4.800 pesos por semana...

Mariana — ¿Eso incluye las comidas?

Sr. Ruiz — Sí, es pensión completa.

Estrella — ¿Los cuartos tienen baño privado y televisor?

Sr. Ruiz — No, señorita. Hay tres baños en el segundo piso. Tienen bañadera y ducha con agua caliente y fría... y hay un televisor en el comedor.

Mariana — (*A Estrella*) ¿Por qué no nos quedamos aquí? La pensión parece limpia y está en un lugar céntrico.

Estrella — ¿Hay alguna playa que esté cerca de aquí?

Sr. Ruiz — Sí, hay una a dos cuadras. ¡Ah!, señorita, necesito el número de su cédula de identidad.

Mariana — (*A Estrella*) ¡Uf! Estoy muy cansada. Ayúdame con las valijas, ¿quieres? Aquí no hay botones. Lo primero que voy a hacer es dormir un rato.

Estrella — Bueno, pero después te voy a mostrar unos folletos sobre Río y San Pablo.

Mariana — ¡Caramba! ¡Ya estás planeando nuestras próximas vacaciones!

# ¿Recuerda usted?

**¿Verdadero o falso?** With a partner, decide whether the following statements about the dialogue are true (**verdadero**) or false (**falso**).

1. Estrella y Mariana son de Perú. ☐ V ☐ F
2. A Estrella le gusta estar cerca de la playa. ☐ V ☐ F
3. Mariana dice que los hoteles no tienen habitaciones libres. ☐ V ☐ F
4. Mariana quiere hospedarse en un hotel de lujo. ☐ V ☐ F
5. Las chicas llevaron su coche a Montevideo. ☐ V ☐ F
6. El señor Ruiz es el botones. ☐ V ☐ F
7. En la pensión hay un cuarto libre. ☐ V ☐ F
8. Las chicas tienen que pagar extra por la comida. ☐ V ☐ F
9. A Mariana le gusta la pensión. ☐ V ☐ F
10. El botones lleva las maletas al cuarto. ☐ V ☐ F

**Y ahora... conteste** Answer these questions, basing your answers on the dialogue.

1. ¿En qué ciudad están de vacaciones las chicas?
2. ¿Qué están buscando las chicas?
3. ¿Estrella quiere un cuarto con vista al jardín?
4. ¿Por qué están llenos los hoteles?
5. ¿En qué piso está la habitación disponible?
6. ¿Qué tienen los baños?
7. ¿Qué es lo primero que va a hacer Mariana?
8. ¿Qué le va a mostrar Estrella a Mariana?

# Para hablar del tema: Vocabulario

**Online Study Center**

For more practice with lesson
topics, see the related activities on
the *¡Hola, amigos!* web site at
college.hmco.com/PIC/holaamigos7e.

## Cognados

| | |
|---|---|
| la convención | privado(a) |
| optimista | probablemente |
| el (la) peruano(a) | la reservación |
| pesimista | el taxi |
| posible | el (la) turista |

## Nombres

| | |
|---|---|
| **el aire acondicionado** air conditioning | **el lugar** place |
| **la bañadera\*** bathtub | **el lujo** luxury |
| **el botones** bellhop | **la pensión** boarding house |
| **la cama** bed | **la persona** person |
| —————— **chica** twin bed | **el piso** floor |
| **la cédula de identidad\*** I.D. card | **el servicio de habitación (cuarto)** room service |
| **la ducha\*** shower | **la tarjeta de crédito** credit card |
| **el (la) dueño(a), propietario(a)** owner | **el televisor** TV set |
| **el folleto** brochure | **la vista al mar** ocean view |

## Verbos

**acordarse (de) (o>ue)** to remember
**ayudar** to help
**parecer (yo parezco)** to seem

## Adjetivos

| | |
|---|---|
| **caliente** hot | **lleno(a)** full |
| **céntrico(a)** central | **mostrar, enseñar** to show |
| **libre, disponible** vacant, available | **próximo(a)** next |
| **limpio(a)** clean | **segundo(a)** second |

## Otras palabras y expresiones

| | |
|---|---|
| **allí** there | **si** if |
| **dime una cosa** tell me something | **sobre** about |
| **la pensión completa** room and board | **un montón de** a bunch of, many |
| **por** per | **un rato** a while |
| **lo primero** the first thing | **va a haber** there is going to be |
| **¿Quieres?** Will you? | |

# Amplíe su vocabulario

## Más sobre los hoteles

**Quiero una habitación con vista**
- **al jardín** garden
- **a la piscina\*** swimming pool
- **al patio**
- **al mar** ocean, sea
- **a la playa** beach

**Quiero una habitación**
- interior
- exterior

**desocupar** to vacate
**no funciona** it doesn't work
**ocupado(a)** occupied
**el precio** price
**el puesto\* de revistas** magazine stand
**el sofá-cama** sleeper sofa
**la tienda de regalos** souvenir shop
**el vestíbulo** lobby

### De país a país

**la bañadera** la bañera (*Arg.*)
  el baño (*Esp.*)
**la cédula de identidad** el carnet de identidad (*Esp.*)
**la ducha** la regadera (*Méx.*)
**la piscina** la alberca (*Méx.*)
**el ascensor** el elevador (*Méx., Cuba, Puerto Rico*)
**el puesto de revistas** el kiosko (*Arg., Esp.*)

*el inodoro*
*el lavabo*
*la cama doble*
*el ascensor\**
*la calefacción*
*el sofá-cama*

# Para practicar el vocabulario

### A. Preguntas y respuestas
Match the questions in column *A* with the answers in column *B*.

| A | B |
|---|---|
| 1. ¿Tenemos que ir a un restaurante? | a. No, con vista al mar. |
| 2. ¿Hay cuartos libres? | b. Sí, pero yo no pienso ir. |
| 3. ¿Elsa es argentina? | c. Sí, y calefacción. |
| 4. ¿Tu habitación es interior? | d. Un folleto sobre Cuzco. |
| 5. ¿Tiene aire acondicionado? | e. No, el hotel está lleno. |
| 6. ¿Va a haber una fiesta? | f. Sí, y hablamos por un rato. |
| 7. ¿El baño tiene bañadera? | g. Sí, es de Buenos Aires. |
| 8. ¿Qué estás leyendo? | h. El inodoro no funciona. |
| 9. ¿Viste a Susana? | i. Sí, porque el hotel no tiene servicio de habitación. |
| 10. ¿Cuál es el problema? | j. No, ducha. |
| 11. ¿Qué documento necesita? | k. La semana próxima. |
| 12. ¿Cuándo llegan? | l. Una cédula de identidad. |

### B. En el hotel
With a partner, indicate whether the following statements are logical(L) or illogical(I). If it is illogical, say why.

1. Mi cuarto está en el quinto (*fifth*) piso. Voy a tomar el ascensor.
2. Voy a llamar al empleado del hotel porque ni el inodoro ni el baño funcionan.
3. Hace mucho calor. Necesitamos poner la calefacción.
4. El baño tiene agua fría y caliente.
5. Es muy barato porque es un hotel de lujo.
6. No queremos comer en un restaurante. Preferimos el servicio de habitación.
7. No puedo llevar todas las maletas al cuarto. Necesito que me ayudes.
8. El precio no incluye las comidas; es pensión completa.

### C. ¿Cuál es la solución?
What is the solution to these problems?

1. Quiero leer *Newsweek* pero no hay una copia en mi habitación.
2. No me gustan las habitaciones interiores.
3. Somos tres y sólo hay una cama doble en el cuarto.
4. Quiero comprar algo para llevarles a mis padres.
5. No sé cuánto cobran en el hotel.
6. No quiero recibir a mi amigo(a) en la habitación del hotel.
7. Tengo que subir a mi cuarto, que está en el décimo (*tenth*) piso.
8. Nos dieron una habitación con vista al patio, pero a nosotros nos gusta ver el mar.

## D. Minidiálogos
Complete the following short exchanges in a logical manner, using vocabulary from **Lección 12.**

1. —¿Tú usas *Visa*?
   —Bueno, yo uso varias _____ .
2. —¿Dónde compraste la revista?
   —En el _____ .
3. —¿Necesitan una cama chica?
   —No, una _____ .
4. —¿Quién lleva las maletas al cuarto?
   —El _____ .
5. —¿Están en un hotel?
   —No, en una _____ .

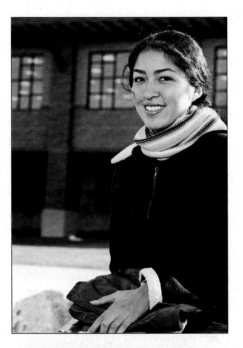

Silvia está de vacaciones en Lima. ¿En qué tipo de hotel está hospedada?

# Pronunciación

**Pronunciation in context**    In this lesson, there are some words or phrases that may be challenging to pronounce. Listen to your instructor and pronounce the following sentences.

1. A ver... queremos un hotel que tenga **aire acondicionado.**
2. Vamos a buscar un taxi que nos lleve a **Pocitos. Allí va a haber** hoteles más baratos.
3. ¿Por qué no nos quedamos aquí? La **pensión** parece limpia y está en un lugar **céntrico.**
4. Necesito el número de su **cédula** de **identidad.**
5. Bueno, pero después te voy a mostrar unos **folletos** sobre **Río** y San Pablo.

# Puntos para recordar

## 1. Subjunctive to express indefiniteness and nonexistence
### (*El subjuntivo para expresar lo indefinido y lo no existente*)

◆ The subjunctive is always used in the subordinate clause when the main clause refers to something or someone that is indefinite, unspecified, hypothetical, or nonexistent.

—¿**Hay alguna excursión** que **incluya** el hotel?
—No, **no hay ninguna** que lo **incluya.**

*"Is there any tour that includes the hotel?"*
*"No, there is not any that includes it."*

—**Necesito un secretario** que **hable** francés.
—**No conozco a nadie** que **hable** francés.

*"I need a secretary who speaks French."*
*"I don't know anyone who speaks French."*

—**Estamos buscando un restaurante** donde **sirvan** comida italiana.
—**Hay varios restaurantes** donde **sirven** comida italiana.

*"We're looking for a restaurant where they serve Italian food."*
*"There are several restaurants where they serve Italian food."*

**¡Atención!** If the subordinate clause refers to existent, definite, or specified persons or things, the indicative is used instead of the subjunctive.

Hay varios restaurantes donde **sirven** comida italiana.

# Práctica y conversación

**A. Minidiálogos** Complete the following dialogues, using the indicative or the subjunctive, as appropriate. Then act out the dialogues with a partner.

1. —¿Hay algún hotel que _____ (quedar) cerca de la playa?
   —Sí, el hotel La Uruguaya _____ (quedar) a una cuadra de la playa.
2. —¿Sabes si hay algún cuarto libre que _____ (tener) vista al mar?
   —No, pero hay uno que _____ (tener) vista a la piscina.
3. —¿Hay alguien aquí que no _____ (tener) pasaporte?
   —No, todos _____ (tener) pasaporte y visa.
4. —Necesito un botones que _____ (poder) llevar las maletas.
   —No hay ninguno que no _____ (estar) ocupado.

**B. Vienen los uruguayos** A family from Uruguay has recently moved into your neighborhood. Answer their questions.

1. ¿Hay alguien que quiera vender su casa?
2. ¿Hay algún restaurante que sirva comida argentina?
3. ¿Hay alguien que sepa español y quiera trabajar de secretario(a)?
4. ¿Hay algún mercado que venda productos de Sudamérica?
5. Nuestro hijo es agente de viajes. ¿Sabe Ud. de alguna agencia que necesite empleados?
6. Queremos vender nuestro Ford. ¿Conoce Ud. a alguien que necesite un auto?

**C. En la pensión** Use your imagination to complete each statement.

1. Nuestro cuarto tiene vista al jardín, pero preferimos uno...
2. El baño tiene bañadera, pero yo quiero uno...
3. Esta pensión no incluye las comidas, pero yo necesito una...
4. Esta pensión es buena pero no está en un lugar céntrico; queremos una...
5. Este folleto es sobre Montevideo, pero nosotras necesitamos uno...

**D. Dime una cosa** You and a classmate want to find out about each other's relatives and friends. Ask each other questions about the following, always beginning with:

¿Hay alguien en tu familia o entre tus amigos que...?

1. jugar al béisbol
2. viajar a México todos los veranos
3. bailar muy bien
4. tener una piscina en su casa
5. celebrar su aniversario de bodas este mes
6. ser muy optimista
7. conocer Brasil
8. hablar portugués
9. saber varios idiomas
10. trabajar para un hotel
11. ser empleado(a) de banco
12. ser peruano

**E. Nuestro viaje a Brasil** In groups of three or four, play the role of very wealthy and lazy travelers who want to make arrangements for a trip to Brazil. Say what you need people to do for you.

◆ MODELO: *Necesitamos a alguien que vaya a la agencia de viajes.*

Online Study Center — For more practice with lesson topics, see the related activities on the ¡Hola, amigos! web site at college.hmco.com/PIC/holaamigos7e.

# 2. Familiar commands (*Las formas imperativas de* tú *y de* vosotros)

◆ Regular affirmative commands in the **tú** form have exactly the same forms as the third-person singular (**él** form) of the present indicative.

| Verb | Present Indicative Third-Person Sing. | Familiar Command (*tú*) |
|---|---|---|
| hablar | él habla | **habla** |
| comer | él come | **come** |
| abrir | él abre | **abre** |
| cerrar | él cierra | **cierra** |
| volver | él vuelve | **vuelve** |
| pedir | él pide | **pide** |
| traer | él trae | **trae** |

—¿Qué quieres que haga ahora?     *"What do you want me to do now?"*
—**Compra** los billetes para el viaje.     *"Buy the tickets for the trip."*

—¿Vas a poner el equipaje aquí?     *"Are you going to put the luggage here?"*
—Sí, **tráeme** las maletas y el bolso de mano.     *"Yes, bring me the suitcases and the carry-on bag."*

**¡Atención!** As with the formal commands, direct, indirect, and reflexive pronouns are always placed *after* an affirmative command and are attached to it. A written accent must be placed on the stressed syllable.

◆ Eight Spanish verbs are irregular in the affirmative command for the **tú** form. They are listed below.

| | | | | |
|---|---|---|---|---|
| decir | **di** | | salir | **sal** |
| hacer | **haz** | | ser | **sé** |
| ir | **ve**[1] | | tener | **ten** |
| poner | **pon** | | venir | **ven** |

—**Dime,** ¿a qué hora quieres que venga?     *"Tell me, at what time do you want me to come?"*
—**Ven** a las ocho.     *"Come at eight."*

—**Haz**me un favor: **pon** estos folletos en la mesa.     *"Do me a favor: put these brochures on the table."*
—Sí, en seguida.     *"Yes, right away."*

◆ The affirmative command form for **vosotros** is formed by changing the final **r** of the infinitive to **d.**

| Infinitive | Familiar Command (*vosotros*) |
|---|---|
| habla**r** | habla**d** |
| come**r** | come**d** |
| escribi**r** | escribi**d** |
| i**r** | i**d** |
| sali**r** | sali**d** |

---

[1]Note that **ir** and **ver** have the same affirmative **tú** command, **ve.**

When the affirmative command of **vosotros** is used with the reflexive pronoun **os,** the final **d** is dropped.

| bañar | bañad | **bañaos** |
| poner | poned | **poneos** |
| vestir | vestid | **vestíos**[1] |

**Bañaos** antes de cenar.  **Bathe** *before dinner.*
**Poneos** los zapatos.  **Put** *your shoes* **on.**
**Vestíos** aquí.  **Get dressed** *here.*

Only one verb doesn't drop the final **d** when the **os** is added.

irse  **¡Idos!**  ***Go away!***

◆ The negative commands of **tú** and **vosotros** use the corresponding forms of the present subjunctive.

| hablar | no **hables** tú | no **habléis** vosotros |
| vender | no **vendas** tú | no **vendáis** vosotros |
| decir | no **digas** tú | no **digáis** vosotros |
| salir | no **salgas** tú | no **salgáis** vosotros |

—**No vayas** a la agencia de viajes hoy.  "***Don't go*** *to the travel agency today.*"
—Entonces voy mañana.  "*Then I'm going tomorrow.*"

—**No** me **esperes** para comer.  "***Don't wait for*** *me to eat.*"
—¡**No** me **digas** que hoy también tienes que trabajar!  "***Don't tell*** *me you have to work today also!*"

**¡Atención!**  In a negative command, all object pronouns are placed before the verb.

No **me** esperes para comer.

## Práctica y conversación

A. **Órdenes**  Using command forms, tell your friend what to do.

◆ MODELO:  Tienes que hablar con el dueño ahora.
*Habla con el dueño ahora.*

1. Tienes que llamarme este fin de semana.
2. Tienes que hacer las camas.
3. Tienes que tener paciencia con él.
4. Tienes que decirle que no venga hoy.
5. Tienes que ir a la agencia de viajes y comprar los pasajes.
6. Tienes que salir en seguida.
7. Tienes que quedarte aquí.
8. Tienes que venir dentro de quince días.

B.  Now make all commands above negative.

---

[1]Note that the **-ir** verbs take a written accent over the **i** when the reflexive pronoun **os** is added.

**C. A mi hermanito**  You are going away for the day. Tell your younger brother what to do and what not to do.

1. levantarse temprano y bañarse
2. preparar el desayuno
3. no tomar refrescos
4. hacer la tarea
5. no abrirle la puerta a nadie
6. limpiar su cuarto
7. no mirar la televisión y no traer a sus amigos a la casa
8. traer pan y ponerlo en la mesa
9. ir al mercado y comprar frutas
10. llamar a papá y decirle que venga temprano

**D. Haz esto... haz lo otro...** (*Do this... do that...*)  With a partner , take turns giving two commands, one affirmative and one negative, that the following people would likely give.

1. una madre (un padre) a su hijo de quince años
2. un(a) estudiante a su compañero(a) de cuarto (de clase)
3. un muchacho a su novia (una muchacha a su novio)
4. un(a) doctor(a) a una niña
5. un(a) profesor(a) a un estudiante
6. un esposo a su esposa (una esposa a su esposo)

# 3. Verbs and prepositions (*Verbos y preposiciones*)

The prepositions **con, de,** and **en** can be used with verbs to form certain expressions. Some of the idioms are as follows:

| | |
|---|---|
| **casarse con** | to marry, to get married (to) |
| **comprometerse con** | to get engaged to |
| **acordarse de** | to remember |
| **alegrarse de** | to be glad |
| **darse cuenta de** | to realize |
| **enamorarse de** | to fall in love with |
| **olvidarse de** | to forget |
| **confiar en** | to trust |
| **convenir en** | to agree on |
| **entrar en** | to go (come) into |
| **fijarse en** | to notice |
| **insistir en** | to insist on |

—Celia **se comprometió con** David.
—Yo creía que iba a **casarse con** Alberto.
—No, ella **se enamoró de** David.

—**Insistieron en** venir esta noche.
—Sí, no **se dieron cuenta de** que teníamos que trabajar.

*"Celia **got engaged to** David."*
*"I thought **she** was going **to marry** Alberto."*
*"No, she **fell in love with** David."*

***"They insisted on** coming tonight."*
***"Yes, they didn't realize** that we had to work."*

**¡Atención!** Notice that the English translation of these expressions may not use an equivalent preposition.

## Práctica y conversación

**A. Lo que pasa...** Look at the pictures below and complete each statement.

**Online Study Center**

For more practice with lesson topics, see the related activities on the *¡Hola, amigos!* web site at college.hmco.com/PIC/holaamigos7e.

1. Marisa decidió _____ _____ Daniel.

2. Mirta_____ _____. Piensan casarse en junio.

3. Graciela no _____ _____.

4. Marisol _____ _____ a Tito.

**5.** Rodolfo _____
_____ .

**6.** Pedro _____
_____ .

**B. Entreviste a su compañero(a)** Interview your partner by asking the following questions.

1. ¿En quién confías?
2. ¿Prefieres casarte con un(a) médico(a) o con un(a) profesor(a)?
3. ¿De quién te enamoraste por primera vez?
4. ¿Algún amigo tuyo se ha comprometido últimamente? ¿Con quién?
5. ¿Te fijaste si la biblioteca estaba abierta?
6. ¿Te acordaste de traer tus libros a clase?
7. ¿Te alegras de estar en esta universidad?
8. ¿A qué hora entró el (la) profesor(a) en la clase?

# 4. Ordinal numbers (*Números ordinales*)

| | | | |
|---|---|---|---|
| **primero(a)**[1] | first | **sexto(a)** | sixth |
| **segundo(a)**[1] | second | **séptimo(a)** | seventh |
| **tercero(a)**[1] | third | **octavo(a)** | eighth |
| **cuarto(a)** | fourth | **noveno(a)** | ninth |
| **quinto(a)** | fifth | **décimo(a)** | tenth |

◆ Ordinal numbers agree in gender and number with the nouns they modify.

el segundo **chico**         la segunda **chica**
los primeros **días**        las primeras **semanas**

◆ Ordinal numbers are seldom used after **décimo.**

**¡Atención!** The ordinal numbers **primero** and **tercero** drop the final **-o** before masculine singular nouns.

el **primer**[2] día        el **tercer**[3] año

---

[1] abbreviated 1°, 2°, 3°, and so on
[2] abbreviated 1er
[3] abbreviated 3er

—Nosotros estamos en el
**segundo** piso. ¿Y Uds.?
—Estamos en el **tercer** piso.

"*We are on the **second** floor. And
you?*"
"*We are on the **third** floor.*"

## Práctica y conversación

**Online Study Center**

For more practice with lesson
topics, see the related activities on
the *¡Hola, amigos!* web site at
college.hmco.com/PIC/holaamigos7e.

**A. Los meses del año**   With a partner, quiz each other on the order of the
months of the year. Follow the model.

◆ **MODELO:** —*Septiembre.*
—*Septiembre es el noveno mes del año.*

**B. ¿En qué piso estás?**   Imagine that the whole class is staying at a hotel
in Punta del Este. Your classmates were assigned rooms on different floors.
With a partner, take turns asking who is on what floor.

Todos los hoteles están llenos. ¿Dónde va a poder hospedarse Carmen?

# Entre nosotros

## ¡Conversemos!

**Para conocernos mejor**   Get to know your partner better by asking each other the following questions.

1. Cuando viajas, ¿te hospedas en un hotel o en una pensión?
2. Generalmente, ¿haces reservaciones en los hoteles antes de viajar?
3. ¿Prefieres un hotel que esté en un lugar céntrico o uno que quede lejos de todo?
4. Cuando vas a un hotel, ¿tú llevas tus maletas al cuarto o las lleva el botones?
5. Cuando vas a un hotel, ¿qué tipo de cuarto prefieres?
6. Si tu cuarto en el hotel está en el segundo piso, ¿usas el ascensor o la escalera (*stairs*)?
7. Cuando vas a un hotel, ¿a qué hora desocupas el cuarto?
8. ¿Tu casa tiene aire acondicionado y calefacción?
9. ¿Tenías televisor en tu cuarto cuando eras niño(a)?
10. En tu cuarto, ¿tienes una cama chica o una cama doble?

**Una encuesta**   Interview your classmates to identify who fits the following descriptions. Include your instructor, but remember to use the **Ud.** form when addressing him or her.

Nombre

1. Tiene una piscina en su casa.
2. Tiene un sofá-cama en su casa.
3. Generalmente usa la ducha y no la bañadera.
4. Compró algo en una tienda de regalos la semana pasada.
5. Piensa viajar el próximo verano.
6. Probablemente va a viajar con su familia.
7. Nunca paga más de 100 dólares por noche en un hotel.
8. Fue a una convención el año pasado.
9. Es una persona pesimista.
10. Tiene un montón de cosas que hacer.

**Y ahora...**   Write a brief summary indicating what you have learned about your classmates.

## ¿Cómo lo decimos?

What would you say in the following situations? What might the other person say? Act out the scenes with a partner.

1. You need a room for two people with a private bathroom and air conditioning. Find out the price, when you have to check out, whether the room overlooks the street, and whether the hotel has room service.
2. At a boarding house, find out what meals the price includes.
3. A friend will be staying at your house while you are away. Tell him or her what to do.

## ¿Qué dice aquí?

Answer the questions about the Hotel Tabaré. Base your answers on the information provided in the ad.

> **HOTEL TABARÉ** *En el centro de Montevideo*
> ★ ★ ★ ★
> ✔ *Habitacions dobles y sencillas con baño privado*
> ✔ *Aire acondicionado y TV por cable*
> ✔ *Acceso a Internet y servicio de Fax*
> ✔ *Restaurante con comida típica e internacional*
> ✔ *Servicio de habitación las 24 horas del día*
> ✔ *Música en vivo sábados y domingos, de 8 a 11 de la noche*
> ✔ *Piscina y gimnasio*
> ✔ *Amplio estacionamiento*
>
> **Se aceptan tarjetas de crédito y cheques de viajeros**
> Avenida Artigas, 214 • A 20 minutos del aeropuerto • ☎ 990-73-32

1. ¿Cómo se llama el hotel? ¿Está en un lugar céntrico? ¿Es un hotel de lujo?
2. ¿Cómo son las habitaciones?
3. ¿Vamos a tener calor en la habitación?
4. ¿Podemos ver la tele en nuestro cuarto?
5. Si necesitamos mandar mensajes electrónicos, ¿podemos hacerlo desde el hotel?
6. ¿Qué clase de comida sirven? ¿Tienen servicio de habitación?
7. Nos gusta hacer ejercicio y nadar todos los días, ¿podemos hacerlo en el hotel?
8. ¿El hotel está cerca del aeropuerto? ¿Podemos dejar el coche en el hotel?
9. ¿Con qué podemos pagar en el hotel?

## Para escribir

**En un hotel** Write a conversation between you and a hotel clerk. Make reservations and ask about prices and accommodations.

## Un dicho

*No hay mal que por bien no venga.*

There is an English equivalent of this saying. Your challenge is to find out what it is.

# Lectura

**Vamos a leer**   As you read the fable, try to find the answers to the following questions.

1. ¿Qué es lo que caracteriza las fábulas de Iriarte?
2. ¿Cuáles son las características de los personajes de las fábulas?
3. ¿Qué talento tenía el canario? ¿Quién lo elogió?
4. ¿Qué causó esta aprobación en otros pájaros?
5. ¿Qué hizo el cuervo para desacreditar al canario?
6. ¿Qué comparación hizo el cuervo?
7. ¿Qué hizo el águila cuando el canario dejó de cantar?
8. ¿Qué pasó cuando el canario cantó?
9. ¿Qué le pidió el águila al dios Júpiter?
10. ¿Qué pasó cuando el cuervo trató de cantar? ¿Cuál es la moraleja (*moral*) de la fábula?

---

*La obra más importante de Iriarte fue **Fábulas literarias.** Sus fábulas se caracterizan por la originalidad de sus temas. En la que se presenta aquí, los personajes son animales: un canario, un cuervo, un ruiseñor y un águila. El autor trata de demostrar que no se debe tratar de desacreditar a otros.*

## El canario y el cuervo

### UNA FÁBULA DE TOMÁS IRIARTE

Había una vez un canario que cantaba muy bien. ¡Todos aplaudían cuando lo escuchaban! Un ruiseñor° extranjero, generalmente acreditado, lo elogió° mucho, animándolo con su aprobación.

*nightingale / praised*

# Video

La aprobación del ruiseñor causó la envidia de otros pájaros° que no canta-
ban tan bien como él. Al fin, un cuervo° que no podía lucirse° por su canto,
empezó a hablar mal del canario. Como no podía decir nada malo de su canto,
trató de desacreditarlo acusándolo de cosas que nada tenían que ver° con su
manera de cantar. Los otros pájaros envidiosos aprobaron y repitieron las
acusaciones del cuervo.

    El cuervo, animado, empezó a decir que el canario era un borrico° y que lo
que había en él no era verdadera música sino un rebuzno.° "¡Cosa rara!"
—decían algunos. "El canario rebuzna; el canario es un borrico".

    El canario, muy triste, dejó de° cantar, pero el águila,° reina° de las aves,° le
dijo que quería oírlo cantar para ver si, en efecto, rebuznaba o no, porque si era
verdad que rebuznaba, quería excluirlo del número de sus vasallos,° los pájaros.
Cuando el canario cantó, lo hizo tan bien que todos aplaudieron, incluyendo el
águila. Entonces el águila, indignada por la calumnia° del cuervo, le pidió a su
señor, el dios Júpiter, justicia para el canario. El dios condescendió, diciéndole
al cuervo: "Quiero escuchar tu canto". Cuando el cuervo trató de cantar, sólo se
oyeron horribles chillidos.°

    Moraleja: El que para desacreditar a otro recurre a medios injustos, se desa-
credita a sí mismo.°

*birds*

*crow / shine*

**tenían...** *had to do*

*donkey*
*braying*

*stopped / eagle / queen /*
  *birds*
*subjects*

*slander*

*screeches*

**a...** *himself*

## Díganos

Answer the following questions, based on your own thoughts and experiences.

1. ¿Qué cosas hace Ud. bien?
2. ¿Recibe frecuentemente la aprobación de sus supervisores, sus profesores y sus amigos?
3. ¿Conoce a personas envidiosas que tratan de desacreditar a otros?
4. ¿Qué hace cuando ve que algunas personas son injustas?
5. ¿Qué trata de hacer para animar a sus parientes y amigos a desarrollar (*develop*) sus talentos?

## ¡Suban al avión!

Marisa tiene la oportunidad de viajar a California con su mamá, que tiene dos
pasajes. El problema es que la señora tiene miedo de viajar en avión. Marisa le
pide a Pablo que la ayude a convencer a su mamá de que ella puede viajar en
avión.

## Chile

◆ Chile es un país largo y estrecho. En este país encontramos algunas de las montañas más altas de Suramérica, y por eso son muy populares los deportes de invierno. La cordillera de los Andes atraviesa (*goes through*) el país de norte a sur.

◆ Chile exporta pescados, mariscos y productos minerales y agrícolas. Exporta tanta fruta que se le considera la frutería del mundo. Sus vinos tienen fama internacional.

◆ Su capital, Santiago, es una ciudad cosmopolita que refleja la influencia de Europa y de Norteamérica. La ciudad tiene muchos lugares de recreo: hermosos parques, un estadio que tiene capacidad para ochenta mil personas y numerosos teatros y cines. Muy cerca de la ciudad hay excelentes lugares para esquiar.

◆ Dos escritores chilenos de fama internacional son Pablo Neruda y Gabriela Mistral, ganadores del Premio Nobel de Literatura. Otra escritora chilena de gran fama es Isabel Allende, autora de *La casa de los espíritus,* entre otras novelas.

▲ Pablo Neruda, famoso poeta chileno. Premio Nobel de Literatura 1971

## Uruguay

◆ Uruguay, el país más pequeño de Suramérica, está situado entre Brasil y Argentina, en la costa oriental (*east*) de este continente. La mayoría de su territorio se dedica a la agricultura y a la ganadería (*livestock*), que son la base de la economía tradicional del país. Sin embargo, en las últimas décadas, el país se ha industrializado rápidamente gracias a la electricidad barata que producen sus plantas hidroeléctricas.

◆ Para los uruguayos, la carne es el plato esencial de su dieta, y el **mate,** su bebida favorita.

◆ Montevideo es una de las ciudades más cosmopolitas de Hispanoamérica, y es el centro administrativo, económico y cultural del país. Allí vive casi la mitad de su población, que es de unos tres millones de habitantes. Otra ciudad importante de Uruguay es Punta del Este, uno de los centros turísticos más famosos de América Latina. Punta del Este está situada a unas dos horas de Montevideo, y es muy popular por sus hermosas playas y por los festivales de cine que allí se celebran.

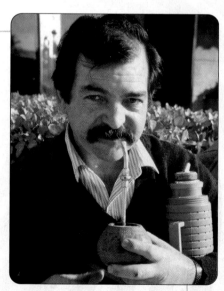

▲ Uruguayo bebiendo mate, una especie de té muy popular en todo el Cono Sur.

## Argentina

- Argentina, por su extensión, es el país de habla hispana más grande, y ocupa el octavo lugar entre los países más extensos del mundo; sin embargo, es uno de los menos densamente poblados. La mayor parte de sus habitantes son de origen europeo, principalmente italianos.

- En este país se encuentra el pico más alto del mundo occidental: el Aconcagua. Una de sus mayores atracciones turísticas son las Cataratas de Iguazú, que comparte con Brasil y Paraguay.

- Su capital, Buenos Aires, es la ciudad más grande del hemisferio sur. A las personas de Buenos Aires

▲ Iguazú, una de las cataratas más espectaculares del mundo

se les llama **porteños,** que significa "gente del puerto." En esta ciudad hay más de cuarenta universidades y la ciudad tiene una vida cultural muy activa. Hay numerosos museos y teatros muy importantes; el Teatro Colón es uno de los más famosos del mundo. La ciudad tiene muchos parques muy hermosos y la Avenida 9 de Julio es la más ancha del mundo.

▲ Un gaucho con su ganado *(cattle herd).*

## Brasil

- Brasil es el país más grande y más rico de América Latina. Limita con todos los países de Suramérica, excepto Chile y Ecuador. El idioma del país es el portugués, porque Brasil fue colonizado por Portugal.

- El país tiene muchos recursos naturales, incluidas extensas reservas de petróleo y de gas natural. Su principal producto agrícola es el café.

- Desde 1960 la capital de Brasil es Brasilia, la ciudad más moderna del mundo. Aislada del interior del país por la densa selva, la capital sigue prácticamente inaccesible excepto por avión y por eso Río de Janeiro, la antigua capital, y San Pablo siguen siendo las ciudades más importantes del país.

- Miles de personas de todas partes de Latinoamérica visitan Río de Janeiro, ciudad famosa por sus carnavales y por las populares playas de Copacabana e Ipanema.

**Online Study Center**

For more practice with lesson topics, see the related activities on the *¡Hola, amigos!* web site at college.hmco.com/PIC/holaamigos7e.

**Comentarios...** With a partner, discuss, in Spanish, what impressed you the most about these four countries and compare them to your own. Which places do you want to visit and why?

## Lección 11

**A. Subjunctive with verbs of volition**   Write sentences in the present tense, using the elements given below. Use the present subjunctive or the infinitive, as appropriate, and add any necessary words.

1. Yo / querer / ella / ir / Viña del Mar
2. Nosotros / desear / viajar / avión
3. Ella / sugerirme / ir / Buenos Aires
4. El agente / querer / venderme / el pasaje
5. Ellos / aconsejarnos / comprar / seguro (*insurance*)
6. Yo / no querer / llevar / muchas maletas
7. Ellos / no querer / ella / llevarlos / en su coche
8. Nosotros / no querer / ir / contigo
9. ¿Tú / sugerirme / venir / luego?
10. Ella / necesitar / Uds. / darle / la maleta

**B. Subjunctive with verbs of emotion**   Rewrite the following sentences, beginning each with the phrase in parentheses and using the subjunctive or the infinitive, as appropriate.

1. Ella se va pronto.   (Espero...)
2. Los pasajes son muy caros.   (Elsa teme...)
3. Yo estoy aquí.   (Me alegro de...)
4. Ella se va de vacaciones.   (Ella espera...)
5. Mamá se siente bien hoy.   (Esperamos...)
6. Ellos no pueden ir a la fiesta.   (Siento...)

**C. Some uses of the prepositions *a, de,* and *en***   Complete with **a, de,** or **en,** as necessary.

1. Anoche llamé _____ mi hermano por teléfono y hablamos _____ nuestros planes para el fin de semana. Pensamos ir _____ Chile. Él quiere viajar _____ tren pero yo prefiero ir _____ coche. Mi hermana no quiere ir con nosotros; prefiere quedarse _____ casa porque no tiene con quién dejar _____ su perro.
2. Ayer Marta llegó _____ la agencia _____ las ocho y media _____ la mañana, pero no empezó _____ trabajar hasta las diez.
3. Mi hija es muy bonita; es morena, _____ ojos verdes y yo pienso que es la más inteligente _____ todos mis hijos.

## D. Vocabulary
Complete the following sentences, using vocabulary from **Lección 11.**

1. No quiero un _____ de pasillo; quiero uno de _____ .
2. Voy a poner el bolso de _____ en el _____ de equipaje.
3. Voy a la _____ de viajes para comprar los pasajes.
4. Tiene que darle la tarjeta de _____ a la _____ de vuelo.
5. Tengo que pagar _____ de equipaje porque tengo cuatro maletas.
6. Quiero sentarme cerca de la _____ de emergencia.
7. Los paquetes _____ el pasaje, el hotel y algunas _____ .
8. ¿A cuánto está el _____ de moneda?
9. No podemos viajar hoy. Tenemos que _____ la reservación.
10. Cuando viajo siempre llevo cheques de _____ .
11. Este verano vamos a hacer un _____ por el Caribe.
12. Necesito una lista de los _____ de interés de la _____ de Chile.

## E. Culture
Complete the following sentences, based on the cultural notes you have read.

1. En Argentina se usa la forma _____ en lugar de **tú.**
2. La música típica de Argentina es el _____ .
3. En los países hispanos no existe tanta _____ entre las generaciones como en este país.

# Lección 12

## A. Subjunctive to express indefiniteness and nonexistence
Rewrite each sentence, using the subjunctive or the indicative, as appropriate.

1. El agente habla español.   (Necesitamos un agente que...)
2. Ese viaje incluye el hotel.   (Aquí no hay ningún viaje que...)
3. No hay ningún pasaje que no sea caro.   (Tenemos unos pasajes que...)
4. No hay ningún vuelo que salga a las seis.   (Hay varios vuelos que...)
5. Hay una señora que puede reservar los pasajes.   (¿Hay alguien que...?)

## B. Familiar commands
Change the following negative commands to the affirmative.

1. No compres el televisor.
2. No se lo digas.
3. No viajes mañana.
4. No salgas con esa persona.
5. No pongas la maleta debajo del asiento.
6. No lo invites.
7. No te vayas.
8. No vengas entre semana.
9. No regreses tarde.
10. No hagas la reservación.
11. No me traigas el folleto.
12. No le pidas los comprobantes ahora.

## C. Verbs and prepositions
Complete each sentence with the Spanish equivalent of the words in parentheses.

1. Olga _____ Daniel pero _____ Luis.   (*fell in love with / she married*)
2. Mi papá _____ que yo compre los billetes hoy.   (*insists on*)
3. Paco, _____ buscar los pasaportes. _____ que viajas el lunes. (*don't forget / Remember*)
4. Yo _____ que mis padres _____ él.   (*didn't realize / didn't trust*)

## D. Ordinal numbers
Write the ordinal numbers that correspond to the following numbers.

| 2. _____ | 8. _____ | 3. _____ |
|---|---|---|
| 7. _____ | 4. _____ | 6. _____ |
| 5. _____ | 9. _____ | 10. _____ |
| 1. _____ | | |

## E. Vocabulary    Complete the following sentences, using vocabulary from **Lección 12.**

1. El baño vo tiene bañadera; tiene _____.
2. El _____ no funciona. Tiene que _____ por la escalera.
3. Tengo mucho frío y este cuarto no tiene _____.
4. Mi esposo(a) y yo queremos una _____ doble.
5. El _____ de la pensión incluye todas las comidas.
6. Hay mucha gente porque hay un _____ de convenciones.
7. ¿A qué hora debemos _____ el cuarto?
8. Mi cuarto no es con _____ a la calle; es interior.
9. La pensión no tiene _____ de habitación.
10. Quiero una habitación exterior con _____ acondicionado.
11. Primero fui al _____ de revistas y después a la tienda de _____.
12. Un sinónimo de **dueño** es _____.
13. Reservé un hotel con pensión _____.
14. No hay ninguna habitación _____. El hotel está lleno.
15. ¿En qué _____ está tu habitación?

## F. Culture    Circle the correct answer, based on the cultural notes you have read.

1. La ciudad de Santiago tiene (muy pocos / muchos) lugares de recreo.
2. La Avenida 9 de Julio en Buenos Aires es la (menos / más) ancha del mundo.
3. Uruguay está situado entre Brasil y (Argentina/Chile).
4. Desde 1960 la capital de Brasil es (Río de Janeiro/Brasilia).

En un hospital en Madrid, una doctora le toma la presión a una de sus pacientes.

## Objetivos

### Lección 13

- ◆ Discuss health problems, medical emergencies, common medical procedures, and treatments
- ◆ Give and request information about physical symptoms and medications
- ◆ Express doubt, disbelief, and denial
- ◆ Tell others what to do

### Lección 14

- ◆ Ask and respond to questions concerning personal medical history
- ◆ Make suggestions and give advice about health and other problems
- ◆ Talk about what will happen
- ◆ Talk about what would happen under different circumstances

# ¿Cómo te sientes?

## Lección 13
En la sala de emergencia

## Lección 14
Hablando con el médico

### España

Un café al aire libre en la Plaza Mayor en Madrid, España

Jardines del Generalife, en el Palacio de la Alhambra, Granada

Playa de Fuengirola, en la Costa del Sol, Andalucía

293

## En un hospital de Madrid

🎧 *Hoy, como siempre, hay muchos pacientes en la sala de emergencia, y siguen llegando más. El Dr. Mena atiende a varios de ellos, y piensa que va a ser un día muy largo.*

*En este momento está hablando con un hombre que vino en una ambulancia y que los paramédicos acaban de traer en una camilla.*

| | |
|---|---|
| Dr. Mena | ¿Qué le pasó? |
| Paciente I | Mi coche chocó con un árbol y me golpeé el hombro. |
| Dr. Mena | ¿Perdió el conocimiento? |
| Paciente I | Sí, por unos segundos... pero me duele mucho... |
| Dr. Mena | Bueno, la enfermera lo va a llevar a la sala de rayos X. Vamos a hacerle unas radiografías para ver si hay fractura. |

*Ahora está hablando con una señora que trajo a su hijo. El niño se cayó en la escalera mecánica de una tienda y se lastimó.*

| | |
|---|---|
| Dr. Mena | Estoy casi seguro de que es una torcedura, pero vamos a hacerle unas radiografías por si acaso. |
| Madre | Se cortó la pierna. ¿Va a necesitar puntos? |
| Dr. Mena | Dudo que necesite puntos, pero cuando venga la enfermera va a limpiarle y desinfectarle la herida. Además, le vamos a poner una inyección antitetánica. |

### Detalles culturales

En la mayoría de los países de habla hispana, los hospitales son gratis y subvencionados por el gobierno. Hay clínicas privadas para la gente que no quiere ir a un hospital público.

◆ **¿Hay hospitales subvencionados por el gobierno en este país?**

### Detalles culturales

En muchos países hispanos existen las llamadas casas de socorro, donde se ofrecen los primeros auxilios (*first aid*) y cuidados (*care*) médicos urgentes.

◆ **¿Hay en este país un equivalente a las casas de socorro?**

*Ahora está hablando con un muchacho que tiene mucho dolor y náusea.*

**Paciente II**   Me duele mucho, doctor. Yo creo que tengo apendicitis...
**Dr. Mena**   (*Lo revisa*) No creo que sea apendicitis, pero vamos a hacerle unos análisis.

*El Dr. Mena continuó atendiendo a otros pacientes en la sala de emergencia: a una niña que se quemó la mano y lloraba mucho; a una señora que se rompió una pierna y tiene que usar muletas; a un señor que tuvo una reacción alérgica y tiene la cara hinchada... Cuando volvió a su casa, se dio cuenta de que no había almorzado.*

**Sra. Mena**   Cenemos temprano, porque hoy tenemos que ir a la escuela de los niños. ¡Ay! Estoy muy cansada. Descansemos un rato antes de que Paloma y Mario vuelvan de su clase de piano. ¿Qué tal fue tu día hoy?
**Dr. Mena**   Bueno... fue un día como cualquier otro... ¡en la sala de emergencia!

# ¿Recuerda usted?

**¿Verdadero o falso?**   With a partner, indicate whether these statements are true (**verdadero**) or false (**falso**).

| | | V | F |
|---|---|---|---|
| 1. | Hoy no hay muchos pacientes en la sala de emergencia. | ☐ V | ☐ F |
| 2. | Un paciente se golpeó el hombro cuando su auto chocó con un árbol. | ☐ V | ☐ F |
| 3. | El Dr. Mena no sabe si el paciente tiene o no una fractura. | ☐ V | ☐ F |
| 4. | La mamá del niño se cayó de una bicicleta. | ☐ V | ☐ F |
| 5. | Le van a poner al niño una inyección antitetánica. | ☐ V | ☐ F |
| 6. | Uno de los pacientes cree que tiene apendicitis. | ☐ V | ☐ F |
| 7. | El Dr. Mena no tuvo que atender a nadie hoy. | ☐ V | ☐ F |
| 8. | El señor que tuvo una reacción alérgica tiene que usar muletas. | ☐ V | ☐ F |
| 9. | El Dr. Mena almorzó muy temprano hoy. | ☐ V | ☐ F |
| 10. | Hoy fue un día normal para el Dr. Mena. | ☐ V | ☐ F |

**Y ahora... conteste**   Answer the following questions, basing your answers on the dialogues.

1. ¿Quiénes trajeron al primer paciente a la sala de emergencia?
2. ¿El hombre perdió el conocimiento?
3. ¿A quiénes les van a hacer radiografías?
4. ¿El Dr. Mena cree que el niño va a necesitar puntos?
5. ¿Qué problemas tiene el muchacho que viene a la sala de emergencia?
6. ¿Por qué lloraba mucho la niña?
7. ¿Qué va a tener que usar la señora que se rompió una pierna?
8. ¿De dónde vienen Paloma y Mario?

# Para hablar del tema: Vocabulario

## Cognados

la ambulancia
la apendicitis
la fractura
el hospital
la náusea

el (la) paciente
el (la) paramédico(a)
el piano
la reacción

## Nombres

el análisis  test
el árbol  tree
la cara  face
el dolor  pain
el (la) enfermero(a)  male nurse, nurse
la escalera  stairs
_____ mecánica*  escalator
la herida  wound
el hombro  shoulder
la inyección  shot, injection

_____ antitetánica  tetanus shot
las muletas  crutches
la pierna  leg
el punto  stitch
la radiografía  X-ray
la sala  ward (*at a hospital*)
_____ de emergencia  emergency room
_____ de rayos equis  X-ray room
la torcedura  sprain

## De país a país

la escalera mecánica  la escalera automática (*Esp., Cuba*)
romperse  quebrarse (*Méx.*)

## Verbos

atender (e>ie)  to see (*a patient*)
caerse (yo me caigo)  to fall
chocar  to collide
continuar  to continue
cortar(se)  to cut (oneself)
desinfectar  to disinfect
doler (o>ue)  to hurt, to ache
dudar  to doubt

golpear(se)  to hit (*oneself*)
lastimarse  to hurt oneself
llorar  to cry
pasar, suceder  to happen
quemar(se)  to burn (*oneself*)
revisar  to check
romper(se)*  to break

## Adjetivos

| | |
|---|---|
| **alérgico(a)** allergic | **seguro(a)** sure |
| **hinchado(a)** swollen | **varios(as)** several |

**Online Study Center**

For more practice with lesson topics, see the related activities on the *¡Hola, amigos!* web site at college.hmco.com/PIC/holaamigos7e.

## Otras palabras y expresiones

| | |
|---|---|
| **casi** almost | **hacer una radiografía** to take an X-ray |
| **como siempre** as usual | **perder el conocimiento,** |
| **cualquier** any | **desmayarse** to faint |

# Amplíe su vocabulario

## Otras partes del cuerpo (*Other parts of the body*)

- la espalda
- la cabeza
- la oreja
- la nariz
- la lengua
- el diente
- el cuello
- la boca
- el corazón
- el pecho
- el estómago
- el codo
- el brazo
- el dedo
- la muñeca
- la rodilla
- el tobillo
- el pie
- el dedo del pie

# Para practicar el vocabulario

**A. Preguntas y respuestas**  Match the questions in column *A* with the answers in column *B*.

| A | B |
|---|---|
| **1.** ¿Dónde tiene él la herida? | **a.** En la sala de rayos X. |
| **2.** ¿Qué te duele? | **b.** Me caí en la escalera. |
| **3.** ¿Qué te hizo la enfermera? | **c.** No, una torcedura. |
| **4.** ¿Dónde está Rita? | **d.** Sí, como siempre. |
| **5.** ¿Tiene una fractura? | **e.** A varios pacientes. |
| **6.** ¿Qué necesita el paciente? | **f.** En la cara. |
| **7.** ¿Qué le pasó a la niña? | **g.** No, tengo dudas. |
| **8.** ¿Tuviste mucho trabajo hoy? | **h.** Una radiografía. |
| **9.** ¿Estás seguro de eso? | **i.** No, sólo me lastimé. |
| **10.** ¿Te rompiste el brazo? | **j.** El hombro. |
| **11.** ¿Qué te pasó? | **k.** Se quemó la mano. |
| **12.** ¿A quiénes está atendiendo el médico? | **l.** Me desinfectó la herida. |

**B. En la sala de emergencia**  Complete the following statements about what goes on in the emergency room, using appropriate vocabulary.

1. Ayer el coche de Sergio _____ con un árbol y él se _____ la cabeza. Los _____ lo llevaron al hospital en una _____.

2. Ayer Beto se _____ de la bicicleta y se _____ un brazo. También se _____ la pierna y va a necesitar puntos. Le van a _____ una inyección _____.

3. Carlos tiene _____ y mucho _____ de estómago. Él cree que tiene _____. El doctor le va a hacer unos _____.

4. Marga se _____ la pierna y ahora tiene que usar _____ para caminar (walk).

5. Ayer Amanda tuvo una _____ alérgica y ahora tiene la cara y las manos _____.

TELEFONOS DE EMERGENCIA

BOMBEROS INCENDIOS EMERGENCIA **19**   POLICIA **12**   SECRETARIA DE SALUD **15**   HOSPITALES

SERVICIO LAS 24 HORAS.

AMBULANCIAS

| La Hortúa | 246 4020 |
| La Victoria | 272 2028 |
| Lorencita Villegas | 231 8849 |
| Militar | 232 5333 |
| Misericordia | 246 7520 |
| Samaritana | 233 8880 |

**C.** **¿Qué sabes de anatomía?**  Today you and your partner are the professors. Teach your students these parts of the body in Spanish.

**D.** **En el hospital**  You and a classmate play the roles of two doctors talking about the patients they have seen during the day, and their problems.

## Pronunciación

**Pronunciation in context**  In this lesson, there are some words or phrases that may be challenging to pronounce. Listen to your instructor and pronounce the following sentences.

1. Hay muchos **pacientes** en la sala de **emergencia,** y **siguen** llegando más.
2. Vamos a hacerle una **radiografía** para ver si hay **fractura.**
3. **Además,** le vamos a poner una **inyección antitetánica.**
4. No creo que sea **apendicitis,** pero vamos a hacerle unos **análisis.**
5. Cuando volvió a su casa, se dio cuenta de que **no había almorzado.**

# Puntos para recordar

## 1. Subjunctive to express doubt, denial, and disbelief
### (*El subjuntivo para expresar duda, negación e incredulidad*)

### Doubt

When the verb of the main clause expresses uncertainty or doubt, the verb in the subordinate clause is in the subjunctive.

—Te esperan a las cinco y son las cuatro y media.
—**Dudo** que yo **pueda** estar ahí a esa hora.

*"They expect you at five and it is four-thirty."*
*"**I doubt** that **I can** be there at that time."*

—Podemos tomar el desayuno a las once.
—**Dudo** que lo **sirvan** después de las diez.
—Estoy segura de que lo sirven hasta las once.

*"We can have breakfast at eleven."*
*"**I doubt** that **they serve** it after ten."*
*"I am sure that they serve it until eleven."*

> **¡Atención!** Notice that when no doubt is expressed and the speaker is certain of the reality (**estoy seguro[a], no dudo, sé**), the indicative is used.

**Estoy seguro** de que lo **sirven** hasta las once.

***I am sure** that **they serve** it until eleven.*

**Online Study Center**

For more practice with lesson topics, see the related activities on the *¡Hola, amigos!* web site at college.hmco.com/PIC/holaamigos7e.

## Práctica y conversación

**A. ¿Cómo responde...?** Respond to each of the following statements, beginning with the suggested phrases.

1. —Estoy seguro de que tiene una fractura.
   —Bueno, dudo que...
2. —Dudo que tenga que usar muletas.
   —Pues yo estoy seguro(a) de que...
3. —No estoy seguro de que sea apendicitis.
   —Pues yo no dudo que...
4. —Dudo que la enfermera esté en la sala de rayos X.
   —¿Sí? Yo estoy casi seguro(a) de que...
5. —Dudo que el paciente necesite radiografías.
   —Yo tampoco estoy seguro(a) de que...

## B. En el hospital
With a partner, read the following statements and take turns expressing doubt or certainty about them. Use **dudo, no dudo, estoy seguro(a),** and **no estoy seguro(a).**

1. Todos los hospitales son gratis.
2. Las enfermeras trabajan solamente tres horas al día.
3. El médico puede desinfectar la herida.
4. Los paramédicos nunca vienen en la ambulancia.
5. Cualquier enfermera puede hacer una radiografía.
6. Si tienes un dolor en el pecho debes ir al hospital en seguida.
7. Los médicos ganan muy poco dinero.
8. Si te rompes una pierna necesitas usar muletas.

## C. ¿Lo dudas...?
With a partner, take turns telling each other three or four things about yourself. Give some false information to see if your partner doubts or doesn't doubt what you say.

◆ MODELO: —*Tengo ocho clases este semestre.*
—*Dudo que tengas ocho clases.*
(*Estoy seguro[a] de que no tienes ocho clases.*)

## Denial

When the main clause denies or negates what is expressed in the subordinate clause, the subjunctive is used.

| | |
|---|---|
| —Ana **niega** que Carlos **sea** su novio. | "Ana **denies** that Carlos **is** her boyfriend." |
| —Sí, dice que son amigos... | "Yes, she says that they are friends . . ." |
| —Ellos trabajan mucho y siempre tienen dinero. | "They work hard and always have money." |
| —Es verdad que trabajan mucho, pero **no es cierto** que siempre **tengan** dinero. | "It's true that they work hard, but **it's not true** that **they** always **have** money." |

> **¡Atención!** Notice that when the main clause does not deny what is said in the subordinate clause, the indicative is used.

| | |
|---|---|
| **Es verdad** que **trabajan** mucho. | **It's true** that **they work** hard. |

## Práctica y conversación

*Online Study Center*

For more practice with lesson topics, see the related activities on the *¡Hola, amigos!* web site at college.hmco.com/PIC/holaamigos7e.

## A. ¿Es verdad o no?
With a partner, take turns saying whether each of the following statements is true or not.

◆ MODELO: Toda la gente tiene reacciones alérgicas a todo.
**No es verdad** que toda la gente **tenga** reacciones alérgicas a todo.

1. Los médicos no trabajan en la sala de emergencia.
2. Generalmente hay muchos pacientes en la sala de emergencia.
3. Las enfermeras saben más que los médicos.

4. Los paramédicos van en las ambulancias.
5. Los médicos no cobran mucho.
6. Hoy hace mucho frío.
7. Está lloviendo.
8. Hoy hace buen tiempo.

## Disbelief

The verb **creer** is followed by the subjunctive in negative sentences, where it expresses disbelief.

—¿Teresa va al hospital hoy?  *"Is Teresa going to the hospital today?"*

—No, **no creo** que **vaya** hoy.  *"No, I don't think she's going today?"*

> **¡Atención!** **Creer** is followed by the indicative in affirmative sentences, where it expresses belief.

—¿Qué va a pedir el médico?  *"What is the doctor going to ask for?"*
—**Creo** que **va** a pedir unos análisis.  *"I think he is going to order (ask for) some tests."*

*Dudo que tenga aire acondicionado.*

## Práctica y conversación

**A. El Sr. Contreras**   Mr. Contreras always contradicts everyone. How would he react to these statements?

◆ **MODELO:** Creo que ese médico es muy bueno.
***No creo** que (ese médico) **sea** muy bueno.*

1. No creo que el hospital sea caro.
2. Creo que todos los cuartos tienen aire acondicionado.
3. Creo que tienen que llevarlo a la sala de emergencia.
4. No creo que estén allí.
5. No creo que él necesite radiografías.
6. Creo que necesita usar muletas.

**B. En la universidad** Use your imagination to complete each statement, using the subjunctive or the indicative, as appropriate. Compare your statements to those of your partner.

1. Yo creo que el profesor (la profesora)...
2. No es verdad que yo...
3. Es cierto que los estudiantes...
4. No creo que en la cafetería de la universidad...
5. No es verdad que la clase de español...
6. No es cierto que los norteamericanos...
7. Dudo que yo...
8. No estoy seguro(a) de que esta universidad...

**C. Opiniones** Use the illustrations to complete the following sentences.

1. Yo no creo que el papá de Beto...    2. Dudo que Paquito...

3. No es verdad que Carlos...    4. Rita cree que el hotel Granada...

5. No es cierto que el baño...    6. No es verdad que Esteban siempre...

**D. Viajando** The following statements are made by someone who doesn't necessarily know what he or she is talking about. With a partner, take turns saying whether or not you think the comments are true. Use **creo, no creo, dudo, estoy seguro(a), es verdad,** or **no es verdad.**

1. Hay vuelos directos de Nueva York a Madrid.
2. El pasaje a Madrid cuesta 200 dólares.
3. Los estudiantes siempre viajan en primera clase.
4. Puedo viajar por España en tren.
5. Todas las ciudades españolas son muy pequeñas.
6. Hay hoteles elegantes en Barcelona.
7. En los hoteles de Madrid, todas las habitaciones tienen vista al mar.
8. Podemos viajar de Los Ángeles a Madrid en tren.

## 2. Subjunctive with certain conjunctions (*El subjuntivo con ciertas conjunciones*)

### Subjunctive after conjunctions of time

The subjunctive is used after conjunctions of time when the main clause refers to a future action or is a command. Some conjunctions of time are:

| | | | |
|---|---|---|---|
| **cuando** | when | **tan pronto como,** | |
| **hasta que** | until | **en cuanto** | as soon as |

Note in the following examples that the action in the subordinate clause has not yet taken place.

| | |
|---|---|
| —¿Vamos a la pensión ahora? | *"Are we going to the boarding house now?"* |
| —No, vamos a esperar **hasta que venga** Eva. | *"No, we're going to wait **until** Eva **comes**."* |
| —Bueno, llámeme **en cuanto llegue.** | *"Okay, call me **as soon as she arrives**."* |
| —¿Cuándo vas a comprar las muletas? | *"When are you going to buy the crutches?"* |
| —**Cuando** mi papá me **dé** el dinero. | *"**When** my dad **gives** me the money."* |

> **¡Atención!** If the action has already taken place or if the speaker views the action of the subordinate clause as a habitual occurrence, the indicative is used after the conjunction of time.

| | |
|---|---|
| —¿Ya llamaste a Rodolfo? | *"Did you already call Rodolfo?"* |
| —Sí, lo llamé **en cuanto llegué.** | *"Yes, I called him **as soon as I arrived**."* |
| —¿Cuándo llamas a Rodolfo? | *"When do you call Rodolfo?"* |
| —Siempre lo llamo **cuando llego** del trabajo. | *"I always call him **when I arrive** from work."* |

**304** trescientos cuatro ◆ **Lección 13**

## Conjunctions that always take the subjunctive

Certain conjunctions by their very meaning imply uncertainty or condition; they are therefore always followed by the subjunctive. Examples include:

| | | | |
|---|---|---|---|
| **a menos que** | unless | **con tal (de) que** | provided that |
| **antes de que** | before | **para que** | in order that, so that |
| **en caso de que** | in case | **sin que** | without |

—Voy a llamar a la enfermera **para que** me **traiga** las radiografías
*"I'm going to call the nurse **so that she'll bring** me the x-rays."*

—Llámela **antes de que se vaya.**
*"Call her **before she leaves.**"*

—No puedo comprar la medicina **sin que** tú me **des** el dinero.
*"I can't buy the medicine **without you giving** me the money."*

—Puedo dártelo ahora.
*"I can give it to you now."*

## Práctica y conversación

**A. Minidiálogos** Complete the following dialogues, using the indicative or the subjunctive of each verb. Then act them out with a partner.

1. **desocupar / llegar**
   —¿Podemos limpiar el cuarto ahora?
   —No, no podemos limpiarlo hasta que el paciente lo _____.
   —¿Cuándo lo va a desocupar?
   —En cuanto _____ el taxi.

2. **llegar / atender**
   —¿Qué va a hacer en cuanto _____ al hospital?
   —Voy a hablar con la recepcionista para que el médico me _____ esta tarde.

3. **llamar**
   —¿Cuándo van a venir tus amigos?
   —Tan pronto como yo los _____.

4. **salir**
   —¿Los señores García te esperaron?
   —Sí, me esperaron hasta que yo _____ del hospital.

5. **hablar / ver**
   —Cuando Ud. _____ con el médico, dígale que el paciente no se siente bien.
   —Voy a decírselo en cuanto lo _____.

6. **irse / salir**
   —¿Tú puedes hablar con los paramédicos antes de que ellos _____?
   —Sí, a menos que (ellos) _____ muy temprano.

**Online Study Center**

For more practice with lesson topics, see the related activities on the *¡Hola, amigos!* web site at college.hmco.com/PIC/holaamigos7e.

1. ¿Siempre desayunas en cuanto te levantas?
2. ¿Siempre te lavas la cabeza cuando te bañas?
3. ¿Tú puedes salir de tu casa sin que nadie te vea?
4. ¿Qué le vas a decir a tu mejor amigo(a) cuando lo (la) veas?
5. ¿Tú llegas a veces a clase antes de que llegue el profesor (la profesora)?
6. ¿Qué vas a hacer para que el profesor (la profesora) te dé una "A" en esta clase?
7. ¿A veces te quedas en la biblioteca hasta que la cierran?
8. ¿Qué vas a hacer tan pronto como llegues a tu casa?

# 3. First-person plural commands (*El imperativo de la primera persona del plural*)

- In Spanish, the first-person plural of an affirmative command (*let's* + *verb*) can be expressed in two ways:

  - by using the first-person plural of the present subjunctive.

    | | |
    |---|---|
    | **Preguntemos** el precio de la habitación. | ***Let's ask*** the price of the room. |

  - by using the expression **vamos a** + *infinitive*.

    | | |
    |---|---|
    | **Vamos a preguntar** el precio de la habitación. | ***Let's ask*** the price of the room. |

- The verb **ir** does not use the subjunctive form in the first-person plural affirmative command.

  | | |
  |---|---|
  | **Vamos** al teatro. | ***Let's go*** to the theatre. |

  In a negative command, however, the subjunctive form is used.

  | | |
  |---|---|
  | **No vayamos** al teatro. | ***Let's not go*** to the theatre. |

- In all direct, affirmative commands, object pronouns are attached to the verb, and a written accent is then placed on the stressed syllable.

  | | |
  |---|---|
  | Comprémos**lo.** | *Let's buy **it.*** |
  | Llamémos**los.** | *Let's call **them.*** |

  If the pronouns **nos** or **se** are attached to the verb, the final **-s** of the verb is dropped before adding the pronoun.

  | | |
  |---|---|
  | Sentémo**nos** aquí. | ***Let's sit*** here. |
  | Vistámo**nos** ahora. | ***Let's get dressed*** now. |
  | Démo**selo** a los niños. | ***Let's give it*** to the children. |

  | | |
  |---|---|
  | —Vamos a Madrid. | *"Let's go to Madrid."* |
  | —No, no vayamos a Madrid; **quedémonos** en Barcelona. | *"No, let's not go to Madrid; **let's stay** in Barcelona."* |
  | —¿Dónde queda el Museo del Prado? | *"Where's the Prado Museum located?"* |
  | —No sé. **Preguntémoselo** a ese señor. | *"I don't know. **Let's ask** that gentleman."* |

# Práctica y conversación

**Online Study Center**

For more practice with lesson topics, see the related activities on the *¡Hola, amigos!* web site at college.hmco.com/PIC/holaamigos7e.

**A. ¿Qué hacemos...?** With a partner, take turns saying what these people should do in the following situations. Use the first person plural command. Use pronouns wherever possible.

1. Tenemos mucha hambre.
2. Estamos en un restaurante y necesitamos el menú.
3. No queremos salir hoy.
4. No sabemos qué hacer este fin de semana.
5. Un amigo nuestro tuvo un accidente.
6. No sabemos el precio de la medicina.
7. Estamos cansados.
8. Tenemos sueño.

**B. ¡Vamos a España!** You and a classmate are making plans to go on a trip to Spain. Take turns answering the following questions, using the first-person plural command.

1. ¿A qué ciudad vamos?
2. ¿Cómo viajamos?
3. ¿Qué día y a qué hora salimos?
4. ¿Cuántas maletas llevamos?
5. ¿Nos hospedamos en un hotel o en una pensión?
6. ¿Pedimos una habitación con vista a la calle?
7. ¿Cuántos días nos quedamos en la ciudad?
8. ¿Comemos en un restaurante o en nuestra habitación?
9. ¿Dónde dejamos las joyas (*jewelry*)?
10. ¿Cuándo regresamos?

## Rodeo

### Summary of the Command Forms (*Resumen de las formas del imperativo*)

| Usted | Ustedes | Tú | | Nosotros |
|---|---|---|---|---|
| | | *Affirmative* | *Negative* | |
| hable | hablen | habla | no hables | hablemos |
| coma | coman | come | no comas | comamos |
| abra | abran | abre | no abras | abramos |
| cierre | cierren | cierra | no cierres | cerremos |
| vaya | vayan | ve | no vayas | vamos[1] |

[1]Remember that the affirmative command uses the indicative form **vamos,** but the negative command uses the subjunctive form **no vayamos.**

Notice that the command forms of these verbs are identical to the subjunctive forms, except for the affirmative forms for **tú,** which use the third-person singular of the present indicative. Also, the following verbs have irregular **tú** command forms.

| decir | **di** | ir | **ve** | salir | **sal** | tener | **ten** |
| hacer | **haz** | poner | **pon** | ser | **sé** | venir | **ven** |

Remember the position of direct, indirect, and reflexive pronouns with commands.

| *Affirmative* | *Negative* |
| Cómpre**lo.** | No **lo** compre. |
| Dí**selo.** | No **se lo** digas. |
| Levanté**monos.** | No **nos** levantemos. |

## Práctica y conversación

**Planes y más planes**   You and a partner are busy making plans for a visit by some foreign students who will spend the weekend with you and your friends. One of your neighbors, Sra. Vega, and her young daughter, María, offer their help. Use the appropriate command form to say who is going to do each of the following chores and categorize them under the appropriate heading.

**Online Study Center**

For more practice with lesson topics, see the related activities on the *¡Hola, amigos!* web site at college.hmco.com/PIC/holaamigos7e.

◆ **MODELOS:**   Comprar frutas
**Nosotros:** *Compremos frutas.*
**la señora Vega:** *Compre frutas.*
**María:** *Compra frutas.*

1. limpiar el apartamento
2. ir al mercado
3. poner la mesa
4. preparar la comida
5. hacer las camas
6. invitar a otros estudiantes
7. ir al aeropuerto a esperar a los viajeros (*travelers*)
8. sacar entradas para el teatro
9. no levantarse tarde
10. llevarlos a visitar los lugares de interés
11. servir la comida
12. lavar los platos
13. darles una fiesta de bienvenida
14. pedirle los discos compactos a Roberto
15. llevarlos a las tiendas
16. no olvidarse de sacar dinero del banco

# 4. ¿Qué? and ¿cuál? used with ser
## (Qué y cuál *usados con el verbo ser*)

◆ *What?* translates as **¿qué?** when it is used as the subject of the verb and asks for a definition.

—¿**Qué** es una paella?      *"**What** is a paella?"*
—Es un plato español.      *"It's a Spanish dish."*

◆ *What?* translates as **¿cuál?** when it is used as the subject of a verb and asks for a choice. **Cuál** conveys the idea of selection from among several or many available objects, ideas, and so on.

—¿**Cuál** es su número de teléfono?      *"**What** is your phone number?"*
—712-4267.      *"712-4267."*

## ┌ Práctica y conversación ────────────

**Online Study Center**

For more practice with lesson topics, see the related activities on the *¡Hola, amigos!* web site at college.hmco.com/PIC/holaamigos7e.

**A. ¿Cuál es la pregunta?**   Write the questions you would ask to get the following information. Use **qué** or **cuál**, as needed.

1. —¿_____?
   —El nombre del hotel es "El Alcázar".
   —¿_____?
   —Calle del Prado, número 420.
   —¿_____?
   —6–35–42–37.

2. —Necesita mostrar su carnet de identidad.
   —¿_____?
   —Es una forma de identificación.
   —¿Cuánto cuesta una habitación en este hotel?
   —Cuesta doscientos euros.
   —¿_____?
   —Es la moneda (*currency*) de España.

**B. Entreviste a su compañero(a)**   Interview your partner, using the following questions.

1. ¿Cuál es el hotel que tú prefieres?
2. ¿Cuál es la ciudad que más te gusta?
3. ¿Cuál es el programa de televisión que prefieres?
4. ¿Cuál es la comida que más te gusta?
5. ¿Cuál es el lugar que prefieres para ir de vacaciones?
6. ¿Cuál es tu color favorito?

# Entre nosotros

## ¡Conversemos!

**Para conocernos mejor**  Get to know your partner better by asking each other the following questions.

1. ¿Has tenido un accidente alguna vez?
2. ¿Te han llevado al hospital en una ambulancia alguna vez?
3. ¿Cuándo fue la última vez que estuviste en una sala de emergencia?
4. ¿Cuándo fue la última vez que te pusieron una inyección antitetánica?
5. ¿Qué tomas cuando te duele la cabeza? ¿Y cuando te duele el estómago?
6. ¿Te han hecho una radiografía últimamente?
7. ¿Te has desmayado alguna vez (*ever*)?
8. ¿Tu médico te ha recetado alguna medicina últimamente?
9. ¿Te has roto una pierna o un brazo alguna vez?
10. ¿Te has quemado una mano alguna vez?

**Una encuesta**  Interview your classmates to identify who fits the following descriptions. Include your instructor, but remember to use the **Ud.** form when addressing him or her.

Nombre

1. Se lastimó jugando al fútbol.  _____
2. Toma pastillas para el dolor a veces.  _____
3. Va a ir al médico el mes próximo.  _____
4. No se siente bien hoy.  _____
5. Se ha caído últimamente.  _____
6. Estuvo en la sala de rayos X el mes pasado.  _____
7. Va a tomar una medicina más tarde.  _____
8. Nunca se ha desmayado.  _____
9. Tiene problemas con el estómago a veces.  _____
10. Ha tenido que ir al hospital últimamente.  _____

 **Y ahora...**  Write a brief summary about what you have learned about your classmates.

¿Cómo lo decimos? What would you say in the following situations? What might the other person say? Act out the scenes with a partner.

1. You were in an accident and were brought to the hospital. Tell the doctor what happened and where it hurts. Ask him or her any relevant questions you may have regarding your injuries, any procedures the doctor may wish to perform, and your treatment.
2. You and your English-speaking friend are traveling in Spain. Your friend has fallen down the stairs in the hotel, so you take him/her to the doctor. Tell the doctor what happened, and ask any pertinent questions. (Does he/she need crutches? If so, how long must the crutches be used?, and so on).

¿Qué pasa aquí? In groups of three or four, create a story about the people in the illustrations. Say who they are, what happened to them, and what they need.

## Para escribir

**Un accidente** Use your imagination to finish the following story, telling what happened to Julio. Tell how the accident happened, how he got to the hospital, what the doctor said and did, etc.

*Eran las ocho de la noche y Julio iba en su coche cuando tuvo un accidente...*

## Un dicho

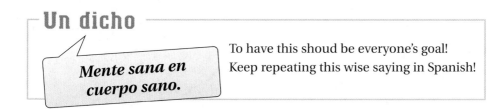

*Mente sana en cuerpo sano.*

To have this shoud be everyone's goal!
Keep repeating this wise saying in Spanish!

La Sra. Paz se despertó con dolor de garganta y una temperatura de 40 grados. Empezó a toser y le fue muy difícil levantarse. Pensó: "Tengo fiebre; tendré que ir al médico" y, afortunadamente, pudo hacer una cita para las diez de la mañana.

En el consultorio del Dr. Roca, la Sra. Paz habla con la recepcionista.

| | |
|---|---|
| **Recepcionista** | ¿Tiene su tarjeta de seguro médico? Tengo que hacer una fotocopia. |
| **Sra. Paz** | Aquí la tiene. |
| **Recepcionista** | Gracias. Tome asiento. La enfermera la llamará dentro de unos minutos. |

Con la enfermera.

La enfermera la pesa y la lleva a uno de los cuartos. Allí le toma la temperatura y la presión.

| | |
|---|---|
| **Enfermera** | Tiene la presión un poco alta. ¿Cuánto tiempo hace que no se siente bien? |
| **Sra. Paz** | Dos días. Mi esposo me aconsejó que viera al médico, pero yo fui a Barcelona a una conferencia. |
| **Enfermera** | El médico probablemente le dirá que tiene que descansar. Bueno, en seguida vendrá el Dr. Roca a hablar con usted. ¿Es usted alérgica a alguna medicina? |
| **Sra. Paz** | Que yo sepa, no. |
| **Enfermera** | ¿Está embarazada? |
| **Sra. Paz** | No. |

## Detalles culturales

En los países de habla hispana se mide la temperatura en grados *Celsius*, a los que también se les llama *Centígrados*. En la escala Celsius, 0° (temperatura de fusión del hielo) corresponde a 32° Fahrenheit. En el ejemplo, 40° Celsius corresponde a 104° Fahrenheit.

◆ ¿Sabe Ud. convertir grados Farenheit a centígrados?

## Detalles culturales

En muchos países hispanos, en cada barrio (*neighborhood*), hay una "farmacia de turno" que ofrece servicios durante la noche. A cada farmacia le corresponde estar abierta un día diferente de la semana. Un letrero en las farmacias cerradas indica dónde están las farmacias abiertas.

◆ ¿Hay en su ciudad farmacias que están abiertas 24 horas al día?

*Con el Dr. Roca.*

**Dr. Roca** (*La examina*) A ver... Abra la boca y diga "ah".
Ajá. Ahora, respire hondo... Otra vez...

**Sra. Paz** Me gustaría que me hiciera un buen chequeo, doctor.

**Dr. Roca** Sí, ésa sería una buena idea. Si tuviera tiempo, lo haría hoy, pero no será posible.

**Sra. Paz** Bueno, haré una cita para la semana que viene.

**Dr. Roca** Bien, usted tiene gripe pero, si no se cuida, puede convertirse en una pulmonía, y ésa es una enfermedad mucho más grave.

**Sra. Paz** ¿Me va a recetar algo?

**Dr. Roca** Sí, le voy a recetar un antibiótico y un jarabe para la tos. Lleve esta receta a la farmacia y empiece a tomar el antibiótico hoy mismo.

**Sra. Paz** Bueno, lo que tengo es contagioso, de modo que no podré ir a trabajar. Pero lo más difícil va a ser admitir que mi esposo tenía razón.

**Dr. Roca** ¿Tenía razón?

**Sra. Paz** Sí, él me dijo que viniera al médico y yo me fui a una conferencia... ¡Y me empeoré! ¡Ahora va a creer que él es infalible!

# ¿Recuerda usted?

**¿Verdadero o falso?** With a partner, decide whether the following statements about the dialogues are true (**verdadero**) or false (**falso**).

1. La temperatura de la Sra. Paz es normal. ☐ V ☐ F
2. La Sra. Paz no tiene seguro médico. ☐ V ☐ F
3. La recepcionista pesa a la Sra. Paz. ☐ V ☐ F
4. La conferencia fue en Barcelona. ☐ V ☐ F
5. La Sra. Paz no está embarazada. ☐ V ☐ F
6. El Dr. Roca le va a hacer un buen chequeo a la Sra. Paz hoy mismo. ☐ V ☐ F
7. La Sra. Paz pedirá turno para la semana que viene. ☐ V ☐ F
8. El médico le dice a la Sra. Paz que debe cuidarse. ☐ V ☐ F
9. La Sra. Paz no quiere admitir que su esposo tenía razón. ☐ V ☐ F
10. La Sra. Paz fue a una conferencia y se mejoró. ☐ V ☐ F

**Y ahora... conteste** Answer these questions, basing your answers on the dialogues.

1. ¿Qué le dolía a la Sra. Paz esta mañana?
2. ¿Cómo sabemos que la Sra. Paz tenía fiebre?
3. ¿Cuánto tiempo hace que la Sra. Paz no se siente bien?
4. ¿Qué le aconsejó el Sr. Paz a su esposa?
5. ¿Qué dice la Sra. Paz que ella necesita?
6. ¿En qué puede convertirse la gripe?
7. ¿Qué va a comprar la Sra. Paz en la farmacia?
8. Según la Sra Paz, ¿qué va a creer su esposo?

## Detalles culturales

En España y en algunos países latinoamericanos, las farmacias venden principalmente medicinas. En algunos países hispanos es posible comprar ciertas medicinas —como la penicilina— sin tener receta médica.

◆ En este país, ¿se pueden comprar antibióticos sin tener receta médica?

313

# Para hablar del tema: Vocabulario

**Online Study Center**

For more practice with lesson topics, see the related activities on the *¡Hola, amigos!* web site at college.hmco.com/PIC/holaamigos7e.

## Cognados

el antibiótico
contagioso(a)
la farmacia
la fotocopia

infalible
el minuto
(el) la recepcionista

## Nombres

la cita, el turno  appointment
el chequeo  checkup
la conferencia  lecture
el consultorio  doctor's office
la garganta  throat
el dolor de garganta  sore throat
la enfermedad  disease, sickness
la fiebre  fever

la gripe*  flu
el jarabe  syrup
la presión  pressure, (blood) pressure
la pulmonía  pneumonia
la receta  prescription
el seguro*  insurance
_____ médico  medical insurance
la tos  cough

## Verbos

admitir  to admit
convertirse en (e>ie)  to turn into
cuidar(se)  to take care (of oneself)
empeorar(se)[1]  to get worse
examinar  to examine, to check

pesar  to weigh
recetar  to prescribe
respirar  to breathe
toser  to cough

## Adjetivos

embarazada, en estado, encinta  pregnant
grave, serio(a)  serious

## Otras palabras y expresiones

dentro de  within
en seguida, enseguida  right away
hoy mismo  this very day
otra vez  again
por suerte, afortunadamente  luckily, fortunately

que viene  next
que yo sepa  that I know of
respirar hondo  to take a deep breath

---

[1]**mejorar(se)**   to get better

# Amplíe su vocabulario

## Más sobre la salud: Medicinas

Debe tomar
{
un antiácido — *antacid*
un calmante — *tranquilizer*
un sedativo, un sedante — *sedative*
vitaminas — *vitamins*
}

## Algunos especialistas

el (la) cardiólogo(a) — *cardiologist*
el (la) cirujano(a) — *surgeon*
el (la) dermatólogo(a) — *dermatologist*
el (la) ginecólogo(a) — *gynecologist*
el (la) oculista — *oculist*
el (la) pediatra — *pediatrician*

**De país a país**

la gripe   la gripa (*Méx.*)
el seguro   la aseguranza (*Méx.*)

## En el botiquín  (*Medicine cabinet*)

*el desinfectante*

*la(s) tijera(s)*

*el termómetro*

*el esparadrapo*

*la venda*

*la curita*

*el algodón*

*el agua oxigenada*

# Para practicar el vocabulario

**A. Preguntas y respuestas** With a partner, match the questions in column *A* with the answers in column *B*.

| A | B |
|---|---|
| **1.** ¿Qué te recetó el médico? | **a.** Aquí la tiene. |
| **2.** ¿Para cuándo tienes turno? | **b.** Sí, voy a la farmacia. |
| **3.** ¿Se mejoró? | **c.** No, normal. |
| **4.** ¿Necesitas la medicina ahora? | **d.** Que yo sepa, no. |
| **5.** ¿Tiene gripe? | **e.** Lo va a pesar. |
| **6.** ¿Dónde está la fotocopia? | **f.** Para hoy mismo. |
| **7.** ¿Debo volver mañana? | **g.** Sí, porque no tiene seguro. |
| **8.** ¿Es Ud. alérgica a alguna medicina? | **h.** Sí, pero puede convertirse en pulmonía. |
| **9.** ¿Rita tiene que pagar la cuenta? | **i.** Un jarabe para la tos. |
| **10.** ¿Tiene la presión alta? | **j.** Dentro de una semana. |
| **11.** ¿Qué va a hacer la enfermera? | **k.** No, se empeoró. |
| **12.** ¿Cuándo empieza a trabajar la recepcionista? | **l.** No, no es necesario. |

**B. ¿Qué debo tomar?**

1. Tengo acidez.
2. Estoy muy nervioso(a).
3. Estoy muy débil (*weak*).
4. Me duele una rodilla.
5. Tengo una infección.

**C. ¿Qué especialista debo ver?**

1. si mi hijo pequeño está enfermo
2. si estoy embarazada
3. si no veo bien
4. si necesito una operación
5. si tengo problemas del corazón
6. si tengo acné

## Detalles culturales

Especialmente en las grandes ciudades hispanas, la medicina está muy avanzada, pero en muchos pueblos (*towns*) remotos no hay hospitales ni médicos. En esos lugares, especialmente en Latinoamérica, hay curanderos (*healers*) que recomiendan hierbas (*herbs*) o tés, o que usan remedios tradicionales para sus curas.

◆ **En su país, ¿hay algunas personas que usan hierbas medicinales para curar ciertas enfermedades?**

**D. En nuestro botiquín** With a partner, mention eight items you need for your medicine cabinet.

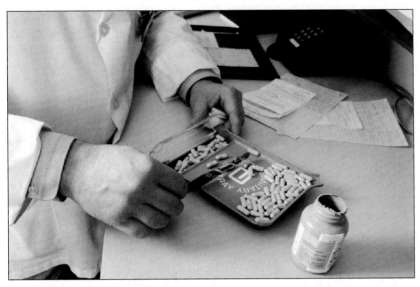

¿Para qué son las pastillas que está contando el farmacéutico?

## Pronunciación

**Pronunciation in context** In this lesson, there are some words or phrases that may be challenging to pronounce. Listen to your instructor and pronounce the following sentences.

1. La Sra. Paz se despertó con dolor de **garganta** y una **temperatura** de 40 grados.
2. Mi esposo **me aconsejó** que fuera al médico, pero yo fui a **Barcelona** a una **conferencia.**
3. Me gustaría que me **hiciera** un buen **chequeo.**
4. Le voy a **recetar** un **antibiótico** y un **jarabe** para la tos.
5. Bueno, lo que tengo es **contagioso** y **no podré ir** a trabajar.

# Puntos para recordar

## 1. Future tense (*Futuro*)

♦ Most Spanish verbs are regular in the future, and the infinitive serves as the stem of almost all verbs. The endings are the same for all three conjugations.

| Formation of the Future Tense | | | |
|---|---|---|---|
| *Infinitive* | | *Stem* | *Endings* |
| trabajar | yo | trabajar- | **é** |
| aprender | tú | aprender- | **ás** |
| escribir | Ud., él, ella | escribir- | **á** |
| entender | nosotros(as) | entender- | **emos** |
| ir | vosotros(as) | ir- | **éis** |
| dar | Uds., ellos, ellas | dar- | **án** |

**¡Atención!** Note that all the endings, except that of the **nosotros(as)** form, take accent marks.

—¿Adónde **irán** Uds. esta tarde?
—**Iremos** al consultorio del Dr. Báez.

*"Where **will you go** this afternoon?"*
*"**We will go** to Dr. Baez's office."*

♦ A small number of Spanish verbs are irregular in the future tense. These verbs have an irregular stem; however, the endings are the same as those for regular verbs.

| Irregular Future Stems | | |
|---|---|---|
| *Infinitive* | *Stem* | *First-Person Sing.* |
| decir | dir- | **diré** |
| hacer | har- | **haré** |
| haber | habr- | **habré** |
| querer | querr- | **querré** |
| saber | sabr- | **sabré** |
| poder | podr- | **podré** |
| poner | pondr- | **pondré** |
| salir | saldr- | **saldré** |
| tener | tendr- | **tendré** |
| venir | vendr- | **vendré** |

¿Podrá terminar estas cartas para las seis?

—¿A qué hora **saldrán** para el hospital?

"At what time **will you leave** for the hospital?"

—**Saldremos** tan pronto como lleguen mis padres.

"**We will leave** as soon as my parents arrive."

—¿**Podrás** venir mañana?

"**Will you be able** to come tomorrow?"

—Sí, **vendré** a menos que llueva.

"Yes, **I will come** unless it rains."

**¡Atención!** The future of **hay** (impersonal form of **haber**) is **habrá**.

¿**Habrá** una conferencia?

**Will there be** a lecture?

◆ Uses of the future tense

   ◆ The English equivalent of the Spanish future tense is *will* or *shall* plus a verb. As you have already learned, Spanish also uses the construction **ir a** plus an infinitive, or the present tense with a time expression, to refer to future actions, events, or states.

   Esta noche **iremos** al cine.
   Esta noche **vamos a ir** al cine.

   *Tonight **we will go** to the movies.*
   *Tonight **we're going to go** to the movies.*

   Esta noche **vamos** al cine.

   *Tonight **we're going** to the movies.*

   ◆ Unlike English, the Spanish future is *not* used to express willingness. In Spanish, willingness is expressed by the verb **querer.**

   —¿**Quieres** llamar a Eva?
   —Ahora no puedo.

   "**Will you** call Eva?"
   "I can't now."

**Online Study Center**

For more practice with lesson topics, see the related activities on the *¡Hola, amigos!* web site at college.hmco.com/PIC/holaamigos7e.

# Práctica y conversación

**A. ¿Qué harán?** Rewrite the following sentences, using the future tense. Follow the model.

◆ **MODELO:** Voy a comprar un jarabe y se lo voy a dar a Carlos.
 ***Compraré*** *un jarabe y se lo* ***daré*** *a Carlos.*

1. La Sra. Paz va a llamar al médico y va a preguntar si puede ir hoy.
2. La recepcionista le va a pedir la tarjeta de seguro médico y le va a decir que se siente.
3. La enfermera la va a pesar y le va a tomar la presión.
4. El médico le va a hacer un chequeo y le va a decir que se cuide.
5. La Sra. Paz va a ir a la farmacia y va a comprar la medicina.
6. Yo voy a tener que llevar a los niños a su casa porque la Sra. Paz no va a poder llevarlos.

**B. El verano pasado** The following paragraph describes what happened last summer. Change all the verbs to the future to indicate what will happen in the upcoming summer.

En el verano, mi familia y yo **fuimos** a California. **Estuvimos** en San Diego por una semana. **Alquilamos** un apartamento cerca de la playa y unos amigos madrileños **vinieron** a quedarse con nosotros. Diego y Jaime **hicieron** surfing. Mi padre **pasó** un par de días pescando, y Gloria y yo **buceamos, tomamos** el sol y por la noche **salimos** con unos amigos. **Nos divertimos** mucho pero **tuvimos** que volver para empezar las clases.

**C. Planes para las vacaciones** In groups of three, tell each other three or four things you plan to do during your summer vacations, using the future tense. Your classmates may ask for more details.

# 2. Conditional tense (*Condicional*)

◆ Like the future, the Spanish conditional uses the infinitive as the stem for most verbs and has only one set of endings for all three conjugations.

| Formation of the Conditional Tense | | |
|---|---|---|
| *Infinitive* | *Stem* | *Endings* |
| trabajar | yo | trabajar- | **ía** |
| aprender | tú | aprender- | **ías** |
| escribir | Ud., él, ella | escribir- | **ía** |
| dar | nosotros(as) | dar- | **íamos** |
| hablar | vosotros(as) | hablar- | **íais** |
| preferir | Uds., ellos, ellas | preferir- | **ían** |

—Me **gustaría** ir al parque.

—Nosotros **preferiríamos** ir a la piscina.

*"I **would like** to go to the park."*

*"We **would prefer** to go to the pool."*

—Voy a invitar a Julia.

—Yo no la **invitaría.**

*"I'm going to invite Julia."*

*"I **would** not **invite** her."*

◆ The verbs that are irregular in the future tense have the same irregular stems in the conditional. The endings are the same as those for regular verbs.

| Irregular Conditional Stems | | |
|---|---|---|
| *Infinitive* | *Stem* | *First-Person Sing.* |
| decir | dir- | **diría** |
| hacer | har- | **haría** |
| haber | habr- | **habría** |
| querer | querr- | **querría** |
| saber | sabr- | **sabría** |
| poder | podr- | **podría** |
| poner | pondr- | **pondría** |
| salir | saldr- | **saldría** |
| tener | tendr- | **tendría** |
| venir | vendr- | **vendría** |

—¿Qué **podría** hacer yo para ayudarte?

—**Podrías** traer las vendas.

*"What **could** I do to help you?"*

*"You could bring the bandages."*

**¡Atención!** The conditional of **hay** (impersonal form of **haber**) is **habría.**

Dijo que **habría** una reunión. *He said **there would be** a meeting.*

*No sé...yo no lo lavaría aquí.*

◆ Uses of the conditional

◆ The Spanish conditional is equivalent to the English *would* plus a verb.

—¿Qué **harías** tú?

—Yo **iría** al médico.

*"What **would** you **do**?"*

*"I **would** go to the doctor."*

In Spanish, the conditional is also used to soften a request or to express politeness.

—¿**Podrías** venir un momento?      *"**Could you** come for a minute?"*
—Sí, en seguida.      *"Yes, right away."*

# Práctica y conversación

*Online Study Center*

For more practice with lesson topics, see the related activities on the *¡Hola, amigos!* web site at college.hmco.com/PIC/holaamigos7e.

**A. En el consultorio de la Dra. Peña**   While waiting in Dr. Peña's office you overhear the following exchanges. Complete them, using the conditional of the verbs given.

1. —Carlitos tiene acné.
   —Yo lo _____ (llevar) a un buen dermatólogo.
   —¿Tú crees que la Dra. Peña _____ (poder) recomendarme uno?
   —Yo se lo _____ (preguntar).

2. —Mamá está muy nerviosa y no sé qué hacer.
   —Yo le _____ (dar) un sedante.
   —Eso _____ (ser) muy difícil porque a ella no le gusta tomar medicinas.

3. —¿Tú crees que Ana y yo _____ (poder) ir al hospital a ver a Jorge?
   —Yo no _____ (ir) hoy porque acaban de operarlo.
   —Pues sus padres dijeron que ellos lo _____ (visitar) esta noche.

4. —Mi hijo tiene mucha acidez. ¿Qué le _____ (recomendar) tú?
   —Yo le _____ (sugerir) tomar un buen antiácido. Creo que _____ (mejorar) pronto.

5. —Pedro quiere que yo le compre un seguro médico; ¿qué _____ (hacer) tú en mi caso? ¿Se lo _____ (comprar)?
   —Bueno, yo no se lo _____ (comprar).

**B. Recomendaciones**   In groups of three or four, decide what you would recommend to a friend who has health problems, doesn't exercise, and has bad eating habits. Compare your recommendations with those of other groups, and select the best ones.

## Rodeo

### Summary of the Tenses of the Indicative (*Resumen de los tiempos del indicativo*)

| | Simple Tenses | | |
|---|---|---|---|
| | **-ar** | **-er** | **-ir** |
| *Presente* | hablo | como | vivo |
| *Pretérito* | hablé | comí | viví |
| *Imperfecto* | hablaba | comía | vivía |
| *Futuro* | hablaré | comeré | viviré |
| *Condicional* | hablaría | comería | viviría |

<table>
<tr><th colspan="4">Compound Tenses</th></tr>
<tr><td>Pretérito perfecto</td><td>he hablado</td><td>he comido</td><td>he vivido</td></tr>
<tr><td>Pretérito plus-<br>cuamperfecto</td><td>había hablado</td><td>había comido</td><td>había vivido</td></tr>
<tr><td>Futuro perfecto[1]</td><td>habré hablado</td><td>habré comido</td><td>habré vivido</td></tr>
<tr><td>Condicional<br>perfecto[1]</td><td>habría hablado</td><td>habría comido</td><td>habría vivido</td></tr>
</table>

[1]Optional material. See pages 340–345.

## Práctica y conversación

**Online Study Center**

For more practice with lesson topics, see the related activities on the *¡Hola, amigos!* web site at college.hmco.com/PIC/holaamigos7e.

**Entreviste a su compañero(a)**   Interview your partner, asking the following questions.

1. ¿Cuánto tiempo hace que estudias español?
2. ¿En qué año empezaste a estudiar español?
3. ¿Quién fue tu profesor(a) de español el semestre pasado?
4. ¿Habías hablado con el (la) profesor(a) antes de comenzar esta clase?
5. ¿Sabías un poco de español antes de venir a la universidad?
6. ¿Continuarás estudiando español?
7. ¿Qué tendrás que hacer para hablar español perfectamente?
8. ¿Has visitado algún país de habla hispana?
9. ¿En qué país de habla hispana te gustaría vivir?
10. ¿Qué ciudades importantes de los Estados Unidos has visitado?
11. ¿Qué te gustaba hacer cuando estabas en la escuela secundaria?
12. ¿Qué películas has visto últimamente?
13. ¿Qué tuviste que hacer hoy antes de venir a la clase?
14. ¿Vives cerca o lejos de la universidad?

# 3. The imperfect subjunctive (*El imperfecto de subjuntivo*)

## Forms

◆ To form the imperfect subjunctive of all Spanish verbs—regular and irregular—drop the **-ron** ending of the third-person plural of the preterit and add the following endings to the stem.

<table>
<tr><th colspan="2">Imperfect Subjunctive Endings</th></tr>
<tr><td>-ra</td><td>-´ramos</td></tr>
<tr><td>-ras</td><td>-rais</td></tr>
<tr><td>-ra</td><td>-ran</td></tr>
</table>

**¡Atención!**   Notice that an accent mark is required in the **nosotros(as)** form:
...que nosotros **habláramos**
...que nosotros **fuéramos**

## Forms of the Imperfect Subjunctive

| Verb | Third-Person Preterit | Stem | First-Person Sing. Imperf. Subjunctive |
|------|----------------------|------|----------------------------------------|
| | | | (**-ra** *form*) |
| hablar | habla**ron** | habla- | **hablara** |
| aprender | aprendie**ron** | aprendie- | **aprendiera** |
| vivir | vivie**ron** | vivie- | **viviera** |
| dejar | deja**ron** | deja- | **dejara** |
| ir | fue**ron** | fue- | **fuera** |
| saber | supie**ron** | supie- | **supiera** |
| decir | dije**ron** | dije- | **dijera** |
| poner | pusie**ron** | pusie- | **pusiera** |
| pedir | pidie**ron** | pidie- | **pidiera** |
| estar | estuvie**ron** | estuvie- | **estuviera** |

**¡Atención!** The imperfect subjunctive of **hay** (impersonal form of **haber**) is **hubiera**.

**Online Study Center**

For more practice with lesson topics, see the related activities on the *¡Hola, amigos!* web site at college.hmco.com/PIC/holaamigos7e.

# Práctica

**Conjugación**  Supply the imperfect subjunctive forms of the following verbs.

1. *que yo:*  llenar, comer, vivir, decir, ir, admitir
2. *que tú:*  dejar, atender, abrir, poner, estar, elegir
3. *que él:*  volver, dormir, pedir, tener, alquilar, traer
4. *que nosotros:*  ver, ser, entrar, saber, hacer, pedir
5. *que ellas:*  leer, salir, llegar, sentarse, aprender, poder

## Uses

◆ The imperfect subjunctive is always used in a subordinate clause when the verb of the main clause calls for the subjunctive and is in the past or the conditional.

*Mamá me dijo que pusiera la mesa, pero no me dijo dónde...*

| —¿Por qué no compraste los billetes? | *"Why didn't you buy the tickets?"* |
| —**Temía** que no **pudiéramos** viajar hoy. | *"**I was afraid** we wouldn't **be able** to travel today."* |

◆ When the verb of the main clause is in the present, but the subordinate clause refers to the past, the imperfect subjunctive is often used.

| —Oscar es un muchacho muy simpático. | *"Oscar is a very charming young man."* |
| —¡Sí! **Me alegro** de que **viniera** a vernos ayer. | *"Yes! **I'm glad** (that) **he came** to see us yesterday."* |

## Práctica y conversación

**A. Instrucciones**   Indicate what Dr. Peña told some of her patients to do. Follow the model.

◆ **MODELO:** Sra. Paz, descanse.
*Le dijo a la Sra. Paz que descansara.*

1. Sr. Mena, tome un jarabe para la tos.
2. Elena y Sara, pidan turno para mañana.
3. Srta. Rivas, vaya a ver a un oculista.
4. Sra. Ruiz, hable con la recepcionista.
5. Sr. López, esté aquí mañana a las ocho. Venga en ayunas (*fasting*).
6. Miguel y Pablo, pídanle la receta a la enfermera.
7. Señores, espérenme unos minutos.
8. Señora, abra la boca y diga "ah".
9. Juanito, respira hondo.
10. Señora, dele un calmante a su papá.

**B. Mi primera cita**   In groups of three, talk about what your parents told you to do and what not to do when you went out on your first date.

**Online Study Center**

For more practice with lesson topics, see the related activities on the *¡Hola, amigos!* web site at college.hmco.com/PIC/holaamigos7e.

## 4. *If*-clauses (*Cláusulas que comienzan con* si)

◆ When a clause introduced by **si** refers to a situation that is hypothetical or contrary to fact, **si** is always followed by the imperfect subjunctive.

*Contrary-to-fact*

| —**Si** yo **tuviera** dinero, le daría 1.000 dólares a mi hijo. | *"**If** I **had** money, I would give my son a thousand dollars."* |
| —**Si** yo **fuera** tú, no le daría nada. | *"**If** I **were** you, I wouldn't give him anything."* |

*Hypothetical*

| **Si** yo **hablara** con el presidente... | *If I **were to speak** to the president . . .* |

> **¡Atención!** Note that the imperfect subjunctive is used in the *if*-clause, while the conditional is used in the main clause.

Si yo **tuviera** dinero, le **daría**
1.000 dólares a mi hijo.

If I **had** money, **I would give** a
thousand dollars to my son.

◆ When the *if*-clause refers to something that is likely to happen or possible, the indicative is used.

—¿**Puedes** llevar a mi papá
al cardiólogo?
—Lo llevaré si **tengo**
tiempo.

"**Can you** take my dad to
the cardiologist?"
"I will take him if **I
have** time."

> **¡Atención!** The present subjunctive is never used in an *if*-clause.

◆ The imperfect subjunctive is always used after the expression **como si**
(*as if*) because it implies a condition that is contrary to fact.

—Marcos dice que necesito
un antibiótico.
—Sí, él habla **como si supiera**
algo de medicina.

"Marcos says that I need
an antibiotic."
"Yes, he talks **as if he knew**
something about medicine."

*Online Study Center*

For more practice with lesson
topics, see the related activities on
the *¡Hola, amigos!* web site at
college.hmco.com/PIC/holaamigos7e.

# Práctica y conversación

**A. ¿Promesas o excusas?** Complete each of the following statements
with the correct form of the verb in parentheses. Use the imperfect
subjunctive or the present indicative.

1. Si yo _____ (tener) tiempo te llevaré al médico.
2. Si nosotros _____ (poder) compraríamos las medicinas.
3. Si Elba _____ (comprar) las tijeras podemos ponerlas en el botiquín.
4. Si mis padres me _____ (dar) dinero yo podría pagar el seguro médico.
5. Si tú _____ (venir) temprano podremos llevar a los niños al pediatra.
6. Si Uds. _____ (traer) a Nora el doctor podría examinarla.

**B. Si...** Referring to the pictures below for ideas, tell what the following
people would do if circumstances were different.

◆ MODELO: Yo no tengo dinero. Si...
*Si yo tuviera dinero, viajaría.*

1. Ellos no tienen hambre. Si...

2. Nosotros no podemos estudiar hoy. Si...

3. Tú tienes que trabajar. Si no...

4. Uds. no van a la fiesta. Si...

5. Hoy es sábado. Si...

6. El coche funciona. Si...

7. Laura no está enferma. Si...

8. La señora Soto no tiene el periódico. Si...

**C. Si las cosas fueran diferentes**  In groups of three or four, discuss what you would do if circumstances in your lives were different. Include place of residence, schooling, work, and so on.

## Rodeo

### Summary of the Uses of the Subjunctive
### (*Resumen de los usos del subjuntivo*)

#### Subjunctive vs. Infinitive

| Use the subjunctive . . . | Use the infinitive . . . |
|---|---|
| 1. After verbs of volition (when there is a change of subject). **Yo** quiero que **él salga.** | 1. After verbs of volition (where there is no change of subject). **Yo** quiero **salir.** |
| 2. After verbs of emotion (when there is a change of subject). **Me** alegro de que **tú estés** aquí. | 2. After verbs of emotion (when there is no change of subject). **Me** alegro de **estar** aquí. |
| 3. After impersonal expressions (when there is a subject). Es necesario que **él estudie.** | 3. After impersonal expressions (when speaking in general). Es necesario **estudiar.** |

#### Subjunctive vs. Indicative

| Use the subjunctive . . . | Use the indicative . . . |
|---|---|
| 1. To refer to something indefinite or nonexistent. Busco una casa que **sea** grande. No hay nadie que lo **sepa.** | 1. To refer to something that exists or is specific. Tengo una casa que **es** grande. Hay alguien que lo **sabe.** |
| 2. If the action is to occur at some indefinite time in the future as a condition of another action. Cenarán cuando él **llegue.** | 2. If the action has been completed or is habitual. Cenaron cuando él **llegó.** Siempre cenan cuando él **llega.** |
| 3. To express doubt, disbelief, and denial. Dudo que **pueda** venir. Niego que él **esté** aquí. No creo que él **venga.** | 3. When there is no doubt, disbelief, or denial. No dudo que **puede** venir. No niego que él **está** aquí. Creo que él **viene.** |
| 4. In an *if*-clause, to refer to something contrary to fact, impossible, or very improbable. Si **pudiera,** iría. Si el presidente me **invitara** a la Casa Blanca, yo aceptaría. | 4. In an *if*-clause, when referring to something that is factual, probable, or very possible. Si **puedo,** iré. Si Juan me **invita** a su casa, aceptaré. |

# Práctica y conversación

**Online Study Center**

For more practice with lesson topics, see the related activities on the *¡Hola, amigos!* web site at college.hmco.com/PIC/holaamigos7e.

**A. La carta de Marisa**  Marisa wrote this letter to her parents from Sevilla. Complete it, using the subjunctive, indicative, or infinitive of the verbs that appear in parentheses.

Sevilla, 10 de junio

Queridos papá y mamá:

Recibí la tarjeta que me mandaron de Acapulco. Me alegro de que se _____ (estar) divirtiendo; cuando _____ (volver) a México el año próximo, yo quiero _____ (ir) con Uds. También me gustaría que Uds. _____ (poder) visitar Sevilla, porque es una ciudad magnífica.

   Ana y yo encontramos un piso que _____ (estar) en el centro, cerca de la universidad. Si Uds. _____ (decidir) venir a visitarme, tenemos un dormitorio extra. No creo que los padres de Ana _____ (poder) venir, como nos habían dicho, porque no les dan vacaciones.

   Mamá, es verdad que la comida de aquí _____ (ser) muy buena, pero no hay nadie que _____ (cocinar) tan bien como tú, así que en cuanto yo _____ (llegar) a California, quiero que me _____ (hacer) tu famoso pollo con mole[1].

   Ayer fuimos con unos amigos a visitar la mezquita y después fuimos a un café en el barrio Santa Cruz. ¡Me estoy enamorando de Sevilla! Si _____ (poder), me quedaría a vivir aquí. ¡No se rían! Ya sé que no puedo vivir lejos de Uds.

   Díganle a Héctor que quiero que me _____ (escribir) y me _____ (contar) cómo le va en la universidad.

Besos,

*Marisa*

**B. ¿Qué recuerdan Uds.?**  With a partner, prepare five or six questions about Marisa's letter. Then join two classmates and ask them your questions and answer theirs.

---

[1]**Mole,** a sauce made with many spices and unsweetened chocolate, is used in Mexican cuisine.

# Entre nosotros

## ¡Conversemos!

**Para conocernos mejor**   Get to know your partner better by asking each other the following questions.

1. ¿Necesitas que el (la) médico(a) te examine?
2. ¿El consultorio de tu médico(a) está cerca de tu casa?
3. ¿Eres alérgico(a) a alguna medicina o comida? ¿A cuál?
4. ¿Qué tomas cuando tienes dolor de cabeza?
5. ¿Has tenido que tomar un sedante alguna vez?
6. ¿Qué haces cuando tienes gripe?
7. ¿Has tenido que ir al oculista últimamente?
8. La última vez que fuiste a tu médico, ¿qué te recetó?
9. ¿Cuándo tendrás que volver a ver al médico?
10. ¿Te gustaría ser médico(a) o enfermero(a)?

**Una encuesta**   Interview your classmates to identify who fits the following descriptions. Include your instructor, but remember to use the **Ud.** form when addressing him or her.

**Nombre**

1. Trabajaría en un hospital.
2. Necesita ir al oculista.
3. Tiene turno para ver al médico el mes próximo.
4. Toma Tylenol cuando tiene fiebre.
5. Toma vitamina C todos los días.
6. Es alérgico(a) a la penicilina.
7. Ha tenido gripe recientemente.
8. Toma antiácidos frecuentemente.
9. Espera poder descansar este fin de semana.
10. Da consejos como si fuera médico(a).

**Y ahora...**   Write a brief summary about what you have learned about your classmates.

## ¿Cómo lo decimos?
What would you say in the following situations? What might the other person say? Act out the scenes with a partner.

1. You have the flu. Tell the doctor what your symptoms are.
2. You are giving advice to someone who has a cold and a bad cough.
3. Tell someone what your mother wants you to do when you are sick.

## ¿Qué dice aquí?
Read the ad, and answer the questions that follow.

1. Si una persona necesita perder peso (*weight*), ¿a que médico debe ir?
2. ¿Cuál es la especialidad de Luis Díaz?
3. Una amiga mía está embarazada. ¿Por qué debe ver a la Dra. Vega?
4. ¿Qué pruebas rutinarias debe hacerse una mujer?
5. ¿Qué servicios ofrece el Dr. Vargas?
6. ¿Por qué cree Ud. que el Dr. Díaz tiene más pacientes adolescentes?
7. Hace tiempo que no voy al médico. ¿Por qué debo ver a la Dra. López?
8. ¿Puedo ir al Centro Médico Regional el sábado? ¿Por qué ?
9. Yo no tengo seguro, ¿puedo ir a ver a alguno de los médicos del Centro?
10. ¿Cuál es la dirección y el número de teléfono del Centro Médico Regional?

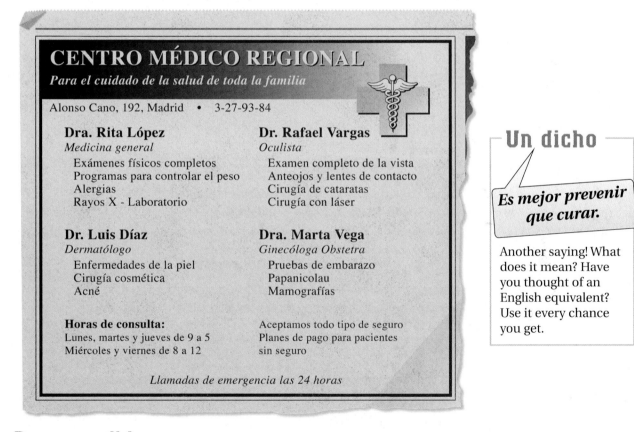

**CENTRO MÉDICO REGIONAL**
*Para el cuidado de la salud de toda la familia*

Alonso Cano, 192, Madrid   •   3-27-93-84

**Dra. Rita López**
*Medicina general*
  Exámenes físicos completos
  Programas para controlar el peso
  Alergias
  Rayos X - Laboratorio

**Dr. Rafael Vargas**
*Oculista*
  Examen completo de la vista
  Anteojos y lentes de contacto
  Cirugía de cataratas
  Cirugía con láser

**Dr. Luis Díaz**
*Dermatólogo*
  Enfermedades de la piel
  Cirugía cosmética
  Acné

**Dra. Marta Vega**
*Ginecóloga Obstetra*
  Pruebas de embarazo
  Papanicolau
  Mamografías

**Horas de consulta:**
Lunes, martes y jueves de 9 a 5
Miércoles y viernes de 8 a 12

Aceptamos todo tipo de seguro
Planes de pago para pacientes
sin seguro

*Llamadas de emergencia las 24 horas*

**Un dicho**

*Es mejor prevenir que curar.*

Another saying! What does it mean? Have you thought of an English equivalent? Use it every chance you get.

## Para escribir

**Con el doctor**   Write a dialogue between you and your doctor. Among the things you might discuss are: symptoms, general questions the doctor might ask, any questions you have, the advice and/or treatment the doctor offers.

# Lectura

## Estrategia de lectura
Reading a poem is different from reading a story or an essay. A poet often uses words in original ways to express his/her feelings. Think about the following words from *Rimas,* which you are going to read. Try to visualize them individually, and then together. What feelings do they convey?

| | | | |
|---|---|---|---|
| tierra | *earth* | mundo | *world* |
| cielo | *heaven* | beso | *kiss* |
| alma | *soul* | suspiros | *sighs* |
| sol | *sun* | lágrimas | *tears* |
| poesía | *poetry* | amor | *love* |

## Vamos a leer
As you read this poem, try to answer the following questions.

1. ¿En quién cree hoy el poeta? ¿Por qué?
2. ¿De qué color son los ojos de la mujer que el poeta ama?
3. ¿Qué le pregunta la mujer al poeta?
4. ¿Qué le contesta el poeta?
5. ¿Qué daría el poeta por una mirada (*look*) de su amada?
6. ¿Qué daría por una sonrisa (*smile*)?
7. ¿Qué cree que sería lo más maravilloso para el poeta?
8. ¿Con qué compara el poeta los suspiros y las lágrimas?

*Gustavo Adolfo Bécquer nació en Sevilla, España, en 1836 y murió en el año 1870. Se le considera un precursor de la poesía moderna, y se le conoce mayormente por sus* Rimas *y sus* Leyendas. *Sus poemas son breves y suponen la máxima condensación lírica. Los temas principales de su poesía son el amor, la soledad y el misterio.*

# Video

# Rimas

### Gustavo Adolfo Bécquer

## XVII

Hoy la tierra y los cielos me sonríen;
hoy llega al fondo de mi alma el sol;
hoy la he visto..., la he visto y me ha mirado...
¡Hoy creo en Dios!

## XXI

"¿Qué es poesía?," dices mientras clavas
en  mi pupila tu pupila azul;
¿Qué es poesía? ¿Y tú me lo preguntas?
Poesía... eres tú.

## XXIII

Por una mirada, un mundo;
por una sonrisa, un cielo;
por un beso... ¡yo no sé
qué te diera por un beso!

## XXXVIII

¡Los suspiros son aire y van al aire!
¡Las lágrimas son agua y van al mar!
Dime, mujer, cuando el amor se olvida,
¿sabes tú a dónde va?

**Díganos**   Answer the following questions based on your own thoughts or experiences.

1. ¿Está Ud. enamorado(a)? ¿De quién?
2. ¿De qué color son los ojos de su amado(a)?
3. ¿A quién le ha dado Ud. un beso últimamente?
4. ¿Ha tenido Ud. un amor que ahora sólo es parte de su pasado?

## ¡Uno nunca sabe...!

Marisa y Pablo están estudiando juntos. Él se queja de un montón de problemas físicos y ella le dice que es un hipocondríaco.

Continúan hablando, y los dos admiten que se necesitan el uno al otro. ¿Continuarán siendo amigos...?

# El mundo hispánico

## España

- España forma con Portugal la Península Ibérica, y es el tercer país europeo en cuanto a extensión. Por su situación entre el resto de Europa y África siempre ha poseído considerable valor (*value*) estratégico, y en su suelo se mezclaron (*mixed*) y fundieron (*melted*) diversos grupos étnicos provenientes (*coming*) de una gran variedad de civilizaciones; entre ellas, las más importantes fueron la romana, la judía y la árabe (*Arabic*).

- El relieve de España varía desde las cordilleras hasta los valles, llanuras (*plains*) y extensas mesetas. En los Pirineos, que sirven de frontera con Francia, se encuentran algunos de los picos más altos de Europa.

- Por su clima y sus magníficas playas, España es uno de los países de más turismo en el mundo.

- El sistema de gobierno español es una monarquía constitucional. El actual rey (*king*) es Juan Carlos de Borbón. España pertenece a la Unión Europea y su moneda es el euro.

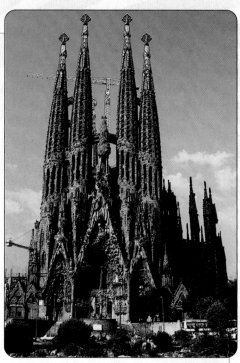

▲ El Templo de la Sagrada Familia, en Barcelona.

▲ Admirando unas pinturas en el famoso Museo del Prado en Madrid

- Madrid, la capital, es una ciudad moderna, y hoy en día es uno de los centros de negocios más importantes del mundo. Es una ciudad de gran movimiento y se dice que "Madrid nunca duerme". Sus grandes avenidas, centros culturales, plazas y museos son puntos de atracción turística. A pesar de ser una gran metrópoli, Madrid conserva grandes extensiones de áreas verdes, como el parque del Buen Retiro, La Rosaleda, el Parque del Oeste y el Prado. En Madrid está el Museo del Prado, uno de los mejores del mundo. Allí se conserva la colección más grande de las obras de pintores españoles como Murillo, Velázquez, El Greco y Goya, entre otros.

- En el norte de España están Barcelona, la segunda ciudad más grande del país y Pamplona, conocida por sus encierros y sus corridas de toros el día de San Fermín.

- En el sur de España se encuentran Granada, Sevilla y Córdoba, ciudades de gran belleza donde se ve la influencia árabe. La Alhambra de Granada, la Giralda de Sevilla y la Mezquita (*Mosque*) de Córdoba son verdaderas joyas arquitectónicas. Sevilla tiene además el maravilloso Parque de María Luisa, donde se encuentra la gran Plaza de España. En esta plaza, construida enteramente de azulejos (*ceramic tiles*) de tipo andaluz, están representadas escenas históricas de las cincuenta provincias de España.

◄ *Guernica*, uno de los cuadros más famosos de Picasso. Museo Reina Sofía, Madrid.

♦ Las playas de Andalucía, conocidas como la "Costa del Sol", están entre las más famosas atracciones turísticas del país, y son visitadas todo el año gracias a su clima cálido, aun en invierno.

♦ España es rica en tradiciones. Cada provincia tiene sus propios trajes regionales, música, artesanía y cocina típicas.

♦ Aunque no hay ninguna región española que no produzca su propio vino, Andalucía es la gran tierra del vino, por su gran calidad y variedad. Andalucía es famosa, además, por el cultivo del olivo y, en la música y en la danza, por el flamenco.

♦ España ha aportado (*exerted*) su influencia al mundo tanto en el campo de la ciencia como en el de la cultura, y ha obtenido premios Nobel en ambos campos. En la literatura, España se ha destacado desde la Edad Media. Entre sus numerosos escritores está Miguel de Cervantes, creador de *Don Quijote,* una de las obras literarias que más ha influido en todo el mundo. Tres grandes pintores del siglo XX, conocidos mundialmente, son españoles: Salvador Dalí, Joan Miró y Pablo Picasso.

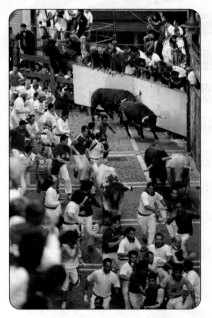

▲ Corriendo delante de los toros en la Feria de San Fermín, en Pamplona

◄ Paisaje de invierno. Lago San Mauricio, Parque Nacional Aigüestortes, en los Pirineos.

**Online Study Center**

For more practice with lesson topics, see the related activities on the *¡Hola, amigos!* web site at college.hmco.com/PIC/holaamigos7e.

👥 **Comentarios...** With a partner, discuss in Spanish what impressed you the most about Spain. Compare this country to your own. Which places do you want to visit in this country and why?

# Tome este examen

## Lección 13

**A. Subjunctive to express doubt**  Complete the following sentences, using the subjunctive or the indicative of the verbs in parentheses.

1. Estoy seguro de que ellos _____ (ser) alérgicos a las fresas.
2. Dudo que ella _____ (estar) en el hospital.
3. No estoy seguro de que él _____ (poder) llevarnos al hospital.
4. Estamos seguros de que ellos _____ (venir) hoy.
5. No dudo que ellos _____ (servir) el almuerzo a esa hora.

**B. Subjunctive to express disbelief and denial**  Rewrite each sentence, using the subjunctive or the indicative, as appropriate.

1. Están llamando la ambulancia. (No es cierto que...)
2. Ellos van a quedarse en el hospital. (No creo que...)
3. Ella prefiere venir con nosotros. (Es verdad que ella...)
4. Cobran 50 dólares por las radiografías. (Creo que...)
5. El cuarto no tiene calefacción. (No es verdad que...)
6. Ella está en el hospital. (Luis niega que...)

**C. Subjunctive with certain conjunctions**  Complete each sentence with the Spanish equivalent of the word(s) in parentheses.

1. Voy a llamar al médico en cuanto ellos _____ . (*finish*)
2. No vamos a menos que _____ ir con él. (*we can*)
3. Voy a llamar a la enfermera para que nos _____ la radiografía. (*bring*)
4. Vamos a ir tan pronto como ellos _____ a servir la comida. (*begin*)
5. Siempre voy a ese hospital cuando _____ . (*I need a doctor*)
6. En cuanto yo _____ a casa, voy a llamar a mis padres. (*arrive*)
7. Aunque _____ , vamos al comedor. (*I'm not hungry*)
8. Mañana vamos a ir al cine aunque _____ . (*it may rain*)

**D. First-person plural commands**  Answer the following questions, using the information provided in parentheses and first-person plural (**nosotros**) commands.

1. ¿Dónde nos quedamos? (aquí)
2. ¿A quién se lo decimos? ( a nadie)
3. ¿A qué hora nos levantamos? (a las siete)
4. ¿Qué preguntamos? (el precio de los análisis)
5. ¿A quién se lo damos? (a la enfermera)
6. ¿Adónde vamos? (a la sala de rayos X)

## E. ¿Qué? and ¿cuál? with *ser*  Complete the following, using **qué** or **cuál.**

1. ¿_____ es tu dirección?
2. ¿_____ es tu número de teléfono?
3. ¿_____ es el béisbol?
4. ¿_____ es una enchilada?
5. ¿_____ es su opinión?

## F. Vocabulary  Write the vocabulary words from **Lección 13** that correspond to the following words or descriptions.

1. Trabaja con el médico.
2. parte del brazo
3. perder el conocimiento
4. Tenemos diez en las manos.
5. Tenemos treinta y dos en la boca.
6. suceder
7. tener dudas
8. seguir
9. La usamos para subir y bajar.
10. Las uso para caminar.
11. Los necesitamos para ver.
12. Está dentro de la boca.
13. quebrarse
14. instrumento musical

## G. Culture  Complete the following sentences, based on the cultural notes you have read.

1. En la mayoría de los países hispanos, los hospitales son _____ .
2. En las casas de _____ se ofrecen cuidados médicos urgentes.

# Lección 14

## A. Future tense
Change the verbs in these sentences to indicate what will take place.

1. Van al consultorio y hablan con el médico.
2. Tú la pesas y le tomas la presión.
3. Rosa trae las radiografías y las pone en la oficina.
4. Yo vengo al hospital y pido turno.
5. La enfermera me pone una inyección y me da el jarabe.

## B. Conditional tense
Complete the following sentences, using the conditional form of the verbs in parentheses.

1. Nosotros no _____ (hablar) con ellos.
2. Yo _____ (salir) temprano.
3. ¿Tú _____ (hacer) eso?
4. Ella no _____ (saber) qué hacer.
5. ¿Adónde _____ (ir) Ud. hoy?
6. Ellos le _____ (pedir) turno.

## C. Forms of the imperfect subjunctive
Give the imperfect subjunctive of the following verbs according to the cues provided.

1. nosotros / poder
2. tú / entender
3. ellos / poner
4. yo / querer
5. Ud. / traer
6. Uds. / tener
7. nosotras / saber
8. ella / decir
9. yo / ir
10. tú / ser

## D. Uses of the imperfect subjunctive
Complete the following sentences using the imperfect subjunctive of the verbs given.

1. Ella me pidió que _____ (traer) la receta.
2. Yo esperaba que mis padres _____ (venir) hoy.
3. Ellos dudaban que yo _____ (estar) enfermo.
4. No había nadie que _____ (saber) dónde estaba el médico.
5. Te dije que no era verdad que ella _____ (tener) esa enfermedad.
6. Mi esposo quería que yo _____ (pedir) turno para hoy.

### E. *If-clauses*  Complete each sentence with the equivalent of the words in parentheses.

1. Yo compraría el antibiótico... (*if I had the money*)
2. Vamos a ir a verte... (*if we have time*)
3. Nosotros iríamos a Barcelona... (*if we could*)
4. (*If you see her*)..., dígale que venga mañana.
5. Ella le habla a su esposo... (*as if she were his mother*)

### F. Vocabulary  Complete the following sentences, using vocabulary from **Lección 14.**

1. Tiene una temperatura de treinta y nueve _____.
2. El médico me recetó un jarabe para la _____.
3. Espero que Ud. se _____ con estas medicinas.
4. El médico le va a _____ un antibiótico.
5. Necesita un _____ porque tiene mucho dolor.
6. Si tienes acné ve a un _____ y si tienes problemas con el corazón a un _____.
7. Necesito las _____ para cortar las vendas.
8. No se mejoró; se _____.
9. Mi _____ con el médico es para hoy.
10. No tuvo que pagar el hospital porque tiene _____ médico.
11. Puse el esparadrapo en el _____.
12. Por _____ no tiene pulmonía.

### G. Culture  Circle the correct answer, base on the cultural notes you have read.

1. (Barcelona / Madrid) es la capital de España.
2. Barcelona es la (segunda / tercera) ciudad más grande del país.
3. En el sur de España se encuentra (Sevilla / Valencia).
4. La música típica de Andalucía es el (tango / flamenco).

# Un poco más (*Material suplementario*)

## 1. Compound tenses of the indicative

### Future perfect (*El futuro perfecto*)

◆ Forms

The future perfect tense in Spanish corresponds closely in formation and meaning to the same tense in English. The Spanish future perfect is formed with the future tense of the auxiliary verb **haber** + past participle of the main verb.

| Formation of the Future Perfect Tense | | |
|---|---|---|
| | *Future of* haber  +  *Past Participle* | |
| yo | **habré** terminado | I will have finished |
| tú | **habrás** vuelto | you (*fam.*) will have returned |
| Ud., él, ella | **habrá** comido | you (*form.*), he, she will have eaten |
| nosotros(as) | **habremos** escrito | we will have written |
| vosotros(as) | **habréis** dicho | you (*fam.*) will have said |
| Uds., ellos, ellas | **habrán** salido | you (*form., fam.*), they will have left |

◆ Use

Like its English equivalent, the Spanish future perfect tense is used to express an action that will have taken place by a certain time in the future.

—¿Tus padres estarán aquí para el dos de junio?

—Sí, para esa fecha ya **habrán vuelto** de Madrid.

"*Will your parents be here by June second?*"

"*Yes, by that date **they will have returned** from Madrid.*"

For more practice with lesson topics, see the related activities on the *¡Hola, amigos!* web site at college.hmco.com/PIC/holaamigos7e.

## ┌ Práctica y conversación ┐

**A.** Complete each sentence with the corresponding form of the future perfect tense.

1. Para junio nosotros _____ (volver) del viaje, pero Carlos no _____ (llegar) de México todavía.
2. Para las nueve yo _____ (servir) la cena y ellos _____ (comer).
3. ¿A qué hora _____ (terminar) tú el trabajo?
4. ¿Ya _____ (leer) Uds. la novela para la próxima semana?
5. Para las doce la secretaria _____ (escribir) todas las cartas.

**B.** Interview a partner, using the following questions.

1. ¿Habremos terminado esta lección para la semana que viene?
2. ¿Las clases habrán terminado para el 15 de junio?
3. ¿Te habrás graduado (*graduate*) para el año que viene?
4. ¿Tú habrás vuelto a tu casa para las 10 de la noche?
5. ¿Tú y tu familia habrán terminado de cenar para las siete de la noche?
6. ¿Te habrás acostado para las once de la noche?

**C.** Use your imagination to complete each statement, using the future perfect tense.

1. Para el próximo año yo...
2. Para diciembre mis padres...
3. Para el sábado mi mejor amigo(a)...
4. Para la próxima semana el (la) profesor(a)...
5. Para el verano nosotros(as)...
6. Para esta noche tú...

## Conditional perfect (*El condicional perfecto*)

◆ Forms

The conditional perfect tense is formed with the conditional of the verb **haber** + *past participle* of the main verb.

| Formation of the Conditional Perfect Tense | | | |
|---|---|---|---|
| | *Conditional of* **haber** | + *Past Participle* | |
| yo | **habría** | **hablado** | I would have spoken |
| tú | **habrías** | **comido** | you (*fam.*) would have eaten |
| Ud., él, ella | **habría** | **vuelto** | you (*form.*), he, she would have returned |
| nosotros(as) | **habríamos** | **dicho** | we would have said |
| vosotros(as) | **habríais** | **roto** | you (*fam.*) would have broken |
| Uds., ellos, ellas | **habrían** | **hecho** | you (*form., fam.*), they would have done, made |

◆ Uses

The conditional perfect (expressed in English by *would have* + past participle of the main verb) is used:

◆ To indicate an action that *would have taken place* (*but didn't*), if a certain condition had been true.

| De haber sabido[1] que venía, lo **habría llamado.** | *Had I known that he was coming, I would have called him.* |
|---|---|

◆ To refer to a future action in relation to the past.

| Él dijo que para mayo **habrían terminado** la clase. | *He said that by May they would have finished the class.* |
|---|---|

---

[1]**De haber sabido** is an impersonal expression.

## Práctica y conversación

**A.** Complete each sentence, using the conditional perfect tense of the verbs given in parentheses.

1. De haber sabido que él no estaba aquí, yo no _____ (venir).
2. De haber sabido que yo no tenía dinero, él me lo _____ (comprar).
3. Él dijo que para mayo nosotros _____ (volver).
4. Carlos nos dijo que para septiembre tú _____ (terminar).
5. De haber sabido que Uds. tenían los libros, ellos se los _____ (pedir).
6. Él me dijo que para esta noche ellos _____ (llamar).

**B.** Using the conditional perfect tense and the cues provided, tell what you and the other people would have done differently.

◆ **MODELO:** Tú fuiste de vacaciones a México.   (yo)
*Yo habría ido a España.*

1. Ellos comieron hamburguesas.   (yo)
2. Teresa salió con Ernesto.   (tú)
3. Yo preparé pollo para la cena.   (ellos)
4. Uds. estuvieron en México por una semana.   (nosotras)
5. Nosotros invitamos a muchas personas.   (Marta)
6. Yo escribí las cartas en español.   (Uds.)

**C.** With a classmate, discuss what you did last summer. Say whether you would have done the same thing as your partner or if you would have done something different.

# 2. Compound tenses of the subjunctive

### Present perfect subjunctive (*El pretérito perfecto de subjuntivo*)

◆ Forms

The present perfect subjunctive tense is formed with the present subjunctive of the auxiliary verb **haber** + *past participle* of the main verb.

| Formation of the Present Perfect Subjunctive | | |
|---|---|---|
| *Present Subjunctive of* haber | + | *Past Participle* |
| yo | **haya** | **hablado** |
| tú | **hayas** | **comido** |
| Ud., él, ella | **haya** | **vivido** |
| nosotros(as) | **hayamos** | **hecho** |
| vosotros(as) | **hayáis** | **ido** |
| Uds., ellos, ellas | **hayan** | **puesto** |

# Práctica

**Conjugation**    For each subject below, conjugate the following verbs in the present perfect subjunctive.

1. *que yo:*   escuchar, oír, divertirse, decir
2. *que tú:*   llenar, despertarse, volver, pedir
3. *que ella:*   celebrar, poner, estacionar, escribir
4. *que nosotros:*   hacer, decidir, vestirse, ayudar
5. *que ellos:*   conversar, abrir, morir, irse

◆ Uses

The Spanish present perfect subjunctive tense is used in the same way as the present perfect tense in English, but only in sentences that call for the subjunctive in the subordinate clause.

| | |
|---|---|
| —Espero que Eva **haya traído** las cintas. | *"I hope (that) Eva **has brought** the tapes."* |
| —Sí, y también ha traído la grabadora. | *"Yes, and she has also brought the tape recorder."* |
| —Álvaro prometió llevar a los niños al cine. | *"Álvaro promised to take the children to the movies."* |
| —Dudo que lo **haya hecho.** | *"I doubt that he **has done** it."* |

# Práctica y conversación

**A.** Rewrite the following sentences, using the cues in parentheses. Make any necessary changes.

◆ **MODELO:**   Ha llevado el coche al taller de mecánica.
   *Espero que haya llevado el coche al taller de mecánica.*

1. Ha estado aquí sólo un momento.   (Dudo)
2. Han comprado una casa nueva.   (Espero)
3. Ha podido celebrar su aniversario.   (No creo)
4. Has perdido parte del interés.   (Es posible)
5. No hemos comprado la alfombra.   (Siento)
6. Me he divertido mucho en la fiesta.   (No es verdad)
7. Han pasado unos días felices.   (Me alegro de)
8. Le han dado la dirección del teatro.   (Espero)
9. Le han mandado el dinero.   (No creo)
10. Han ido al concierto.   (No es cierto)

**B.** Complete the following dialogues by supplying the present perfect subjunctive of the verbs given. Then act them out with a partner.

1. —Espero que los chicos _____ (volver).
   —Dudo que ya _____ (regresar) porque es muy temprano.
   —Temo que _____ (tener) un accidente.
   —Tú te preocupas demasiado.
2. —¿Hay alguien que _____ (estar) en Madrid alguna vez?
   —No, aquí no hay nadie que _____ (ir) a España.

**3.** —Siento que Uds. no _____ (poder) terminar el trabajo.

   —No es verdad que no lo _____ (terminar).

**4.** —¿Ellos van a vivir en San Diego?

   —Sí, pero no creo que ya _____ (alquilar) un apartamento.

**5.** —Me alegro de que tú _____ (conseguir) el puesto.

   —Yo también.

**C.** Use your imagination to complete each statement, using the present perfect subjunctive tense.

**1.** Me alegro mucho de que mis padres...
**2.** Siento mucho que los invitados...
**3.** Espero que la clase de español...
**4.** No creo que los estudiantes...
**5.** No es cierto que yo...
**6.** Me sorprende que el concierto...
**7.** Dudo que el (la) profesor(a)...
**8.** No es verdad que él...

## Pluperfect subjunctive (*El pluscuamperfecto de subjuntivo*)

◆ Forms

The Spanish pluperfect subjunctive is formed with the imperfect subjunctive of the auxiliary verb **haber** + *past participle* of the main verb.

| Formation of the Pluperfect Subjunctive Tense | | |
|---|:---:|---|
| *Imperfect Subjunctive of* haber | + | *Past Participle* |
| yo        **hubiera** | | **hablado** |
| tú        **hubieras** | | **comido** |
| Ud., él, ella        **hubiera** | | **vivido** |
| nosotros(as)        **hubiéramos** | | **visto** |
| vosotros(as)        **hubierais** | | **hecho** |
| Uds., ellos, ellas        **hubieran** | | **vuelto** |

◆ Use

The Spanish pluperfect subjunctive tense is used in the same way the past perfect is used in English, but in sentences in which the main clause calls for the subjunctive.

| | |
|---|---|
| Yo dudaba que ellos **hubieran llegado.** | *I doubted that they **had arrived.*** |
| Yo esperaba que tú **hubieras pagado** tus cuentas. | *I was hoping that you **had paid** your bills.* |

# Práctica

**Online Study Center**

For more practice with lesson topics, see the related activities on the *¡Hola, amigos!* web site at college.hmco.com/PIC/holaamigos7e.

**A.** Rewrite the following sentences, using the cues in parentheses. Make any necessary changes.

> ◆ MODELO: Él se alegra de que ellos hayan hecho el trabajo.   (Él se alegró)
> *Él se alegró de que ellos hubieran hecho el trabajo.*

1. Nosotros sentimos que hayas estado solo en Lima.   (Nosotros sentíamos)
2. Yo espero que Uds. hayan hecho el trabajo.   (Yo esperaba)
3. Siente que yo no haya podido venir el sábado.   (Sintió)
4. No creo que hayas comprado esas sábanas.   (No creí)
5. Me sorprende que no hayas cambiado el pasaje.   (Me sorprendió)
6. Me alegro de que hayamos conseguido la reservación.   (Me alegré)
7. Es probable que ellos hayan tenido que transbordar.   (Era probable)
8. No es verdad que él haya llegado tarde.   (No era verdad)

**B.** Write the following sentences in Spanish.

1. We were hoping that they had done the work.
2. I was sorry you had been sick.
3. They were glad that he had bought the tickets for the trip.
4. I didn't think that they hadn't gotten a discount.
5. We were glad that you had brought your driver's license.

**C.** Use the pluperfect subjunctive to finish the following in an original manner.

1. Mis padres se alegraron de que yo...
2. Yo esperaba que mis amigos...
3. Ellos sintieron que nosotros...
4. Aquí no había nadie que...
5. ¿Había alguien en esa familia que...?
6. Mi compañero de cuarto dudaba que yo...

# Appendices

## A: Spanish Sounds

### Vowels

There are five distinct vowels in Spanish: **a, e, i, o, u.** Each vowel has only one basic, constant sound. The pronunciation of each vowel is constant, clear, and brief. The length of the sound is practically the same whether it is produced in a stressed or unstressed syllable.[1]

While producing the sounds of the English stressed vowels that most closely resemble the Spanish ones, the speaker changes the position of the tongue, lips, and lower jaw, so that the vowel actually starts as one sound and then *glides* into another. In Spanish, however, the tongue, lips, and jaw keep a constant position during the production of the sound.

> **English:** ban*a*na   **Spanish:** ban*a*na

The stress falls on the same vowel and syllable in both Spanish and English, but the English stressed *a* is longer than the Spanish stressed **a.**

> **English:** ban*a*na   **Spanish:** ban*a*na

Note also that the English stressed *a* has a sound different from the other *a*'s in the word, while the Spanish **a** sound remains constant.

**a**    in Spanish sounds similar to the English *a* in the word *father*.

     alta   casa   palma   Ana   cama   Panamá   alma   apagar

**e**    is pronounced like the English *e* in the word *eight*.

     mes   entre   este   deje   ese   encender   teme   prender

**i**    has a sound similar to the English *ee* in the word *see*.

     fin   ir   sí   sin   dividir   Trini   difícil

**o**    is similar to the English *o* in the word *no*, but without the glide.

     toco   como   poco   roto   corto   corro   solo   loco

**u**    is pronounced like the English *oo* sound in the word *shoot* or the *ue* sound in the word *Sue*.

     su   Lulú   Úrsula   cultura   un   luna   sucursal   Uruguay

---

[1]In a stressed syllable, the prominence of the vowel is indicated by its loudness.

## Diphthongs and triphthongs

When unstressed **i** or **u** falls next to another vowel in a syllable, it unites with that vowel to form what is called a *diphthong*. Both vowels are pronounced as one syllable. Their sounds do not change; they are only pronounced more rapidly and with a glide. For example:

| | | | | | |
|---|---|---|---|---|---|
| tr**ai**ga | Lid**ia** | tr**ei**nta | s**ie**te | **oi**go | ad**ió**s |
| **Au**rora | ag**ua** | b**ue**no | antig**uo** | c**iu**dad | L**uis** |

A triphthong is the union of three vowels, a stressed vowel between two unstressed ones (**i** or **u**) in the same syllable. For example: Parag**uay,** estud**ié**is.

NOTE: Stressed **i** and **u** do not form diphthongs with other vowels, except in the combinations **iu** and **ui**. For example: **rí**-o, sa-**bí**-ais.

In syllabication, diphthongs and triphthongs are considered a single vowel; their components cannot be separated.

# Consonants

**p**   Spanish **p** is pronounced in a manner similar to the English *p* sound, but without the puff of air that follows after the English sound is produced.

| | | | | |
|---|---|---|---|---|
| pesca | pude | puedo | parte | papá |
| postre | piña | puente | Paco | |

**k**   The Spanish **k** sound, represented by the letters **k** and **c** before **a, o, u,** or a consonant, and **qu,** is similar to the English *k* sound, but without the puff of air.

| | | | | | |
|---|---|---|---|---|---|
| casa | comer | cuna | clima | acción | que |
| quinto | queso | aunque | quiosco | kilómetro | kilo |

**t**   Spanish **t** is produced by touching the back of the upper front teeth with the tip of the tongue. It has no puff of air as in the English *t*.

| | | | | |
|---|---|---|---|---|
| todo | antes | corto | Guatemala | diente |
| resto | tonto | roto | tanque | |

**d**   The Spanish consonant **d** has two different sounds depending on its position. At the beginning of an utterance and after **n** or **l,** the tip of the tongue presses the back of the upper front teeth.

| | | | | |
|---|---|---|---|---|
| día | doma | dice | dolor | dar |
| anda | Aldo | caldo | el deseo | un domicilio |

In all other positions the sound of **d** is similar to the *th* sound in the English word *they,* but softer.

| | | | | |
|---|---|---|---|---|
| medida | todo | nada | nadie | medio |
| puedo | moda | queda | nudo | |

**g** The Spanish consonant **g** is similar to the English *g* sound in the word *guy* except before **e** or **i.**

goma   glotón   gallo   gloria   lago   alga
gorrión   garra   guerra   angustia   algo   Dagoberto

**j** The sound of Spanish **j** (or **g** before **e** and **i**) is similar to a strongly exaggerated English *h* sound.

gemir   juez   jarro   gitano   agente
juego   giro   bajo   gente

**b, v** There is no difference in sound between Spanish **b** and **v.** Both letters are pronounced alike. At the beginning of an utterance or after **m** or **n, b** and **v** have a sound identical to the English *b* sound in the word *boy.*

vivir   beber   vamos   barco   enviar
hambre   batea   bueno   vestido

When pronounced between vowels, the Spanish **b** and **v** sound is produced by bringing the lips together but not closing them, so that some air may pass through.

sábado   autobús   yo voy   su barco

**y, ll** In most countries, Spanish **ll** and **y** have a sound similar to the English sound in the word *yes.*

el llavero   un yelmo   el yeso   su yunta   llama   yema
oye   trayecto   trayectoria   mayo   milla   bella

NOTE: When it stands alone or is at the end of a word, Spanish **y** is pronounced like the vowel **i.**

rey   hoy   y   doy   buey   muy   voy   estoy   soy

**r** The sound of Spanish **r** is similar to the English *dd* sound in the word *ladder.*

crema   aroma   cara   arena   aro
harina   toro   oro   eres   portero

**rr** Spanish **rr** and also **r** in an initial position and after **n, l,** or **s** are pronounced with a very strong trill. This trill is produced by bringing the tip of the tongue near the alveolar ridge and letting it vibrate freely while the air passes through the mouth.

rama   carro   Israel   cierra   roto
perro   alrededor   rizo   corre   Enrique

**s** Spanish **s** is represented in most of the Spanish world by the letters **s, z,** and **c** before **e** or **i.** The sound is very similar to the English sibilant *s* in the word *sink.*

sale   sitio   presidente   signo
salsa   seda   suma   vaso
sobrino   ciudad   cima   canción
zapato   zarza   cerveza   centro

**h**    The letter **h** is silent in Spanish.

hoy      hora     hilo     ahora
humor    huevo    horror   almohada

**ch**   Spanish **ch** is pronounced like the English *ch* in the word *chief.*

hecho    chico        coche        Chile
mucho    muchacho     salchicha

**f**    Spanish **f** is identical in sound to the English *f.*

difícil  feo      fuego    forma
fácil    fecha    foto     fueron

**l**    Spanish **l** is similar to the English *l* in the word *let.*

dolor    lata     ángel    lago       sueldo
los      pelo     lana     general    fácil

**m**    Spanish **m** is pronounced like the English *m* in the word *mother.*

mano     moda       mucho    muy
mismo    tampoco    multa    cómoda

**n**    In most cases, Spanish **n** has a sound similar to the English *n.*

nada     nunca    ninguno    norte
entra    tiene    sienta

The sound of Spanish **n** is often affected by the sounds that occur around it.
When it appears before **b, v,** or **p,** it is pronounced like an **m.**

tan bueno    toman vino     sin poder
un pobre     comen peras    siguen bebiendo

**ñ**    Spanish **ñ** is similar to the English *ny* sound in the word *canyon.*

señor    otoño    ñoño     uña
leña     dueño    niños    años

**x**    Spanish **x** has two pronunciations depending on its position. Between vowels the sound
is similar to English *ks.*

examen   exacto     boxeo        éxito
oxidar   oxígeno    existencia

When it occurs before a consonant, Spanish **x** sounds like *s.*

expresión    explicar     extraer    excusa
expreso      exquisito    extremo

NOTE: When **x** appears in **México** or in other words of Mexican origin, it is pronounced
like the Spanish letter **j.**

# Rhythm

Rhythm is the variation of sound intensity that we usually associate with music. Spanish and English each regulate these variations in speech differently, because they have different patterns of syllable length. In Spanish the length of the stressed and unstressed syllables remains almost the same, while in English stressed syllables are considerably longer than unstressed ones. Pronounce the following Spanish words, enunciating each syllable clearly.

| | | |
|---|---|---|
| es-tu-dian-te | bue-no | Úr-su-la |
| com-po-si-ción | di-fí-cil | ki-ló-me-tro |
| po-li-cí-a | Pa-ra-guay | |

Because the length of the Spanish syllables remains constant, the greater the number of syllables in a given word or phrase, the longer the phrase will be.

# Linking

In spoken Spanish, the different words in a phrase or a sentence are not pronounced as isolated elements but combined together. This is called *linking*.

| | | |
|---|---|---|
| Pepe come pan. |  | Pe-pe-co-me-pan |
| Tomás toma leche. | | To-más-to-ma-le-che |
| Luis tiene la llave. | | Luis-tie-ne-la-lla-ve |
| La mano de Roberto. | | La-ma-no-de-Ro-ber-to |

1. The final consonant of a word is pronounced together with the initial vowel of the following word.

| | | |
|---|---|---|
| Carlos anda | 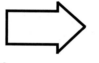 | Car-lo-san-da |
| un ángel | | u-nán-gel |
| el otoño | | e-lo-to-ño |
| unos estudios interesantes | | u-no-ses-tu-dio-sin-te-re-san-tes |

2. A diphthong is formed between the final vowel of a word and the initial vowel of the following word. A triphthong is formed when there is a combination of three vowels (see rules for the formation of diphthongs and triphthongs on page 347).

| | | |
|---|---|---|
| su hermana |  | suher-ma-na |
| tu escopeta | | tues-co-pe-ta |
| Roberto y Luis | | Ro-ber-toy-Luis |
| negocio importante | | ne-go-cioim-por-tan-te |
| lluvia y nieve | | llu-viay-nie-ve |
| ardua empresa | | ar-duaem-pre-sa |

3. When the final vowel of a word and the initial vowel of the following word are identical, they are pronounced slightly longer than one vowel.

| | | | |
|---|---|---|---|
| Ana alcanza | A-n*a*l-can-za | tiene eso | tie-n*e*-so |
| lo olvido | l*o*l-vi-do | Ada atiende | Ad*a*-tien-de |

The same rule applies when two identical vowels appear within a word.

| | |
|---|---|
| crees | cr*e*s |
| Teherán | T*e*-rán |
| coordinación | c*o*r-di-na-ción |

4. When the final consonant of a word and the initial consonant of the following word are the same, they are pronounced like one consonant with slightly longer than normal duration.

| | | | |
|---|---|---|---|
| el lado | e-*l*a-do | tienes sed | tie-ne-*s*ed |
| Carlos salta | Car-lo-*s*al-ta | | |

## Intonation

Intonation is the rise and fall of pitch in the delivery of a phrase or sentence. In general, Spanish pitch tends to change less than English, giving the impression that the language is less emphatic.

As a rule, the intonation for normal statements in Spanish starts in a low tone, raises to a higher one on the first stressed syllable, maintains that tone until the last stressed syllable, and then goes back to the initial low tone, with still another drop at the very end.

| | |
|---|---|
| Tu amigo viene mañana. | José come pan. |
| Ada está en casa. | Carlos toma café. |

## Syllable formation in Spanish

Below are general rules for dividing words into syllables:

### Vowels

1. A vowel or a vowel combination can constitute a syllable.

   a-lum-no   a-bue-la   Eu-ro-pa

2. Diphthongs and triphthongs are considered single vowels and cannot be divided.

   bai-le   puen-te   Dia-na   es-tu-diáis   an-ti-guo

3. Two strong vowels (**a, e, o**) do not form a diphthong and are separated into two syllables.

   em-ple-ar   vol-te-ar   lo-a

4. A written accent on a weak vowel (**i** or **u**) breaks the diphthong, separating the vowels into two syllables.

   trí-o   dú-o   Ma-rí-a

### Consonants

1. A single consonant forms a syllable with the vowel that follows it.

   po-der   ma-no   mi-nu-to

   NOTE: **ch, ll,** and **rr** are considered single consonants: **a-ma-ri-llo, co-che, pe-rro.**

2. When two consonants appear between two vowels, they are separated into two syllables.

   al-fa-be-to   cam-pe-ón   me-ter-se   mo-les-tia

   EXCEPTION: When a consonant cluster composed of **b, c, d, f, g, p,** or **t** with **l** or **r** appears between two vowels, the cluster joins the following vowel: **so-bre, o-tros, ca-ble, te-lé-gra-fo.**

3. When three consonants appear between two vowels, only the last one goes with the following vowel.

   ins-pec-tor   trans-por-te   trans-for-mar

   EXCEPTION: When there is a cluster of three consonants in the combinations described in rule 2, the first consonant joins the preceding vowel and the cluster joins the following vowel: **es-cri-bir, ex-tran-je-ro, im-plo-rar, es-tre-cho.**

## Accentuation

In Spanish, all words are stressed according to specific rules. Words that do not follow the rules must have a written accent to indicate the change of stress. The basic rules for accentuation are as follows.

1. Words ending in a vowel, **n,** or **s** are stressed on the next-to-the-last syllable.

   **hi**-jo      **ca**-lle   **me**-sa   fa-**mo**-sos
   flo-**re**-cen   **pla**-ya   **ve**-ces

2. Words ending in a consonant, except **n** or **s,** are stressed on the last syllable.

   ma-**yor**   a-**mor**   tro-pi-**cal**   na-**riz**   re-**loj**   co-rre-**dor**

3. All words that do not follow these rules must have a written accent.

   ca-**fé**         sa-**lió**      rin-**cón**      fran-**cés**      sa-**lón**
   **án**-gel        **lá**-piz      **dé**-bil       a-**zú**-car      **Víc**-tor
   sim-**pá**-ti-co   **lí**-qui-do   **mú**-si-ca    e-**xá**-me-nes   de-**mó**-cra-ta

4. Pronouns and adverbs of interrogation and exclamation have a written accent to distinguish them from relative pronouns.

   **¿Qué** comes?                          *What are you eating?*
   La pera que él no comió.                  *The pear that he did not eat.*

   **¿Quién** está ahí?                      *Who is there?*
   El hombre a quien tú llamaste.            *The man whom you called.*

   **¿Dónde** está él?                       *Where is he?*
   En el lugar donde trabaja.                *At the place where he works.*

5. Words that have the same spelling but different meanings take a written accent to differentiate one from the other.

   | el | *the* | él | *he, him* | te | *you* | té | *tea* |
   |----|-------|----|-----------|----|-------|----|-------|
   | mi | *my* | mí | *me* | si | *if* | sí | *yes* |
   | tu | *your* | tú | *you* | mas | *but* | más | *more* |

# B: Verbs

## Regular verbs

### Model -ar, -er, -ir verbs

INFINITIVE

**amar** *(to love)*      **comer** *(to eat)*      **vivir** *(to live)*

PRESENT PARTICIPLE

**amando** *(loving)*      **comiendo** *(eating)*      **viviendo** *(living)*

PAST PARTICIPLE

**amado** *(loved)*      **comido** *(eaten)*      **vivido** *(lived)*

### SIMPLE TENSES

#### Indicative Mood

**Present**

| *(I love)* | | *(I eat)* | | *(I live)* | |
|---|---|---|---|---|---|
| amo | amamos | como | comemos | vivo | vivimos |
| amas | amáis | comes | coméis | vives | vivís |
| ama | aman | come | comen | vive | viven |

**Imperfect**

| *(I used to love)* | | *(I used to eat)* | | *(I used to live)* | |
|---|---|---|---|---|---|
| amaba | amábamos | comía | comíamos | vivía | vivíamos |
| amabas | amabais | comías | comíais | vivías | vivíais |
| amaba | amaban | comía | comían | vivía | vivían |

**Preterit**

| *(I loved)* | | *(I ate)* | | *(I lived)* | |
|---|---|---|---|---|---|
| amé | amamos | comí | comimos | viví | vivimos |
| amaste | amasteis | comiste | comisteis | viviste | vivisteis |
| amó | amaron | comió | comieron | vivió | vivieron |

**Future**

| *(I will love)* | | *(I will eat)* | | *(I will live)* | |
|---|---|---|---|---|---|
| amaré | amaremos | comeré | comeremos | viviré | viviremos |
| amarás | amaréis | comerás | comeréis | vivirás | viviréis |
| amará | amarán | comerá | comerán | vivirá | vivirán |

**Conditional**

| *(I would love)* | | *(I would eat)* | | *(I would live)* | |
|---|---|---|---|---|---|
| amaría | amaríamos | comería | comeríamos | viviría | viviríamos |
| amarías | amaríais | comerías | comeríais | vivirías | viviríais |
| amaría | amarían | comería | comerían | viviría | vivirían |

#### Subjunctive Mood

**Present**

| *([that] I [may] love)* | | *([that] I [may] eat)* | | *([that] I [may] live)* | |
|---|---|---|---|---|---|
| ame | amemos | coma | comamos | viva | vivamos |
| ames | améis | comas | comáis | vivas | viváis |
| ame | amen | coma | coman | viva | vivan |

### Imperfect

| ([that] I [might] love) | ([that] I [might] eat) | ([that] I [might] live) |
|---|---|---|
| am**ara**(-**ase**) | com**iera**(-**iese**) | viv**iera**(-**iese**) |
| am**aras**(-**ases**) | com**ieras**(-**ieses**) | viv**ieras**(-**ieses**) |
| am**ara**(-**ase**) | com**iera**(-**iese**) | viv**iera**(-**iese**) |
| am**áramos**(-**ásemos**) | com**iéramos**(-**iésemos**) | viv**iéramos**(-**iésemos**) |
| am**arais**(-**aseis**) | com**ierais**(-**ieseis**) | viv**ierais**(-**ieseis**) |
| am**aran**(-**asen**) | com**ieran**(-**iesen**) | viv**ieran**(-**iesen**) |

### Imperative Mood

| (love) | (eat) | (live) |
|---|---|---|
| am**a** (tú) | com**e** (tú) | viv**e** (tú) |
| am**e** (Ud.) | com**a** (Ud.) | viv**a** (Ud.) |
| am**emos** (nosotros) | com**amos** (nosotros) | viv**amos** (nosotros) |
| am**ad** (vosotros) | com**ed** (vosotros) | viv**id** (vosotros) |
| am**en** (Uds.) | com**an** (Uds.) | viv**an** (Uds.) |

## COMPOUND TENSES

### PERFECT INFINITIVE

| **haber amado** | **haber comido** | **haber vivido** |
|---|---|---|

### PERFECT PARTICIPLE

| **habiendo amado** | **habiendo comido** | **habiendo vivido** |
|---|---|---|

### Indicative Mood

#### Present Perfect

| (I have loved) | | (I have eaten) | | (I have lived) | |
|---|---|---|---|---|---|
| he amado | hemos amado | he comido | hemos comido | he vivido | hemos vivido |
| has amado | habéis amado | has comido | habéis comido | has vivido | habéis vivido |
| ha amado | han amado | ha comido | han comido | ha vivido | han vivido |

#### Past Perfect (Pluperfect)

| (I had loved) | (I had eaten) | (I had lived) |
|---|---|---|
| había amado | había comido | había vivido |
| habías amado | habías comido | habías vivido |
| había amado | había comido | había vivido |
| habíamos amado | habíamos comido | habíamos vivido |
| habíais amado | habíais comido | habíais vivido |
| habían amado | habían comido | habían vivido |

#### Future Perfect

| (I will have loved) | (I will have eaten) | (I will have lived) |
|---|---|---|
| habré amado | habré comido | habré vivido |
| habrás amado | habrás comido | habrás vivido |
| habrá amado | habrá comido | habrá vivido |
| habremos amado | habremos comido | habremos vivido |
| habréis amado | habréis comido | habréis vivido |
| habrán amado | habrán comido | habrán vivido |

### Conditional Perfect

| *(I would have loved)* | *(I would have eaten)* | *(I would have lived)* |
|---|---|---|
| habría amado | habría comido | habría vivido |
| habrías amado | habrías comido | habrías vivido |
| habría amado | habría comido | habría vivido |
| | | |
| habríamos amado | habríamos comido | habríamos vivido |
| habríais amado | habríais comido | habríais vivido |
| habrían amado | habrían comido | habrían vivido |

## Subjunctive Mood

### Present Perfect

| *([that] I [may] have loved)* | *([that] I [may] have eaten)* | *([that] I [may] have lived)* |
|---|---|---|
| haya amado | haya comido | haya vivido |
| hayas amado | hayas comido | hayas vivido |
| haya amado | haya comido | haya vivido |
| | | |
| hayamos amado | hayamos comido | hayamos vivido |
| hayáis amado | hayáis comido | hayáis vivido |
| hayan amado | hayan comido | hayan vivido |

### Past Perfect (Pluperfect)

| *([that] I [might] have loved)* | *([that] I [might] have eaten)* | *([that] I [might] have lived)* |
|---|---|---|
| hubiera(-iese) amado | hubiera(-iese) comido | hubiera(-iese) vivido |
| hubieras(-ieses) amado | hubieras(-ieses) comido | hubieras(-ieses) vivido |
| hubiera(-iese) amado | hubiera(-iese) comido | hubiera(-iese) vivido |
| | | |
| hubiéramos(-iésemos) amado | hubiéramos(-iésemos) comido | hubiéramos(-iésemos) vivido |
| hubierais(-ieseis) amado | hubierais(-ieseis) comido | hubierais(-ieseis) vivido |
| hubieran(-iesen) amado | hubieran(-iesen) comido | hubieran(-iesen) vivido |

## Stem-changing verbs

### The *-ar* and *-er* stem-changing verbs

Stem-changing verbs are those that have a spelling change in the root of the verb. Verbs that end in **-ar** and **-er** change the stressed vowel **e** to **ie,** and the stressed **o** to **ue.** These changes occur in all persons, except the first- and second-persons plural of the present indicative, present subjunctive, and imperative.

| INFINITIVE | Indicative | Imperative | Subjunctive |
|---|---|---|---|
| **cerrar** (*to close*) | cierro | ———— | cierre |
| | cierras | cierra | cierres |
| | cierra | cierre | cierre |
| | cerramos | cerremos | cerremos |
| | cerráis | cerrad | cerréis |
| | cierran | cierren | cierren |
| **perder** (*to lose*) | pierdo | ———— | pierda |
| | pierdes | pierde | pierdas |
| | pierde | pierda | pierda |
| | perdemos | perdamos | perdamos |
| | perdéis | perded | perdáis |
| | pierden | pierdan | pierdan |
| **contar** (*to count; to tell*) | cuento | ———— | cuente |
| | cuentas | cuenta | cuentes |
| | cuenta | cuente | cuente |
| | contamos | contemos | contemos |
| | contáis | contad | contéis |
| | cuentan | cuenten | cuenten |
| **volver** (*to return*) | vuelvo | ———— | vuelva |
| | vuelves | vuelve | vuelvas |
| | vuelve | vuelva | vuelva |
| | volvemos | volvamos | volvamos |
| | volvéis | volved | volváis |
| | vuelven | vuelvan | vuelvan |

Verbs that follow the same pattern are:

| | | | | | |
|---|---|---|---|---|---|
| acordarse | *to remember* | despertar(se) | *to wake up* | pensar | *to think; to plan* |
| acostar(se) | *to go to bed* | empezar | *to begin* | probar | *to prove; to taste* |
| almorzar | *to have lunch* | encender | *to light; to turn on* | recordar | *to remember* |
| atravesar | *to go through* | encontrar | *to find* | rogar | *to beg* |
| cocer | *to cook* | entender | *to understand* | sentar(se) | *to sit down* |
| colgar | *to hang* | llover | *to rain* | soler | *to be in the habit of* |
| comenzar | *to begin* | mover | *to move* | soñar | *to dream* |
| confesar | *to confess* | mostrar | *to show* | tender | *to stretch; to unfold* |
| costar | *to cost* | negar | *to deny* | | |
| demostrar | *to demonstrate, show* | nevar | *to snow* | torcer | *to twist* |

## The -*ir* stem-changing verbs

There are two types of stem-changing verbs that end in **-ir**: one type changes stressed **e** to **ie** in some tenses and to **i** in others, and stressed **o** to **ue** or **u**; the second type changes stressed **e** to **i** only in all the irregular tenses.

---

### Type 1: -ir:e > ie or i / o > ue or u

---

These changes occur as follows.

*Present Indicative:* all persons except the first- and second-persons plural change **e** to **ie** and **o** to **ue**. *Preterit:* third person, singular and plural, changes **e** to **i** and **o** to **u**. *Present Subjunctive:* all persons change **e** to **ie** and **o** to **ue**, except the first- and second-persons plural, which change **e** to **i** and **o** to **u**. *Imperfect Subjunctive:* all persons change **e** to **i** and **o** to **u**. *Imperative:* all persons except the first- and second-persons plural change **e** to **ie** and **o** to **ue**; first-person plural changes **e** to **i** and **o** to **u**. *Present Participle:* changes **e** to **i** and **o** to **u**.

| INFINITIVE | Indicative | | Imperative | Subjunctive | |
|---|---|---|---|---|---|
| **sentir** *(to feel)* | PRESENT | PRETERIT | | PRESENT | IMPERFECT |
| | siento | sentí | | sienta | sintiera(-iese) |
| **PRESENT PARTICIPLE** sintiendo | sientes | sentiste | siente | sientas | sintieras |
| | siente | sintió | sienta | sienta | sintiera |
| | sentimos | sentimos | sintamos | sintamos | sintiéramos |
| | sentís | sentisteis | sentid | sintáis | sintierais |
| | sienten | sintieron | sientan | sientan | sintieran |
| **dormir** *(to sleep)* | duermo | dormí | | duerma | durmiera(-iese) |
| | duermes | dormiste | duerme | duermas | durmieras |
| | duerme | durmió | duerma | duerma | durmiera |
| **PRESENT PARTICIPLE** durmiendo | dormimos | dormimos | durmamos | durmamos | durmiéramos |
| | dormís | dormisteis | dormid | durmáis | durmierais |
| | duermen | durmieron | duerman | duerman | durmieran |

Other verbs that follow the same pattern are:

| | | | | | |
|---|---|---|---|---|---|
| advertir | *to warn* | divertir(se) | *to amuse (oneself)* | preferir | *to prefer* |
| arrepentirse | *to repent* | herir | *to wound, hurt* | referir | *to refer* |
| consentir | *to consent; to pamper* | mentir | *to lie* | sugerir | *to suggest* |
| convertir(se) | *to turn into* | morir | *to die* | | |

The verbs in the second category are irregular in the same tenses as those of the first type. The only difference is that they have just one change: **e > i** in all irregular persons.

| INFINITIVE | Indicative | | Imperative | Subjunctive | |
|---|---|---|---|---|---|
| **pedir** *(to ask for, request)* | PRESENT | PRETERIT | | PRESENT | IMPERFECT |
| | pido | pedí | | pida | pidiera(-iese) |
| | pides | pediste | pide | pidas | pidieras |
| **PRESENT PARTICIPLE** pidiendo | pide | pidió | pida | pida | pidiera |
| | pedimos | pedimos | pidamos | pidamos | pidiéramos |
| | pedís | pedisteis | pedid | pidáis | pidierais |
| | piden | pidieron | pidan | pidan | pidieran |

Verbs that follow this pattern:

| | | | | | |
|---|---|---|---|---|---|
| competir | *to compete* | impedir | *to prevent* | repetir | *to repeat* |
| concebir | *to conceive* | perseguir | *to pursue* | seguir | *to follow* |
| despedir(se) | *to say good-bye* | reír(se) | *to laugh* | servir | *to serve* |
| elegir | *to choose* | reñir | *to fight* | vestir(se) | *to dress* |

## Orthographic-changing verbs

Some verbs undergo a change in the spelling of the stem in some tenses in order to maintain the sound of the final consonant. The most common ones are those with the consonants **g** and **c.** Remember that **g** and **c** in front of **e** or **i** have a soft sound, and in front of **a, o,** or **u** have a hard sound. In order to keep the soft sound in front of **a, o,** or **u, g** and **c** change to **j** and **z,** respectively. In order to keep the hard sound of **g** or **c** in front of **e** and **i, u** is added to the **g (gu)** and the **c** changes to **qu.** The following are the most important verbs of this type that are regular in all tenses but change in spelling.

1. Verbs ending in **-gar** change **g** to **gu** before **e** in the first-person singular of the preterit and in all persons of the present subjunctive.

   **pagar** *to pay*
   *Preterit:*      pa**gu**é, pagaste, pagó, etc.
   *Pres. Subj.:*   pa**gu**e, pa**gu**es, pa**gu**e, pa**gu**emos, pa**gu**éis, pa**gu**en

   Verbs that follow the same pattern: **colgar, jugar, llegar, navegar, negar, regar, rogar.**

2. Verbs ending in **-ger** or **-gir** change **g** to **j** before **o** and **a** in the first-person singular of the present indicative and in all the persons of the present subjunctive.

   **proteger** *to protect*
   *Pres. Ind.:*    prote**j**o, proteges, protege, etc.
   *Pres. Subj.:*   prote**j**a, prote**j**as, prote**j**a, prote**j**amos, prote**j**áis, prote**j**an

   Verbs that follow the same pattern: **coger, corregir, dirigir, elegir, escoger, exigir, recoger.**

3. Verbs ending in **-guar** change **gu** to **gü** before **e** in the first-person singular of the preterit and in all persons of the present subjunctive.

**averiguar** *to find out*
*Preterit:* averi**gü**é, averiguaste, averiguó, etc.
*Pres. Subj.:* averi**gü**e, averi**gü**es, averi**gü**e, averi**gü**emos, averi**gü**éis, averi**gü**en

The verb **apaciguar** follows the same pattern.

4. Verbs ending in **-guir** change **gu** to **g** before **o** and **a** in the first-person singular of the present indicative and in all persons of the present subjunctive.

**conseguir** *to get*
*Pres. Ind.:* consi**g**o, consigues, consigue, etc.
*Pres. Subj.:* consi**g**a, consi**g**as, consi**g**a, consi**g**amos, consi**g**áis, consi**g**an

Verbs that follow the same pattern: **distinguir, perseguir, proseguir, seguir.**

5. Verbs ending in **-car** change **c** to **qu** before **e** in the first-person singular of the preterit and in all persons of the present subjunctive.

**tocar** *to touch; to play (a musical instrument)*
*Preterit:* to**qu**é, tocaste, tocó, etc.
*Pres. Subj.:* to**qu**e, to**qu**es, to**qu**e, to**qu**emos, to**qu**éis, to**qu**en

Verbs that follow the same pattern: **atacar, buscar, comunicar, explicar, indicar, pescar, sacar.**

6. Verbs ending in **-cer** or **-cir** preceded by a consonant change **c** to **z** before **o** and **a** in the first-person singular of the present indicative and in all persons of the present subjunctive.

**torcer** *to twist*
*Pres. Ind.:* tuer**z**o, tuerces, tuerce, etc.
*Pres. Subj.:* tuer**z**a, tuer**z**as, tuer**z**a, tor**z**amos, tor**z**áis, tuer**z**an

Verbs that follow the same pattern: **convencer, esparcir, vencer.**

7. Verbs ending in **-cer** or **-cir** preceded by a vowel change **c** to **zc** before **o** and **a** in the first-person singular of the present indicative and in all persons of the present subjunctive.

**conocer** *to know, be acquainted with*
*Pres. Ind.:* cono**zc**o, conoces, conoce, etc.
*Pres. Subj.:* cono**zc**a, cono**zc**as, cono**zc**a, cono**zc**amos, cono**zc**áis, cono**zc**an

Verbs that follow the same pattern: **agradecer, aparecer, carecer, entristecer** (to sadden), **establecer, lucir, nacer, obedecer, ofrecer, padecer, parecer, pertenecer, reconocer, relucir.**

8. Verbs ending in **-zar** change **z** to **c** before **e** in the first-person singular of the preterit and in all persons of the present subjunctive.

**rezar** *to pray*
*Preterit:* re**c**é, rezaste, rezó, etc.
*Pres. Subj.:* re**c**e, re**c**es, re**c**e, re**c**emos, re**c**éis, re**c**en

Verbs that follow the same pattern: **abrazar, alcanzar, almorzar, comenzar, cruzar, empezar, forzar, gozar.**

9. Verbs ending in **-eer** change the unstressed **i** to **y** between vowels in the third-person singular and plural of the preterit, in all persons of the imperfect subjunctive, and in the present participle.

**creer** *to believe*
*Preterit:* creí, creíste, cre**y**ó, creímos, creísteis, cre**y**eron
*Imp. Subj.:* cre**y**era(-ese), cre**y**eras, cre**y**era, cre**y**éramos, cre**y**erais, cre**y**eran
*Pres. Part.:* cre**y**endo
*Past Part.:* creído

Verbs that follow the same pattern: **leer, poseer.**

10. Verbs ending in **-uir** change the unstressed **i** to **y** between vowels (except **-quir,** which has the silent **u**) in the following tenses and persons.

**huir**   *to escape; to flee*
Pres. Part.:   huyendo
Pres. Ind.:   huyo, huyes, huye, huimos, huís, huyen
Preterit:   huí, huiste, huyó, huimos, huisteis, huyeron
Imperative:   huye, huya, huyamos, huid, huyan
Pres. Subj.:   huya, huyas, huya, huyamos, huyáis, huyan
Imp. Subj.:   huyera(-ese), huyeras, huyera, huyéramos, huyerais, huyeran

Verbs that follow the same pattern: **atribuir, concluir, constituir, construir, contribuir, destituir, destruir, disminuir, distribuir, excluir, incluir, influir, instruir, restituir, sustituir.**

11. Verbs ending in **-eír** lose the **e** in all but the first- and second-persons plural of the present indicative, in the third-person singular and plural of the preterit, in all persons of the present and imperfect subjunctive, and in the present participle.

**reír**   *to laugh*
Pres. Ind.:   río, ríes, ríe, reímos, reís, ríen
Preterit:   reí, reíste, rió, reímos, reísteis, rieron
Pres. Subj.:   ría, rías, ría, riamos, riáis, rían
Imp. Subj.:   riera(-ese), rieras, riera, riéramos, rierais, rieran
Pres. Part.:   riendo

Verbs that follow the same pattern: **sonreír, freír.**

12. Verbs ending in **-iar** add a written accent to the **i,** except in the first- and second-persons plural of the present indicative and subjunctive.

**fiar(se)**   *to trust*
Pres. Ind.:   (me) fío, (te) fías, (se) fía, (nos) fiamos, (os) fiáis, (se) fían
Pres. Subj.:   (me) fíe, (te) fíes, (se) fíe, (nos) fiemos, (os) fiéis, (se) fíen

Verbs that follow the same pattern: **ampliar, criar, desviar, enfriar, enviar, guiar, telegrafiar, vaciar, variar.**

13. Verbs ending in **-uar** (except **-guar**) add a written accent to the **u,** except in the first- and second-persons plural of the present indicative and subjunctive.

**actuar**   *to act*
Pres. Ind.:   actúo, actúas, actúa, actuamos, actuáis, actúan
Pres. Subj.:   actúe, actúes, actúe, actuemos, actuéis, actúen

Verbs that follow the same pattern: **acentuar, continuar, efectuar, exceptuar, graduar, habituar, insinuar, situar.**

14. Verbs ending in **-ñir** lose the **i** of the diphthongs **ie** and **ió** in the third-person singular and plural of the preterit and all persons of the imperfect subjunctive. They also change the **e** of the stem to **i** in the same persons and in the present indicative and present subjunctive.

**teñir**   *to dye*
Pres. Ind.:   tiño, tiñes, tiñe, teñimos, teñís, tiñen
Preterit:   teñí, teñiste, tiñó, teñimos, teñisteis, tiñeron
Pres. Subj.:   tiña, tiñas, tiña, tiñamos, tiñáis, tiñan
Imp. Subj.:   tiñera(-ese), tiñeras, tiñera, tiñéramos, tiñerais, tiñeran

Verbs that follow the same pattern: **ceñir, constreñir, desteñir, estreñir, reñir.**

# Some common irregular verbs

Only tenses with irregular forms are given below.

**adquirir**   *to acquire*
Pres. Ind.:   adquiero, adquieres, adquiere, adquirimos, adquirís, adquieren
Pres. Subj.:   adquiera, adquieras, adquiera, adquiramos, adquiráis, adquieran
Imperative:   adquiere, adquiera, adquiramos, adquirid, adquieran

**andar**   *to walk*
Preterit:   anduve, anduviste, anduvo, anduvimos, anduvisteis, anduvieron
Imp. Subj.:   anduviera (anduviese), anduvieras, anduviera, anduviéramos, anduvierais, anduvieran

**avergonzarse**   *to be ashamed, embarrassed*
Pres. Ind.:   me avergüenzo, te avergüenzas, se avergüenza, nos avergonzamos, os avergonzáis, se avergüenzan
Pres. Subj.:   me avergüence, te avergüences, se avergüence, nos avergoncemos, os avergoncéis, se avergüencen
Imperative:   avergüénzate, avergüéncese, avergoncémonos, avergonzaos, avergüéncense

**caber**   *to fit; to have enough room*
Pres. Ind.:   quepo, cabes, cabe, cabemos, cabéis, caben
Preterit:   cupe, cupiste, cupo, cupimos, cupisteis, cupieron
Future:   cabré, cabrás, cabrá, cabremos, cabréis, cabrán
Conditional:   cabría, cabrías, cabría, cabríamos, cabríais, cabrían
Imperative:   cabe, quepa, quepamos, cabed, quepan
Pres. Subj.:   quepa, quepas, quepa, quepamos, quepáis, quepan
Imp. Subj.:   cupiera (cupiese), cupieras, cupiera, cupiéramos, cupierais, cupieran

**caer**   *to fall*
Pres. Ind.:   caigo, caes, cae, caemos, caéis, caen
Preterit:   caí, caíste, cayó, caímos, caísteis, cayeron
Imperative:   cae, caiga, caigamos, caed, caigan
Pres. Subj.:   caiga, caigas, caiga, caigamos, caigáis, caigan
Imp. Subj.:   cayera (cayese), cayeras, cayera, cayéramos, cayerais, cayeran
Past Part.:   caído

**conducir**   *to guide; to drive* (All verbs ending in **-ducir** follow this pattern.)
Pres. Ind.:   conduzco, conduces, conduce, conducimos, conducís, conducen
Preterit:   conduje, condujiste, condujo, condujimos, condujisteis, condujeron
Imperative:   conduce, conduzca, conduzcamos, conducid, conduzcan
Pres. Subj.:   conduzca, conduzcas, conduzca, conduzcamos, conduzcáis, conduzcan
Imp. Subj.:   condujera (condujese), condujeras, condujera, condujéramos, condujerais, condujeran

**convenir**   *to agree* (see **venir**)

**dar**   *to give*
Pres. Ind.:   doy, das, da, damos, dais, dan
Preterit:   di, diste, dio, dimos, disteis, dieron
Imperative:   da, dé, demos, dad, den
Pres. Subj.:   dé, des, dé, demos, deis, den
Imp. Subj.:   diera (diese), dieras, diera, diéramos, dierais, dieran

**decir**   *to say, tell*
Pres. Ind.:   digo, dices, dice, decimos, decís, dicen
Preterit:   dije, dijiste, dijo, dijimos, dijisteis, dijeron
Future:   diré, dirás, dirá, diremos, diréis, dirán
Conditional:   diría, dirías, diría, diríamos, diríais, dirían
Imperative:   di, diga, digamos, decid, digan
Pres. Subj.:   diga, digas, diga, digamos, digáis, digan
Imp. Subj.:   dijera (dijese), dijeras, dijera, dijéramos, dijerais, dijeran
Pres. Part.:   diciendo
Past Part.:   dicho

**detener**   *to stop; to hold; to arrest* (see **tener**)

**entretener**   *to entertain, amuse* (see **tener**)

**errar**   *to err; to miss*
| | |
|---|---|
| *Pres. Ind.:* | yerro, yerras, yerra, erramos, erráis, yerran |
| *Imperative:* | yerra, yerre, erremos, errad, yerren |
| *Pres. Subj.:* | yerre, yerres, yerre, erremos, erréis, yerren |

**estar**   *to be*
| | |
|---|---|
| *Pres. Ind.:* | estoy, estás, está, estamos, estáis, están |
| *Preterit:* | estuve, estuviste, estuvo, estuvimos, estuvisteis, estuvieron |
| *Imperative:* | está, esté, estemos, estad, estén |
| *Pres. Subj.:* | esté, estés, esté, estemos, estéis, estén |
| *Imp. Subj.:* | estuviera (estuviese), estuvieras, estuviera, estuviéramos, estuvierais, estuvieran |

**haber**   *to have*
| | |
|---|---|
| *Pres. Ind.:* | he, has, ha, hemos, habéis, han |
| *Preterit:* | hube, hubiste, hubo, hubimos, hubisteis, hubieron |
| *Future:* | habré, habrás, habrá, habremos, habréis, habrán |
| *Conditional:* | habría, habrías, habría, habríamos, habríais, habrían |
| *Pres. Subj.:* | haya, hayas, haya, hayamos, hayáis, hayan |
| *Imp. Subj.:* | hubiera (hubiese), hubieras, hubiera, hubiéramos, hubierais, hubieran |

**hacer**   *to do, make*
| | |
|---|---|
| *Pres. Ind.:* | hago, haces, hace, hacemos, hacéis, hacen |
| *Preterit:* | hice, hiciste, hizo, hicimos, hicisteis, hicieron |
| *Future:* | haré, harás, hará, haremos, haréis, harán |
| *Conditional:* | haría, harías, haría, haríamos, haríais, harían |
| *Imperative:* | haz, haga, hagamos, haced, hagan |
| *Pres. Subj.:* | haga, hagas, haga, hagamos, hagáis, hagan |
| *Imp. Subj.:* | hiciera (hiciese), hicieras, hiciera, hiciéramos, hicierais, hicieran |
| *Past Part.:* | hecho |

**imponer**   *to impose; to deposit* (see **poner**)

**ir**   *to go*
| | |
|---|---|
| *Pres. Ind.:* | voy, vas, va, vamos, vais, van |
| *Imp. Ind.:* | iba, ibas, iba, íbamos, ibais, iban |
| *Preterit:* | fui, fuiste, fue, fuimos, fuisteis, fueron |
| *Imperative:* | ve, vaya, vayamos, id, vayan |
| *Pres. Subj.:* | vaya, vayas, vaya, vayamos, vayáis, vayan |
| *Imp. Subj.:* | fuera (fuese), fueras, fuera, fuéramos, fuerais, fueran |

**jugar**   *to play*
| | |
|---|---|
| *Pres. Ind.:* | juego, juegas, juega, jugamos, jugáis, juegan |
| *Imperative:* | juega, juegue, juguemos, jugad, jueguen |
| *Pres. Subj.:* | juegue, juegues, juegue, juguemos, juguéis, jueguen |

**obtener**   *to obtain* (see **tener**)

**oír**   *to hear*
| | |
|---|---|
| *Pres. Ind.:* | oigo, oyes, oye, oímos, oís, oyen |
| *Preterit:* | oí, oíste, oyó, oímos, oísteis, oyeron |
| *Imperative:* | oye, oiga, oigamos, oíd, oigan |
| *Pres. Subj.:* | oiga, oigas, oiga, oigamos, oigáis, oigan |
| *Imp. Subj.:* | oyera (oyese), oyeras, oyera, oyéramos, oyerais, oyeran |
| *Pres. Part.:* | oyendo |
| *Past Part.:* | oído |

**oler**   *to smell*
| | |
|---|---|
| *Pres. Ind.:* | huelo, hueles, huele, olemos, oléis, huelen |
| *Imperative:* | huele, huela, olamos, oled, huelan |
| *Pres. Subj.:* | huela, huelas, huela, olamos, oláis, huelan |

**poder**   *to be able to*
Preterit:          pude, pudiste, pudo, pudimos, pudisteis, pudieron
Future:            podré, podrás, podrá, podremos, podréis, podrán
Conditional:       podría, podrías, podría, podríamos, podríais, podrían
Imperative:        puede, pueda, podamos, poded, puedan
Imp. Subj.:        pudiera (pudiese), pudieras, pudiera, pudiéramos, pudierais, pudieran
Pres. Part.:       pudiendo

**poner**   *to place, put*
Pres. Ind.:        pongo, pones, pone, ponemos, ponéis, ponen
Preterit:          puse, pusiste, puso, pusimos, pusisteis, pusieron
Future:            pondré, pondrás, pondrá, pondremos, pondréis, pondrán
Conditional:       pondría, pondrías, pondría, pondríamos, pondríais, pondrían
Imperative:        pon, ponga, pongamos, poned, pongan
Pres. Subj.:       ponga, pongas, ponga, pongamos, pongáis, pongan
Imp. Subj.:        pusiera (pusiese), pusieras, pusiera, pusiéramos, pusierais, pusieran
Past Part.:        puesto

**querer**   *to want, wish; to like, love*
Preterit:          quise, quisiste, quiso, quisimos, quisisteis, quisieron
Future:            querré, querrás, querrá, querremos, querréis, querrán
Conditional:       querría, querrías, querría, querríamos, querríais, querrían
Imp. Subj.:        quisiera (quisiese), quisieras, quisiera, quisiéramos, quisierais, quisieran

**resolver**   *to decide on, to solve*
Past Part.:        resuelto

**saber**   *to know*
Pres. Ind.:        sé, sabes, sabe, sabemos, sabéis, saben
Preterit:          supe, supiste, supo, supimos, supisteis, supieron
Future:            sabré, sabrás, sabrá, sabremos, sabréis, sabrán
Conditional:       sabría, sabrías, sabría, sabríamos, sabríais, sabrían
Imperative:        sabe, sepa, sepamos, sabed, sepan
Pres. Subj.:       sepa, sepas, sepa, sepamos, sepáis, sepan
Imp. Subj.:        supiera (supiese), supieras, supiera, supiéramos, supierais, supieran

**salir**   *to leave; to go out*
Pres. Ind.:        salgo, sales, sale, salimos, salís, salen
Future:            saldré, saldrás, saldrá, saldremos, saldréis, saldrán
Conditional:       saldría, saldrías, saldría, saldríamos, saldríais, saldrían
Imperative:        sal, salga, salgamos, salid, salgan
Pres. Subj.:       salga, salgas, salga, salgamos, salgáis, salgan

**ser**   *to be*
Pres. Ind.:        soy, eres, es, somos, sois, son
Imp. Ind.:         era, eras, era, éramos, erais, eran
Preterit:          fui, fuiste, fue, fuimos, fuisteis, fueron
Imperative:        sé, sea, seamos, sed, sean
Pres. Subj.:       sea, seas, sea, seamos, seáis, sean
Imp. Subj.:        fuera (fuese), fueras, fuera, fuéramos, fuerais, fueran

**suponer**   *to assume* (see **poner**)

**tener**   *to have*
Pres. Ind.:        tengo, tienes, tiene, tenemos, tenéis, tienen
Preterit:          tuve, tuviste, tuvo, tuvimos, tuvisteis, tuvieron
Future:            tendré, tendrás, tendrá, tendremos, tendréis, tendrán
Conditional:       tendría, tendrías, tendría, tendríamos, tendríais, tendrían
Imperative:        ten, tenga, tengamos, tened, tengan
Pres. Subj.:       tenga, tengas, tenga, tengamos, tengáis, tengan
Imp. Subj.:        tuviera (tuviese), tuvieras, tuviera, tuviéramos, tuvierais, tuvieran

**traducir**   *to translate* (see **conducir**)

**traer**   *to bring*
Pres. Ind.:        traigo, traes, trae, traemos, traéis, traen
Preterit:          traje, trajiste, trajo, trajimos, trajisteis, trajeron

| | |
|---|---|
| *Imperative:* | trae, traiga, traigamos, traed, traigan |
| *Pres. Subj.:* | traiga, traigas, traiga, traigamos, traigáis, traigan |
| *Imp. Subj.:* | trajera (trajese), trajeras, trajera, trajéramos, trajerais, trajeran |
| *Pres. Part.:* | trayendo |
| *Past Part.:* | traído |

**valer**   *to be worth*

| | |
|---|---|
| *Pres. Ind.:* | valgo, vales, vale, valemos, valéis, valen |
| *Future:* | valdré, valdrás, valdrá, valdremos, valdréis, valdrán |
| *Conditional:* | valdría, valdrías, valdría, valdríamos, valdríais, valdrían |
| *Imperative:* | vale, valga, valgamos, valed, valgan |
| *Pres. Subj.:* | valga, valgas, valga, valgamos, valgáis, valgan |

**venir**   *to come*

| | |
|---|---|
| *Pres. Ind.:* | vengo, vienes, viene, venimos, venís, vienen |
| *Preterit:* | vine, viniste, vino, vinimos, vinisteis, vinieron |
| *Future:* | vendré, vendrás, vendrá, vendremos, vendréis, vendrán |
| *Conditional:* | vendría, vendrías, vendría, vendríamos, vendríais, vendrían |
| *Imperative:* | ven, venga, vengamos, venid, vengan |
| *Pres. Subj.:* | venga, vengas, venga, vengamos, vengáis, vengan |
| *Imp. Subj.:* | viniera (viniese), vinieras, viniera, viniéramos, vinierais, vinieran |
| *Pres. Part.:* | viniendo |

**ver**   *to see*

| | |
|---|---|
| *Pres. Ind.:* | veo, ves, ve, vemos, veis, ven |
| *Imp. Ind.:* | veía, veías, veía, veíamos, veíais, veían |
| *Preterit:* | vi, viste, vio, vimos, visteis, vieron |
| *Imperative:* | ve, vea, veamos, ved, vean |
| *Pres. Subj.:* | vea, veas, vea, veamos, veáis, vean |
| *Imp. Subj.:* | viera (viese), vieras, viera, viéramos, vierais, vieran |
| *Past Part.:* | visto |

**volver**   *to return*

| | |
|---|---|
| *Past Part.:* | vuelto |

# C: Glossary of Grammatical Terms

**adjective:** A word that is used to describe a noun: *tall* girl, *difficult* lesson.

**adverb:** A word that modifies a verb, an adjective, or another adverb. It answers the questions "How?" "When?" "Where?": She walked *slowly*. She'll be here *tomorrow*. She is *here*.

**agreement:** A term applied to changes in form that nouns cause in the words that surround them. In Spanish, verb forms agree with their subjects in person and number (**yo** habl**o**, **él** habl**a**, etc.). Spanish adjectives agree in gender and number with the noun they describe. Thus, a feminine plural noun requires a feminine plural ending in the adjective that describes it (cas**as** amarill**as**), and a masculine singular noun requires a masculine singular ending in the adjective (libr**o** negr**o**).

**auxiliary verb:** A verb that helps in the conjugation of another verb: I *have* finished. He *was* called. She *will* go. He *would* eat.

**command form:** The form of the verb used to give an order or direction: *Go! Come back! Turn* to the right!

**conjugation:** The process by which the forms of the verb are presented in their different moods and tenses: I *am*, you *are*, he *is*, she *was*, we *were*, etc.

**contraction:** The combination of two or more words into one: *isn't, don't, can't.*

**definite article:** A word used before a noun indicating a definite person or thing: *the* woman, *the* money.

**demonstrative:** A word that refers to a definite person or object: *this, that, these, those.*

**diphthong:** A combination of two vowels forming one syllable. In Spanish, a diphthong is composed of one *strong* vowel (**a, e, o**) and one *weak* vowel (**u, i**) or two weak vowels: **ei, au, ui.**

**exclamation:** A word used to express emotion: *How* strong! *What* beauty!

**gender:** A distinction of nouns, pronouns, and adjectives, based on whether they are masculine or feminine.

**indefinite article:** A word used before a noun that refers to an indefinite person or object: *a* child, *an* apple.

**infinitive:** The form of the verb generally preceded in English by the word *to* and showing no subject or number: *to do, to bring.*

**interrogative:** A word used in asking a question: *Who? What? Where?*

**main clause:** A group of words that includes a subject and a verb and that by itself has complete meaning: *They saw me. I go now.*

**noun:** A word that names a person, place, or thing: *Ann, London, pencil,* etc.

**number:** Number refers to singular and plural: *chair, chairs.*

**object:** Generally a noun or a pronoun that is the receiver of the verb's action. A direct object answers the question "What?" or "Whom?": We know *her.* Take *it.* An indirect object answers the question "To whom?" or "To what?": Give *John* the money. Nouns and pronouns can also be objects of prepositions: The letter is *from Rick.* I'm thinking *about you.*

**past participle:** Past forms of a verb: *gone, worked, written,* etc.

**person:** The form of the pronoun and of the verb that shows the person referred to: *I* (first-person singular), *you* (second-person singular), *she* (third-person singular), etc.

**possessive:** A word that denotes ownership or possession: This is *our* house. The book isn't *mine.*

**preposition:** A word that introduces a noun or pronoun and indicates its function in the sentence: They were *with* us. She is *from* Nevada.

**pronoun:** A word that is used to replace a noun: *she, them, us,* etc. A **subject pronoun** refers to the person or thing spoken of: *They* work. An **object pronoun** receives the action of the verb: They arrested *us* (direct object pronoun). She spoke to *him* (indirect object pronoun). A pronoun can also be the object of a preposition: The children stayed with *us.*

**reflexive pronoun:** A pronoun that refers back to the subject: *myself, yourself, himself, herself, itself, ourselves,* etc.

**subject:** The person, place, or thing spoken of: *Robert* works. *Our car* is new.

**subordinate clause:** A clause that has no complete meaning by itself but depends on a main clause: They knew *that I was here.*

**tense:** The group of forms in a verb that show the time in which the action of the verb takes place: *I go* (present indicative), *I'm going* (present progressive), *I went* (past), *I was going* (past progressive), *I will go* (future), *I would go* (conditional), *I have gone* (present perfect), *I had gone* (past perfect), *that I may go* (present subjunctive), etc.

**verb:** A word that expresses an action or a state: We *sleep.* The baby *is* sick.

## Lección 1

**A.** 1. los / unos   2. los / unos   3. el / un   4. las / unas   5. la / una   6. la / una   7. los / unos   8. los / unos

**B.** 1. nosotras   2. ellos   3. ella   4. ustedes   5. ellas   6. él   7. usted   8. tú

**C.** 1. soy / es   2. son   3. somos   4. son   5. eres   6. es

**D.** 1. El alumno es norteamericano.   2. Los lápices son verdes.   3. Las mesas son blancas.   4. Es un hombre español.   5. Las profesoras son inglesas.   6. Los muchachos son ricos.   7. Es una mujer inteligente. 8. Los señores son muy simpáticos.

**E.** 1. De-i-a-zeta   2. Jota-i-eme-é-ene-e-zeta   3. Ve-a-ere-ge-a-ese   4. Pe-a-erre-a   5. Efe-e-ele-i-ú 6. A-ce-u-eñe-a

**F.** 1. ocho   2. catorce   3. veintiséis   4. once   5. treinta y cinco   6. diez   7. trece   8. cero   9. veintiocho 10. diecisiete   11. treinta y nueve   12. quince

**G.** 1. llama / dónde   2. gusto   3. dice   4. cuarto / muy   5. alumnos (estudiantes)   6. habla   7. está 8. Saludos   9. es   10. nada

**H.** 1. es   2. que no se han casado

## Lección 2

**A.** 1. tomas   2. habla (conversa)   3. hablamos   4. deseo   5. estudia   6. trabajan   7. necesita 8. terminamos

**B.** 1. ¿Hablan ellos inglés con los estudiantes? / Ellos no hablan inglés con los estudiantes.   2. ¿Es ella de México? / Ella no es de México.   3. ¿Terminan Uds. hoy? / Uds. no terminan hoy.

**C.** 1. tu   2. su   3. nuestra   4. mis   5. sus   6. nuestros   7. su   8. su

**D.** 1. las   2. los   3. el   4. las   5. los   6. el   7. la   8. la

**E.** 1. ochenta bolígrafos   2. cuarenta y seis mochilas   3. setenta y dos relojes   4. treinta y tres ventanas 5. doscientos libros   6. ciento quince cuadernos   7. sesenta y ocho estudiantes   8. cincuenta mapas 9. noventa y cinco computadoras   10. setenta y tres cestos de papeles   11. cien plumas   12. ciento trece borradores

**F.** 1. Es la una   2. a las nueve y media de la mañana   3. por la tarde   4. Son   5. a las tres menos cuarto

**G.** martes / miércoles / viernes / sábado
1. el primero de marzo   2. el diez de junio   3. el trece de agosto   4. el veintiséis de diciembre   5. el tres de septiembre   6. el veintiocho de octubre   7. el diecisiete de julio   8. el cuatro de abril   9. el dos de enero   10. el cinco de febrero
1. invierno   2. primavera   3. otoño   4. verano

**H.** 1. hora   2. horario / Aquí   3. solamente   4. taza / vaso   5. toman   6. semestre   7. primavera 8. asignatura (materia)   9. copa   10. jugo   11. aguafiestas   12. dinero

**I.** 1. 66   2. español   3. segundo

## Lección 3

**A.** 1. escribe   2. vivimos   3. deben   4. corres   5. bebo   6. come   7. abre   8. Reciben

**B.** 1. la amiga de Pedro   2. la ropa de Paco   3. la casa de la señora Peña   4. los hermanos de Eva

**C.** 1. vienes   2. venimos / tenemos   3. tienen / vienen   4. vengo / tengo   5. tiene   6. tiene

**D.** 1. ...tengo mucho calor.   2. ...tiene mucha hambre.   3. ...tiene mucha sed.   4. ...tienes mucho frío. 5. ...tenemos mucho sueño.   6. ...tienen mucho miedo.   7. ...tengo mucha prisa.

**E.** 1. esas / esos   2. esta / este   3. aquel / aquella   4. esa / ese   5. estos / estas

**F.** 1. quinientos sesenta y siete   2. setecientos noventa   3. mil   4. trescientos cuarenta y cinco 5. seiscientos quince   6. ochocientos setenta y cuatro   7. novecientos sesenta y cinco   8. ochocientos veinticinco   9. cuatrocientos ochenta y uno   10. trece mil ochocientos dieciséis

**G.** 1. trabajos   2. rato   3. Quién   4. césped (zacate)   5. cosas   6. poner   7. sacudir   8. puerta / abrir 9. sacar   10. vienen / momento   11. bebo / sed   12. pasar

**H.** 1. Los hombres ayudan con los trabajos de la casa.   2. La comida mexicana es popular en todo el mundo. 3. Son populares en Rusia y en Japón.

# Lección 4

**A.** 1. salgo  2. conduzco  3. traduzco  4. hago  5. quepo  6. traigo
**B.** 1. conoces / Sabes  2. sé  3. conocemos  4. conocen  5. sabe
**C.** 1. Yo conozco a la tía de Julio.   2. Luis tiene tres tíos y dos tías.   3. Ana lleva a su prima a la fiesta.
4. Uds. conocen San Salvador.
**D.** 1. No conocemos al Sr. Vega.   2. Es la hermana del profesor.   3. Venimos del club.
4. Voy al laboratorio.   5. Vengo de la playa.
**E.** 1. doy  2. está  3. vamos  4. estás  5. están  6. va  7. dan  8. voy
**F.** 1. ¿Dónde vas a estudiar?  2. ¿Qué van a comer Uds.?  3. ¿Con quién va a ir Roberto?
4. ¿A qué hora va a terminar Ud.?  5. ¿Cuándo van a trabajar ellos?
**G.** 1. discos  2. algo  3. castaños  4. pelirroja  5. estatura  6. cumpleaños  7. soltera  8. pareja
9. entremeses  10. tocando / bailar  11. levantan / Salud  12. éxito
**H.** 1. el petróleo  2. momias  3. primavera  4. 300

# Lección 5

**A.** 1. estamos sirviendo  2. estoy leyendo  3. está bailando  4. estás comiendo  5. está durmiendo
**B.** 1. es / está  2. está / Es  3. son  4. estás  5. es  6. es  7. estamos  8. Son  9. son  10. están
**C.** 1. prefieres / quiere  2. empiezan (comienzan)  3. pensamos  4. prefieren  5. queremos  6. entiendo
**D.** 1. mucho mayor que  2. tan alto como  3. la más inteligente de  4. tan bien como  5. el mejor de
6. mucho más bonita que
**E.** 1. conmigo / contigo / con ellos (ellas)  2. para ti / para mí / para ella
**F.** 1. pagar / propina  2. sopa / coctel  3. tostado / mantequilla / mermelada  4. asado  5. especialidad /
chuletas  6. helado  7. puré / ensalada  8. travieso  9. jamón  10. hamburguesa / caliente
**G.** 1. después de  2. principal

# Lección 6

**A.** 1. recuerdo  2. vuelve  3. cuestan  4. puedo  5. encontramos  6. podemos  7. duerme
**B.** 1. piden  2. servimos  3. consigues  4. dice  5. sirve  6. digo  7. pedimos  8. consigue
**C.** 1. No, no voy a leerlos. (No, no los voy a leer.) 2. No, no lo (la) conoce.   3. No, no me llevan.   4. No, ella
no te llama mañana.   5. No. no lo necesito.   6. No, no la tengo.   7. No, ellos no  nos conocen.   8. No.
no las conseguimos.
**D.** 1. Tengo algo aquí.  2. ¿Quiere algo más?  3. Siempre vamos al supermercado.   4. Quiero (o) la pluma
roja o la pluma verde.   5. Siempre llamo a alguien.
**E.** 1. Hace cinco años que (yo) vivo en Honduras.   2. ¿Cuánto tiempo hace que (Ud.) estudia español,
Sr. Smith?  3. Hace dos horas que (ellos) escriben.   4. Hace dos días que (ella) no come.
**F.** 1. azúcar  2. chuletas  3. panadería  4. almorzamos  5. vuelven  6. muertos  7. recién  8. cerca
9. cangrejo / langosta  10. docena / salsa
**G.** 1. San José  2. las operaciones del Canal  3. no tiene  4. el café

# Lección 7

**A.** 1. Ellos comieron tortilla y bebieron limonada.   2. Luis salió a las ocho y volvió a las cinco.
3. Tú cerraste la puerta y abriste las ventanas   4. Yo empecé a las seis y terminé a las ocho.   5. Nosotros
leímos un poema y ella leyó una novela.   6. Yo busqué el dinero y no lo encontré.   7. Yo llegué
temprano y comencé a trabajar.   8. Yo compré carne aquí y pagué menos.
**B.** 1. fue  2. Dieron  3. fue  4. fui  5. fueron  6. Di  7. fui  8. fuimos
**C.** 1. No, no me traen el jugo.   2. No, no le doy el dinero a él.   3. No, no te voy a comprar los libros.
(No, no voy a comprarte los libros).   4. No, no le voy a dar los cuadernos a Elsa.
(No, no voy a darle los cuadernos a Elsa).   5. No, no me gusta el café.   6. No, no nos van a dar las
invitaciones. (No. no van a darnos las invitaciones.)
**D.** 1. Me gusta / no me gusta  2. Te gusta  3. A mi mamá le gusta más  4. Nos gusta  5. A mi hermano le
gusta
**E.** 1. se levantan / se acuestan  2. afeitarme  3. te pruebas  4. se sienta  5. nos bañamos  6. vestirse
**F.** 1. fin  2. divertí  3. se levantan  4. partido  5. cine  6. rompió  7. zoológico  8. escalar  9. montar
10. medianoche  11. nadar  12. vez
**G.** 1. Quique  2. populares

## Lección 8

**A.** 1. trajeron / traje   2. Tuve   3. hizo   4. dijiste / dijeron   5. vino / viniste   6. estuvimos / estuvieron
7. hicieron   8. supe   9. condujeron / conduje   10. quiso
**B.** 1. Sí, te (se) las compré.   2. Sí, se los trajimos.   3. Sí, me lo van a dar. (Sí, van a dármelo.)   4. Sí, nos los
va a traer. (Sí, va a traérnoslos.)   5. Sí, se la va a comprar. (Sí, va a comprársela.)   6. Sí, me las traen.
**C.** 1. se divirtieron / siguieron / durmieron   2. pidió   3. murió   4. consiguió
**D.** 1. ibas   2. era   3. hablaban   4. veíamos   5. pescaban   6. comía
**E.** 1. fácilmente   2. especialmente   3. lentamente   4. rápidamente   5. lenta y claramente   6. francamente
**F.** 1. aire   2. cazar   3. armar   4. cesta   5. remar   6. pelo   7. frecuentemente   8. acuático   9. tomar
10. tabla   11. hacer   12. encanta
**G.** 1. mayor   2. merengue   3. Yunque

## Lección 9

**A.** 1. para   2. por   3. por   4. por   5. para   6. para / por   7. para / por / por   8. por
**B.** 1. hace / calor   2. hace / frío / nieva   3. llueve   4. hay / niebla   5. hace / sol
**C.** 1. celebramos   2. Eran / salí / Llegué   3. dijo / era / pedí   4. era / vivía   5. estaba / vi   6. fue / estaba /
Prefirió   7. hice   8. estábamos / llamaste
**D.** 1. Hace tres horas que llegué.   2. Hace cuatro meses que ellos vinieron.   3. Hace media hora que
empecé a trabajar.   4. Hace cinco días que (ellos) terminaron.   5. Hace diez años que tú llegaste.
**E.** 1. el tuyo   2. mías   3. los tuyos   4. nuestros   5. El suyo (El de ellos)   6. mío / suyo (de ella)
**F.** 1. baratos   2. zapatería   3. facultad   4. par   5. mangas   6. servirle   7. moda   8. descalzo
9. ponerme   10. ojo / cara   11. calza   12. húmedo
**G.** 1. métrico   2. nuevo sol

## Lección 10

**A.** 1. cerradas   2. abierta   3. roto   4. dormidos   5. escritas   6. hecha
**B.** 1. ha llegado   2. he roto   3. han traído   4. han vuelto / hemos podido   5. han muerto   6. has dicho
**C.** 1. habían vuelto   2. había firmado   3. habías hecho   4. habíamos escrito   5. había puesto
6. habían ido
**D.** 1. Llame   2. Camine   3. Salgan   4. Esté   5. venga   6. Vayan   7. lo haga   8. dé   9. sean   10. Póngala
**E.** 1. firmar / fechar   2. depositar   3. abierto / feriado   4. saldo   5. conjunta   6. cuadras   7. cola
8. talonario   9. sucursal   10. cajero   11. préstamo   12. efectivo   13. caja   14. sellos (estampillas)
15. diligencias
**F.** 1. Galápagos   2. Cuzco   3. Sucre   4. Itaipú

## Lección 11

**A.** 1. Yo quiero que ella vaya a Viña del Mar.   2. Nosotros deseamos viajar en avión.   3. Ella me sugiere que
yo vaya a Buenos Aires.   4. El agente quiere venderme el pasaje.   5. Ellos nos aconsejan que compremos
seguro.   6. Yo no quiero llevar muchas maletas.   7. Ellos no quieren que ella los lleve en su coche.   8.
Nosotros no queremos ir contigo.   9. ¿Tú me sugieres que venga luego?   10. Ella necesita que Uds. le
den la maleta.
**B.** 1. que ella se vaya pronto.   2. que los pasajes sean muy caros.   3. estar aquí.   4. irse de
vacaciones.   5. que mamá se sienta bien hoy.   6. que ellos no puedan ir a la fiesta.
**C.** 1. a / de / a / en / en / en / a   2. a / a / de / a   3. de / de
**D.** 1. asiento / ventanilla   2. mano / compartimiento   3. agencia   4. embarque (embarco) / auxiliar
5. exceso   6. salida   7. incluyen / excursiones   8. cambio   9. cancelar   10. viajero   11. crucero
12. lugares / capital
**E.** 1. vos   2. tango   3. separación

## Lección 12

**A.** 1. hable español.   2. incluya el hotel.   3. no son caros.   4. salen a las seis.   5. pueda reservar los
pasajes?
**B.** 1. Compra el televisor.   2. Díselo.   3. Viaja mañana.   4. Sal con esa persona.   5. Pon la maleta debajo
del asiento.   6. Invítalo.   7. Vete.   8. Ven entre semana.   9. Regresa tarde.   10. Haz la
reservación.   11. Tráeme el folleto.   12. Pídele los comprobantes ahora.

C. 1. se enamoró de / se casó con   2. insiste en   3. no te olvides de / Acuérdate de   4. no me di cuenta de / no confiaban en

D. 1. segundo / séptimo / quinto / primero / octavo / cuarto / noveno / tercero / sexto / décimo

E. 1. ducha   2. ascensor (elevador) / subir   3. calefacción   4. cama   5. precio   6. montón   7. desocupar   8. vista   9. servicio   10. aire   11. puesto / regalos   12. propietario   13. completa   14. libre   15. piso

F. 1. muchos   2. más   3. Argentina   4. Brasilia

# Lección 13

A. 1. son   2. esté   3. pueda   4. vienen   5. sirven

B. 1. estén llamando la ambulancia.   2. ellos vayan a quedarse en el hospital.   3. prefiere venir con nosotros.   4. cobran 50 dólares por las radiografías.   5. el cuarto no tenga calefacción.   6. ella esté en el hospital.

C. 1. terminen   2. podamos   3. traiga   4. empiecen   5. necesito un médico   6. llegue   7. no tengo hambre   8. llueva

D. 1. Quedémonos aquí.   2. No se lo digamos a nadie.   3. Levantémonos a las siete.   4. Preguntemos el precio de los análisis.   5. Démoselo a la enfermera.   6. Vamos a la sala de rayos X.

E. 1. Cuál   2. Cuál   3. Qué   4. Qué   5. Cuál

F. 1. enfermera   2. codo   3. desmayarse   4. dedos   5. dientes   6. pasar   7. dudar   8. continuar   9. escalera   10. piernas   11. ojos   12. lengua   13. romperse   14. piano

G. 1. gratis   2. socorro

# Lección 14

A. 1. Irán / hablarán   2. pesarás / tomarás   3. traerá / pondrá   4. vendré / pediré   5. pondrá / dará

B. 1. hablaríamos   2. saldría   3. harías   4. sabría   5. iría   6. pedirían

C. 1. pudiéramos   2. entendieras   3. pusieran   4. quisiera   5. trajera   6. tuvieran   7. supiéramos   8. dijera   9. fuera   10. fueras

D. 1. trajera   2. vinieran   3. estuviera   4. supiera   5. tuviera   6. pidiera

E. 1. si tuviera dinero.   2. si tenemos tiempo.   3. si pudiéramos.   4. Si Ud. la ve.   5. como si (ella) fuera su madre.

F. 1. grados   2. tos   3. mejore   4. recetar   5. calmante   6. dermatólogo / cardiólogo   7. tijeras   8. empeoró   9. cita (turno)   10. seguro   11. botiquín   12. suerte

G. 1. Madrid   2. segunda   3. Sevilla   4. flamenco

# Vocabularies

The number following each vocabulary item indicates the lesson in which it first appears.

The following abbreviations are used:

| | | | | | |
|---|---|---|---|---|---|
| *abbr.* | abbreviation | *indir. obj.* | indirect object | *pron.* | pronoun |
| *adj.* | adjective | *inf.* | infinitive | *refl. pron.* | reflexive pronoun |
| *adv.* | adverb | *m.* | masculine | *rel. pron.* | relative pronoun |
| *conj.* | conjunction | *Mex.* | Mexico | *sing.* | singular |
| *dir. obj.* | direct object | *neut. pron.* | neuter pronoun | *subj.* | subjunctive |
| *f.* | feminine | *obj.* | object | *v.* | verb |
| *fam.* | familiar | *pl.* | plural | | |
| *form.* | formal | *prep.* | preposition | | |

## Spanish-English

### A

**a** at (with time of day), to, 2; **— la parrilla** grilled, 5; **— menos que** unless, 13; **— menudo** often, 8; **— poco más de** a little more than; ¿**— qué hora?** at what time?, 2; ¿**— quién(es)?** whom, 4; **— veces** sometimes, 6; **— ver** let's see, 6

**abierto(a)** open, 10

**abogado(a)** *(m., f.)* lawyer

**abordar** to board, 11

**abrigo** *(m.)* coat, 9

**abril** April, 2

**abrir** to open, 3

**abrochar: abrocharse el cinturón de seguridad** to fasten the seat belt, 11

**abuela** *(f.)* grandmother, 4

**abuelo** *(m.)* grandfather, 4

**abuelos** *(m. pl.)* grandparents

**aburrido(a)** boring, 2

**aburrirse** to be bored, 7

**acá** here, 8

**acabado(a)** finished

**acabar de** + *inf.* to have just (done something), 8

**acampar** to camp, 8

**accidente** *(m.)* accident

**aceite** *(m.)* oil

**acompañado(a)** with someone else, accompanied

**aconsejar** to advise, 11

**acordarse (de) (o > ue)** to remember, 12

**acostarse (o > ue)** to go to bed, 7

**acostumbrado(a)** accustomed or used to, 8

**actividad** *(f.)* activity, 8; **— al aire libre** outdoor activity, 8

**actualmente** at present

**además** *(adv.)* besides, 2; **— de** *(prep.)* in addition to

**adiós** good-bye, 1

**administración de empresas** *(f.)* business administration, 2

**admitir** to admit, 14

**¿adónde?** where (to)?, 4

**advertencia** *(f.)* warning

**aerolínea** *(f.)* airline, 11

**aeropuerto** *(m.)* airport, 11

**afeitarse** to shave, 7

**afortunadamente** luckily, 14

**agencia** *(f.)* agency, 11; **— de viajes** *(f.)* travel agency, 11

**agente** *(m., f.)* agent, 11

**agosto** August, 2

**agua (el)** *(f.)* water, 2; **— con hielo** *(f.)* ice water, 2; **— mineral** mineral water, 2; **— oxigenada** hydrogen peroxide, 14

**aguacate** *(m.)* avocado, 6

**aguafiestas** *(m., f.)* spoilsport, 2

**águila (el)** *(f.)* eagle

**ahí** there, 8

**ahora** now, 4; **— mismo** right now

**ahorrar** to save *(money)*, 10

**aire** *(m.)* air; **— acondicionado** *(m.)* air conditioning, 12

**ají** *(m.)* green pepper, 6

**al (a + el)** to the, 4; **— día** a day, per day, 6; **— día siguiente** (on) the following day, 5

**albóndiga** *(f.)* meatball, 6

**alegrarse (de)** to be glad (about), 12

**alemán** *(m.)* German *(language)*

**alérgico(a)** allergic, 13

**alfabeto** *(m.)* alphabet

**algo** something, anything, 5; ¿**— más?** anything else?, 10; **— para comer (tomar)** something to eat (drink)

**algodón** *(m.)* cotton, 14

**alguien** someone, anyone, 6

**algún, alguno(s), alguna(s)** any, some, 6; **en alguna parte** anywhere, somewhere; **alguna vez** ever, 6; **algunas veces** sometimes, 6

**allá** there

**allí** there, 12

**alma (el)** *(f.)* soul

**almorzar (o > ue)** to have lunch, 6

**almuerzo** *(m.)* lunch, 5

**alquilar** to rent, 8

**alto(a)** high, tall, 1

**alumno(a)** *(m., f.)* student, 1

**amarillo(a)** yellow, 1

**ambulancia** *(f.)* ambulance, 13

**amigo(a)** *(m., f.)* friend, 2

**amistad** *(f.)* friendship

**amor** love; **mi amor** darling, my love, 8

**amparo** *(m.)* shelter
**ampliar** to expand
**analfabeto(a)** *(m., f.)* illiterate
**análisis** *(m.)* test, 13
**anaranjado(a)** orange, 1
**ancho(a)** wide
**anfitrión** *(m.)* host
**anfitriona** *(f.)* hostess
**animado(a)** enthused, 4
**aniversario** *(m.)* anniversary, 5; **— de bodas** *(m.)* wedding anniversary
**anoche** last night, 7
**anotar** to write down
**anteayer** the day before yesterday
**antes** before; **— de** *(prep.)* before, 6; **— de que** *(conj.)* before, 13
**antiácido** *(m.)* antacid, 14
**antibiótico** *(m.)* antibiotic, 14
**antiguo(a)** old
**antipático(a)** unpleasant, 1
**antropología** *(f.)* anthropology, 2
**añadir** to add
**año** *(m.)* year, 2; **— escolar** *(m.)* school year
**aparatos electrodomésticos** *(m. pl.)* home appliances
**apartamento** *(m.)* apartment, 6
**apellido** *(m.)* last name; **— de soltera** maiden name
**apio** *(m.)* celery, 6
**aprender (a)** to learn (to), 11
**apretar (e > ie)** to be tight, 9
**apurarse** to hurry
**aquel(los), aquella(s)** *(adj.)* that, those *(distant)*, 3
**aquél, aquéllos, aquélla(s)** *(pron.)* that (one), those *(distant)*, 3
**aquello** *(neut. pron.)* that, 3
**aquí** here, 5; **— está** here it is, 2; **— las tiene** here you are, 10
**árbol** *(m.)* tree, 13
**archivar la información** to store information, 10
**arena** *(f.)* sand, 8
**aretes** *(m. pl.)* earrings, 9
**argentino(a)** Argentinian
**armar** to pitch (a tent), to put together, 8
**arrancar** to tear out
**arroyo** *(m.)* brook
**arroz** *(m.)* rice, 5; **— con leche** rice pudding, 5
**arte** *(m.)* art, 2

**asado(a)** baked, 5
**ascensor** *(m.)* elevator, 12
**asegurado(a)** insured
**aseguranza** *(f.)(Mex.)* insurance, 14
**así que** so, 7
**asiento** *(m.)* seat, 11; **— de pasillo** *(m.)* aisle seat, 11; **— de ventanilla** *(m.)* window seat, 11
**asignatura** *(f.)* course, subject, 2
**asistir** to attend
**aspiradora** *(f.)* vacuum cleaner
**aspirina** *(f.)* aspirin
**atender (e > ie)** to see (*a patient*), 13
**aula (el)** *(f.)* classroom, 2
**aunque** although, 4; even if, 13
**auto** *(m.)* automobile, 10
**autobús** *(m.)* bus
**automóvil** *(m.)* automobile, 10
**auxiliar de vuelo** *(m., f.)* flight attendant, 11
**ave (el)** *(f.)* bird
**avena** *(f.)* porridge
**averiguar** to find out, 11
**avión** *(m.)* plane, 11
**ayer** yesterday, 7
**ayuda** *(f.)* assistance
**ayudar** to help, 12
**azafata** *(f.)* flight attendant, 11
**azúcar** *(m.)* sugar, 6
**azul** blue, 1

## B

**bailar** to dance, 4; **¿Bailamos?** Shall we dance?, 4
**bajar** to go down
**bajo** *(prep.)* under, 8
**bajo(a)** short *(height)*, 5
**balneario** *(m.)* beach resort
**banco** *(m.)* bank, 10
**bañadera** *(f.)* bathtub, 12
**bañarse** to bathe, 7
**baño** *(m.)* bathroom, 3
**barato(a)** inexpensive, 9
**barrer** to sweep, 3
**barrio** *(m.)* neighborhood
**basura** *(f.)* garbage, 3
**bata** *(f.)* robe, 9
**batería de cocina** *(f. sing.)* kitchen utensils
**batido** *(m.)* milkshake
**beber** to drink, 3
**bebida** *(f.)* drink, 4

**béisbol** *(m.)* baseball, 7
**biblioteca** *(f.)* library, 1
**bien** fine, well, 1; **muy —** very well, 1; **no muy —** not very well, 1
**bienvenido(a)** welcome, 1
**biftec** *(m.)* steak, 5
**billete** *(m.)* ticket, 11
**billetera** *(f.)* wallet, 9
**biología** *(f.)* biology, 2
**bisabuela** *(f.)* great-grandmother
**bisabuelo** *(m.)* great-grandfather
**bisnieta** *(f.)* great-granddaughter
**bisnieto** *(m.)* great-grandson
**bistec** *(m.)* steak, 5
**blanco(a)** white, 1
**blanquillo** *(m.) (Mex.)* egg, 5
**blusa** *(f.)* blouse, 9
**boca** *(f.)* mouth, 13
**boda** *(f.)* wedding, 5
**bolígrafo** *(m.)* pen, 1
**bolsa** *(f.)* handbag, purse; **— de dormir** *(f.)* sleeping bag, 8
**bolso** *(m.)* handbag, purse; **— de mano** *(m.)* carry-on bag, 11
**bonito(a)** pretty, 1
**borrador** *(m.)* eraser, 1
**borrico** *(m.)* donkey
**bosque** *(m.)* forest
**bota** *(f.)* boot, 9
**botella** *(f.)* bottle, 2
**botones** *(m. sing.)* bellhop, 12
**brazo** *(m.)* arm, 13
**brindar** to toast, 4
**brindis** *(m.)* toast (*at a celebration*), 4
**brócoli** *(m.)* broccoli, 6
**bromear** to joke, to kid, 7
**bucear** to scuba dive, 8
**bueno...** well . . . , okay, 1
**bueno(a)** good, 2; **buenas noches** good evening, good night, 1; **buenas tardes** good afternoon, 1; **buenos días** good morning, 1
**bufanda** *(f.)* scarf, 9
**buscar** to look for, to get, 9; to pick up

## C

**caballería** *(f.)* chivalry
**caballero** *(m.)* gentleman; knight
**caber** to fit, 4
**cabeza** *(f.)* head, 13
**cacerola** *(f.)* saucepan, 3
**cadena** *(f.)* chain, 9

**caerse** to fall down, 13
**café** (*m.*) (*adj.*) brown, 1; coffee, 2; — **con leche** coffee with milk; **café** (*m.*) (restaurant), 5; — **al aire libre** outdoor café
**cafetera** (*f.*) coffeepot, 3
**cafetería** (*f.*) cafeteria, 2
**caja de seguridad** (*f.*) safe-deposit box, 10
**cajero(a)** (*m., f.*) teller, 10; — **automático** (*m.*) automatic teller machine, 10
**calcetín** (*m.*) sock
**caldo** (*m.*) soup (*Mex.*), 5; broth
**calefacción** (*f.*) heating, 12
**calidad** (*f.*) quality
**cálido(a)** hot, 9
**caliente** hot, 12
**calle** (*f.*) street, 1
**calmante** (*m.*) tranquilizer, painkiller, 14
**calumnia** (*f.*) slander
**calzar** to wear a certain shoe size, 9
**calzoncillos** (*m. pl.*) undershorts, 9
**cama** (*f.*) bed, 12; — **chica (pequeña)** (*f.*) twin bed, 12; — **doble** (*f.*) double bed, 12; — **matrimonial** (*f.*) double bed
**camarera** (*f.*) waitress, 5
**camarero** (*m.*) waiter, 5
**camarones** (*m. pl.*) shrimp, 5
**cambiar** to change, 7; — **de avión** to change planes
**cambio** (*m.*) change; **en cambio** on the other hand, 8
**cambio de moneda** (*m.*) rate of exchange, 11; **¿a cómo está el —?** what's the rate of exchange?, 11
**camilla** (*f.*) gurney, stretcher
**caminar** to walk
**camisa** (*f.*) shirt, 9
**camiseta** (*f.*) T-shirt, 9
**camisón** (*m.*) nightgown, 9
**campo** (*m.*) country (*as opposed to city*); field; — **de batalla** battlefield
**cancelar** to cancel, 11
**cangrejo** (*m.*) crab, 6
**canoa** (*f.*) canoe, 8
**cansado(a)** tired, 4
**cansarse** to get tired, 11
**cantidad** (*f.*) amount
**caña de azúcar** (*f.*) sugar cane
**caña de pescar** (*f.*) fishing rod, 8
**capital** (*f.*) capital, 11

**cara** (*f.*) face, 13
**¡caramba!** gee!, 1
**cardiólogo(a)** (*m., f.*) cardiologist, 14
**cardo** (*m.*) thistle
**cargado(a)** loaded
**carmín** (*m.*) red (Cuba)
**carne** (*f.*) meat, 6
**carnicería** (*f.*) meat market
**caro(a)** expensive, 6
**carro** (*m.*) automobile, 10
**carta** (*f.*) letter, 10
**cartera** (*f.*) handbag, purse
**casa** (*f.*) house, 3; — **central** main office, 10; **en —** at home
**casado(a)** married, 4; **recién casados** (*m. pl.*) newlyweds, 6
**casarse (con)** to marry, to get married (to), 12
**casete** (*m.*) (cassette) tape
**casi** almost, 13
**caso** (*m.*) case; **en ese —** in that case
**castaño** brown (*hair or eyes*), 4
**catarro** (*m.*) cold
**catorce** fourteen, 2
**cazar** to hunt, 8
**cebolla** (*f.*) onion, 5
**cédula de identidad** (*f.*) I.D. card, 12
**celebrar** to celebrate, 4
**cena** (*f.*) dinner
**cenar** to have dinner (supper), 3
**céntrico(a)** central, 12
**cerca (de)** near, 6; — **de aquí** near here
**cerdo** (*m.*) pork, 6
**cereal** (*m.*) cereal
**cereza** (*f.*) cherry, 6
**cero** zero, 1
**cerrado(a)** closed, 10
**cerrar (e > ie)** to close, 5
**certificado(a)** certified, 10
**cerveza** (*f.*) beer, 2
**césped** (*m.*) lawn, 3
**cesta** (*f.*) basket, 8
**cesto de papeles** (*m.*) wastebasket, 1
**chaleco** (*m.*) vest, 9
**champán** (*m.*) champagne, 4
**chaqueta** (*f.*) jacket, 9
**chau** bye, 1
**cheque** (*m.*) check, 10; — **de viajero** (*m.*) traveler's check, 11
**chequeo** (*m.*) checkup, 14
**chica** (*f.*) young girl, 1

**chico** (*m.*) young man, 1
**chico(a)** little, small, 8
**chillido** (*m.*) screech
**chocar (con)** to collide, 13
**chocolate** (*m.*) chocolate; — **caliente** (*m.*) hot chocolate, 2
**chorizo** (*m.*) sausage
**chuleta** (*f.*) chop (*of meat*), 6; — **de cerdo** pork chop, 6; — **de ternera** veal chop, 6
**ciclón** (*m.*) cyclone
**cielo** (*m.*) sky, 9; **el — está despejado** the sky is clear, 9; **el — está nublado** the sky is cloudy, 9
**cien (ciento)** one hundred, 2
**ciencias políticas** (*f. pl.*) political science, 2
**cierto(a)** true
**ciervo** (*m.*) deer
**cigüeña** (*f.*) stork
**cinco** five, 1
**cincuenta** fifty, 2
**cine** (*m.*) movies, movie theater, 7
**cinta** (*f.*) tape
**cinto** (*m.*) belt, 9
**cinturón** (*m.*) belt, 9
**cirujano(a)** (*m., f.*) surgeon, 14
**cita** (*f.*) appointment, 14
**ciudad** (*f.*) city, 3
**claro(a)** light
**clase** (*f.*) class, 1; — **de español (castellano)** Spanish class, 1; — **turista** tourist class, 11; **primera —** first class, 11
**clima** (*m.*) climate, 9
**club** (*m.*) club, 4; — **nocturno** (*m.*) nightclub, 7
**cobrar** to charge, 10; — **un cheque** to cash a check, 10
**cocina** (*f.*) kitchen, 3; stove
**cocinar** to cook, 6
**cocinero(a)** (*m., f.*) cook, 6
**coche** (*m.*) automobile, 10
**codo** (*m.*) elbow, 13
**colador** (*m.*) strainer, 3
**colar (o > ue)** to strain
**color** (*m.*) color, 1
**combinación** (*f.*) slip
**comedor** (*m.*) dining room
**comenzar (e > ie)** to start, to begin, 5
**comer** to eat, 3; — **algo** to have something to eat, 4
**comestibles** (*m. pl.*) groceries (*food items*)
**comida** (*f.*) food, meal, 3
**comido(a)** eaten, 10

**como**   like, 9; as; **— si**   as if, 14; **—**
**siempre**   as usual, 13
**¿cómo?**   pardon, 1; how? 1;
**¿— es...?**   what is . . . like?;
**¿— está usted?**   how are you?
*(form.)*, 1; **¿— estás?**   how are
you? *(fam.)*, 1; **— no**   of course,
sure; **¿— se dice...?**   how do you
say . . . ?, 1; **¿— se llama**
**usted?**   what is your *(form.)*
name?, 1; **¿— te llamas?**   what is
your *(fam.)* name?, 1
**cómodo(a)**   comfortable, 9
**compañero(a) de clase** *(m., f.)*
classmate, 1; **— de cuarto**
*(m., f.)*   roommate, 1
**comparativo** *(m.)*   comparative
**compartimiento de equipajes** *(m.)*
luggage compartment, 11
**compartir**   to share, 11
**complacer**   to please
**comprar**   to buy, 6
**comprobante** *(m.)*   claim check
**comprometerse (con)**   to get
engaged (to), 12
**computadora (personal)** *(f.)*
(personal) computer, 1
**con**   with, 1; **¿— quién?**   with
whom?; **— razón**   no wonder;
**— tal (de) que**   provided that,
13; **— vista a**   overlooking (with
a view of), 12
**concierto** *(m.)*   concert, 7
**condimentar**   to season (food)
**conducir**   to drive, to conduct, 4
**conferencia** *(f.)*   lecture, 14
**confiar en**   to trust, 12
**confirmar**   to confirm, 11
**conmigo**   with me, 3
**conocer**   to know, to be
acquainted with, 4
**conocido(a)**   known
**conseguir (e > i)**   to obtain,
to get, 6
**consultorio** *(m.)*   doctor's office, 14
**contabilidad** *(f.)*   accounting, 2
**contento(a)**   happy, content, 4
**contigo**   with you *(fam.)*, 5
**continuar**   to continue, 13
**convenir (en)**   to agree (on), 12
**conversar**   to talk, to converse, 2
**convertirse (e > ie) en**   to turn
into, 14
**copa** *(f.)*   wineglass, 2
**corazón** *(m.)*   heart, 13
**corbata** *(f.)*   tie, 9
**cordero** *(m.)*   lamb, 5

**correo** *(m.)*   post office, 10
**correr**   to run, 3
**corsario** *(m.)*   privateer
**cortar**   to cut, 3; **— el césped**
to mow the lawn, 3; **—se**   to cut
(oneself), 13; **—se el pelo**   to get
one's hair cut
**corto(a)**   short, 9
**cosa** *(f.)*   thing, 3; **cosas que hacer**
things to do, 3
**costar (o > ue)**   to cost, 6; **—un**
**ojo de la cara**   to cost an arm
and a leg, 9
**costumbre** *(f.)*   custom
**crecer**   to grow
**creer**   to think, to believe; **— que**
**sí (no)**   to think so (not), 13
**crema** *(f.)*   cream, 5
**criado(a)** *(m., f.)*   servant, 6
**crucero** *(m.)*   cruise, 11
**cuaderno** *(m.)*   notebook, 1
**cuadra** *(f.)*   block, 10
**¿cuál?** *(pl. ¿cuáles?)*   which?,
what?, 1; **¿— es tu número de**
**teléfono?**   what's your phone
number?, 1
**cualquier(a)**   any, 13; **en —**
**momento**   at any time
**cuando**   when, 13
**¿cuándo?**   when?, 2
**¿cuánto(a)?**   how much?, 3; **¿por**
**cuánto tiempo?**   how long?
**¿cuántos(as)?**   how many?, 2
**cuarenta**   forty, 2
**cuarto** *(m.)*   room, 3; **— de baño**
*(m.)*   bathroom, 3; **— de**
**huéspedes** *(m.)*   guest room;
**menos —**   quarter to, 2;
**y —**   quarter past or after, 2
**cuatro**   four, 1
**cuatrocientos(as)**   four hundred, 3
**cubano(a)** *(m., f.)*   Cuban;
**cubanoamericano(a)**   Cuban
American, 1
**cuchara** *(f.)*   spoon, 5
**cucharita** *(f.))*   teaspoon, 5
**cuchillo** *(m.)*   knife, 5
**cuello** *(m.)*   neck, 13; collar
**cuenta** *(f.)*   account, 10; bill, check
*(at a restaurant)*, 5; **— de**
**ahorros**   savings account, 10; **—**
**conjunta**   joint account, 10; **—**
**corriente**   checking account, 10
**cuerpo** *(m.)*   body, 13
**cuervo** *(m.)*   crow
**cuidar(se)**   to take care
(of oneself), 14

**cumpleaños** *(m. sing.)*   birthday, 4
**cuñada** *(f.)*   sister-in-law, 4
**cuñado** *(m.)*   brother-in-law, 4
**curita** *(f.)*   adhesive bandage, 14

## D

**danza aeróbica** *(f.)*   aerobic
dance, 2
**dar**   to give, 4
**darse cuenta (de)**   to realize, 12
**darse prisa**   to hurry up
**de**   of, about, in, 2; from, with, 11;
**— cortesía**   polite; **¿— dónde**
**eres?**   where are you from?, 1;
**— estatura mediana**   of medium height, 4; **—modo (manera)**
**que**   so, 6; **— nada**   you're
welcome, 1
**debajo de**   under
**deber**   to have to, must, 3
**débil**   weak
**decidir**   to decide, 4
**décimo(a)**   tenth, 12
**decir (e > i)**   to say, 5; to tell, 6;
**dime una cosa**   tell me
something, 12
**dedo** *(m.)*   finger, 13; **— del**
**pie**   toe, 13
**dejar**   to leave (behind), 5;
to let, 11; **— de**   to stop
**del (de + el)**   of the, 4
**deletrear**   to spell
**deletreo** *(m.)*   spelling
**delgado(a)**   slender, thin, 1
**demasiado(a)**   too much
**demostrativo(a)**   demonstrative
**dentro de**   within, 14; **— quince**
**días**   in two weeks
**departamento** *(m.)*   apartment, 6;
**— de caballeros** *(m.)*   men's
department
**dependiente(a)** *(m., f.)*   clerk
**deporte** *(m.)*   sport
**depositar**   to deposit, 10
**derecho(a)**   right; **a la**
**derecha**   to the right
**dermatólogo(a)** *(m., f.)*
dermatologist, 14
**desarrollar**   to develop
**desastre** *(m.)*   disaster, 3
**desayunar**   to have breakfast, 5
**desayuno** *(m.)*   breakfast
**descalzo(a)**   barefoot; **andar —**   to
go barefoot, 9
**descansar**   to rest, 3
**descubierto(a)**   discovered
**descuento** *(m.)*   discount

**desde** from

**desear** to wish, to want, 2

**desfallecer** to faint

**desgraciadamente** unfortunately

**desinfectante** *(adj.)* disinfectant, 14

**desinfectar** to disinfect, 13

**desmayarse** to lose consciousness, to faint, 13

**desocupar** to vacate, 12; — **el cuarto** to check out of a hotel room, 12

**despedida** *(f.)* farewell

**despejado(a)** clear *(sky)*, 9

**despertarse (e > ie)** to wake, 7

**después** then, 3; later, 5; — **de** after

**detergente** *(m.)* detergent, 6

**día** *(m.)* day, 1; **al — siguiente** next day, 5; — **feriado** holiday, 10

**diario** *(m.)* newspaper, diary

**dicho(a)** said, 10

**diciembre** December, 2

**diecinueve** nineteen, 2

**dieciocho** eighteen, 2

**dieciséis** sixteen, 2

**diecisiete** seventeen, 2

**diente** *(m.)* tooth, 13

**diez** ten, 1

**difícil** difficult, 1

**diligencia** *(f.)* errand

**dinero** *(m.)* money, 2

**dirección** *(f.)* address, 1

**disco: — compacto** *(m.)* compact disc (CD), 4; — **duro** hard drive, 10

**discoteca** *(f.)* club, disco, 7

**diseñar programas** to design, write programs

**disponible** vacant, available, 12

**divertirse (e > ie)** to have fun, 7

**doce** twelve, 2

**docena** *(f.)* dozen, 6

**doctor (Dr.)** *(m.)* doctor, 1; M.D., 13

**doctora (Dra.)** *(f.)* doctor, 1; M.D., 13

**documento** *(m.)* document

**doler (o > ue)** to hurt, to ache, 13

**dolor** *(m.)* pain, 13; — **de cabeza** *(m.)* headache; — **de garganta** sore throat, 14

**domicilio** *(m.)* address, 1

**domingo** *(m.)* Sunday, 2

**don** title of respect, used with a man's first name, 6

**¿dónde?** where?, 1

**doña** title of respect, used with a woman's first name, 6

**dormir (o > ue)** to sleep, 6; —**se** to fall asleep

**dormitorio** *(m.)* bedroom, 3

**dos** two, 1; **somos —** there are two of us

**doscientos(as)** two hundred, 2

**ducha** *(f.)* shower, 12

**dudar** to doubt, 13

**dueño(a)** *(m., f.)* owner, proprietor, 12

**durante** during

**durar** to last

**durazno** *(m.)* peach, 6

## E

**echar** to share; to pour out

**efectivo** *(m.)* cash, 10

**ejercicio** *(m.)* exercise

**el** *(m. sing.)* the, 1

**él** he, 1; *(obj. of prep.)* him, 5

**elegante** elegant

**elegir (e > i)** to choose, 6

**elevador** *(m.)* elevator, 12

**ella** she, 1; *(obj. of prep.)* her, 5

**ellas** *(f.)* they, 1; *(obj. of prep.)* them, 5

**ellos** *(m.)* they, 1; *(obj. of prep.)* them, 5

**elogiar** to praise

**embarazada** pregnant, 14

**emergencia** *(f.)* emergency, 11

**empeorar(se)** to get worse, 14

**empezar (e > ie)** to start, to begin, 5

**empleado(a)** *(m., f.)* clerk, 9

**en** in, on, at, 1; inside, over; — **cambio** on the other hand, 8; — **casa** at home; — **caso de que** in case, 13; — **cuanto** as soon as, 9; — **efectivo** in cash, 10; — **español** in Spanish; — **inglés** in English; —**parte** in part, 11; — **seguida** right away, 14; — **vez de** instead of, 7

**enamorado(a)** in love, 4

**enamorarse (de)** to fall in love (with), 12

**encantador(a)** charming, 4

**encantar** to love, to like very much, 8

**encargarse** to take charge

**encendido(a)** bright

**encontrar (o > ue)** to find, 6

**encuesta** *(f.)* survey

**enero** January, 2

**enfermedad** *(f.)* disease, sickness, 14

**enfermero(a)** *(m., f)* nurse, 13

**enfermo(a)** sick

**ensalada** *(f.)* salad, 3; — **mixta** *(f.)* mixed salad

**ensayo** *(m.)* essay

**enseguida** right away, 14

**enseñar** to teach, 11; to show, 12

**entender (e > ie)** to understand, 5

**enterrado(a)** buried

**entonces** then, 2; in that case, 5

**entrar (en)** to enter, to go (in), 7

**entre** between; — **comidas** between meals; — **semana** during the week

**entremeses** *(m. pl.)* appetizers, finger food, 4

**enviar** to send, 4

**enyesar** to put a cast on

**equipaje** *(m.)* luggage, 11

**escalar montañas** to climb mountains, 7

**escalera** *(f.)* stairs, 13; — **mecánica** escalator, 13

**esclusa** *(f.)* lock *(in a canal)*

**escoba** *(f.)* broom

**escoger** to choose, 6

**escopeta** *(f.)* shotgun, 8

**escribir** to write, 3

**escrito(a)** written, 10

**escritorio** *(m.)* desk, 1

**escuela** *(f.)* school, 9

**ese, esos, esa(s)** *(adj.)* that those *(nearby)*, 3

**ése, ésos, ésa(s)** *(pron.)* that (one), those, 3

**eso** *(neut. pron.)* that, 3

**espaguetis** *(m. pl.)* spaghetti, 6

**espalda** *(f.)* back, 13

**español** *(m.)* Spanish *(language)*, 1

**español(a)** *(m., f.)* Spanish *(person)*

**esparadrapo** *(m.)* adhesive tape, 14

**especialidad** *(f.)* specialty, 5

**especialmente** especially, 3

**esperar** to wait, 5; to hope, 11; **espero que sí** I hope so, 8

**esposa** *(f.)* wife, 4

**esposo** *(m.)* husband, 4

**esquí acuático** *(m.)* waterski, 8

**esquiar** to ski, 7

**esquina** *(f.)* corner

**esta** *(adj.)* this, 3; — **noche** tonight, 1

**estacionar** to park, 10
**estación** *(f.)* season, 2
**estadio** *(m.)* stadium
**estado** *(m.)* state; **en—** pregnant, 14
**estadounidense** *(m., f.)* U.S. *(used to denote citizenship)*, 1
**estampilla** *(f.)* stamp, 10
**estar** to be, 4; **está bien** all right, okay, 6; **— a dieta** to be on a diet; **— de moda** to be in style, 9; **— de vacaciones** to be on vacation, 5; **— en regla** to be in order; **— muerto(a) de hambre** to be starving, 6 **— seguro(a)** to be sure
**estatura** *(f.)* height, 4; **de — mediana** of medium height, 4
**este, estos, esta(s)** *(adj.)* this, these, 3
**éste, éstos, ésta(s)** *(pron.)* this (one), these, 3
**estéreo** *(m.)* stereo
**estimarse** to have self-esteem
**esto** *(neut. pron.)* this, 3
**estómago** *(m.)* stomach, 13
**estrecho(a)** narrow
**estrella** *(f.)* star, 8
**estudiante** *(m., f.)* student, 1
**estudiar** to study, 2
**examinar** to examine, to check, 14
**exceso** *(m.)* excess, 11; **— de equipaje** *(m.)* excess luggage *(charge)*, 11
**excursión** *(f.)* tour, excursion, 11
**excusa** *(f.)* excuse, 3
**éxito** *(m.)* success, 4; **todo un —** quite a success, 4
**expresión** *(f.)* expression
**exterior** *(m.)* exterior, 12
**extranjero(a)** foreigner
**extraño(a)** *(m., f.)* stranger

**F**

**fácil** easy, 8
**fácilmente** easily, 8
**facultad** *(f.)* college, 9
**falda** *(f.)* skirt, 9
**falso(a)** false
**familia** *(f.)* family, 3
**famoso(a)** famous, 6
**farmacéutico(a)** *(m., f.)* pharmacist
**farmacia** *(f.)* pharmacy, 14
**favorito(a)** favorite, 3
**febrero** February, 2
**fechar** to date *(a document)*, 10

**feliz** happy, 4
**feo(a)** ugly, 1
**fiebre** *(f.)* fever, 14
**fiesta** *(f.)* party, 4; **— de bienvenida** welcome party
**fijarse en** to check, to notice, 12
**fin** *(m.)* end; **— de semana** *(m.)* weekend, 7
**firmar** to sign, 10
**física** *(f.)* physics, 2
**flan** *(m.)* caramel custard, 5
**flor** *(f.)* flower
**florero** *(m.)* vase, 7
**fogata** *(f.)* bonfire, 8
**folleto** *(m.)* brochure, 12
**fortaleza** *(f.)* fortress
**fractura** *(f.)* fracture, 13
**fracturar(se)** to fracture
**francés** *(m.)* French *(language)*
**franco(a)** open
**frecuentemente** often, 8
**fregar (e > ie)** to wash *(dishes)*
**freír (e > i)** to fry
**fresa** *(f.)* strawberry, 6
**frío(a)** cold, 9
**frito(a)** fried, 8
**fruta** *(f.)* fruit, 5
**fuente de ingresos** *(f.)* source of income
**fumar** to smoke
**funcionar** to work, to function; **no funciona** it doesn't work, 12
**fundado(a)** founded

**G**

**gamba** *(f.)* shrimp, 5
**ganado** *(m.)* cattle
**garaje** *(m.)* garage, 3
**garganta** *(f.)* throat, 14
**gastar** to spend *(money)*, 9
**general** general, 8
**generalmente** generally, 8
**género** *(m.)* gender
**gente** *(f.)* people, 10
**geografía** *(f.)* geography, 2
**geología** *(f.)* geology, 2
**gerente** *(m., f.)* manager
**ginecólogo(a)** *(m., f.)* gynecologist, 14
**giro postal** *(m.)* money order, 10
**gobierno** *(m.)* government
**golpear(se)** to hit (oneself), 13
**gordo(a)** fat, 1
**gota** *(f.)* drop; **—s para la nariz** *(f. pl.)* nose drops
**gracias** thanks, 1; **muchas —** thank you very much, 1

**grado** *(m.)* degree *(temperature)*, 9; **hay ... grados** it's ... degrees, 9
**grande** big, 5; **gran** big, great
**gratis** free (of charge), 10
**grave** serious, 14
**gripe** *(f.)* flu, 14
**gris** gray, 1
**gritar** to shout, 4
**grupo** *(m.)* group
**guante** *(m.)* glove, 9
**guapo(a)** handsome, 1
**guardar** to keep
**guatemalteco(a)** Guatemalan, 4
**guerra** *(f.)* war
**gustar** to like, to appeal, 7
**gusto** *(m.)* pleasure, 1; **el — es mío** the pleasure is mine, 1; **mucho —** it's a pleasure to meet you; how do you do?, 1

**H**

**Habana** *(f.)* Havana
**haber** *(auxiliary verb)* to have, 10; **va a —** there is going to be, 12
**había una vez** once upon a time
**habitación** *(f.)* room, 12
**hablar** to speak, 2; **habla... (nombre)** this is ... (name) speaking; **hablado** spoken, 10
**hacer** to do, to make, 3; **hace... ... ago, 9; — buen (mal) tiempo** to be good (bad) weather, 9; **— calor** to be hot, 9; **— cola** to stand in line, 10; **— diligencias** to run errands, 10; **— ejercicio** to exercise; **— escala** to make a stop over, 11; **— frío** to be cold, 9; **— sol** to be sunny, 9; **— surfing** to surf, 8; **— una caminata** to go hiking, 8; **— una radiografía** to take an X-ray, 13; **— viento** to be windy, 9
**hambre** *(f.)* hunger, 3; **tener —** to be hungry, 3
**hamburguesa** *(f.)* hamburger, 5
**hasta** until, 7; even; **— la vista** (I'll) see you around, 1; **— luego** (I'll) see you later, 1; **— mañana** (I'll) see you tomorrow, 1; **— que** *(conj.)* until, 13
**hay** there is, there are, 1
**hecho(a)** made, done, 10

**heladera** *(f.)* refrigerator, 3
**helado** *(m.)* ice cream, 5
**helado(a)** frozen
**herida** *(f.)* wound, 13
**herido(a)** wounded
**hermana** *(f.)* sister, 3
**hermanastra** *(f.)* stepsister
**hermanastro** *(m.)* stepbrother
**hermano** *(m.)* brother, 3
**hermoso(a)** beautiful
**hielo** *(m.)* ice, 2
**hija** *(f.)* daughter, 4
**hijastra** *(f.)* stepdaughter
**hijastro** *(m.)* stepson
**hijo** *(m.)* son, 4
**hijos** *(m. pl.)* children, 3
**hinchado(a)** swollen, 13
**historia** *(f.)* history, 2
**hola** hello, hi, 1
**hombre** *(m.)* man, 1
**hombro** *(m.)* shoulder, 13
**hora** *(f.)* hour, time, 2; **¿qué —
   es?** what time is it?, 2; **¿a
   qué —?** at what time?, 2
**horario de clases** *(m.)* class
   schedule, 2
**horno** *(m.)* oven, 3; **al —** baked;
   **— de microondas** *(m.)*
   microwave oven, 3
**hospedarse** to stay, to lodge *(i.e.,
   at a hotel)*, 8
**hospital** *(m.)* hospital, 13
**hotel** *(m.)* hotel, 8
**hoy** today, 2; **— mismo** this very
   day, 14
**hubo** there was, there were
**huevo** *(m.)* egg, 5
**húmedo(a)** humid, 9
**huracán** *(m.)* hurricane

**I**

**ida** *(f.):* **de —** one-way, 11; **de — y
   vuelta** round-trip, 11
**idea** *(f.)* idea, 2
**identificación** *(f.)* identification
**idioma** *(m.)* language
**iglesia** *(f.)* church
**impermeable** *(m.)* raincoat
**importarle (a uno)** to matter, 6
**impresora** *(f.)* printer, 10
**incluir** to include, 11
**infección** *(f.)* infection
**información** *(f.)* information
**informática** *(f.)* computer
   science, 2
**ingeniería** *(f.)* engineering
**inglés** *(m.)* English *(language)*, 2

**inglés(esa)** *(m., f.)* English
   *(person)*
**ingreso** *(m.)* income
**inodoro** *(m.)* toilet, 12
**insistir en** to insist on, 12
**inteligente** intelligent, 1
**interés** *(m.)* interest
**interesante** interesting, 1
**interior** interior, 12
**internacional** international, 1
**interrogativo(a)** interrogative
**invierno** *(m.)* winter, 2
**invitación** *(f.)* invitation, 4
**invitado(a)** *(m., f.)* guest, 4
**invitar** to invite, 4
**inyección** *(f.)* shot, injection, 13;
   **— antitetánica** tetanus shot, 13
**ir** to go, 4; **— a** + *inf.* to be going
   to, 4; **— a acampar** to go
   camping, 8; **— de compras**
   to go shopping; **— de pesca**
   to go fishing; **— (se) de
   vacaciones** to go on vacation;
   **— se** to go away
**istmo** *(m.)* isthmus
**italiano** *(m.)* Italian *(language)*
**izquierdo(a)** left; **a la
   izquierda** to the left

**J**

**jabón** *(m.)* soap
**jamás** never, 6
**jamón** *(m.)* ham, 5
**jarabe** *(m.)* syrup, 14
**jardín** *(m.)* garden, 12
**jefe(a)** *(m., f.)* boss
**joven** young, 1
**joya** *(f.)* jewel; *(pl.)* jewelry
**juego** *(m.)* game, 7
**jueves** *(m.)* Thursday, 2
**jugador(a)** *(m., f.)* player
**jugar (u > ue)** to play *(i.e., a
   game)* 8; **— al golf** to play golf,
   8; **— al tenis** to play tennis, 8
**jugo** *(m.)* juice, 2; **— de manzana**
   *(m.)* apple juice, 2; **— de
   naranja** *(m.)* orange juice, 2;
   **— de tomate** *(m.)* tomato juice,
   2; **— de toronja** *(m.)* grapefruit
   juice, 2; **— de uvas** *(m.)* grape
   juice, 2
**julio** July, 2
**junio** June, 2
**juntarse** to get together, 8
**junto(a)** next (to)
**juntos(as)** together, 2
**justo(a)** fair, 7

**L**

**la** *(f. sing.)* the, 1; *(pron.)* her,
   you, it, 6
**laboratorio de lenguas** *(m.)*
   language lab
**ladera** *(f.)* hillside
**lago** *(m.)* lake, 8
**langosta** *(f.)* lobster, 5
**lápiz** *(m.)* pencil, 1
**largo(a)** long, 9
**las** *(f. pl.)* the, 1; *(pron.)* them,
   you, 6
**lastimar(se)** to hurt (oneself), 13
**Latinoamérica** *(f.)* Latin America
**lavabo** *(m.)* washbasin, 12
**lavadora** *(f.)* washing machine, 3
**lavaplatos** *(m. sing.)*
   dishwasher, 3
**lavar** to wash, 3; **—se** to wash
   (oneself), 7; **—se la cabeza** to
   wash one's hair
**le** (to) him, (to) her, (to) you
   *(form.)*, 7
**lección** *(f.)* lesson
**leche** *(f.)* milk, 2
**lechuga** *(f.)* lettuce, 6
**lector(a)** *(m., f.)* reader
**leer** to read, 3
**lejía** *(f.)* bleach, 6
**lejos** far (away)
**lengua** *(f.)* tongue, 13; language
**lentamente** slowly, 8
**lento(a)** slow, 8
**les** (to) them, (to) you *(pl. form.)*, 7
**letrero** *(m.)* sign
**levantar** to raise, 4; **levantarse**
   to get up, 7
**libertad** *(f.)* liberty
**libre** off, 6; vacant, available, 12;
   free
**libreta de ahorros** *(f.)* passbook, 10
**libro** *(m.)* book, 1
**licencia para manejar (conducir)**
   *(f.)* driver's license
**licuadora** *(f.)* blender, 3
**ligero(a)** light
**limonada** *(f.)* lemonade, 3
**limpiar** to clean, 3; **— el polvo**
   to dust, 3
**limpio(a)** clean, 12
**lindo(a)** pretty, 1
**liquidación** *(f.)* sale
**lista** *(f.)* list, 5; **— de espera** *(f.)*
   waiting list, 11
**listo(a)** ready
**literatura** *(f.)* literature, 2
**llamada** *(f.)* call, 11

**llamar** to call; **— a la puerta** to knock at the door

**llamarse** to be named, 1; **¿cómo se llama?** what is your (form.) name?, 1, **¿cómo te llamas?** what is your (fam.) name?, 1; **me llamo...** my name is . . . , 1

**llave** (f.) key

**llegar** to arrive, 3; **— tarde (temprano)** to be late (early)

**llenar** to fill, to fill out, 10

**lleno(a)** full, 12

**llevar** to take (someone or something someplace), 4; to wear

**llorar** to cry, 13

**llover (o > ue)** to rain, 9

**lluvia** (f.) rain, 9

**lo** him, you, it, 6; **— importante** the important thing; **— mismo** the same thing, 11; **— que** what, that, which, 9; **— siento** I'm sorry, 1

**los** (m. pl.) the, 1; (pron.) them, you (form.), 6; **— (las) dos** both, 2

**lucirse** to shine

**luego** later

**lugar** (m.) place, 12; **— de interés** (m.) place of interest, 12; **en — de** in place of

**lujo** (m.) luxury, 12

**luna de miel** (f.) honeymoon

**lunes** (m.) Monday, 2

**luz** (f.) light, 1

## M

**madera** (f.) wood

**madrastra** (f.) stepmother

**madre** (f.) mom, mother, 4

**madrina** (f.) godmother, 4

**madrugada** (f.) early morning (pre-dawn)

**maestro(a)** (m., f.) teacher

**magnífico(a)** great

**mal** badly, 5; poorly

**maleta** (f.) suitcase, 11

**maletín** (m.) hand luggage, small suitcase, 11

**malo(a)** bad, 5

**mamá** (f.) mom, mother, 3

**mami** (f.) mommy

**mandar** to send, 4; to order; **¿mande?** (Mex.) pardon?, 1

**mandón(ona)** bossy, 3

**manejar** to drive

**manga** (f.) sleeve, 9

**mano** (f.) hand

**mantel** (m.) tablecloth, 5

**mantequilla** (f.) butter, 5

**manzana** (f.) apple, 2; block, 10

**mañana** tomorrow; morning, 2

**mapa** (m.) map, 1

**mar** (m.) ocean, 8

**marca** (f.) brand

**marisco** (m.) shellfish, 6

**marrón** brown, 1

**martes** (m.) Tuesday, 2

**marzo** March, 2

**más** more, 5; **— de** more than, 5; **— despacio** slower, 1; **— o menos** more or less, 1; **— ... que** more . . . than, 5; **— tarde** later, 5

**matar** to kill; **— dos pájaros de un tiro** to kill two birds with one stone

**matemáticas** (f. pl.) mathematics, 2

**materia** (f.) course, subject, 2

**matrimonio** (m.) married couple, 8

**mayo** May, 2

**mayor** older, 5; elderly; **(el, la) —** oldest, 5

**me** (obj. pron.) me, 6; (to) me, 7; (refl. pron.) (to) myself, 7; **— gusta...** I like . . . , 7; **— llamo...** my name is . . . , 1; **— voy** I'm leaving, 2

**media hermana** (f.) half sister

**mediano(a)** medium, 9

**medianoche** (f.) midnight, 2

**medicina** (f.) medicine, 9

**médico(a)** (m., f.) doctor, M.D., 11

**medida** (f.) measure

**medio(a)** half; **media hora** half an hour, 3; **y media** half past, 2

**medio hermano** (m.) half brother

**mediodía** (m.) noon, 2; **al —** at noon, 2

**mejor** better, 5; **(el, la) —** best, 5

**mejorarse** to get better, 14

**melocotón** (m.) peach, 6

**melón de agua** (m.) watermelon, 6

**memoria** (f.) memory, 10

**menor** younger, 5; **(el, la) —** youngest, 5

**menos** to, till, 2; less, 5; **—... que** less . . . than, 5; **— mal** thank goodness

**mensaje** (m.) **electrónico** e-mail, 10

**mensual** monthly

**mentir (e > ie)** to lie, 11

**menú** (m.) menu, 5

**mercado** (m.) market, 6; **— al aire libre** (m.) outdoor market, 6

**merendar** to have an afternoon snack, 7

**merienda** (f.) afternoon snack

**mermelada** (f.) jam, marmalade, 5

**mes** (m.) month, 2

**mesa** (f.) table, 3

**mesero(a)** (m., f.) (Mex.) waiter, 5

**mexicano(a)** (m., f.) Mexican, 1

**mezcla** (f.) mixture

**mezclar** to mix

**mi(s)** my, 2

**mí** (obj. of prep.) me, 5

**microcomputadora** (f.) laptop, 10

**mientras** while

**miércoles** (m.) Wednesday, 2

**mil** one thousand, 3

**minuto** (m.) minute, 2

**mío(a), míos(as)** (pron.) mine, 9

**mirar** to watch, to look at, 3

**mismo(a)** same; **a sí —** him/herself

**mochila** (f.) backpack, 1

**modo** (m.) way; **de — que** so, 6

**momento** (m.) moment, 3

**moneda** (f.) coin

**monitor** (m.) monitor, 10

**montar: — a caballo** to go horseback riding, 7; **— en bicicleta** to ride a bike, 7

**montón: un montón de** a bunch of, many, 12

**morado(a)** purple, 1

**moreno(a)** dark, brunet(te), 4

**morir (o > ue)** to die

**mostrar (o > ue)** to show, 12

**mozo** (m.) waiter, 5

**muchacha** (f.) young girl, 1; maid

**muchacho** (m.) young man, 1

**mucho(a)** much; **— gusto** it's a pleasure to meet you; how do you do?, 1; **no mucho** not much, 1

**muchos(as)** many, 3; **muchas gracias** thank you very much, 1

**mudarse** to move (relocate)

**muebles** (m. pl.) furniture, 3

**muerto(a)** dead, 10; **estar — de hambre** to be starving, 6

**mujer** *(f.)* woman; 1
**muletas** *(f. pl.)* crutches, 13
**muñeca** *(f.)* wrist, 13
**museo** *(m.)* museum, 7
**música** *(f.)* music, 2
**muy** very, 1; **— bien** very well, 1

**N**

**nacer** to be born
**nada** nothing, 6; **de (por) —** you're welcome, 1; **— más** nothing else
**nadar** to swim, 7
**nadie** nobody, no one, 6
**naranja** *(f.)* orange, 2
**nariz** *(f.)* nose, 13
**navegar la Red** to surf the net, 10
**Navidad** *(f.)* Christmas
**necesitar** to need, 2
**negar (e > ie)** to deny, 13
**negativo(a)** negative
**negro(a)** black, 1
**nevada** *(f.)* snowfall
**nevar (e > ie)** to snow, 9
**nevera** *(f.)* refrigerator, 3
**ni. . .ni** neither . . . nor, 6
**niebla** *(f.)* fog, 9
**nieta** *(f.)* granddaughter, 4
**nieto** *(m.)* grandson, 4
**ningún, ninguno(a)** none, not any, 6; no, 6
**niño(a)** *(m., f.)* child, 5
**no** no, not, 1; **— importa** it doesn't matter
**noche** *(f.)* night, 1; **esta —** tonight, 3
**nocturno** *(m.)* night *(adj.)*
**norteamericano(a)** *(m., f.)* North American, 1
**nos** *(obj. pron.)* us, 6; (to) us, 7; (to) ourselves, 7; **nos vemos** I'll see you, 1
**nosotros(as)** we, 1; *(obj. of prep.)* us, 5
**nota** *(f.)* grade
**notar** to notice
**novecientos(as)** nine hundred, 3
**noventa** ninety, 2
**novia** *(f.)* girlfriend (steady), 4
**noviembre** November, 2
**novio** *(m.)* boyfriend (steady), 4
**nublado(a)** cloudy, 9
**nuera** *(f.)* daughter-in-law, 4
**nuestro(s), nuestra(s)** *(adj.)* our, 2; *(pron.)* ours, 9
**nueve** nine, 1
**nuevo(a)** new, 2

**número** *(m.)* number, 1; **— de teléfono** phone number, 1
**nunca** never, 6

**O**

**o** or; **o... o** either . . . or, 6
**obra** *(f.)* work (e.g., of art)
**ochenta** eighty, 2
**ocho** eight, 1
**ochocientos(as)** eight hundred, 3
**octubre** October, 2
**oculista** *(m., f.)* oculist, 14
**ocupación** *(f.)* occupation, 3
**ocupado(a)** busy, 3; occupied, 12
**oficina** *(f.)* office; **— de correos** post office, 10
**oído** *(m.)* (inner) ear
**ojalá** I hope, 11
**ojos** *(m. pl.)* eyes, 4; **de — castaños** with brown eyes, 4
**olvidar(se) (de)** to forget, 12
**ómnibus** *(m.)* bus
**once** eleven, 2
**oprimido(a)** oppressed
**ordenador (personal)** *(m.)* *(Spain)* (personal) computer, 1
**oreja** *(f.)* (external) ear, 13
**orilla** *(f.)* shore
**oro** *(m.)* gold, 9
**orquesta** *(f.)* band, orchestra
**ortiga** *(f.)* nettle
**os** *(fam. pl. obj. pron.)* you, 6; (to) you, 7; (to) yourselves, 7
**oso** *(m.)* bear
**otoño** *(m.)* autumn, 2
**otro(a)** other, another, 10; **otra vez** again, 14
**oye** listen, 1

**P**

**paciente** *(m., f.)* patient, 13
**padrastro** *(m.)* stepfather
**padre** *(m.)* dad, father, 4
**padres** *(m. pl.)* parents, 3
**padrino** *(m.)* godfather, 4
**pagar** to pay, 5
**país** *(m.)* country, nation, 11
**pájaro** *(m.)* bird
**palabra** *(f.)* word; **— cariñosa** *(f.)* term of endearment
**palo de golf** *(m.)* golf club, 8
**pan** *(m.)* bread, 5; **— tostado** toast, 5
**panadería** *(f.)* bakery, 6
**panqueque** *(m.)* pancake, 5
**pantalla** *(f.)* screen, 10
**pantalón** *(m. sing.),*

**pantalones** *(m. pl.)* pants, trousers, 9
**pantimedias** *(f. pl.)* pantyhose
**papa** *(f.)* potato, 5; **—s fritas** french fries, 9; **puré de papas** *(m. sing.)* mashed potatoes, 5
**papá** *(m.)* dad, father, 3
**papanicolaus** *(m.)* pap smear
**papel** *(m.)* paper, 1; **— higiénico** toilet paper, 6
**papi** *(m.)* daddy
**paquete** *(m.)* package, 11
**par** *(m.)* pair, 9; **un — de días** a couple of days
**para** in order to, for, 3; **— que** in order that, so that, 13
**paraguas** *(m. sing.)* umbrella
**paramédico(a)** *(m., f.)* paramedic, 13
**parar** to stop
**parecer** to seem, 12
**pareja** *(f.)* couple, 4
**parentesco** *(m.)* relationship
**pariente(a)** *(m., f.)* relative
**parque** *(m.)* park; **— de diversiones** amusement park, 7
**parrilla** *(f.)* grill; **a la —** grilled, 5
**parte** *(f.)* part; **en —** in part, 11
**partido** *(m.)* game, 7; **— de básquetbol** *(m.)* basketball game
**pasado(a)** last, 7
**pasaje** *(m.)* ticket, 11; **— de ida** one-way ticket, 11; **— de ida y vuelta** round-trip ticket, 11
**pasajero(a)** *(m., f.)* passenger, 11
**pasaporte** *(m.)* passport, 11
**pasar** to happen, 13; to spend time, 8; **— a formar parte de** to become part of; **— la aspiradora** to vacuum, 3; **pasarlo bien** to have a good time, 4; **pase** come in, 1
**pastel** *(m.)* pastry, cake, 4, pie, 5
**pastilla** *(f.)* pill, 11
**patata** *(f.) (Spain)* potato, 5
**patinar** to skate, 7; **ir a —** to go skating, 7
**patio** *(m.)* patio, 12
**pecho** *(m.)* chest, 13
**pedazo** *(m.)* piece
**pediatra** *(m., f.)* pediatrician, 14
**pedido** *(m.)* order
**pedir (e > i)** to ask for, to order, 5; to request, 6; **— turno** to make an appointment; **— un préstamo** to apply for a loan, 6

**película** *(f.)* movie, film, 7
**pelirrojo(a)** red-haired, 4
**pelo** *(m.)* hair
**penicilina** *(f.)* penicillin
**pensar (e > ie)** to think, 5;
— **+ inf.** to plan to
*(do something)*, 5
**pensión** *(f.)* boarding house, 12;
— **completa** *(f.)* room and
board, 12
**peor** worse, 5; **(el, la)** — worst, 5
**pepino** *(m.)* cucumber, 6
**pequeño(a)** small, 5; little, 8
**pera** *(f.)* pear, 6
**perder (e > ie)** to lose; — **el
conocimiento** to lose
consciousness, to faint, 13
**perdón** sorry, 1, pardon me, 1
**perdonar** to forgive
**perfecto(a)** perfect, 1
**periódico** *(m.)* newspaper
**permiso** excuse me, 1
**pero** but, 2
**perro(a)** *(m., f.)* dog;
— **caliente** *(m.)* hot dog, 5
**persona** *(f.)* person, 12
**pertenecer** to belong
**peruano(a)** Peruvian, 12
**pesar** to weigh, 14
**pescadería** *(f.)* fish market, 6
**pescado** *(m.)* fish, 5
**pescar** to fish, to catch a fish, 8
**peso** *(m.)* weight
**petróleo** *(m.)* oil
**picnic** *(m.)* picnic, 7
**pie** *(m.)* foot, 13
**pierna** *(f.)* leg, 13
**pijama** *(m. sing.)***, pijamas**
*(m. pl.)* pajamas, 9
**pilotes** *(m. pl.)* stilts
**pimienta** *(f.)* pepper, 5
**pimiento** *(m.)* green pepper, 6
**pintor(a)** *(m., f.)* painter
**pintura** *(f.)* painting
**piña** *(f.)* pineapple, 6
**piscina** *(f.)* swimming pool, 12
**piso** *(m.)* floor, 12
**pizarra** *(f.)* chalkboard, 1
**plan de ahorros** *(m.)* savings
plan, 10
**plancha** *(f.)* iron, 3
**planchar** to iron, 3
**planear** to plan, 4
**planilla** *(f.)* form, 10
**plata** *(f.)* silver; money, 2
**plátano** *(m.)* banana, 6
**platillo** *(m.)* saucer, 5

**plato** *(m.)* dish, plate, 3
**playa** *(f.)* beach, 1
**pluma** *(f.)* pen, 1
**pobre** poor, 7
**pobreza** *(f.)* poverty
**poco(a)** little; **un** — **(de)**
a little, 6
**pocos(as)** few
**poder (o > ue)** to be able to,
can, 6
**poema** *(m.)* poem
**pollo** *(m.)* chicken, 5
**polvo** *(m.)* powder
**ponche** *(m.)* punch *(beverage)*
**poner** to put, to place, 4; to turn
on; — **la mesa** to set the table,
3; —**se** to put on, 7; — **una
inyección** to give a shot, 10; —
**una película** to show a movie,
7; **ponerse de acuerdo** to come
to an agreement, 11
**por** for; per; through, along, by,
via; because of, on account of,
on behalf of; in exchange for;
during, in, for, 9; — **ciento**
percent; — **favor** please, 1;
— **fin** finally, 10; — **la tarde** in
the afternoon, 2;
— **noche** per night;
— **si acaso** just in case, 8;
— **suerte** luckily, 14;—
**supuesto** of course;
— **vía aérea** air mail
**porque** because, 2
**¿por qué?** why?, 2
**posesivo(a)** possessive
**posible** possible, 12
**postre** *(m.)* dessert, 5; **de** — for
dessert, 5
**practicar** to practice
**precio** *(m.)* price, 12
**preferir (e > ie)** to prefer, 5
**pregunta** *(f.)* question
**preguntar** to ask *(a question)*, 7
**preocuparse** to worry
**preparar** to prepare, 3;
—**se** to get ready, 7
**presión** *(f.)* pressure, (blood)
pressure, 14
**préstamo** *(m.)* loan, 10
**prestar** to lend, 8
**primavera** *(f.)* spring, 2
**primero** *(adv.)* first, 10; **lo** —
the first thing, 12
**primero(a)** first; **primera clase**
*(f.)* first-class, 11; **primera
vez** first time

**primo(a)** *(m., f.)* cousin, 4
**privado(a)** private, 12
**probador** *(m.)* fitting room, 9
**probar(se) (o > ue)** to try (on), 7
**problema** *(m.)* problem
**profesor(a)** *(m., f.)* professor, 1
**programa** *(m.)* program, 2
**prometer** to promise, 8
**pronto** soon, 8
**propietario(a)** *(m., f.)* owner, 12
**propina** *(f.)* tip *(for service)*, 5
**propio(a)** own
**próximo(a)** next, 12
**psicología** *(f.)* psychology, 2
**puerta** *(f.)* door, 1; — **de salida** *(f.)*
boarding gate, 11
**puertorriqueño(a)** Puerto
Rican, 2
**pues** then, 2; well, okay, 8;
therefore
**puesto(a)** put, placed, 10
**puesto de revistas** *(m.)* magazine
stand, 12
**pulgada** *(f.)* inch
**pulmonía** *(f.)* pneumonia, 14
**punto** *(m.)* stitch, 13
**puré de papas** *(m. sing.)*
mashed potatoes, 5

# Q

**que** who, 2; that, 2; than, 5;
— **viene** next, 14; — **yo sepa**
that I know of, 14
**¿qué?** what?, 2; **¿en** — **puedo
servirle?** how may I help you?,
9; **¿** — **día es hoy?** what day
is today?, 2; **¿** — **fecha es hoy?**
what is today's date?, 2;
**¿** — **hay de nuevo?** what's new?,
1; **¿** — **hora es?** what time is it?,
2; **¡** — **lástima!** too bad!, what a
pity!?; **¿** — **quiere decir... ?** what
does . . . mean?, 1; **¿** — **tal?** how
is it going?, 1; **¿** — **temperatura
hace?** what's the temperature?,
9; **¿** — **tiempo hace hoy?** what's
the weather like today?, 9; **¿** —
**más?** what else?, 6
**quebrado(a)** broken, 10
**quedar** to fit, to suit; —**le
bien** to fit; —**le
grande/chico(a) (a uno o
una)** to be too big/small
(on someone), 9
**quedarse** to stay, to remain
**quejarse** to complain, 7
**quemar(se)** to burn (oneself), 13

**querer (e > ie)** to want, to wish, 5; **— decir** to mean, 1; **¿quieres?** will you?, 12

**querido(a)** dear, 11

**queso** *(m.)* cheese

**¿quién(es)?** who?, 3; **¿a—?** whom?, 4; **¿con—?** with whom?, 2

**química** *(f.)* chemistry, 2

**quince** fifteen, 2; **— días** two weeks

**quinientos(as)** five hundred, 3

**quitarse** to take off, 7

**quizás** maybe, perhaps, 9

## R

**radiografía** *(f.)* X-ray, 13

**raíz** *(f.)* root

**rápidamente** rapidly, 8

**rápido(a)** fast, 8

**raqueta** *(f.)* racket, 8

**rascacielos** *(m.)* skyscraper

**rasurarse** to shave, 7

**rato** *(m.)* while; **al —** a while later; **un —** a while, 3

**ratón** *(m.)* mouse, 10

**rebuzno** *(m.)* braying

**recámara** *(f.) (Mex.)* bedroom, 3

**receta** *(f.)* prescription, 14

**recetar** to prescribe, 14

**recibir** to receive, 3; **recibido(a)** received, 10

**recién casados** *(m. pl.)* newlyweds, 6

**reciente** recent, 8

**recientemente** recently, 8

**recomendar (e > ie)** to recommend, 11

**recordar (o > ue)** to remember, 6

**refresco** *(m.)* soft drink, soda

**refrigerador** *(m.)* refrigerator, 3

**regadera** *(f.) (Mex.)* shower, 12

**regalo** *(m.)* gift, 9

**regatear** to bargain

**registro** *(m.)* register

**regresar** to return

**reina** *(f.)* queen

**reírse** to laugh, 7

**reloj** *(m.)* clock, watch, 1

**remar** to row, 8

**rentar** to rent, 8

**repaso** *(m.)* review

**represa** *(f.)* dam

**reproductor de discos compactos** *(m.)* CD player

**requisito** *(m.)* requirement, 2

**reservación** *(f.)* reservation, 12

**reservar** to reserve, 12

**resfriado** *(m.)* cold

**resfrío** *(m.)* cold

**residencia universitaria** *(f.)* dormitory

**respirar** to breathe, 14; **— hondo** to take a deep breath, 14

**respuesta** *(f.)* answer, reply

**restaurante** *(m.)* restaurant, 5

**revisar** to check, 13

**revista** *(f.)* magazine

**rico(a)** rich, 1; tasty, 5

**río** *(m.)* river

**riquísimo(a)** very tasty; delicious

**rodeado(a)** surrounded

**rodilla** *(f.)* knee, 13

**rojo(a)** red, 1

**romper** to break, 7; **romperse** to break (a bone), 13

**ropa** *(f.)* clothes, 3; **— interior** *(f.)* underwear

**rosado(a)** pink, 1; rosé *(wine)*, 2

**rostro** *(m.)* face

**roto(a)** broken, 10

**rubio(a)** blond, 4

**ruiseñor** *(m.)* nightingale

**ruso** *(m.)* Russian *(language)*

## S

**sábado** *(m.)* Saturday, 2

**saber** to know *(a fact, how to do something)*, 4

**sacar** to take out, 3

**sacudir** to dust, 3

**sal** *(f.)* salt, 5

**sala** *(f.)* living room, 3; **— de emergencia** *(f.)* emergency room, 13; **— de estar** *(f.)* family room, den; **— de rayos X (equis)** *(f.)* X-ray room, 13

**saldo** *(m.)* balance, 10

**salida** *(f.)* exit, 11; **— de emergencia** emergency exit, 11

**salir** to go out, 4

**salsa** *(f.)* sauce, 6; salsa *(dance)*, 5

**salud** *(f.)* health, 10; **¡—!** cheers, 4

**saludar** to greet

**saludo** *(m.)* greeting; **saludos a...** say hi to . . . , 1

**salvavidas** *(m., f.)* lifeguard, 8

**sandalia** *(f.)* sandal, 9

**sandía** *(f.)* watermelon, 6

**sándwich** *(m.)* sandwich

**sartén** *(f.)* frying pan, 3

**se** (to) herself, himself, itself, themselves, yourself, yourselves, 7; **— dice...** you say . . . , 1

**secadora** *(f.)* dryer, clothes dryer, 3

**sección** *(f.)* section; **— de (no) fumar** *(f.)* (non)smoking section

**seco(a)** dry, 9

**sedante** *(m.)* sedative, 14

**sedativo** *(m.)* sedative, 14

**seguir (e > i)** to continue, 6; to follow, 6

**según** according to, 9

**segundo(a)** second, 12

**seguro(a)** sure, 13

**seguro** *(m.)* insurance, 14; **— médico** *(m.)* medical insurance, 14; **— social** *(m.)* social security

**seis** six, 1

**seiscientos(as)** six hundred, 3

**sello** *(m.)* stamp, 10

**selva** *(f.)* rain forest

**semana** *(f.)* week, 7

**semestre** *(m.)* semester, 2

**sentado(a)** seated

**sentar(se) (e > ie)** to sit down, 7

**sentir (e > ie)** to regret, 11; **lo siento** I'm sorry, 1

**señor (Sr.)** *(m.)* Mr., sir, gentleman, 1; **los señores** Mr. and Mrs., 13

**señora (Sra.)** *(f.)* Mrs., lady, madam, 1

**señorita (Srta.)** *(f.)* miss, young lady, 1

**septiembre** September, 2

**ser** to be, 1; **— de** to be from, 1; **— la(s)...** to be . . . , 2

**serio(a)** serious, 14

**servicio de habitación (cuarto)** *(m.)* room service, 12

**servilleta** *(f.)* napkin, 5

**servir (e > i)** to serve, 6; **¿en qué puedo —le?** how may I help you?, 9

**sesenta** sixty, 2

**setecientos(as)** seven hundred, 3

**setenta** seventy, 2

**si** if, 12

**sí** yes, 1; **— mismo(a)** himself (herself)

**siempre** always, 3

**siete** seven, 1

**siglo** *(m.)* century

**siguiente** following, 5

**silla** *(f.)* chair, 1

**simpático(a)** charming, nice, fun to be with, 1

**sin que** without, 13

**sino** but

**sistema** *(m.)* system
**situación** *(f.)* situation
**sobre** about 12; **— todo** especially
**sobrina** *(f.)* niece, 4
**sobrino** *(m.)* nephew, 4
**sociología** *(f.)* sociology, 2
**sofá** *(m.)* sofa
**sofá-cama** *(m.)* sleeper sofa, 12
**solamente** only, 2
**solicitar un préstamo** to apply for a loan, 10
**sólo** only, 2
**solo(a)** alone
**soltero(a)** single, 4
**solución** *(f.)* solution
**sombrero** *(m.)* hat, 9
**sombrilla** *(f.)* parasol
**sopa** *(f.)* soup, 5
**sorpresa** *(f.)* surprise, 4; **¡qué —!** what a surprise, 4
**su(s)** his, her, its, their, your *(form.)*, 2
**subir** to go up; to board *(a vehicle)*, 11
**suceder** to happen, 13
**sucursal** *(f.)* branch *(of a bank)*, 10
**suegra** *(f.)* mother-in-law, 4
**suegro** *(m.)* father-in-law, 4
**suerte** *(f.)* luck; destiny; **fue una —** it was a stroke of luck
**suéter** *(m.)* sweater, 9
**suficiente** sufficient
**sugerir (e > ie)** to suggest, 11
**sujetar(se)** to hold
**superlativo** *(m.)* superlative
**supermercado** *(m.)* supermarket, 6
**suyo(s), suya(s)** *(pron.)* his, hers, theirs, yours *(form.)*, 9

**T**

**tabla de mar** *(f.)* surfboard, 8
**tablilla de anuncios** *(f.)* bulletin board, 1
**tacón** *(m.)* heel, 9
**tal vez** maybe, perhaps, 9
**talla** *(f.)* size *(of clothing)*, 9
**talonario de cheques** *(m.)* checkbook, 10
**tamaño** *(m.)* size, 9
**también** also, too, 2
**tampoco** neither, 6
**tan** as; so, **— ...como** as . . . as, 5; **— pronto como** as soon as, 13

**tanto(a)** so much; **tantos(as)** so many, 6
**tarde** late, 5; **ya es —** it's already late, 2
**tarde** *(f.)* afternoon, 2; **esta —** this afternoon, 4; **más —** later, 5
**tarea** *(f.)* homework
**tarjeta** *(f.)* card, 10; **— de crédito** *(f.)* credit card, 12; **— de embarque** *(f.)* boarding pass, 11; **— postal** *(f.)* postcard, 10
**tarta** *(f.)* cake, 4
**taxi** *(m.)* taxi, 12
**taza** *(f.)* cup, 2
**tazón** *(m.)* bowl, 3
**te** *(pron. fam.)* you, 6; (to) you, 7; (to) yourself, 7; **— gusta** you *(fam.)* like, 7
**té** *(m.)* tea, 2; **— helado, frío** iced tea, 2
**teatro** *(m.)* theater, 7
**teclado** *(m.)* keyboard, 10
**tecnología** *(f.)* technology
**teléfono** *(m.)* telephone; **llamar por —** to phone
**telegrama** *(m.)* telegram
**telenovela** *(f.)* soap opera, 3
**televisión** *(f.)* television, 2
**televisor** *(m.)* TV set, 12
**tema** *(m.)* theme
**temer** to be afraid, to fear, 11
**temperatura** *(f.)* temperature, 9; **¿Qué — hace?** what is the temperature?, 9
**templado(a)** warm, 9
**temprano** early, 7
**tenedor** *(m.)* fork, 5
**tener** to have, 3; **— acceso a la Red** to have access to the Internet, 10; **— ...años (de edad)** to be . . . years old, 3; **— calor** to be warm, 3; **— frío** to be cold, 3; **— ganas de...** to feel like . . . **— (mucha) hambre** to be (very) hungry, 3; **— lugar** to take place; **— miedo** to be afraid, scared, 3; **— muchas cosas que hacer** to have many things to do; **no — nada que ponerse** not to have anything to wear, 9; **— prisa** to be in a hurry, 3; **— que** to have to, 3; **— que ver** to have to do; **— razón** to be right, 3; **no — razón** to be wrong, 3;

**— (mucha) sed** to be (very) thirsty, 3; **— (mucho) sueño** to be (very) sleepy, 3
**terminar** to end, to finish, to get through, 2
**termómetro** *(m.)* thermometer, 14
**ternera** *(f.)* veal, 6
**terremoto** *(m.)* earthquake
**ti** *(obj. of prep.)* you, 5
**tía** *(f.)* aunt, 4
**tiempo** *(m.)* time, 3; weather, 9
**tienda** *(f.)* store, 9; shop; **— de campaña** *(f.)* tent, 8; **— de regalos** *(f.)* souvenir shop, 12
**tierra** *(f.)* earth, land
**tijeras** *(f., pl.)* scissors, 14
**timbre** *(m.)* *(Mex.)* stamp, 10
**tímido(a)** shy, 5
**tinto** red *(wine)*, 2
**tintorería** *(f.)* dry cleaner's
**tío** *(m.)* uncle, 4
**tipo** *(m.)* type
**tiro** *(m.)* shot
**título** *(m.)* title
**tiza** *(f.)* chalk, 1
**tobillo** *(m.)* ankle, 13
**tocar** to play *(music, an instrument)*; **— a la puerta** to knock at the door, 3
**tocino** *(m.)* bacon
**todavía** yet, 3
**todo** everything, 12; **todo(a)** all, 3; **— un éxito** quite a success, 4
**todos(as)** all, 2
**tomar** to take *(a class)*, 2; to drink, 2; **— algo** to have something to drink; **— el sol** to sunbathe, 8; **tome asiento** have a seat, 1; **— una decisión** to make a decision, 11
**tomate** *(m.)* tomato, 2
**tonto(a)** dumb, 1
**torcedura** *(f.)* sprain, 13
**tormenta** *(f.)* storm
**tornado** *(m.)* tornado
**toronja** *(f.)* grapefruit, 2
**torpeza** *(f.)* stupidity
**torta** *(f.)* cake, 4; pancake, 5
**tortilla** *(f.)* omelette
**tos** *(f.)* cough, 14
**toser** to cough, 14
**tostada** *(f.)* toast
**tostadora** *(f.)* toaster, 3
**trabajar** to work, 2
**trabajo** *(m.)* work, 3; **los trabajos de la casa** housework, 3
**traducir** to translate, 4

**traer** to bring, 4
**tráfico** *(m.)* traffic
**traje** *(m.)* suit, 9; **— de baño** *(m.)* bathing suit, 8
**trasbordar** to change planes, ships, etc.
**tratar (de)** to try, 8
**travieso(a)** mischievous, 5
**trece** thirteen, 1
**treinta** thirty, 1
**tres** three, 1
**trescientos(as)** three hundred, 3
**trigueño(a)** dark, brunet(te), 4
**trozo** *(m.)* piece
**tu(s)** your *(fam. sing.)*, 1
**tú** you *(fam. sing.)*, 1
**turista** *(m., f.)* tourist, 12; **clase —** tourist class, 11
**turno** *(m.)* appointment, 14
**tuyo(s), tuya(s)** *(pron.)* yours, *(fam. sing.)*, 9

## U

**últimamente** lately, 10
**último(a)** last *(in a series)*, 7
**un(a)** a, an, 1
**unir** to join
**universidad** *(f.)* university, 1
**universitario(a)** (related to) college, 1
**uno** one, 1
**unos(as)** some, 1
**usar** to use, to wear, 9
**usted (Ud.)** *(form. sing.)* you, 2; *(obj. of prep.)* you, 5
**ustedes (Uds.)** *(form. pl.)* you, 2; *(obj. of prep.)* you, 5
**útil** useful
**uva** *(f.)* grape, 2

## V

**vacaciones** *(f. pl.)* vacation; **estar de —** to be on vacation, 5; **ir(se) de —** to go on vacation
**vainilla** *(f.)* vanilla, 5

**valija** *(f.)* suitcase, 11
**valor** *(m.)* value
**vamos** let's go, 4; **no —** we are not going, 2; **— a comer** let's eat, 8
**varios(as)** several, 13
**vasallo(a)** *(m., f.)* subject *(vassal, subordinate, feudal tenant)*
**vaso** *(m.)* glass, 2
**vecino(a)** *(m., f.)* neighbor
**vegetal** *(m.)* vegetable, 5
**veinte** twenty, 1
**velero** *(m.)* sailboat, 8
**venda** *(f.)* bandage, 14
**vendedor(a)** *(m., f.)* merchant
**vender** to sell, 8
**venir (de)** to come (from), 3
**venta** *(f.)* sale
**ventana** *(f.)* window, 1
**ventanilla** *(f.)* window *(bank, ticket, etc.)*
**ver** to see, 4
**veranear** to spend the summer (vacationing)
**verano** *(m.)* summer, 2
**verdad** *(f.)* truth; **es —** it's true; **¿—?** right?, true?, 2
**verdadero(a)** true
**verde** green, 1
**verdulería** *(f.)* vegetable market
**verdura** *(f.)* vegetable, 5
**vermut** *(m.)* vermouth, 5
**vestíbulo** *(m.)* lobby, 12
**vestido** *(m.)* dress, 9
**vestir(se) (e > i)** to dress (oneself), to get dressed, 7
**vez** *(f.)* time, 7; **a veces** sometimes, 6; **la última —** the last time, 10; **otra —** again, 14
**vía aérea** airmail
**viajar** to travel, 11
**viaje** *(m.)* journey; trip, 11; **¡buen —!** have a nice trip!, 11; **de —** on a trip

**viajero(a)** *(m., f.)* traveler
**vida** *(f.)* life, 2; darling
**viejo(a)** old, 1
**viernes** *(m.)* Friday, 2
**vinagre** *(m.)* vinegar
**vino** *(m.)* wine, 2; **— blanco,** 2; **— rosado** rosé wine, 2; **— tinto** red wine, 2
**visa** *(f.)* visa
**visita** *(f.)* visit, 7
**visitar** to visit, 7
**vista** *(f.)* view, 12; **— al mar** ocean view, 12
**visto(a)** seen, 10
**vitamina** *(f.)* vitamin, 14
**vivir** to live, 3
**vocabulario** *(m.)* vocabulary
**volver (o > ue)** to return, to go (come) back, 6
**vosotros(as)** you *(fam. pl.)*, 1; you *(obj. of prep.)*, 5
**vuelo** *(m.)* flight, 11
**vuelto(a)** returned, 10
**vuestro(s), vuestra(s)** *(adj.)* your *(fam. pl.)*, 2; yours, 9

## Y

**y** and, 1; past, after, 2; **— media** half past, 2; **¿y tú?** and you?, 1
**ya** already, 4; **¡— es tarde!** it's (already) late!, 2; **¡— voy!** I'm going!
**yerno** *(m.)* son-in-law, 4
**yo** I, 1

## Z

**zacate** *(m.) (Mex.)* lawn, 3
**zanahoria** *(f.)* carrot, 6
**zapatería** *(f.)* shoe store, 9
**zapatilla** *(f.)* slipper, 9
**zapato** *(m.)* shoe, 9
**zoológico** *(m.)* zoo, 7
**zumo** *(m.) (Spain)* juice, 2

# English-Spanish

## A

**a, an** un(a), 1; **— day** al día, 6
**about** de, 2; sobre, 12
**access to the Internet** acceso a la Red, 10
**accident** accidente *(m.)*
**accompanied** acompañado(a)
**according to** según, 9
**account** cuenta *(f.)*, 10; **on — of** por, 9
**accounting** contabilidad *(f.)*, 2
**ache** *(v.)* doler (o > ue), 13
**activity** actividad *(f.)*, 8; **outdoor —** actividad al aire libre, 8
**add** añadir
**address** dirección *(f.)*, 1; domicilio *(m.)*, 1
**adhesive bandage** curita *(f.)*, 14
**admit** admitir, 14
**advise** *(v.)* aconsejar, 11
**adviser** consejero(a) *(m., f.)*
**aerobic dance** danza aeróbica *(f.)*, 2
**after** después de, 9
**afternoon** tarde *(f.)*; **this —** esta tarde, 1
**again** otra vez, 14
**agency** agencia *(f.)*, 11
**agent** agente *(m., f.)*, 11
**ago** hace... , 9
**agree on** convenir en, 12
**air** aire *(m.)*; **— conditioning** aire acondicionado, 12
**airline** aerolínea *(f.)*, 11
**airmail** por vía aérea
**airport** aeropuerto *(m.)*, 11
**all** todos(as), 2
**allergic** alérgico(a), 13
**almost** casi, 13
**alone** solo(a)
**along** por, 9
**alphabet** alfabeto *(m.)*
**already** ya, 4
**also** también, 2
**although** aunque, 4
**always** siempre, 3
**ambulance** ambulancia *(f.)*, 13
**amount** cantidad *(f.)*
**amusement park** parque de diversiones *(m.)*, 7
**and** y, 1
**ankle** tobillo *(m.)*, 13
**anniversary** aniversario *(m.)*, 5
**another** otro(a), 10

**antacid** antiácido *(m.)*, 14
**anthropology** antropología *(f.)*, 2
**antibiotic** antibiótico *(m.)*, 14
**any** algún, alguno(a), algunos(as), 6; cualquier(a); **at — time** en cualquier momento
**anyone** alguien, 6
**anything** algo, 5; **— else?** ¿algo más?, 10
**anywhere** en alguna parte
**apartment** apartamento *(m.)*, 6
**appetizer** entremés *(m.)*, 4
**apple** manzana *(f.)*, 2
**apply for a loan** solicitar (pedir) un préstamo, 10
**appointment** turno *(m.)*, 14; **make an —** pedir turno, 14
**April** abril, 2
**Argentinian** argentino(a)
**arm** brazo *(m.)*, 13
**arrive** llegar, 3; **— late (early)** llegar tarde (temprano)
**art** arte *(m.)*, 2
**as** como, 9; **— if** como si, 14; **— much . . .** tanto(a)...; **— soon as** en cuanto, tan pronto como, 9
**ask (for)** pedir (e > i), 5; **— (a question)** preguntar, 7
**aspirin** aspirina *(f.)*
**assistance** ayuda *(f.)*
**at** en, 1; a, 2; **— any time** en cualquier momento; **— home** en casa; **— present** actualmente; **— what time . . . ?** ¿A qué hora... ?, 2
**attend** asistir
**August** agosto, 2
**aunt** tía *(f.)*, 4
**automatic teller machine** cajero automático *(m.)*, 10
**automobile** coche *(m.)*, automóvil *(m.)*, auto *(m.)*, carro *(m.)*, 10
**autumn** otoño *(m.)*, 2
**available** libre, disponible, 12
**avocado** aguacate *(m.)*, 6

## B

**back** espalda *(f.)*, 13
**backpack** mochila *(f.)*, 1
**bacon** tocino *(m.)*
**bad** malo(a), 5; **too —!** ¡qué lástima!
**badly** mal, 5

**baked** al horno
**bakery** panadería *(f.)*, 6
**balance** saldo *(m.)*, 10
**banana** plátano *(m.)*, 6
**band** orquesta *(f.)*
**bandage** venda *(f.)*, 14
**bank** banco *(m.)*, 10
**barefoot** descalzo(a), 9; **to go —** andar descalzo(a), 9
**bargain** *(v.)* regatear
**baseball** béisbol *(m.)*, 7
**basket** cesta *(f.)*, 8
**bathe** bañarse, 7
**bathing suit** traje de baño *(m.)*, 8
**bathroom** baño *(m.)*, 3; cuarto de baño *(m.)*, 3
**bathtub** bañadera *(f.)*, 12
**battlefield** campo de batalla *(m.)*
**be** ser, 1, estar, 4; **— able to** poder (o > ue), 6; **— acquainted with** conocer, 4; **— afraid, scared** tener miedo, 3, temer, 11; **— bored** aburrirse, 7; **— born** nacer; **— cold** tener frío, 3, hacer frío, 9; **— from** ser de, 1; **— going to** ir a + *inf.*, 4; **— good (bad) weather** hacer buen (mal) tiempo, 9; **— hot** tener calor, 3, hacer calor, 9; **— (very) hungry** tener (mucha) hambre, 3; **— in a hurry** tener prisa, 3; **— late (early)** llegar tarde (temprano); **— okay** estar bien; **— pleasing** gustar, 7; **— right** tener razón, 3; **— (very) sleepy** tener (mucho) sueño, 3; **— sorry** sentir (e > ie), 1; **— sunny** hacer sol, 9; **— sure** estar seguro(a); **— (very) thirsty** tener (mucha) sed, 3; **— tight** apretar (e > ie), 7; **— too big/small (on someone)** quedarle grande/chico(a) (a uno o una), 9; **— windy** hacer viento, 9; **— wrong** no tener razón, 3; **— . . . years old** tener... años de edad, 3
**beach** playa *(f.)*, 1; **— resort** balneario *(m.)*
**bear** oso *(m.)*
**beautiful** hermoso(a)
**because** porque, 2; **— of** por, 9

**bed** cama *(f.)*, 12; **double —** cama doble *(f.)*, 12; **twin —** cama chica (pequeña) *(f.)*, 12

**bedroom** dormitorio *(m.)*, recámara *(Mex.) (f.)*, 3

**beer** cerveza *(f.)*, 2

**before** antes *(adv.)*, antes de *(prep.)*, 6, antes de que *(conj.)*, 13

**begin** comenzar (e > ie), empezar (e > ie), 5

**behalf: on — of** por, 9

**believe** creer, 13

**bellhop** botones *(m. sing.)*, 12

**belong** pertenecer

**belt** cinto *(m.)*, cinturón *(m.)*, 9

**besides** además *(adv.)*, 2; además de *(prep.)*

**best** (el, la) mejor, 5

**better** mejor, 5

**between** entre; **— meals** entre comidas

**big** grande, 5; gran

**bigger** más grande, 5

**biggest** (el, la) más grande, 5

**bill** cuenta *(f.)*, 10

**biology** biología *(f.)*, 2

**bird** ave *(f.)*, pájaro *(m.)*

**birthday** cumpleaños *(m. sing.)*, 4

**black** negro(a), 1

**blackboard** pizarra *(f.)*, 1

**bleach** lejía *(f.)*, 6

**blender** licuadora *(f.)*, 3

**block** cuadra *(f.)*, manzana *(f.)*, 10

**blond** rubio(a), 4

**blouse** blusa *(f.)*, 9

**blue** azul, 1

**board** *(v.)* abordar, 11; subir (a), 13

**boarding gate** puerta de salida *(f.)*, 11

**boarding house** pensión *(f.)*, 12

**boarding pass** tarjeta de embarque *(f.)*, 11

**body** cuerpo *(m.)*, 13

**bonfire** fogata *(f.)*, 8

**book** libro *(m.)*, 1

**boot** bota *(f.)*, 9

**boring** aburrido(a), 2

**boss** jefe(a) *(m., f.)*

**bossy** mandón(ona), 3

**bottle** botella *(f.)*, 2

**bowl** tazón *(m.)*, 3

**boy** chico *(m.)*, muchacho *(m.)*, 1

**boyfriend** novio *(m.)*, 4

**branch** *(of a bank)* sucursal *(f.)*, 10

**brand** marca *(f.)*

**braying** rebuzno *(m.)*

**bread** pan *(m.)*, 5

**break** romper, 7; **— (a bone)** romperse, 13

**breakfast** desayuno *(m.)*, 5

**breathe** respirar, 14

**bring** traer, 4

**broccoli** brócoli *(m.)*, 6

**brochure** folleto *(m.)*, 12

**broken** quebrado(a), roto(a), 10

**brook** arroyo *(m.)*

**broom** escoba *(f.)*

**broth** caldo *(m.)*, sopa *(f.) (Mex.)*, 5

**brother** hermano *(m.)*, 3

**brother-in-law** cuñado *(m.)*, 4

**brown** marrón, café, 1; *(hair or eyes)* castaño, 4

**brunet(te)** moreno(a), 4

**bulletin board** tablilla de anuncios *(f.)*, 1

**buried** enterrado(a)

**burn (oneself)** quemarse, 13

**bus** autobús *(m.)*, ómnibus *(m.)*

**business administration** administración de empresas *(f.)*, 2

**busy** ocupado(a), 3

**but** pero, 2; sino

**butter** mantequilla *(f.)*, 5

**buy** comprar, 6

**by** por, 9

**bye** chau, 1

## C

**cafeteria** cafetería *(f.)*, 2

**cake** torta *(f.)*, pastel *(m.)*, tarta *(f.)*, 4

**call** llamar, 4; llamada *(f.)*, 11

**camp** *(v.)* acampar, 8

**can** *(v.)* poder (o > ue), 6

**cancel** cancelar, 11

**canoe** canoa *(f.)*, 8

**capital** capital *(f.)*, 11

**car** coche *(m.)*, carro *(m.)*, auto *(m.)*, automóvil *(m.)*, 10

**caramel custard** flan *(m.)*, 5

**card** tarjeta *(f.)*, 10; **credit —** tarjeta de crédito *(f.)*, 12; **I. D. —** cédula de identidad *(f.)*, 12

**cardiologist** cardiólogo(a) *(m., f.)*, 14

**carrot** zanahoria *(f.)*, 6

**carry-on bag** bolso de mano *(m.)*, 11

**case** caso *(m.)*; **in that —** entonces, en ese caso

**cash** efectivo *(m.)*; **— (a check)** cobrar (un cheque), 10

**cattle** ganado *(m.)*

**celebrate** celebrar, 4

**celery** apio *(m.)*, 6

**central** céntrico(a), 12

**century** siglo *(m.)*

**cereal** cereal *(m.)*

**chain** cadena *(f.)*, 9

**chair** silla *(f.)*, 1

**chalk** tiza *(f.)*, 1

**chalkboard** pizarra *(f.)*, 1

**champagne** champán *(m.)*, 4

**change** *(v.)* cambiar, 7; **— planes** trasbordar, cambiar de avión

**charge** cobrar, 10

**charming** simpático(a), 1, encantador(a), 4

**check** *(n.)* cheque *(m.)*, 10; cuenta *(f.)*, 5; **—up** chequeo *(m.)*, 14; *(v.)* examinar, revisar, 13; 14; **— out (of a hotel room)** desocupar, 12

**checkbook** talonario de cheques *(m.)*, 10

**checking account** cuenta corriente *(f.)*, 10

**cheers!** ¡salud!, 4

**cheese** queso *(m.)*

**chemistry** química *(f.)*, 2

**cherry** cereza *(f.)*, 6

**chest** pecho *(m.)*, 13

**chicken** pollo *(m.)*, 5

**child** niño(a) *(m., f.)*, 5

**children** hijos *(m. pl.)*, 3

**chivalry** caballería *(f.)*

**chocolate** chocolate *(m.)*, 2

**choose** elegir (e > i), 6; escoger, 6

**chop: pork —** chuleta de cerdo *(f.)*, 6; **veal —** chuleta de ternera *(f.)*, 6

**Christmas** Navidad *(f.)*

**church** iglesia *(f.)*

**city** ciudad *(f.)*, 3

**claim check** comprobante *(m.)*

**class** clase *(f.)*, 1; **— schedule** horario de clases *(m.)*, 2; **first —** primera clase, 11; **tourist —** clase turista, 11

**classmate** compañero(a) de clase *(m., f.)*, 1

**classroom** aula *(f.)*, 2

**clean** *(v.)* limpiar, 3; *(adj.)* limpio(a), 12

**clear** claro(a), despejado(a), 9

**clerk** empleado(a) *(m., f.)*, 9; dependiente(a) *(m., f.)*

**climate** clima *(m.)*, 9

**climb mountains** escalar montañas, 7

**clock**  reloj *(m.)*, 1
**close**  cerrar (e > ie), 5; **closed** cerrado(a), 10
**clothes**  ropa *(f.)*, 3
**cloudy**  nublado(a), 9
**club**  club *(m.)*, 4; **golf —**  palo de golf *(m.)*, 8
**coat**  abrigo *(m.)*, 9
**coffee**  café *(m.)*, 2; **— and milk**  café con leche
**coffee pot**  cafetera *(f.)*, 3
**coin**  moneda *(f.)*
**cold**  frío(a), 9; catarro *(m.)*, resfriado *(m.)*, resfrío *(m.)*
**collar**  cuello *(m.)*, 13
**college**  facultad *(f.)*, 9; universidad *(f.)*, 1
**collide (with)**  chocar (con), 13
**color**  color *(m.)*
**come**  venir, 3; **— in**  pase, 1
**comfortable**  cómodo(a), 9
**compact disc (CD)**  disco compacto *(m.)*, 4
**complain**  quejarse, 7
**computer**  computadora *(f.)*, ordenador *(m.) (Spain)*, 1; **— science**  informática *(f.)*, 2
**concert**  concierto *(m.)*, 7
**conduct** *(v.)*  conducir, 4
**confirm**  confirmar, 11
**consciousness**  conocimiento *(m.)*, 13; **lose —**  perder el conocimiento, 13
**continue**  seguir (e > i), 6; continuar, 13
**converse**  conversar, 2
**cook** *(v.)*  cocinar, 6
**cook** *(n.)*  cocinero(a), 6
**corner**  esquina *(f.)*
**cost**  costar (o > ue), 6; **— an arm and a leg**  costar un ojo de la cara, 9
**cotton**  algodón *(m.)*, 14
**cough**  tos *(f.)*, 14; *(v.)* toser, 14
**country**  *(as opposed to city)* campo *(m.)*; país *(m.)*
**couple**  pareja *(f.)*, 4; **a — of days**  un par de días
**course**  asignatura *(f.)*; materia *(f.)*, 2
**cousin**  primo(a) *(m., f.)*, 4
**crab**  cangrejo *(m.)*, 6
**cream**  crema *(f.)*, 5
**crow**  cuervo *(m.)*
**cruise**  crucero *(m.)*, 11
**crutches**  muletas *(f. pl.)*, 13
**cry** *(v.)*  llorar, 13

**Cuban**  cubano(a) *(m., f.)*, 1; **— American**  cubanoamericano(a), 2
**cucumber**  pepino *(m.)*, 6
**cup**  taza *(f.)*, 2
**custom**  costumbre *(f.)*
**cut**  cortar, 3; **— (oneself)** cortarse, 13
**cyclone**  ciclón *(m.)*

## D

**dad**  padre *(m.)*, papá *(m.)*, 3
**daddy**  papi *(m.)*
**dam**  represa *(f.)*
**dance** *(v.)*  bailar, 4; **shall we — ?** ¿Bailamos?, 4
**dark**  moreno(a), trigueño(a), 4
**darling**  mi vida, 8
**date** *(a document)*  fechar, 10; *(appointment)* cita *(f.)*, 14
**daughter**  hija *(f.)*, 4
**daughter-in-law**  nuera *(f.)*, 4
**day**  día *(m.)*, 1; **— before yesterday**  anteayer; **per —** al día, 6; **(on) the following (next) —** al día siguiente, 5
**dead**  muerto(a), 10
**dear**  querido(a), 11
**December**  diciembre, 2
**decide**  decidir, 4
**deer**  ciervo *(m.)*
**degree** *(temperature)*  grado *(m.)*, 9
**delicious**  riquísimo(a)
**demonstrative**  demostrativo(a)
**deny**  negar (e > ie), 13
**department**  apartamento *(m.)*, 6
**deposit** *(v.)*  depositar, 10
**dermatologist**  dermatólogo(a) *(m., f.)*, 14
**desk**  escritorio *(m.)*, 1
**design programs**  diseñar programas
**dessert**  postre *(m.)*, 5; **for —** de postre, 5
**detergent**  detergente *(m.)*, 6
**die**  morir (o > ue)
**diet**  dieta *(f.)*
**difficult**  difícil, 1
**dining room**  comedor *(m.)*
**dinner**  cena *(f.)*; **have —** cenar, 3
**disaster**  desastre *(m.)*, 3
**discount**  descuento *(m.)*
**discovered**  descubierto(a)
**disease**  enfermedad *(f.)*, 14
**dish**  plato *(m.)*, 3
**dishwasher**  lavaplatos *(m.)*, 3

**disinfect**  desinfectar, 13
**disinfectant**  desinfectante *(adj.)*, 14
**disk**  disco *(m.)*
**do**  hacer, 3
**doctor**  doctor(a) *(m., f.)*, 1; médico(a) *(m., f.)*, 11
**doctor's office**  consultorio *(m.)*, 14
**document**  documento *(m.)*
**dog**  perro(a); **hot —**  perro caliente *(m.)*, 5
**done**  hecho(a), 10
**donkey**  borrico *(m.)*
**door**  puerta *(f.)*, 1
**dormitory**  residencia universitaria *(f.)*
**double bed**  cama doble *(f.)*, 12
**doubt** *(v.)*  dudar, 13
**dozen**  docena *(f.)*, 6
**dress**  vestido *(m.)*, 9; **— (oneself)**  vestir(se) (e > i), 7
**drink** *(v.)*  tomar, 2; beber, 3; bebida *(f.)*, 4
**drive** *(v.)*  conducir, manejar, 4; *(n.)* **hard —**  disco duro *(m.)*, 10
**driver's license**  licencia para conducir (manejar) *(f.)*
**drop**  gota *(f.)*
**drugstore**  farmacia *(f.)*, 14
**dry**  seco(a), 9; **— cleaner's** tintorería *(f.)*
**dryer** *(clothes)*  secadora *(f.)*, 3
**during**  por, 9; durante; **— the week**  entre semana
**dumb**  tonto(a), 1
**dust** *(v.)*  sacudir, limpiar el polvo, 3

## E

**eagle**  águila *(f.)*
**ear**  *(external)* oreja *(f.)*, 13; *(internal)* oído *(m.)*
**early**  temprano, 7; **— morning** madrugada *(f.)*
**earrings**  aretes *(m. pl.)*, 9; pendientes *(m. pl.)*, 9
**earth**  tierra *(f.)*
**earthquake**  terremoto *(m.)*
**easily**  fácilmente, 8
**easy**  fácil, 8
**eat**  comer, 3
**eaten**  comido(a), 10
**egg**  huevo *(m.)*, 5; blanquillo *(m.) (Mex.)*, 5
**eight**  ocho, 1
**eight hundred**  ochocientos(as), 3
**eighteen**  dieciocho, 2

**eighty** ochenta, 2
**either . . . or** o... o, 6
**elbow** codo *(m.)*, 13
**elderly** mayor
**elegant** elegante
**elevator** ascensor*(m.)*, 12
**eleven** once, 2
**e-mail** mensaje electrónico *(m.)*, 10
**emergency** emergencia *(f.)*, 11; — **exit** salida de emergencia *(f.)*, 11; — **room** sala de emergencia *(f.)*, 13
**end** *(v.)* terminar, 2
**engineering** ingeniería *(f.)*
**English** *(language)* inglés *(m.)*, 2; *(person)* inglés(esa) *(m., f.)*
**enter** entrar (en), 7
**enthused** animado(a), 4
**eraser** borrador *(m.)*, 1
**errand** diligencia *(f.)*; **to run —s** hacer diligencias
**escalator** escalera mecánica *(f.)*, 13
**especially** sobre todo
**essay** ensayo *(m.)*
**esteem oneself** estimarse
**even** hasta; — **if** aunque, 13
**ever** alguna vez, 6
**everything** todo, 12; — **is in order** todo está en regla
**examine** examinar, 14
**excess** exceso *(m.)*, 11; — **luggage (charge)** exceso de equipaje *(m.)*, 11
**excursion** excursión *(f.)*, 11
**excuse** excusa *(f.)*, 3; — **me** permiso; perdón 1
**exercise** hacer ejercicio; ejercicio *(m.)*
**exit** salida *(f.)*, 11
**expand** ampliar
**expensive** caro(a), 6
**expression** expresión *(f.)*
**exterior** exterior *(m.)*, 12
**eyes** ojos *(m. pl.)*, 4; **brown —** ojos castaños, 4

# F

**face** cara *(f.)*, 13; rostro *(m.)*
**faint** perder el conocimiento, desmayarse, 13; desfallecer
**fair** justo(a), 7
**fall** otoño *(m.)*, 2; — **asleep** dormirse (o > ue); — **down** caerse, 13; — **in love (with)** enamorarse (de), 12

**false** falso(a)
**family** familia *(f.)*, 3; — **room** sala de estar *(f.)*
**far (away)** lejos
**farewell** despedida *(f.)*
**fast** rápido(a), 8
**fasten the seat belt** abrocharse el cinturón de seguridad, 11
**fat** gordo(a), 1
**father** padre *(m.)*, papá *(m.)*, 4
**father-in-law** suegro *(m.)*, 4
**fear** temer, 11
**February** febrero, 2
**feel** *(v.)* sentir(se) (e > ie), 10; — **like** tener ganas de
**fever** fiebre *(f.)*, 14
**few** pocos(as)
**field** campo *(m.)*
**fifteen** quince, 2
**fifty** cincuenta, 2
**fill (out)** llenar, 10
**finally** por fin, 10
**find** *(v.)* encontrar (o > ue), 6; — **out** averiguar, 11
**fine** bien, 1
**finger** dedo *(m.)*, 13
**finish** *(v.)* terminar, 2
**finished** acabado(a)
**first** primero *(adv.)*, 10; — **class** (de) primera clase, 11; — **time** primera vez
**fish** pescado *(m.)*, 5; — **market** pescadería *(f.)*, 6; *(v.)* pescar, 8
**fishing rod** caña de pescar *(f.)*, 8
**fit** *(v.)* caber, 4; quedar; quedarle bien
**fitting room** probador *(m.)*, 9
**five** cinco, 1
**five hundred** quinientos(as), 3
**flight** vuelo *(m.)*, 11; — **attendant** auxiliar de vuelo *(m., f.)*, 11, azafata *(f.)*, 11
**floor** piso *(m.)*, 12
**flower** flor *(f.)*
**flu** gripe *(f.)*, 14
**fog** niebla *(f.)*, 9
**follow** seguir (e > i), 6
**food** comida *(f.)*, 3
**foot** pie *(m.)*, 13
**for** para, 3; por, 9
**foreign** extranjero(a)
**forest** bosque *(m.)*
**forget** olvidarse (de), 12
**forgive** perdonar
**fork** tenedor *(m.)*, 5
**form** planilla *(f.)*, 10
**fortress** fortaleza *(f.)*

**forty** cuarenta, 2
**founded** fundado(a)
**four** cuatro, 1
**four hundred** cuatrocientos(as), 3
**fourteen** catorce, 2
**fracture** *(n.)* fractura *(f.)*, 13; *(v.)* fracturar(se), romper(se)
**free** gratis, 10; libre
**French** *(language)* francés *(m.)*; — **fries** papas fritas *(f. pl.)*, 9
**Friday** viernes *(m.)*, 2
**fried** frito(a), 8
**friend** amigo(a) *(m., f.)*, 2
**friendship** amistad *(f.)*
**from** de; desde
**frozen** helado(a)
**fruit** fruta *(f.)*, 5
**fry** freír (e > i)
**frying pan** sartén *(f.)*, 3
**full** lleno(a), 12
**furniture** muebles *(m. pl.)*, 3

# G

**game** juego *(m.)*, partido *(m.)*, 7
**garage** garaje *(m.)*, 3
**garbage** basura *(f.)*, 3
**gee!** ¡caramba!, 1
**gender** género *(m.)*
**general** general, 8
**generally** generalmente, 8
**gentleman** señor *(m.)* *(abbr.* Sr.), 1; caballero *(m.)*
**geography** geografía *(f.)*, 2
**geology** geología *(f.)*, 2
**German** *(language)* alemán *(m.)*
**get** conseguir (e > i), 6; — **a haircut** cortarse el pelo; — **acquainted** conocer, 4; — **better** mejorarse, 14; — **dressed** vestirse (e > i); — **engaged (to)** comprometerse (con), 12; — **hurt** lastimarse, 13; — **married to** casarse (con), 12; — **ready** prepararse, 7; — **through** terminar, 2; — **up** levantarse, 7; — **worse** empeorar, 14
**gift** regalo *(m.)*, 9
**girlfriend** novia *(f.)*, 4
**give** dar, 4; — **a shot** poner una inyección, 13
**glad: to be glad (about)** alegrarse (de), 12
**glass** vaso *(m.)*, 2
**glove** guante *(m.)*, 9
**go** ir, 4; — **away** irse; — **back** volver (o > ue), 6;

**— down** bajar;
**— fishing** ir de pesca;
**— hiking** hacer una caminata, 8; **— in** entrar (en), 7;
**— on vacation** ir(se) de vacaciones; **— out** salir, 4; **— shopping** ir de compras; **— to bed** acostarse (o > ue), 7;
**— up** subir, 13
**godfather** padrino *(m.)*, 4
**godmother** madrina *(f.)*, 4
**gold** oro *(m.)*, 9
**good** bueno(a), 2; **— afternoon** buenas tardes, 1;
**— evening** buenas noches, 1;
**— morning** buenos días, 1;
**— night** buenas noches, 1
**good-bye** adiós, 1
**government** gobierno *(m.)*, 1
**grade** nota *(f.)*
**granddaughter** nieta *(f.)*, 4
**grandfather** abuelo *(m.)*, 4
**grandmother** abuela *(f.)*, 4
**grandparents** abuelos *(m.)*
**grandson** nieto *(m.)*, 4
**grape** uva *(f.)*, 2
**grapefruit** toronja *(f.)*, 2
**gray** gris, 1
**great** magnífico(a)
**great-granddaughter** bisnieta *(f.)*
**great-grandfather** bisabuelo *(m.)*
**great-grandmother** bisabuela *(f.)*
**great-grandson** bisnieto *(m.)*
**green** verde, 1
**greet** saludar
**greeting** saludo *(m.)*
**grilled** a la parrilla, 5
**groceries** *(food items)* comestibles *(m. pl.)*
**group** grupo *(m.)*
**grow** crecer
**guest** invitado(a); **— room** cuarto de huéspedes *(m.)*, 14
**gurney** camilla *(f.)*
**gynecologist** ginecólogo(a) *(m., f.)*, 14

**H**

**hair** pelo *(m.)*
**half** medio(a); **— past** y media, 2; **— an hour** media hora, 3
**half brother** medio hermano *(m.)*
**half sister** media hermana *(f.)*
**ham** jamón *(m.)*, 5
**hamburger** hamburguesa *(f.)*, 5
**hand** mano *(f.)*

**handbag** bolso *(m.)*; cartera *(f.)*; bolsa *(f.)*
**hand luggage** maletín *(m.)*, 11
**handsome** guapo(a), 1
**happen** pasar, suceder, 13
**happy** feliz, contento(a), 4
**hat** sombrero *(m.)*, 9
**have** tener, 3, haber, 10; **— a seat** tomar asiento, 1;
**— breakfast** desayunar, 5; **— dinner (supper)** cenar, 3; **— fun** divertirse (e > ie), 7; **— just (done something)** acabar de + *inf.*, 8; **— lunch** almorzar (o > ue), 6; **— many things to do** tener muchas cosas que hacer;
**— to** deber, 3, tener que, 3; **— to do with** tener que ver con
**he** él, 1
**head** cabeza *(f.)*, 13
**headache** dolor de cabeza *(m.)*
**health** salud *(f.)*, 10
**heart** corazón *(m.)*, 13
**heating** calefacción *(f.)*, 12
**heaven** cielo *(m.)*
**heel** tacón *(m.)*, 9
**height** estatura *(f.)*, 4; **of medium —** de estatura mediana, 4
**hello** hola, 1
**help** *(v.)* ayudar, 12
**her** su(s) *(adj.)*, 2; ella *(obj. of prep.)*, 5; la *(dir. obj.)* 6; **(to) —** le *(ind. obj.)*, 7
**here** aquí, 5; **— it is** aquí está, 2
**hers** suyo(a), suyos(as), 9
**herself** se, 7; sí misma
**hi** hola, 1
**high school** escuela secundaria *(f.)*
**hillside** ladera *(f.)*
**him** él *(obj. of prep.)*, 5; lo *(dir. obj.)*, 6; **(to) —** le *(ind. obj.)*, 7
**himself** se, 7; sí mismo
**his** su(s) *(adj.)*, 2; suyo(a), suyos(as), 9
**history** historia *(f.)*, 2
**hit (oneself)** golpear(se), 13
**hold** *(v.)* sujetar(se)
**holiday** día feriado *(m.)*, 10
**home** hogar *(m.)*; **at —** en casa;
**— appliances** aparatos electrodomésticos *(m. pl.)*; **— office** casa central, 10
**homework** tarea *(f.)*
**honeymoon** luna de miel *(f.)*
**hope** *(v.)* esperar, 11; **I —** ojalá; **I — so** espero que sí, 8

**horseback riding** montar a caballo, 7
**hospital** hospital *(m.)*, 13
**host** anfitrión *(m.)*
**hostess** anfitriona *(f.)*
**hot** cálido(a), 9; caliente, 12; **— chocolate** chocolate caliente *(m.)*, 2; **— dog** perro caliente *(m.)*, 5
**hotel** hotel *(m.)*, 8
**hour** hora *(f.)*, 2
**house** casa *(f.)*, 3; **—work** trabajos de la casa, 3
**how** cómo, 1; **— are you?** ¿cómo está usted?, ¿cómo estás?, 1;
**— do you do?** Mucho gusto, 1;
**— do you say . . . ?** ¿cómo se dice... ?, 1; **— is it going?** ¿qué tal?, 1; **— long?** ¿por cuánto tiempo?; **— many?** ¿cuántos(as)?, 2; **— may I help you?** ¿en qué puedo servirle?, 6;
**— much?** ¿cuánto(a)?
**humid** húmedo(a), 9
**hunger** hambre *(f.)*, 3
**hungry: to be hungry** tener hambre, 3
**hunt** *(v.)* cazar, 8
**hurricane** huracán *(m.)*
**hurry** apurarse; darse prisa
**hurt** doler (o > ue), 13;
**— (oneself)** lastimar(se), 13
**husband** esposo *(m.)*, 4
**hydrogen peroxide** agua oxigenada, 14

**I**

**I** yo, 1; **—'m going!** ¡Ya voy!
**ice** hielo *(m.)*; **— cream** helado *(m.)*, 5; **— water** agua con hielo *(f.)*, 2
**iced tea** té helado, té frío *(m.)*, 2
**idea** idea *(f.)*, 2
**identification** identificación *(f.)*
**if** si, 12
**illiterate** analfabeto(a) *(m., f.)*
**important** importante; **the — thing** lo importante
**improve** mejorar, 14
**in** en, 1; de, 11; por, 9; a, 11;
**— exchange for** por, 9;
**— order that** para que, 13; **— order to** para
**inch** pulgada *(f.)*
**include** incluir, 11
**income** ingreso *(m.)*
**inexpensive** barato(a), 9

**infection** infección (f.)
**information** información (f.)
**injection** inyección (f.), 13
**inside** en, 11
**insist on** insistir en, 12
**instead of** en vez de, 7
**insurance** seguro (m.), aseguranza (f.), 14; **medical —** seguro médico, 14
**insured** asegurado(a)
**intelligent** inteligente, 1
**interest** interés (m.)
**interesting** interesante, 1
**interior** interior, 12
**international** internacional, 1
**invitation** invitación (f.), 4
**invite** invitar, 4
**invited** invitado(a), 4
**iron** (appliance) plancha (f.), 3; (v.) planchar, 3
**isthmus** istmo (m.)
**it** (dir. obj. pron.) la, 6; lo, 6
**Italian** (language) italiano (m.)
**its** su(s), 2
**itself** se, 7

## J

**jacket** chaqueta (f.), 9
**jam** mermelada (f.), 5
**January** enero, 2
**jewel** joya (f.)
**jewelry** joyas (f. pl.)
**join** unir
**joint account** cuenta conjunta (f.), 10
**joke** (v.) bromear, 7
**journey** viaje (m.)
**juice** jugo (m.), zumo (m.) (Spain), 2
**July** julio, 2
**June** junio, 2

## K

**keep** guardar
**keyboard** teclado (m.), 10
**key** llave (f.)
**kid** (v.) bromear, 7
**kill** matar; **— two birds with one stone** matar dos pájaros de un tiro
**kitchen** cocina (f.), 3; **— utensils** batería de cocina (f. sing.)
**knee** rodilla (f.), 13
**knife** cuchillo (m.), 5
**knight** caballero (m.)
**knock (at the door)** tocar (llamar) a la puerta, 3

**know** conocer, 4; saber 4
**known** conocido(a)

## L

**lady** señora (f.) (abbr. Sra.), 1
**lake** lago (m.), 8
**lamb** cordero (m.), 5
**land** tierra (f.)
**language** idioma (m.), lengua (f.)
**laptop** microcomputadora (f.), 10
**last** (v.) durar; (adj.)(in a series) último(a); pasado(a), 7; **— name** apellido (m.); **— night** anoche, 7; **— time** la última vez (f.), 10; **— year** el año pasado (m.)
**late** tarde, 5; **it's (already) —!** ¡ya es tarde!, 2
**lately** últimamente, 10
**later** después, más tarde, 5; luego; **see you —** hasta luego, 1
**Latin America** Latinoamérica (f.)
**laugh** (v.) reírse, 7
**lawn** césped (m.), zacate (m.) (Mex.), 3
**lawyer** abogado(a) (m., f.)
**learn** aprender (a), 11
**leave** dejar, 5; **I'm leaving** me voy, 2
**lecture** conferencia (f.), 14
**left** izquierdo(a); **to the —** a la izquierda
**leg** pierna (f.), 13
**lemonade** limonada (f.), 3
**lend** prestar, 8
**less** menos, 5; **— ... than** menos... que, 5
**lesson** lección (f.)
**let** dejar, 11
**let's: —eat** vamos a comer, 8; **— go** vamos, 4; **— see** a ver, 6
**letter** carta (f.), 10
**lettuce** lechuga (f.), 6
**liberty** libertad (f.)
**library** biblioteca (f.), 1
**license** licencia (f.)
**lie** (v.) mentir (e > ie), 11
**life** vida (f.)
**lifeguard** salvavidas (m., f.), 8
**light** luz (f.), 1; ligero(a); claro(a)
**like** gustar, 7; como (adv.), 9; **I — it** me gusta; **you — it** te gusta, 7
**listen!** ¡oye!, 1
**literature** literatura (f.), 2
**little** (adj.) chico(a), 8, pequeño(a), 8; **a —** un poco, 6
**live** vivir, 3

**living room** sala (f.), 3
**loaded** cargado(a)
**loan** préstamo (m.), 10
**lobby** vestíbulo (m.), 12
**lobster** langosta (f.), 5
**lock** (in a canal) esclusa (f.)
**lodge** (v.) hospedarse, 8
**long** largo(a), 9
**look at** mirar, 3
**look for (up)** buscar, 9
**lose** perder (e > ie); **— consciousness** perder el conocimiento, 13
**love** (n.) amor (m.); (v.) encantar, 8; **in —** enamorado(a), 4
**luck** suerte (f.); **it was a stroke of — (v.)** fue una suerte; **luckily** afortunadamente, 14
**luggage** equipaje (m.), 11; **— compartment** compartimiento de equipaje (m.), 11
**lunch** almuerzo (m.), 5; **have — (v.)** almorzar (o > ue), 6
**luxury** lujo (m.), 12

## M

**madam** señora (f.) (abbr. Sra.), 1
**made** hecho(a), 10
**magazine** revista (f.); **— stand** puesto de revistas (m.), 12
**maid** criada (f.), 6, muchacha (f.)
**maiden name** nombre de soltera (m.)
**make** hacer; 3; **— a decision** tomar una decisión, 11; **— an appointment** pedir turno
**man** hombre (m.), 1
**manager** gerente (m., f.), 13
**many** muchos(as), 3; un montón de, 12
**map** mapa (m.), 1
**March** marzo, 2
**market** mercado (m.), 6
**marmalade** mermelada (f.), 5
**married** casado(a), 4; **— couple** matrimonio, 8
**marry** casarse (con), 12
**mashed potatoes** puré de papas (m. sing.), 5
**mathematics** matemáticas (f. pl.), 2
**matter** (v.) importar, 6; **it doesn't —** no importa
**May** mayo, 2
**maybe** quizás, tal vez, 9
**M.D.** médico(a) (m., f.), doctor(a) (m., f.), 11

**me**  mí *(obj. of prep.)*, 5; me *(dir. obj.)*, 6; me *(indir. obj.)*, 7; me *(refl. pron.)*, 7
**meal**  comida *(f.)*, 3
**mean** *(v.)*  querer (e > ie) decir, 1
**measure**  medida *(f.)*
**meat**  carne *(f.)*, 6; **— market** carnicería *(f.)*
**meatball**  albóndiga *(f.)*, 6
**medicine**  medicina *(f.)*, 9
**medium**  mediano(a), 9
**memory**  memoria *(f.)*, 10
**men's department**  departamento de caballeros *(m.)*
**menu**  menú *(m.)*, 5
**merchant**  vendedor(a) *(m., f.)*
**Mexican**  mexicano(a) *(m., f.)*, 1
**microwave oven**  horno de microondas *(m.)*, 3
**midnight**  medianoche *(f.)*, 2
**milk**  leche *(f.)*, 2
**mine**  mío(a), míos(as), 9
**minute**  minuto *(m.)*, 2
**mischievous**  travieso(a), 5
**Miss**  señorita *(f.)* *(abbr.* Srta.*)*, 1
**mix** *(v.)*  mezclar
**mixture**  mezcla *(f.)*
**mom**  madre *(f.)*, mamá *(f.)*, 3
**moment**  momento *(m.)*, 3
**mommy**  mami *(f.)*
**Monday**  lunes *(m.)*, 2
**money**  dinero *(m.)*, 2; **— order**  giro postal *(m.)*, 10
**monitor**  monitor *(m.)*, 10
**month**  mes *(m.)*, 2
**monthly**  mensual
**more**  más, 5; **— . . . than**  más... que, 5; **— than (number)**  más de, 5
**morning**  mañana *(f.)*, 2; **early —**  madrugada *(f.)*
**mother**  madre *(f.)*, mamá *(f.)*, 4
**mother-in-law**  suegra *(f.)*, 4
**mouse**  ratón *(m.)*, 10
**mouth**  boca *(f.)*, 13
**move** *(v.) (relocate)*  mudarse
**movie**  película *(f.)*, 7; **— theater**  cine *(m.)*, 7
**mow (the lawn)**  cortar el césped, 3
**Mr.**  señor *(m.)* *(abbr.* Sr.*)*, 1; **Mr. and Mrs. . . .**  los señores ...
**Mrs.**  señora *(f.)* *(abbr.* Sra.*)*, 1
**much**  mucho(a)
**museum**  museo *(m.)*, 7
**music**  música *(f.)*, 2
**must**  deber, 3

**my**  mi(s), 2; **— name is**  me llamo, 1
**myself**  me, 7

# N

**name**  nombre *(m.)*; **my — is . . .**  me llamo..., 1; **what is your —?** *(form.)* ¿cómo se llama usted?, *(fam.)* ¿cómo te llamas?, 1
**napkin**  servilleta *(f.)*, 5
**narrow**  estrecho(a)
**near**  cerca (de), 6; **— here**  cerca de aquí
**neck**  cuello *(m.)*, 13
**need** *(v.)*  necesitar, 2
**negative**  negativo(a)
**neighbor**  vecino(a) *(m., f.)*, 14
**neighborhood**  barrio *(m.)*
**neither**  ni, 6; tampoco, 6
**nephew**  sobrino *(m.)*, 4
**nettle**  ortiga *(f.)*
**never**  jamás, nunca, 6
**new**  nuevo(a), 2
**newlyweds**  recién casados *(m. pl.)*, 6
**newspaper**  diario *(m.)*, periódico *(m.)*
**next**  próximo(a), 12; que viene, 14; **— to**  junto a
**nice**  simpático(a), 1
**niece**  sobrina *(f.)*, 4
**night**  noche *(f.)*, 1
**nightclub**  club nocturno *(m.)*, 7
**nightgown**  camisón *(m.)*, 9
**nightingale**  ruiseñor *(m.)*
**nine**  nueve, 1
**nine hundred**  novecientos(as), 3
**nineteen**  diecinueve, 2
**ninety**  noventa, 2
**no**  no, 1; ningún, ninguno(a), 6; **— one**  nadie, ninguno(a), 6
**nobody**  nadie, 6; ninguno(a), 6
**none**  ninguno(a), 6
**noon**  mediodía *(m.)*, 12; **at —**  al mediodía, 2
**no one**  nadie, ninguno(a), 6
**North American**  norteamericano(a) *(m., f.)*, 1
**nose**  nariz *(f.)*, 13; **— drops**  gotas para la nariz *(f. pl.)*
**not**  no, 1; **— any**  ningún, ninguno(a), 6; **— now**  ahora no; **— very well**  no muy bien
**notebook**  cuaderno *(m.)*, 1
**nothing**  nada, 6; **— else**  nada más, 6
**notice** *(v.)*  notar; fijarse, 12
**noun**  nombre *(m.)*

**November**  noviembre, 2
**now**  ahora, 4
**number**  número *(m.)*, 1; **phone —**  número de teléfono, 1
**nurse**  enfermero(a) *(m., f.)*, 13

# O

**obtain**  conseguir (e > i), 6
**occupied**  ocupado(a), 12
**ocean**  mar *(m.)*, 8
**October**  octubre, 2
**oculist**  oculista *(m., f.)*, 14
**of**  de, 2; **— course**  cómo no, por supuesto
**often**  a menudo, frecuentemente, 8
**oil**  aceite *(m.)*; petróleo *(m.)*
**okay**  bueno, 1; pues, 8
**old**  viejo(a), 1; antiguo(a)
**older**  mayor, 5
**oldest**  (el, la) mayor, 5
**omelette**  tortilla *(f.)*
**on**  en, 1
**once upon a time**  había una vez
**one**  uno, 1; un(a), 1
**one hundred**  cien (ciento), 2
**one-way**  de ida, 11
**onion**  cebolla *(f.)*, 5
**only**  sólo, 2, solamente, 2
**open** *(v.)*  abrir, 3; abierto(a), 10; franco(a)
**oppressed**  oprimido(a)
**or**  o
**orange**  anaranjado(a), 1; naranja *(f.)*, 2
**order**  pedir (e > i), 5; mandar *(v.)*, 11; pedido *(m.)*; **— drinks**  pedir bebidas; **in — that**  para que, 13
**other**  otro(a), 10
**our**  nuestro(s), nuestra(s), 2
**ours**  nuestro(s), nuestra(s) *(pron.)*, 9
**ourselves**  nos, 7
**outdoor: — café**  café al aire libre; **— market**  mercado al aire libre *(m.)*, 6
**oven**  horno *(m.)*, 3
**over**  en
**overlooking**  con vista a, 12
**own**  propio(a)
**owner**  dueño(a) *(m., f.)*, propietario(a) *(m., f.)*, 12

# P

**package**  paquete *(m.)*, 11
**pain**  dolor *(m.)*, 13

**painkiller**   calmante *(m.)*, 14
**painter**   pintor(a) *(m., f.)*
**painting**   pintura *(f.)*
**pair**   par *(m.)*, 9
**pajamas**   pijama *(m.)*, pijamas *(m. pl.)*, 9
**pancake**   panqueque *(m.)*, 5
**pants**   pantalón *(m.)*, pantalones *(m. pl.)*, 9
**pantyhose**   pantimedias *(f. pl.)*
**pap smear**   papanicolaus *(m.)*
**paper**   papel *(m.)*, 1
**paramedic**   paramédico(a) *(m., f.)*, 13
**parasol**   sombrilla *(f.)*
**pardon?**   ¿cómo?, ¿mande? *(Mex.)*, 1
**parents**   padres *(m. pl.)*, 3
**park** *(n.)*   parque *(m.)*; *(v.)* estacionar, 10
**part**   parte *(f.)*
**party**   fiesta *(f.)*, 4
**passbook**   libreta de ahorros *(f.)*, 10
**passenger**   pasajero(a) *(m., f.)*, 11
**passport**   pasaporte *(m.)*, 11
**pastry**   pastel *(m.)*, 4
**pay** *(v.)*   pagar, 5
**peach**   durazno *(m.)*, melocotón *(m.)*, 6
**pear**   pera *(f.)*, 6
**pediatrician**   pediatra *(m., f.)*, 14
**pen**   bolígrafo *(m.)*, pluma *(f.)*, 1
**pencil**   lápiz *(m.)*, 1
**penicillin**   penicilina *(f.)*
**people**   gente *(f. sing.)*, 10
**pepper** *(green)* pimiento *(m.)*, ají *(m.)*, 6; *(black)* pimienta *(f.)*, 5
**per**   por, 9; **— day**   al día, 6; **— night**   por noche
**percent**   por ciento
**perfect**   perfecto(a), 1
**person**   persona *(f.)*, 12
**personal computer**   computadora personal *(f.)*, ordenador personal *(m.) (Spain)*, 1
**pharmacist**   farmacéutico(a) *(m., f.)*
**pharmacy**   farmacia *(f.)*, 14
**phone** *(v.)*   llamar por teléfono
**physics**   física *(f.)*, 2
**pick up** *(v.)*   buscar
**picnic**   picnic *(m.)*, 7
**pie**   pastel *(m.)*, 5
**piece**   pedazo *(m.)*, trozo *(m.)*
**pill**   pastilla *(f.)*, 11
**pineapple**   piña *(f.)*, 6
**pink**   rosado(a), 1

**place** *(v.)*   poner, 4; lugar *(m.)*; **— of interest**   lugar de interés, 12; **in — of**   en lugar de
**placed**   puesto(a), 10
**plan** *(v.)*   planear, 4; **to — to (do something)**   pensar (e > ie) + *infinitive*, 5
**plane**   avión *(m.)*, 11
**plate**   plato *(m.)*, 3
**play** *(a game) (v.)*   jugar (u > ue), 8; *(music, an instrument)* tocar; **— golf**   jugar al golf, 8; **— tennis**   jugar al tenis, 8
**player**   jugador(a) *(m., f.)*
**please** *(v.)*   complacer
**pleasure**   gusto *(m.)*, 1; **it's a — to meet you**   mucho gusto, 1; **the — is mine**   el gusto es mío, 1
**pneumonia**   pulmonía *(f.)*, 14
**poem**   poema *(m.)*
**polite**   de cortesía
**political science**   ciencias políticas *(f. pl.)*, 2
**poor**   pobre, 7
**poorly**   mal
**pork chop**   chuleta de cerdo *(m.)*, 6
**porridge**   avena *(f.)*
**possessive**   posesivo(a)
**possible**   posible, 12
**postcard**   tarjeta postal *(f.)*, 10
**post office**   correo *(m.)*, oficina de correos *(f.)*, 10
**potato**   patata *(f.) (Spain)*, papa *(f.)*, 5; **mashed potatoes**   puré de papas *(m.)*, 5
**pour out**   echar
**poverty**   pobreza *(f.)*
**powder**   polvo *(m.)*
**practice** *(v.)*   practicar
**praise** *(v.)*   elogiar
**prefer**   preferir (e > ie), 5
**pregnant**   embarazada, 14
**prepare**   preparar, 3
**prescribe**   recetar, 14
**prescription**   receta *(f.)*, 14
**pressure**   presión *(f.)*, 14
**pretty**   bonito(a), lindo(a), 1
**price**   precio *(m.)*, 12
**printer**   impresora *(f.)*, 10
**private**   privado(a), 12
**privateer**   corsario *(m.)*
**problem**   problema *(m.)*
**professor**   profesor(a) *(m., f.)*, 1
**program**   programa *(m.)*, 2
**promise**   prometer, 8
**proprietor**   dueño(a) *(m., f.)*, 12

**provided that**   con tal (de) que, 13
**psychology**   psicología *(f.)*, 2
**punch**   ponche *(m.)*
**purple**   morado(a), 1
**purse**   bolso *(m.)*, 7; cartera *(f.)*; bolsa *(f.)*
**put**   poner, 4; puesto(a), 10; **— on**   ponerse, 7; **— a cast on**   enyesar; **— together**   armar, 8

## Q

**quality**   calidad *(f.)*
**quarter**   cuarto *(m.)*; **— past (or after) . . .**   . . .y cuarto, 2; **— to . . .**   . . .menos cuarto, 2
**queen**   reina *(f.)*

## R

**racket**   raqueta *(f.)*, 8
**rain** *(v.)*   llover (o > ue), 9; *(n.)* lluvia *(f.)*, 9
**raincoat**   impermeable *(m.)*
**rain forest**   selva *(f.)*
**raise**   levantar, 4
**rapid**   rápido, 8
**rapidly**   rápidamente, 8
**rate of exchange**   cambio de moneda *(m.)*
**read**   leer, 3
**reader**   lector(a) *(m., f.)*
**ready**   listo(a), 9
**realize**   darse cuenta (de), 12
**receive**   recibir, 3
**recent**   reciente, 8
**recently**   recientemente, 8
**recommend**   recomendar (e > ie), 11
**record**   disco *(m.)*; **— player**   estéreo, tocadiscos *(m.)*
**red**   rojo(a), 1; carmín; **— wine**   vino tinto, 2
**red-haired**   pelirrojo(a), 4
**refrigerator**   refrigerador *(m.)*, heladera *(f.)*, 3
**register**   registro *(m.)*, 13
**registered**   certificado(a), 10
**relationship**   parentesco *(m.)*
**relative**   pariente *(m., f.)*
**remain**   quedarse
**remember**   recordar (o > ue), 6; acordarse (o > ue) (de), 12
**rent** *(v.)*   alquilar, 8
**request** *(v.)*   pedir (e > i), 6
**reservation**   reservación *(f.)*, 12
**reserve** *(v.)*   reservar, 12
**rest** *(v.)*   descansar, 3

**restaurant** restaurante *(m.)*, 5
**return** volver (o > ue), 6; regresar
**returned** vuelto(a), 10
**review** repaso *(m.)*
**rice** arroz *(m.)*, 5; — **pudding** arroz con leche, 5
**rich** rico(a), 1
**ride a bike** montar en bicicleta, 7
**right** derecho(a); **to the** — a la derecha; — **away** en seguida, 10; — **now** ahora mismo
**river** río *(m.)*
**robe** bata *(f.)*, 9
**room** cuarto *(m.)*; habitación *(f.)*, 12; — **and board** pensión completa *(f.)*, 12; — **service** servicio de habitación, 12
**roommate** compañero(a) de cuarto *(m., f.)*, 1
**root** raíz *(f.)*
**rosé** *(wine)* rosado, 2
**round-trip** de ida y vuelta, 11
**row** *(v.)* remar, 8
**run** correr, 3; — **errands** hacer diligencias, 10; — **into** chocar (con), 13
**Russian** *(language)* ruso *(m.)*

## S

**safe deposit box** caja de seguridad *(f.)*, 10
**said** dicho(a), 10
**sailboat** velero *(m.)*, 8
**salad** ensalada *(f.)*, 3
**sale** liquidación *(f.)*; venta *(f.)*
**salsa** *(dance)* salsa *(f.)*, 5; sauce, 6
**salt** sal *(f.)*, 5
**same** mismo(a); **the — thing** lo mismo
**sand** arena *(f.)*, 8
**sandal** sandalia *(f.)*, 9
**sandwich** sándwich *(m.)*
**Saturday** sábado *(m.)*, 2
**saucepan** cacerola *(f.)*, 3
**saucer** platillo *(m.)*, 5
**sausage** chorizo *(m.)*
**save** *(money)* ahorrar, 10
**savings:** — **account** cuenta de ahorros *(f.)*, 10; — **plan** plan de ahorros *(m.)*, 10
**say** decir (e > i), 5; **how do you — …?** ¿cómo se dice… ?, 1; **you — …** se dice… , 1
**scarf** bufanda *(f.)*, 9
**schedule** horario (de clases) *(m.)*, 2
**school** escuela *(f.)*, 9; — **year** año escolar *(m.)*

**scissors** tijeras *(f. pl.)*, 14
**screech** chillido *(m.)*
**screen** pantalla *(f.)*, 10
**scuba dive** bucear, 8
**season** *(food) (v.)* condimentar
**season** *(n.)* estación *(f.)*, 2
**seat** asiento *(m.)*, 11; **aisle —** asiento de pasillo, 11; **window —** asiento de ventanilla, 11
**seated** sentado(a)
**second** segundo *(m.)*, 12
**section** sección *(f.)*
**sedative** sedativo *(m.)*, sedante *(m.)*, 14
**see** ver, 4; — **(a patient)** atender (e > ie), 13; — **you around** hasta la vista; — **you later** hasta luego, 1; — **you tomorrow** hasta mañana, 1
**seem** parecer, 12
**seen** visto(a), 10
**sell** vender, 8
**semester** semestre *(m.)*, 2
**send** mandar, enviar, 4
**September** septiembre, 2
**servant** criado(a), 6
**serious** grave, serio(a), 14
**serve** servir (e > i), 6
**set the table** poner la mesa, 3
**seven** siete, 1
**seven hundred** setecientos(as), 3
**seventeen** diecisiete, 2
**seventy** setenta, 2
**several** varios(as), 13
**share** *(v.)* compartir, 11
**shave** afeitarse, rasurarse, 7
**she** ella, 1
**shellfish** marisco *(m.)*, 6
**shelter** amparo *(m.)*
**shine** *(v.)* lucir(se)
**shirt** camisa *(f.)*, 9
**shoe** zapato *(m.)*, 9; — **store** zapatería *(f.)*, 9
**shop** tienda *(f.)*
**shore** orilla *(f.)*
**short** bajo(a), 5; corto(a), 9
**shot** *(injection)* inyección *(f.)*, 13; *(gun)* tiro *(m.)*; **tetanus —** inyección antitetánica *(f.)*, 13
**shotgun** escopeta *(f.)*, 8
**shoulder** hombro *(m.)*, 13
**shout** gritar, 4
**show** *(v.)* enseñar, mostrar (o > ue), 12
**shower** ducha *(f.)*, regadera *(Mex.) (f.)*, 12

**shrimp** camarón *(m.)*, gamba (Spain) *(f.)*, 5
**shy** tímido(a), 5
**sick** enfermo(a)
**sign** *(v.)* firmar, 10; *(n.)* letrero *(m.)*
**silver** plata *(f.)*
**single** soltero(a), 4
**sir** señor *(m.) (abbr.* Sr.*)*, 1
**sister** hermana *(f.)*, 3
**sister-in-law** cuñada *(f.)*, 4
**sit down** sentarse (e > ie), 7
**situation** situación *(f.)*
**six** seis, 1
**six hundred** seiscientos(as), 3
**sixteen** dieciséis, 2
**sixty** sesenta, 2
**size** *(of clothing)* talla *(f.)*, tamaño *(m.)*, 9
**skate** *(v.)* patinar, 7
**ski** *(v.)* esquiar, 7
**sky** cielo *(m.)*, 9
**skirt** falda *(f.)*, 9
**skyscraper** rascacielo *(m.)*
**slander** calumnia *(f.)*
**sleep** dormir (o > ue), 6
**sleeper sofa** sofá-cama *(m.)*, 12
**sleeping bag** bolsa de dormir *(f.)*, 8
**sleeve** manga *(f.)*, 9
**slender** delgado(a), 1
**slip** combinación *(f.)*
**slipper** zapatilla *(f.)*, 7
**slow** despacio, 1; lento(a), 8; **—er, please** más despacio, por favor, 1
**slowly** lentamente, 8
**small** pequeño(a), 5; chico(a), 8
**smaller** más pequeño(a), 5
**smallest** (el, la) más pequeño(a), 5
**smoke** *(v.)* fumar; **(non) smoking section** sección de (no) fumar *(f.)*
**snack (afternoon)** merienda *(f.)*; **to have an afternoon —** merendar (e > ie), 7
**snow** *(v.)* nevar (e > ie), 9
**snowfall** nevada *(f.)*
**so** así que; tan; — **much** tanto(a); — **that** para que, 13
**soap** jabón *(m.)*; — **opera** telenovela *(f.)*, 3
**soccer** fútbol *(m.)*
**Social Security** Seguro Social
**sociology** sociología *(f.)*, 2
**sock** calcetín *(m.)*
**soda** refresco *(m.)*

**sofa** sofá *(m.)*; **sleeper —** sofá-cama *(m.)*, 12
**soft drink** refresco *(m.)*
**solution** solución *(f.)*
**some** unos(as), 1; algún, alguno(a), algunos(as), 6
**someone** alguien, 6
**something** algo, 6; **— to eat (drink)** algo para comer (tomar)
**sometimes** a veces; algunas veces, 6
**somewhere** en alguna parte
**son** hijo *(m.)*, 4
**son-in-law** yerno *(m.)*, 4
**soon** pronto, 8; **as — as** en cuanto, 9
**sorry** perdón, 1; **I'm —** lo siento, 1
**soul** alma *(f.)*
**soup** sopa *(f.)*, 5
**source of income** fuente *(f.)* de ingresos
**souvenir shop** tienda de regalos *(f.)*, 12
**spaghetti** espaguetis *(m. pl.)*, 6
**Spanish** *(language)* español *(m.)*, 1; *(person)* español(a)
**speak** hablar, 2; **this is . . . (name) speaking** habla... (nombre), 5
**specialty** especialidad *(f.)*, 5
**spell** deletrear
**spelling** deletreo *(m.)*
**spend** *(money)* gastar, 9; *(time)* pasar, 8; **— the summer vacationing** veranear
**spoilsport** aguafiestas *(m.)*, 2
**spoken** hablado, 10
**spoon** cuchara *(f.)*, 5
**sport** deporte *(m.)*
**sprain** torcedura *(f.)*, 13
**spring** *(season)* primavera *(f.)*, 2
**stadium** estadio *(m.)*
**stairs** escalera *(f.)*, 13
**stamp** estampilla *(f.)*, 10; sello *(m.)*, 10, timbre *(m.)* *(Mex.)*, 10
**stand in line** hacer cola, 10
**star** estrella *(f.)*
**start** comenzar (e > ie), empezar (e > ie), 5
**starving** muerto(a) de hambre, 6
**state** estado *(m.)*
**stay** quedarse; *(at a hotel)* hospedarse, 8
**steak** bistec *(m.)*, biftec *(m.)*, 5
**stepbrother** hermanastro *(m.)*
**stepdaughter** hijastra *(f.)*

**stepfather** padrastro *(m.)*
**stepmother** madrastra *(f.)*
**stepsister** hermanastra *(f.)*
**stepson** hijastro *(m.)*
**stereo** estéreo *(m.)*
**stilts** pilotes *(m. pl.)*
**stitch** punto *(m.)*, 13
**stomach** estómago *(m.)*, 13
**stop** *(v.)* parar; dejar de; **to — over** hacer escala, 11
**stopover** escala *(f.)*, 11
**store** tienda *(f.)*, 9; **to — information** archivar la información, 10
**stork** cigüeña *(f.)*
**storm** tormenta *(f.)*
**strain** *(v.)* colar (o > ue)
**strainer** colador *(m.)*, 3
**stranger** extraño(a) *(m., f.)*
**strawberry** fresa *(f.)*, 6
**street** calle *(f.)*, 1
**stretcher** camilla *(f.)*
**student** estudiante *(m., f.)*, 1; alumno(a) *(m., f.)*, 1
**study** *(v.)* estudiar, 2
**stupidity** torpeza *(f.)*
**subject** *(academic)* asignatura *(f.)*, materia *(f.)*, 2; *(person)* vasallo(a) *(m., f.)*
**success** éxito *(m.)*, 4; **quite a —** todo un éxito, 4
**sufficient** suficiente
**sugar** azúcar *(m.)*, 6; **— cane** caña de azúcar *(f.)*
**suggest** sugerir (e > ie), 11
**suit** traje *(m.)*, 9; *(fit)* quedar
**suitcase** maleta *(f.)*, valija *(f.)*, 11; **small —** maletín, 11
**summer** verano *(m.)*, 2
**sunbathe** tomar el sol, 8
**Sunday** domingo *(m.)*, 2
**superlative** superlativo *(m.)*
**supermarket** supermercado *(m.)*, 6
**supper** cena *(f.)*
**sure** seguro(a), cómo no, 13
**surf** *(v.)* hacer surfing, 8; **— the net** navegar la Red, 10
**surfboard** tabla de mar *(f.)*, 8
**surgeon** cirujano(a) *(m., f.)*, 14
**surrounded** rodeado(a)
**survey** encuesta *(f.)*
**sweater** suéter *(m.)*, 9
**sweep** barrer, 3
**swim** *(v.)* nadar, 7
**swimming pool** piscina *(f.)*, 12
**swollen** hinchado(a), 13
**syrup** jarabe *(m.)*, 14
**system** sistema *(m.)*

**T**

**table** mesa *(f.)*, 3
**tablecloth** mantel *(m.)*, 5
**take** *(v.)* tomar, 2; **— (someone or something someplace)** llevar, 4; **— care (of oneself)** cuidar(se), 14; **— charge** encargarse; **— out** sacar, 3 **— off** *(clothes)* quitarse, 7; **— place** tener lugar
**talk** *(v.)* conversar, 2
**tall** alto(a), 1
**tape** cinta *(f.)*, casete *(m.)*; **adhesive —** esparadrapo *(m.)*, 14
**tasty** rico(a), 5; **very —** riquísimo(a)
**taxi** taxi *(m.)*, 12
**tea** té *(m.)*, 2
**teacher** maestro(a) *(m., f.)*
**tear out** arrancar
**teaspoon** cucharita *(f.)*, 5
**technology** tecnología *(f.)*
**telegram** telegrama *(m.)*
**telephone** teléfono *(m.)*
**television** televisión *(f.)*, 2; *(set)* televisor *(m.)*, 12
**teller** cajero(a) *(m., f.)*, 10
**temperature** temperatura *(f.)*, 9; **what is the —** ¿qué temperatura hace?, 9
**ten** diez, 1
**tent** tienda de campaña *(f.)*, 8
**tenth** décimo(a)
**term of endearment** palabra cariñosa *(f.)*
**test** *(n.)* análisis *(m.)*, 13; examen *(m.)*
**than** que, 5
**thanks** gracias, 1
**thank you** gracias, 1; **— very much** muchas gracias, 1
**thank goodness** menos mal
**that** que *(rel. pron.)*, 3; ese, esa, eso, *(distant)* aquel, aquella, *(adj.)*, 3; eso, aquello, *(neut. pron.)*, 3; ése, ésa, aquél, aquélla, *(pron.)*, 3
**the** el *(m. sing.)*, la *(f. sing.)*, los *(m. pl.)*, las *(f. pl.)*, 1
**theater** teatro *(m.)*, 7
**their** su(s), 2
**theirs** *(pron.)* suyo(a), suyos(as), 9
**them** ellas *(f.)*, ellos *(m.)* *(obj. of prep.)*, 5; las *(f.)*, los *(m.)*, 6; **(to) — les**, 7
**theme** tema *(m.)*

**themselves** se, 7
**then** entonces, 2; después
**there** allí, 12; allá; — **is (are)**
hay 1; — **was (were)** hubo
**therefore** pues
**these** estos(as) *(adj.)*, 3;
éstos(as) *(pron.)*, 3
**they** ellos(as) *(m., f.)*, 1
**thin** delgado(a), 1
**thing** cosa *(f.)*, 3; **things to do**
cosas que hacer, 3
**think** pensar (e > ie), 5; creer, —
**so (not)** creer que sí (no), 13
**thirteen** trece, 1
**thirty** treinta, 1
**this** este, esta *(adj.)*, 3; esto
*(neut. pron.)*, 3; — **one**
*(pron.)* éste, ésta, 3
**thistle** cardo *(m.)*
**those** esos(as), aquellos(as) *(adj.)*,
3; ésos(as), aquéllos(as) *(pron.)*, 3
**thousand** mil, 3
**three** tres, 1
**three hundred** trescientos(as), 3
**throat** garganta *(f.)*, 14; **sore** —
dolor de garganta, 14
**through** por, 9
**Thursday** jueves *(m.)*, 2
**ticket** billete *(m.)*, 11; pasaje
*(m.)*, 11; **one-way** — billete de
ida, 11; **round-trip** — billete de
ida y vuelta, 11
**tie** corbata *(f.)*, 9
**time** tiempo *(m.)*, 3; hora *(f.)*, 2;
vez *(f.)*, 7; **what** — **is it?** ¿qué
hora es?, 2; **at what** — **...?** ¿a
qué hora... ?, 2
**tip** *(for service)* propina *(f.)*, 5
**tired** cansado(a), 4; **to get** —
cansarse, 11
**title** título *(m.)*
**to** a, 2
**toast** *(n.)* pan tostado *(m.)*, 5;
tostada *(f.)*; brindis *(m.)* *(at a
celebration)*, 4
**toast** *(v.)* brindar, 4
**toaster** tostadora *(f.)*, 3
**today** hoy, 2
**toe** dedo del pie *(m.)*, 13
**together** juntos(as), 2
**toilet** inodoro *(m.)*, 12
**tomato** tomate *(m.)*, 2
**tomorrow** mañana
**tongue** lengua *(f.)*, 13
**tonight** esta noche, 1
**too** también, 2; — **bad** qué
lástima; — **much** demasiado(a)

**tooth** diente *(m.)*, 13
**tornado** tornado *(m.)*
**tour** excursión *(f.)*, 11
**tourist** turista *(m., f.)*, 12
**traffic** tráfico *(m.)*
**tranquilizer** calmante *(m.)*, 14
**translate** traducir, 4
**travel** viajar, 11
**travel agency** agencia de viajes
*(f.)*, 11
**traveler** viajero(a) *(m., f.)*
**traveler's check** cheque de
viajero *(m.)*, 11
**tree** árbol *(m.)*, 13
**trip** viaje *(m.)*, 11; **have a
nice** — buen viaje, 11;
**on a** — de viaje
**trousers** pantalón *(m.)*, 9;
pantalones *(m. pl.)*, 9
**true** cierto(a); verdadero; **it's** —
es verdad, es cierto
**trust** *(v.)* confiar en, 12
**truth** verdad *(f.)*
**try** tratar de, 8; —
**(on)** probar(se) (o > ue), 9
**T-shirt** camiseta *(f.)*, 9
**Tuesday** martes *(m.)*, 2
**turn into** convertirse (e > ie)
en, 14
**turn on** poner
**TV set** televisor *(m.)*, 12
**twelve** doce, 2
**twenty** veinte, 2
**two** dos, 1; **there are** — **of
us** somos dos
**two hundred** doscientos(as), 3
**type** tipo *(m.)*

# U

**ugly** feo(a), 1
**umbrella** paraguas *(m. sing.)*
**uncle** tío *(m.)*, 4
**under** debajo de
**undershorts** calzoncillos
*(m. pl.)*, 9
**understand** entender (e > ie), 5
**underwear** ropa interior *(f.)*
**unfortunately** desgraciadamente
**university** universidad *(f.)*, 1
**unless** a menos que, 13
**unpleasant** antipático(a), 1
**until** hasta, 5; hasta que, 13
**us** nosotros(as) *(obj. of prep.)*, 5;
nos *(dir. obj.)*, 6; nos *(indir. obj.)*, 7
**U.S.** estadounidense *(m., f.)* *(used
to denote citizenship)*, 1
**use** usar, 9

**used to** acostumbrado(a) a, 8
**useful** útil

# V

**vacant** libre, disponible, 12
**vacate** desocupar, 12
**vacation** vacaciones *(f. pl.)*; **to be
on** — estar de vacaciones, 5
**vacuum** *(v.)* pasar la
aspiradora, 3
**vacuum cleaner** aspiradora *(f.)*
**value** valor *(m.)*
**vanilla** vainilla *(f.)*, 5
**vase** florero *(m.)*, 7
**veal chop** chuleta de ternera
*(f.)*, 6
**vegetable** verdura, vegetal *(m.)*, 5;
— **market** verdulería *(f.)*
**very** muy, 1; — **well** muy bien, 1
**vest** chaleco *(m.)*, 9
**via** por, 9
**vinegar** vinagre *(m.)*
**visa** visa *(f.)*
**visit** *(v.)* visitar, 7
**vitamin** vitamina *(f.)*, 14
**vocabulary** vocabulario *(m.)*

# W

**wait (for)** esperar, 5
**waiter** camarero(a) *(m.)*; mozo
*(m.)*, mesero(a) *(m.)* *(Mex.)*, 5
**waiting list** lista de espera *(f.)*, 11
**waitress** camarera *(f.)*, mesera *(f.)*
*(Mex.)*, 5
**wake up** despertarse (e > ie), 7
**walk** *(v.)* caminar
**wallet** billetera *(f.)*, 9
**want** desear, 2; querer (e > ie), 5
**war** guerra *(f.)*
**warm** templado(a), 9
**warning** advertencia *(f.)*
**wash** *(v.)* lavar, 3; — **oneself**
lavarse, 7; — **one's hair**
lavarse la cabeza, 7
**washbasin** lavabo *(m.)*, 12
**washing machine** lavadora *(f.)*, 3
**wastebasket** cesto de papeles
*(m.)*, 1
**watch** *(v.)* mirar, 3; reloj *(m.)*, 1
**water** agua (el) *(f.)*, 2; — **ski**
esquí acuático *(m.)*, 8; **ice** —
agua con hielo, 2; **mineral** —
agua mineral, 2
**watermelon** sandía *(f.)*, 6
**way** modo *(m.)*; **one** — **ticket**
billete de ida, 11
**we** nosotros(as), 1

**weak** débil

**wear** usar, llevar, 7; **— a certain shoe size** calzar, 9

**weather** tiempo *(m.)*, 3; **to be good (bad) —** hacer buen (mal) tiempo, 9

**wedding** boda *(f.)*, 5; **— anniversary** aniversario de bodas *(m.)*

**Wednesday** miércoles *(m.)*, 2

**week** semana *(f.)*, 7

**weekend** fin de semana *(m.)*, 7

**weigh** pesar, 14

**weight** peso *(m.)*

**welcome** bienvenido(a), 1; **you're —** de nada, 1; **— party** fiesta de bienvenida *(f.)*

**well** pues, 8; bueno, 10; **very —** muy bien, 1; **not very —** no muy bien, 1

**what?** ¿qué?, 2; ¿cuál?, 13; **— a pity!** ¡qué lástima!; **— day is today?** ¿qué día es hoy?, 2; **— does . . . mean?** ¿Qué quiere decir... ?, 1; **— is . . . like?** ¿cómo es...?, 5; **— is today's date?** ¿qué fecha es hoy?, 2; **—'s new?** ¿qué hay de nuevo?, 1; **—'s your phone number?** ¿Cuál es tu número de teléfono?; **— is the rate of (monetary) exchange?** ¿a cómo está el cambio de moneda?, 11; **— is your name?** *(form.)* ¿cómo se llama usted?, *(fam.)* ¿cómo te llamas?, 1; **— time is it?** ¿Qué hora es?, 2

**when** cuándo, 2; cuando, 13

**where** ¿dónde?, 1; **— are you from?** ¿de dónde eres *(fam.)*?, 1; **— (to)?** ¿adónde?, 4

**which** ¿cuál(es)?, 1

**while** mientras; rato *(m.)*; **a —** un rato, 3; **a — later** al rato

**white** blanco(a), 1

**who** ¿quién(es)?, 3; que, 2

**why?** ¿por qué?, 2

**wide** ancho(a), 7

**wife** esposa *(f.)*, 4

**window** ventana *(f.)*, 1; *(bank, ticket, etc.)* ventanilla *(f.)*

**wine** vino *(m.)*, 2; **—glass** copa *(f.)*, 2

**winter** invierno *(m.)*, 2

**wish** *(v.)* desear, 2; querer (e > ie), 5

**with** con, 1; de, 11; **— brown eyes** de ojos castaños, 4; **— me** conmigo, 3; **— you** contigo, 3; **— whom?** ¿con quién?

**within** dentro de, 14

**without** sin que, 13

**woman** mujer *(f.)*, 1

**wonder: no —** con razón

**wood** madera *(f.)*

**word** palabra *(f.)*

**work** trabajo *(m.)*, 3; *(of art)* obra *(f.)*; *(v.)* trabajar, 2; **it doesn't —** no funciona, 12

**worry** preocuparse

**worse** peor, 5

**worst** (el, la) peor, 5

**wound** herida *(f.)*, 13

**wounded** herido(a)

**wrist** muñeca *(f.)*, 13

**write** escribir, 3; **— down** anotar; **— programs** diseñar programas

**written** escrito(a), 10

# X

**X-ray** radiografía *(f.)*, 13

**X-ray room** sala de rayos X (equis) *(f.)*, 13

# Y

**year** año *(m.)*, 2

**yellow** amarillo(a), 1

**yes** sí, 1

**yesterday** ayer, 7

**yet** todavía, 3

**you** tú, vosotros(as), usted(es) *(pron.)*, 1; ti, usted(es), vosotros(as) *(obj. of prep.)*, 5; la(s), lo(s), os, te *(dir. obj.)*, 6; le(s), os, se, te *(indir. obj.)*, 7; **—'re welcome** de nada, 1

**young** joven, 1; **— girl** chica *(f.)*, muchacha *(f.)*, 1

**young lady** señorita *(f.)*, 1

**young man** chico *(m.)*, muchacho *(m.)*, 1

**younger** menor, 5

**youngest** (el, la) menor, 5

**your** tu(s), 1; su(s); vuestro(s), vuestras(s), 2

**yours** suyo(a), suyos(as), tuyo(a), tuyos(as), vuestro(a), vuestros(as), 9

**yourself** se, te, 7

**yourselves** os, se, 7

# Z

**zoo** zoológico *(m.)*, 7

# Index

**a + el,** 83; personal, 82 omission of personal **a,** 82;

abbreviations, 6

accentuation, 130, 180, 184, 189, 234, 306, 318, 323; note, 11, 152, 160, 180, 228, 277; rules, 352

address, forms of, 13

adjectives: agreement of, 17; comparison of, 113–114; demonstrative, 67; formation of, 16; past participles used as, 238; possessive, 32–33

adverbs: comparison of, 113–114; formation of, 188–189

affirmative and negative expressions, 133–134

alphabet: Spanish, 18

article, definite: agreement, 17; contraction with **el,** 83; forms, 11–12; in comparisons; of adjectives and adverbs, 113; in expressing time, 37; uses with titles, note, 4; with **ser,** 219; note, 23

article, indefinite: agreement of, 17; forms of, 12

capitalization, 39: note, 4, 23

**-car** verbs, 156, 359

cardinal numbers, 18–19, 35, 70; note, 18, 35, 70

**-cer** and **-cir** verbs, 359

**cien(–to),** 35

colors, 7

commands: familiar, 276–277; first-person plural, 306; formal direct, 233–234; negative familiar, 277; object pronouns with direct, 234, 276–277, 306; summary of the, 307–308

comparison: of adjectives, 113–114; of adverbs, 113–114; of equality, 113; of nouns, 113–114

compound tenses, 230–232, 340–344

**con: conmigo, contigo,** 116

conditional: forms, 320–322, 341; irregular forms, 321; uses of, 321–322, 341

**conocer** vs. **saber,** 81

consonants, 347–349

contractions: **a + el,** 83; **de + el,** 83

contrary-to-fact sentences, 325–326

days of the week, 39

**de:** after a superlative, 114; before a numeral, 113; for than, 113; in expressing time, 40; in prepositional phrases, note, 24; plus **el,** 83; possession, 62

definite article, *see* article, definite

demonstrative: adjectives, 67; pronouns, 68

diphthongs, 347

direct object, *see* pronouns

division of words into syllables, 351–352

**-ducir** verbs, 361

**estar:** present indicative, 84; uses of, 85, 108–109; with present progressive, 106, 109

future: irregular forms, 318; present tense for, 319; tense, 318–319, 340; uses of, 319, 340

**-gar** verbs, 156, 358

gender of nouns, 10, 34

gerund: formation of, 106; to express progressive tense, 106; note, 130

**-guar** verbs, 359

**-guir** verbs, note, 128, 359

**gustar,** 8, 162–163

**haber:** to form perfect tenses, 230–232, 319, 321, 340–344; note, 230

**hacer:** in time expressions, 135, 216; in weather expressions, 211; meaning ago, 216

**hay:** conditional of, 321: future of, 319; preterit of, 178; subjunctive of, 256

imperative, *see* commands

imperfect: contrasted with preterit, 213–214; indicative forms, 184; irregular forms, 184; subjunctive forms, 323–324; uses of imperfect indicative, 186–187; uses of imperfect subjunctive, 324–325, 325–326; note 214

impersonal expressions: followed by infinitive, 328; followed by subjunctive, 328

indefinite article, *see* article, indefinite

indicative mood, summary of tenses, 322–323

indirect object, *see* pronouns

infinitive: after impersonal expressions, 328; after **tener que,** 64; classification, 28; position of object pronouns with, 130, 160, 180

interrogative sentences, 30

intonation, 351

**ir a** + infinitive, 86

like, 8, 162–163

linking, 27, 350–351

months, 40

negation: double, 133–134; simple, 30–31; with object pronouns, 129

nouns: agreement of, 17; comparison of, 113–114; gender of, 10, 34; phrases with **de** + noun; note, 24; plural of, 11

numerals: cardinal, 18–19, 35, 70; note, 4, 18, 35, 70

ordinal numerals, 280

**para:** uses of, 209

past participle: forms, 228; imperfect tenses, 229, 231, 340–341; irregular forms of, 228; used as adjective, 228

personal **a,** 82; omission of, 82

phrases with **de** + nouns, note, 24

pluperfect: indicative, 232; pluperfect: subjunctive, 344

plural: of adjectives, 16; of nouns, 11

**por:** uses of, 208

position: of adjectives, 17; of object pronouns, 129–130, 160, 165, 180, 234, 257, 276–277, 306, 307–308

possession with **de,** 62

possessive adjectives: agreement with nouns, 32–33; position of, 32

possessive pronouns. 218–219; clarification of **el suyo,** etc., 219

prepositions: uses of **a, de,** and **en,** 262–263; verbs with, 278–279

present tense: for future, 319; indicative of **ir, dar,** and **estar,** 84–85; indicative of regular verbs, 28–29, 60; indicative of **ser,** 15; indicative of stem-changing verbs, 111, 126, 127–128; irregular first person singular, 80; note, 128; of **hacer** in time clauses, 135, 216; perfect indicative, 230–231; perfect subjunctive, 342; subjunctive, 254–255

preterit: contrasted with imperfect, 213–214; irregular forms of, 178; of **ser, ir,** and **dar.** 158; orthographic changes in, 156, 178; regular forms of, 156; stem-changing verbs, 183; uses of, 156

progressive forms of tenses, 106; position of objects with, 130, 160, 180

pronouns: demonstrative, 68; direct object, 129–130; direct and indirect used together, 180–181; indirect object, 159–161, 162; position of object, 129–130, 160, 165, 180, 234, 257, 276–277, 306, 308

possessive, 218–219; reflexive, 165–166; subject, 13; summary of uses of the, 168; used as object of prepositions, 116

pronunciation, 9, 27, 59, 79, 105, 125, 155, 177, 207, 227, 253, 273, 279, 317

**que:** meaning than, 113
**¿qué?,** 24
questions, 30–31

reflexive constructions: forms of', 165–166
reflexive pronouns, 165
rhythm, 350

**saber** vs. **conocer,** 81
**se:** for **le** and **les,** 180;  reflexive pronoun, 165
seasons, 40
**ser:** forms of, 15; uses of, 108, 309
**si** clauses, 325–326
stem-changing verbs, 111, 126, 127–128, 183, 255
**su(s):** clarification of, 33
subject pronouns: omission of, 13; uses of, 13
subjunctive: after **a menos que, antes de que, para que,** 305; after conjunctions of time, 304; after impersonal expressions, 328; forms in the present, 254–256; imperfect, 323–324; in **si** clauses, 325–326; pluperfect, 344; present perfect, 342; summary of the,  328; to express command in the first-person plural, 306; to express doubt, denial, and disbelief, 300–302; to express emotion, 260–261; to express indefiniteness and nonexistence, 274; uses of, 256; with verbs of volition, 259

superlative construction, 114; irregular, 114; note, 114
**suyo(a):** clarification of, 219

**tener:** expressions with, 65–66; forms, 64; **que** + infinitive, 64
tenses, *see* present, etc.
than, 113
time: of day, 36–37
    triphthongs, 347

**-uir** verbs, note 360
**usted(es),** 13

**venir:** forms, 64
verbs: *see* each separately and table in Appendix B; stem-changing, 111, 126, 127–128; with orthographic changes, 156, 178; with prepositions, 278–279
vowels, 9, 346

weather expressions, 211
word order: in interrogative sentences, 30; in negative sentences, 30–31; with **gustar,** 162–163
word stress, 352

**-zar** verbs, 156, 359

# Photo and Art Credits

*p. 2,* Simon Wilkinson/Iconica/Getty Images; *p. 3 (TL),* © Richard Cummins/CORBIS; *p. 3 (BL),* Tony Anderson/Taxi/Getty Images; *p. 3 (BR),* © Richard Cummins/CORBIS; *p. 27,* © Royalty-Free, College Education/Getty/Images; *p. 44 (T),* Digital Vision/Getty Images; *p. 45,* Manch/Photodisc Red/Getty Images; *p. 46 (T),* © Lisa O'Connor/ZUMA/Corbis; *p. 46 (B),* © Reuters/CORBIS; *p. 47,* © Christopher Farina/Corbis; *p. 52,* Danita Delimont/Alamy; *p. 53 (T),* Oscar Ruiz; *p. 53 (BL),* © ML Sinibaldi/CORBIS; *p. 53 (BR),* © Margie Politzer/Lonely Planet Images; *p. 58,* © Royalty-Free/Corbis; *p. 59,* © Royalty-Free/Corbis; *p. 78,* © Royalty-Free, College Education/Getty Images; *p. 86,* © Royalty-Free, College Education/Getty Images; *p. 87,* © Royalty-Free, University Life/Getty Images; *p. 89,* © Morgan David de Lossy/Corbis; *p. 90 (T),* Beryl Goldberg; *p. 91 (TL),* © Jon Feingersh; *p. 91 (TR),* Robert Frerck/Odyssey Productions; *p. 91 (BL),* H. Huntley Hersch/DDB Stock Photography; *p. 91 (BR),* © Melanie Carr/Viesti & Associates; *p. 92 (T),* © Peter M. Wilson/CORBIS; *p. 92 (B),* © Robert Frerck/Odyssey/Chicago; *p. 93 (T),* © SIPA Press; *p. 93 (B),* Neil Julian/Alamy; *p. 98,* Plowes ProteaPix; *p. 99 (T),* © Blaine Harrington III/Corbis; *p. 99 (BL),* © Danny Lehman/CORBIS; *p. 99 (BC),* © Tony Arruza/CORBIS; *p. 99 (BR),* INSADCO Photography/Alamy; *p. 104,* © Royalty-Free, European People, Business and Lifestyle/Getty Images; *p. 119,* Robert Frerck/Odyssey Productions; *p. 125,* © Royalty-Free, College Education/Getty Images; *p. 137,* © Royalty-Free/Corbis; *p. 139,* Richard I'Anson/Lonely Planet Images/Getty Images; *p. 141,* © Royalty-Free/Corbis; *p. 142 (T),* Jan Csernoch/Alamy; *p. 142 (B),* Humberto Olarte Cupas/Alamy; *p. 143 (T),* Robert Francis/Robert Harding World Imagery/Getty Images; *p. 143 (B),* Brian Atkinson/Alamy; *p. 148,* Pablo Corral V/Corbis; *p. 148,* © Pablo Corral V/CORBIS; *p. 149 (TL),* © Patrick Robert/Sygma/CORBIS; *p. 149 (CL),* M. Timothy O'Keefe/Alamy; *p. 149 (BL),* © Bruce Adams; Eye Ubiquitous/CORBIS; *p. 149 (BR),* AP/Wide World Photos; *p. 155,* © Royalty-Free, Personnel File/Getty Images; *p. 169,* © Royalty-Free, College Education/Getty Images; *p. 171,* Image Source/Alamy; *p. 177,* © Royalty-Free, College Education/Getty Images; *p. 194 (T),* © 2006 Ulrike Welsch; *p. 194 (B),* © Omar Bechara Baruque; Eye Ubiquitous/CORBIS; *p. 195 (T),* © ANA MARTINEZ/Reuters/Corbis; *p. 195* (C), D. Donne Bryant/DDB Stock Photo; *p. 195 (B),* Kimberly White/Reuters/Corbis; *p. 200,* Patrick Pihl/Pixonnet.com/Alamy; *p. 201 (T),* © Amy Johnson; *p. 201 (BC),* © Amy Johnson; *p. 201 (BR),* Mike Goldwater/Alamy; *p. 227,* © Royalty-Free, College Education/Getty Images; *p. 240 (T),* © Stuart Westmorland/Corbis; *p. 240 (B),* © Amy Johnson; *p. 241 (T),* Eitan Simanor/Alamy; *p. 241 (B),* imagebroker/ Alamy; *p. 246,* Photri MicroStock™/De La Puente Imagen; *p. 247 (T),* Peter Adams Photography/Alamy; *p. 247 (BL),* © Theo Allofs/zefa/Corbis; *p. 247 (BR),* © Dave G. Houser/Post-Houserstock/Corbis; *p. 253,* © Royalty-Free/Corbis; *p. 265,* © Royalty-Free, College Education/Getty Images; *p. 273,* © Royalty-Free, University Life/Getty Images; *p. 281,* © Royalty-Free, College Education/Getty Images; *p. 286 (T),* The Granger Collection; *p. 286 (B),* © Amy Johnson; *p. 287 (T),* © Dave G. Houser/Post-Houserstock/Corbis; *p. 287 (B),* © Kit Houghton/CORBIS; *p. 292,* Blend Images/Alamy; *p. 293 (T),* Robert Frerck/Odyssey Productions; *p. 293 (BL),* © Patrick Ward/CORBIS; *p. 293 (BR),* Ken Welsh/Alamy; *p. 317,* © Royalty-Free/Corbis; *p. 334 (T),* Mark Antman/The Image Works; p. 334 (B), © Patrick Ward/CORBIS; *p. 335 (T),* John Bigelow Taylor/Art Resource, NY; *p. 335* ©, Chris McLennan/Alamy; *p. 335 (B),* © Francesc Muntada/CORBIS

Maps courtesy of Patricia Isaacs, Parrot Graphics; simulated realia courtesty of Steve McEntee, McEntee Designs; lesson-opener dialogue illustrations courtesy of Ben Shannon/Magnet Reps; interior illustrations courtesy of Sean Flanagan, Diane Gray/Boomerang Studios Inc.

Mar Caribe

Barranquilla
Cartagena
Maracaibo
Caracas
La Guaira
San Carlos
TRINIDAD Y
TOBAGO
Puerto España
OCÉANO
ATLÁNTICO
VENEZUELA
Ciudad Bolívar
Medellín
Salto Ángel
Georgetown
Paramaribo
Zipaquirá
Río Orinoco
GUYANA
Cayena
Cali
Bogotá
SURINAM
GUAYANA
FRANCESA
COLOMBIA
Popayán
San Agustín
Río Negro
Río Amazonas
Ecuador
Otavalo
Pichincha
Santo Domingo
de los Colorados
Quito
Manaos
Belén
ECUADOR
Chimborazo
Guayaquil
Iquitos
Río Madeira
BRASIL
Recife
Sipán
Trujillo
PERÚ
Callao
Machu Picchu
Lima
Cuzco
Brasilia
Salvador
Puno
La Paz
Cochabamba
Arequipa
Tiahuanaco
Bello
Horizonte
Arica
Sucre
BOLIVIA
Río Paraguay
Iquique
Potosí
Filadelfia
Antofagasta
Salta
PARAGUAY
Asunción
San Pablo
Río de Janeiro
Trópico de Capricornio
San Miguel
de Tucumán
Río Paraná
Santos
Resistencia
Puerto Iguazú
OCÉANO
PACÍFICO
Córdoba
Río Uruguay
Puerto Alegre
Aconcagua
Mendoza
Viña del Mar
Valparaíso
Rosario
URUGUAY
Santiago
Buenos Aires
Montevideo
CHILE
ARGENTINA
La Plata
Punta del Este
Río de la Plata
Concepción
Mar del Plata
Río Colorado
Bahía Blanca
Bariloche
Puerto Montt
CORDILLERA DE LOS ANDES
PATAGONIA
Estrecho de
Magallanes
Islas
Malvinas
Punta Arenas
TIERRA
DEL FUEGO
Cabo de Hornos

ISLAS GALÁPAGOS
San
Salvador
Ecuador
Santa Cruz
San Cristóbal
Isabela
ECUADOR
Quito
Guayaquil

# América del Sur

0    250    500 Km.
0    250    500 Mi.